■国家社会科学基金一般项目"政策工具视角下的古代政府治理思想及其当代价值研究"（批准号：17BGL223）阶段性成果之一

■国家社会科学基金重大项目"中国古代管理思想通史"（批准号：13&ZD081）阶段性成果之一

■莆田学院出版基金资助项目

■福建省优秀出版项目

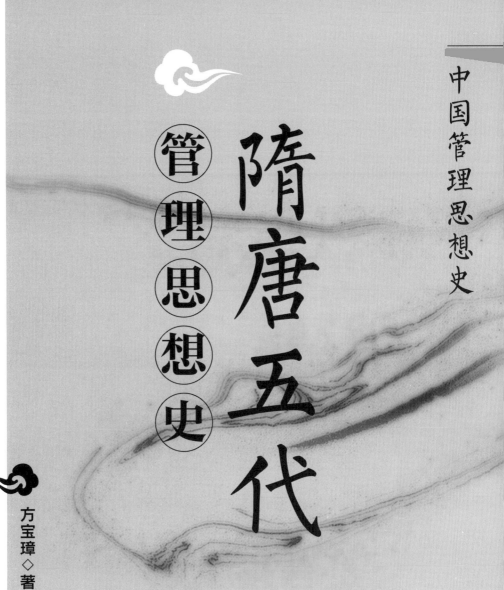

中国管理思想史

隋唐五代

管理思想史

方宝璋 ◇ 著

海峡出版发行集团 | 鹭江出版社
THE STRAITS PUBLISHING & DISTRIBUTING GROUP

2021年·厦门

总　论

第一节　理论价值和现实意义

"中国管理思想史"系列专著包括《先秦管理思想史》《秦汉魏晋南北朝管理思想史》《隋唐五代管理思想史》《宋代管理思想史》《元代管理思想史》《明代管理思想史》《清代管理思想史》，共 7 卷，为国家社会科学基金重大项目"中国古代管理思想通史"（批准号：13&ZD081）阶段性成果。该系列专著以中国古代传统儒家修身齐家治国平天下为主线，分别阐述了先秦、秦汉魏晋南北朝、隋唐五代、宋、元、明、清历朝自我管理思想、家族管理思想、经营管理思想、国家管理思想、军事管理思想等五大方面的内容，比较全面系统地勾画了该时期管理思想的历史面貌。该系列专著侧重发掘对当代有借鉴意义的古代管理思想，为构建中国特色社会主义的管理思想和制度提供历史借鉴。

该系列专著按自我管理思想、家族管理思想、经营管理思想、国家管理思想、军事管理思想分类论述的依据来自先秦儒家的修身齐家治国平天下思想。修身齐家治国平天下思想是中国古代的主流管理思想，具有普遍性，比较客观全面地反映了中国古代管理思想的历史面貌和本质特征。

该系列专著中的自我管理思想是中国传统管理思想与西方管理思想的重要区别。西方管理思想强调管理本质是通过其他人来完成工作，如福莱特（Follett）曾给管理下的经典定义是"通过其他人来完成工作的艺术"。罗宾斯（Robbins）和库尔塔（Coultar）也认为，"管理这一术语是指和其他人一起并且通过其他人来有效地完成工作的过程"①。似乎管理是针对其他人，而不是针对本人。与此相反，中国传统管理思想则强调修身、自律，即自我管理，而且将此作为管理的根本和逻辑起点，即首先要管好自己，然后才能管好家庭、国家乃至全天下。中国民间至今流行一句俗话：先管好自己才能管好别人。这里强调的就是自我管理。

该系列专著以先秦儒家的修身齐家治国平天下思想为基础，再派生出经营管理思想、军事管理思想。所谓经营管理思想，因私人经营农、工、商，或多或少带有市场经济的性质，从本质上有别于国家垄断经营的农、工、商，因此另立一类论述。军事管理思想，广义上属于国家管理思想范畴，但由于其具有特殊性，而且古代文献中这方面的资料较多，故也另立一类论述。

当前，世界管理学界十分重视对东方管理思想的研究，我国学界对管理思想史的研究方兴未艾。但从总体上看，有关管理思想史的研究主要侧重于经济管理思想史，而少有涉及政治、军事、文化、社会等管理思想；多侧重于国家管理思想，而少有涉及自我管理思想、家族管理思想、经营管理思想、军事管理思想。以往的研究绝大多数以某些代表人物为中心，采取传统的通史写作方法。该系列专著从自我管理、家族管理、经营管理、国家管理、军事管理的视角，以现代管理理论为指导，在尽可能多地收集资料的基础上，对古代管理思想进行比较全面、系统、深入的分专题研究。这将丰富中国古代管理思想史的研究，填补古代自我管理思想、家族管理思想、经营管理思想、国家管理思想、军事管理思想等方面研究的某些空白，如社会治理思想、古代公共事业思想、古

---

① 周三多、陈传明：《管理学》，高等教育出版社，2014年，第3页。

代买扑思想、入中（开中）思想、经商思想等。从新的视角用新的方法深化对某些专题的探讨，提出一些新的观点，为今后的进一步研究提供更多的参考资料。

党的十八届三中全会《中共中央关于全面深化改革若干重大问题的决定》提出了"国家治理""政府治理""社会治理"等新概念（全文23次出现"治理"一词），在全面深化改革的总目标中提出"推进国家治理体系和治理能力现代化"，还有专门章节论述"创新社会治理体制"。党的十九大报告中将"推进国家治理体系和治理能力现代化"明确为全面深化改革的总目标之一。党的十九届四中全会审议通过了《中共中央关于坚持和完善中国特色社会主义制度、推进国家治理体系和治理能力现代化若干重大问题的决定》。

从广义上说，管理可涵盖治理；从狭义上说，治理是管理的更高一个层次。从狭义上的管理到治理，虽一字之差，却体现了治国理念的新变化、新要求、新跨越。狭义上的管理，简而言之，就是依赖传统公共管理的垄断和强制性质，把属下地区和人民管住、管好，全能政府色彩浓重，较少采取协作、互动的方式。而治理有整治、调理、改造的意思，更强调指导性、协调性、沟通性、互动性，彰显了社会建设的公平、正义、和谐、有序。狭义上的管理，其主体是一元的，而治理，其主体则是多元的。狭义上的管理是垂直的，治理则是扁平化的。目前，我国必须充分发挥政策工具的效用，从较单一的以管制为主的政府逐渐过渡到协调、服务、管制三者兼有的政府，从无限管理型政府逐步转变为有限服务型政府。我国现行的管理体制，是新中国成立后根据我国的政治体制、经济社会发展状况和历史文化传统等基本国情确定的。我们研究古代管理思想，就是要达到古为今用的目的，为建设中国特色社会主义管理理论和管理制度提供历史借鉴。如研究古代的民本思想，政策工具中协调、服务、管制思想就能为当前我国社会主义民主、政策工具的最有效使用提供重要的启迪。同时，研究古代管理思想，能更好地让中国传统管理思想走向世界，增强我国在国际竞争中的软实力。

第二节　国内外研究现状及发展动态分析

　　有关从自我管理思想、家族管理思想、经营管理思想、国家管理思想、军事管理思想五位一体的视角研究古代管理思想的专门论著，笔者至今尚未见到。但是，一些已出版或发表的论著，却不同程度地涉及这方面的问题。就整体上来说，大致可分为两种类型。

　　一是一些管理思想史、经济思想史或政治思想史的论著。其中，国内有关管理思想史的著作主要有：苏东水《东方管理学》，何奇《中国古代管理思想》，潘承烈《中国古代管理思想之今用》，姜杰《中国管理思想史》，吴照云《中国管理思想史》，刘云柏《中国管理思想通史》，王忠伟等《中国远古管理思想史》《中国中古管理思想史》《中国近古管理思想史》，刘筱红《管理思想史》，方宝璋《宋代管理思想》《先秦管理思想》。有关经济管理思想史的著作主要有：赵靖《中国经济管理思想史教程》、何炼成《中国经济管理思想史》、叶世昌《中国古代经济管理思想》、滕显间《中国历代经济管理反思》、方宝璋《宋代经济管理思想与当代经济管理》。有关经济思想史的著作主要有：唐庆增《中国经济思想史》、胡寄窗《中国经济思想史》、赵靖《中国经济思想通史》、侯家驹《中国经济思想史》、叶坦《富国富民论——立足于宋代的考察》。有关政治思想史的著作主要有：萧公权《中国政治思想史》、刘泽华《中国政治思想史集》、曹德本《中国政治思想史》、纪宝成《中国古代治国要论》以及数种论文集和资料选辑等。国外的主要有桑田幸三《中国经济思想史论》、上野直明《中国经济思想史》等。这些论著在某些章节或以管理理念的视角，或以管理主体、管理权力、管理组织、管理文化和管理心理的视角，或以古代儒家、法家、道家、墨家、兵家等思想流派的视角，或以政治、经济、军事、文化、社会的视角，对古代管理思想做出精辟、

独到的概括和总结，并上升到管理理论的高度加以阐述。如苏东水在
《东方管理学·导论篇》中开创性地提出了概括东方管理文化本质特征的
"以人为本、以德为先、人为为人"的"三为"原理，在中国管理、西方
管理和华商管理的基础上形成了治国、治生、治家和治身的"四治"体
系，以人本论、人德论、人为论为核心，包括人道、人心、人缘、人谋、
人才"五行"管理的东方管理理论体系，并提出东方管理学的管理目标
是构建和谐社会的和贵、和合、和谐。苏东水东方管理理论体系的创建，
主要就是从中国古代管理思想中汲取精华。又如赵靖的《中国古代经济
管理思想概论》，以"富国之学"和"治生之学"的发展为线索，为中国
古代经济管理思想史这门学科建立了一种理论模式。何炼成总结的中国
传统经济管理思想的基本特点是：以宏观目标的"富国之学"为基本线
索，宏观经济管理的基本指导思想主要表现为义利之争、本末之争、俭
奢之争。宏观经济管理方针主要有两条，一是"无为而治"，即自由放任
的方针，二是"通轻重之权"，即实行国家控制的方针。潘承烈等主编的
《中国古代管理思想之今用》，以先秦老子、孔子、墨子、商鞅、孟子、
孙子、鬼谷子、管子、荀子和韩非子为研究对象，从他们的学说与留给
后人的著作中去研究这些先人的思想，包括涉及管理方面的可资借鉴和
有启迪作用的思路、哲理、观点、规律与理论等等。刘云柏在《中国管
理思想通史》中将中国管理思想分为儒家、道家、法家、佛家、兵家、
墨家、农家、阴阳家、杂家、名家、基督教、伊斯兰教、少数民族、纵
横家、医家等派别，并分别加以历史性考察。姜以读等编著的《中国古
代政府管理思想精粹》，从民为邦本、治国之道、君臣之道、行政方略、
因时而立政令、礼义法度应时而变、法令者为治之本、事在四方要在中
央、统华夏为一家、兵为国家大事、食货为生民之本、财赋为邦国之大
本、四民之业钱货为本、教化治天下、建国教学为先、礼贤举士、用人
行政并重、严吏治及交邻有道等方面，总结了古代国家管理思想精粹。

　　二是一些经济史、政治史、法制史等专题性的论著。其中比较有代
表性的有：九卷本各卷分设主编的《中国经济通史》、白钢《中国政治制

度通史》、张晋藩《中国法制通史》、方宝璋《中国审计史稿》，以及大量专题性的断代研究专著，如张亚初、刘雨《西周金文官制研究》，安作璋、熊铁基《秦汉官制史稿》，杨鸿年《汉魏制度丛考》，王永兴《唐勾检制研究》，汪圣铎《两宋财政史》，李晓《宋代工商业经济与政府干预研究》，张文《宋代社会救济研究》，边俊杰《明代的财政制度变迁》，张显清《明代政治史》，田培栋《明代社会经济史研究》等。这些论著在宏观考察中国古代各种制度时，提出了一些对管理思想史有重要参考价值的精辟论断。如白钢在《中国政治制度通史·总论》中提出，中国从战国至清朝封建地主阶级专政的国家是以中央集权和官僚政治的形式出现，实行专制君主制，其政体运行机制，以皇帝"独制于天下而无所制"为转移，其特点主要有 3 个方面，即行政、军事、监察三大系统鼎立，近侍逐步政务官化，中央派出机构逐步地方政权化。

以上两类论著在其研究的主要领域，均做了全面、系统、深入的研究，做出了令人瞩目的贡献，处于领先水平。这些论著在不同程度上涉及古代管理思想，如对社会犯罪的禁戒与镇压、政府财政税收管理、盐铁茶酒专卖、对户口土地的管制、垄断货币发行、对社会的救助等思想的论述，对进一步研究管理思想有参考启示作用。但是，这些论著均只是在从事本领域研究需要时论及管理思想的某一方面，因此难免有所不足。总的说来，其不足大致有以下 5 个方面。

其一，以往的研究成果虽然涉及古代管理思想各方面，但都未能有意识地从自我管理思想、家族管理思想、经营管理思想、国家管理思想、军事管理思想五位一体的视角进行探讨论述。其二，绝大多数研究成果仍停留于采用传统的、以某些代表人物为中心的通史叙述方法，而鲜有以现代先进的管理理论为指导。其三，鉴于以往研究中视角与方法的局限，对古代一些管理思想的分析与看法，有待于重新认识与评价。其四，古代史料浩繁分散，尤其是一些低层次人物有价值的管理思想非常零散，以往的研究对此关注不够、收集较少。除此之外，古代管理行为、政策、制度中所反映的管理思想也发掘不够。有关古代管理思想的史料发掘整

理之不足，是限制研究工作深入的另一个重要原因。

第三节　特色和创新

（一）　学术视角较新

以自我管理思想、家族管理思想、经营管理思想、国家管理思想、军事管理思想五位一体的视角，能比较深层次、客观、系统、全面地勾画先秦、秦汉魏晋南北朝、隋唐五代、宋、元、明、清时期管理思想的历史面貌，动态综合地考察历代政府管理思想得失与王朝兴衰的必然联系。

（二）　史料的完整性

该系列专著在史料收集上的明显特点是：不仅收集高层人物的主流管理思想，而且重视收集一些虽是低层人物但有价值的管理思想，并注意从管理行为、政策、制度中发掘其体现的管理思想。该系列专著所引用的材料有50％以上是该研究领域首次使用的。

（三）　研究领域创新

该系列专著所涉及的一些专题，如古代经营管理思想、古代社会管理思想、古代公共事业思想等是以往很少有人研究的，该系列专著弥补了管理思想史研究的一些空白。

（四）　学术观点创新

对于古代的一些管理思想，学术界历来看法不一。该系列专著从自我管理思想、家族管理思想、经营管理思想、国家管理思想、军事管理思想五位一体的视角，对其进行重新评价，提出独立见解。例如：提出修齐治平是中国古代主流的管理思想，反映了东西方的不同管理逻辑起点；提出中国古代管理思想史大致可分为三个阶段：第一阶段夏商、西周、春秋、战国是古代管理思想的产生及其初成体系时期，第二阶段秦

汉、魏晋南北朝、隋唐前期是古代管理思想缓慢发展时期，第三阶段唐中叶五代、宋、元、明、清是古代管理思想成熟及变革时期；提出古代较先进的政府管理思想是在适度的管制下充分发挥协调、服务政策性工具的作用，这对当代处理好政府与市场的关系、创新行政管理方式、建设服务型政府，具有借鉴意义。这些都是以往研究者所未提到的。

（五） 对当代的启示

该系列专著着重发掘对当代有启示意义的古代管理思想，为党的十八届三中全会和十九届四中全会提出的完善和发展中国特色社会主义制度，推进国家治理体系和治理能力现代化提供历史的借鉴。例如：提出民本思想是古代政府管理的指导思想，在历代具有很强的路径依赖，至今对我国目前"全面深化改革，以增进人民福祉为出发点和落脚点"的改革目标有深刻的影响；提出军事力量是国家管理的基石等管理思想，对现代国家管理都具有积极的借鉴作用。

第四节　修齐治平：历史与逻辑的分析框架

（一） 自我管理思想

汉代《大学》中提出的修身、齐家、治国、平天下，是先秦儒家管理思想的总结。儒家所说的修身，内容相当丰富，其中主要有孔子提出的仁、义、礼、智、信，孟子提出的仁、义、诚等。孟子还将以孔子为代表的儒家修身思想概括为"四端"，即仁、义、礼、智。后人在此基础上又增加了"信"，成为所谓的"五常"。尔后，历代儒家学者在对前代儒家著述和思想的注释和阐发中不断发展完善丰富儒家思想，如汉代的《大学》《中庸》的作者在孔孟"诚"的基础上提出了慎独、正心、明德、格物、致知等，唐代的韩愈提出了性三品论，并将《礼记》中的《大学》篇挑选出来，列为《四书》之首。韩愈因此成为宋代理学的先驱者。宋

明理学大大发展了先秦儒家思想，成为儒学发展史上的第二个高峰，其中南宋的朱熹为集大成者，被称为儒学发展史上"矗立中道"的继往开来的人物。宋明理学援佛入儒，提出了理气、性命等新命题。

就儒家修身学说来说，经过历代发展和丰富，内容可谓洋洋大观，在此，短短的篇幅难以列举。如果要说其中最为核心的思想是什么，据笔者理解，那就是"五常"，而且"五常"之中，又以"仁"为首。孔子首先提出的"仁"，有多种含义，其中最核心的就是"仁者爱人"。按照孔子的逻辑，一个人如有"推己及人"之心，即"己所不欲，勿施于人"，即自己不想做的事，也不要强加别人做。如能做到这一点，就是起码的仁爱，其余的义、礼、智、信也就容易做到了。因此，古今中外都不例外。要建立一个美好的人类社会，其逻辑起点应是每一个人必须具有爱心，其他好的品质就容易培养了。正由于古代先哲认识到了这一点，所以都重视爱，如基督教主张博爱，佛教主张慈悲为怀、众生平等。

（二） 家族管理思想

儒家所谓的齐家，总的说来，是要使家庭、家族和睦，父慈子孝，兄友弟悌，夫主妇从，上下尊卑有序。儒家齐家重视同宗同族之人通过建宗祠、编族谱、建祖坟、定期祭祀会食等以达到追根溯源，尊祖敬宗，慎终追远，从而使同宗同族之人团结在一起，互相扶持，守望相助。所以，俗话所说的"家和万事兴"是中国人齐家的共同追求。儒家也强调通过勤劳节俭而发家致富，使子孙衣食无忧，通过兴办私塾，督促鼓励子弟努力读书学习，科举致仕，进而光宗耀祖，提高本宗族的社会地位和影响力。古人在齐家中认为身教重于言教，一家人朝夕相处，父母家长应重视自己的修身，各方面做出表率，才能教育好子孙。

中国自古以来家国一体，家是小的国，国是大的家。自先秦以来，古人就主张孝治天下。古人认为：在家孝顺父母的人，在外做事当官就会忠于君主和上级领导；在家敬爱兄长爱护弟弟的人，在外处世就会和同事朋友之间相处和谐。这就是古人常说的孝子忠臣、移孝作忠。孔子以"推己及人"的逻辑思维推导，要建立起理想的大同社会，首先必须

从"老吾老以及人之老，幼吾幼以及人之幼"做起。这就是从修身、齐家而扩充至治国的实现平天下的路径。古人基于这种认识，在选拔治国人才时，非常重视将孝道作为一条重要的标准。如汉朝有"举孝廉"的制度，就是选拔有孝道、清廉品德的人担任各级官吏。

（三） 经营管理思想

先秦时期，在经营管理上出现了"计然之策"和"治生之道"、君主利民、轻徭薄赋等思想。汉代，司马迁的善因论思想则提倡国家要善于利用人求利的本性引导工商业的发展。唐代，刘晏兼任盐铁使后，改革榷盐为民产、官收（官督）、商运、商销，改革漕运为官督雇佣制等，都注意通过发挥私商经营的积极性来克服官营的高成本、低效率，促进社会经济的发展，同时提高政府的财政收入。

宋代政府尝试在不同制度关系中运用协调（约定、协商、引导、劝勉、调解）的方式去控制和规范组织与个人的活动，如入中、买扑承包、雇募制思想等，出现管理思想的重心从统治到治理的转化。所谓入中（明称"开中"），就是宋、明朝廷利用茶盐等榷货换取民间商人运送军用粮草到沿边，以保障军队后勤供给。所谓买扑，就是宋代私人通过向官府交纳课利，承包经营官府的酒坊、河渡、盐井、田地等。宋代，有识之士已认识到：只有工商业私营，才能提高生产者的积极性和生产效率，促进社会经济的恢复和发展；私营工商业自由竞争能使吏治廉洁、稳定社会，能在某些方面发挥政府不可替代的作用；对私营工商业应因势利导，能达到官民共利。私商经营和买扑思想是古代经营管理思想的一个重要发展，标志着我国中古管理思想开始向近古管理思想的转变。

（四） 国家管理思想

中国古代在国家管理中的指导思想是以民为本，即民本思想。最高统治者在意识到"治天下者，以人为本"的前提下，在管理国家、制定政策中必须考虑保民、养民、教民、抚民、利民、爱民、得民等。民本思想渊源甚早，并对后世产生深远的影响。中国古代从先秦开始，就出现了《尚书》中的重民、"民惟邦本"，周公的保民，孔子的爱民，孟子

的民贵君轻论，荀子的君舟民水论等民本思想。春秋时期一些当政者对民十分重视，把对民政策作为管理国家成败的关键。虢国的史嚚说："国将兴，听于民；将亡，听于神。"① 战国时期，重民思想又有明显的发展，其中较为突出的是孟子的"民为贵，社稷次之，君为轻"②。据荀子称，君舟民水是孔子提出来的。"君者，舟也；庶人者，水也。水则载舟，水则覆舟，此之谓也。"③ 汉代贾谊进一步提出"以民为命""以民为力""以民为功"等相关理念，继承了先秦儒家爱民仁政的思想，把此作为管理国家的核心思想。到了唐朝时期，唐太宗的国以民为本，明清时期黄宗羲、顾炎武、唐甄等人的民本论，特别是王夫之"不以一人私天下"的民本思想，从公与私的视角对君与民的关系做了分析。

说到底，古代民本思想都是从管理者（最高统治者和各级官吏）的角度，重视、肯定被管理者（民众）在管理国家中的最终决定作用。在政治清明的盛世，民本思想成为政府管理的指导思想。民本思想并不等于民主思想，其本质是统治者重民思想，即意识到在"民惟邦本，本固邦宁""治天下者，以人为本"的前提下，在管理国家、制定政策中首先必须考虑保民、养民、教民、抚民、利民、爱民、得民等。中国古代民本思想在管理国家实践中的具体政策体现是：其一，管理者认识到民心向背关系国家兴衰存亡，故治国必须顺民心，尊重民情、民意；其二，实施利民、惠民政策，而勿扰民、伤民，轻徭薄赋，使民致富，这样就可以得民心、得天下；其三，政府通过实施对民有利之事来引导民众，使民按照政府的政策、命令行事。总之，古代的民本思想与当代的执政为民、为人民谋福祉，其思想是一脉相承的。

德法并用是古代政府管理思想的总原则。其管理国家的基本原则是历代政府要发挥好政策工具（管制、协调、服务）的作用，必须德法并用、德主刑辅，先以仁义教化"劝善"，后以法制刑杀"诛恶"，二者相

---

① 《左传》庄公三十二年，《十三经注疏》本，中华书局，1980 年。
② 《孟子·尽心下》，《新编诸子集成》本，中华书局，2018 年。
③ 《荀子·王制》，《新编诸子集成》本，中华书局，2018 年。

济为用。

古代德法并用思想的理论依据是人性论。主张以严刑酷法为主治国的人通常认为人性是恶的，因此主张应当以刑法惩恶，才能维护国家的统治。相反，主张以德为主或为先治国的人则一般认为人性是善的，所以主张通过教化，宣传仁义礼智信、忠孝廉耻等，引导民众从善，自觉遵守道德规范，从而达到天下太平。当然，刑法也不可或缺。如没有刑法，则不能威慑企图违法犯罪者。只有以德为主、以刑为辅，或先德后刑，才是治国之正道。

在政府管理中，各种政策工具必须通过各级官吏加以执行。因此，历代最高统治者为维护自己的统治，高度重视治吏。正如《韩非子·外储说右下》所指出的："吏者，民之本、纲者也，故圣人治吏不治民。"治吏的主要手段就是加强对官吏的选任与监察、考核。

古代对官吏的选拔、任用、监察、考核从时间序列上看体现了一种控制思想。其中，选任是核心。选拔侧重于事前控制，属于积极控制；如选拔出的官吏均是德才兼备的优秀人才，那就大大减小了任用官吏环节失控的概率，防患于未然。监察侧重于事中同步控制，可属于积极控制，即在官吏任职期间，如随时发现问题随时提出纠弹，及时制止任用官吏环节出现的失控，将问题防患于萌芽阶段；考核侧重于事后控制，属于消极控制，即在官吏某一阶段任职期结束时进行检查评估，这对官吏虽然有激励作用，但如发现任用官吏有失控问题，则很难弥补其造成的危害损失，同时也毁掉了一批官吏，只能起惩弊于后的作用。

（五）　军事管理思想

国家必须拥有一支强大的军队，以保卫国土安全并随时对被管理者的反抗实行镇压，以此确保政府的管理意志能够得到贯彻执行。古代，国君拥有统率、指挥军队和任命将帅的最高权力。

古代的军事管理最根本、最重要的是，最高统治者，即国王或皇帝要亲自掌握全国军队的领导权、指挥权和调遣权。任何国家管理者的统治权力的基础是拥有一支强大的武装力量作为其后盾。如果一旦失去对

军队的控制，那么管理者将变成被管理者，甚至沦为阶下囚或连身家性命都不保。《管子·重令》说："凡国之重也，必待兵之胜也，而国乃重。"军事管理的主要措施，如将领选任、军队建制、领导体系、兵种建置、兵役制度、武器装备、后勤供给保障、军队纪律等，都是为了加强作为后盾的武装实力，以维护国家的长治久安，保证各项国家管理措施和政策得到贯彻和执行。

但是，最高统治者又要十分慎重使用军事力量。兵者，凶险无比也，它会带来大量人员的伤亡和财产的损失，使千里沃野成为焦土废墟。《老子》第31章云："兵者不祥之器，非君子之器，不得已而用之，恬淡为上。胜而不美，而美之者，是乐杀人。夫乐杀人者，则不可以得志于天下矣。"可见，老子认为武力战争是带来灾难的不祥东西，不是君子所使用的。如万不得已而使用它，最好要淡然处之。胜利了也不要得意扬扬，如果得意扬扬，就是喜欢杀人。喜欢杀人的，就不能在天下得到成功。当时，不仅主张清静无为的老子如此认为，即使作为杰出的军事家孙子也主张不要轻易发动战争。他在《孙子兵法》开篇就指出："兵者，国之大事，死生之地，存亡之道，不可不察也。"不言而喻，孙子认为战争关系到人民的生死、国家的存亡，因此必须予以十分谨慎的对待，切不可轻举妄动。基于这种思想，他在《谋攻》篇深刻指出："百战百胜，非善之善者也；不战而屈人之兵，善之善者也。"这就是即使发动战争百战百胜，胜利一方也要付出沉重的代价，因此不是最佳的选择。只有不发动战争而使对方屈服，这才是最佳的选项。

（六） 古代政府管理政策工具的三个层面

从古代政策工具的视角看，管理国家主要有三个层面。第一层面是以政府管制为主的管理，通过命令、禁戒等手段，如通过户口和土地、租税和货币管理、盐铁酒专卖等，强制民间组织及个人遵守、服从。管制较容易实施和管理，效果具有直接性，更适应于作为处理危机的工具。但管制会限制自愿性和私人活动，可能导致经济上的无效率性、高成本、低质量，并可能产生社会与政府的对立，甚至恶化为冲突等。古代政府

管理思想认为，过分强调管制，会使整个国家和社会处于高度紧张状态，内部缺乏调节和弹性。故貌似强大巩固，其实充满危机。第二层面是以政府协调为主的管理，如通过财政性政策工具、市场性政策工具（买扑、入中、减免赋税等）调控经济活动，通过契约、劝勉、调解等途径使政府与民间组织、个人自愿平等合作，动员全社会力量共同参与，最大限度增进共同利益。政府协调为主的管理能降低政府管制的成本，提高积极性和产品质量，有效配置资源，促进经济发展，避免社会与政府、社会各阶层之间的对立引起的内耗。从短期效益看，虽然协调管理会弱化政府对经济和社会的直接控制，有时短期之内还会减少财政收入，削弱政府的权力，但从长远的眼光来看，协调富有调节机制，能缓和化解各种矛盾，使内部富有修复机制和弹性，整个国家和社会易于趋向安定和谐。第三层面是政府通过对社会的服务，即通过救助进行赈灾、救济，采取公办、公办民助、民办公助等形式，兴办公共事业等。其政策着眼点是保障弱势群体的最起码生存条件，为全体民众提供必要的公共产品，从而使社会和谐稳定。

从管理控制论的角度看，管理国家无论从主体还是从客体来说，都是人（管理者）进行的控制和对人（被管理者）进行的控制。说到底，人是核心要素，所有的管理活动都是通过人的行为来完成的。总的说来，古代的管理者依据被管理者的3种不同性质的行为分别采取3种不同的管理政策工具：对严重威胁封建统治和社会稳定的行为，政府采取镇压、禁戒等严厉管制政策，主要为达到有序地控制目标；对日常民众的经济、文化活动，政府通过价格机制进行反馈和调节，采取鼓励和引导等协调政策，从而提高全社会自愿参与的积极性，主要为达到高效的控制目标；对于灾民及老弱病残、孤独无助者，政府采取救助和兴办公共事业等服务政策，为弱势群体提供公共产品或准公共产品，保证他们的基本生存条件，主要为达到和谐的控制目标。总之，古代政策工具暗含着这样的思想理念：管理者对被管理者对抗性、非对抗性和求助性的3种行为分别采取刚性（管制）、柔性（协调）和人道（服务）的3种性质的政策工

具进行控制，从而达到长治久安的控制目标。

古代政策工具的较好发挥是，在尊重民众基本权利的适度管制下，坚持公平协调，调节化解各种社会矛盾，引导民众向善，着眼于利民、爱民的服务，兴办公共事业和社会救助，保障民众的基本生存条件，从而达到长治久安的管理目标，使国家安定和谐、经济发展、民富国强。

第五节　中国古代管理思想阶段性特征

（一）　古代管理思想形成三个阶段的主要因素

综观中国古代管理思想史，大致可分为三个阶段：第一阶段夏商、西周、春秋、战国是古代管理思想的产生及其初成体系时期，第二阶段秦汉、魏晋南北朝、隋唐前期是古代管理思想缓慢发展时期，第三阶段唐中叶五代、宋、元、明、清是古代管理思想成熟及变革时期。其形成原因是错综复杂的，需要进一步研究，但目前有两点主要因素是比较明显的。

其一，动荡忧患时代更能激发人们对管理思想的思考和创新。如前所述，中国古代之所以在春秋战国时期、唐中叶五代两宋、明末清初与晚清出现管理思想的繁荣局面，其中一条重要原因是这三个时期都是动荡忧患的历史时代。春秋战国诸侯国之间割据混战，生灵涂炭，人民生活处于朝不保夕的境地，促使一些有识之士对国家管理展开思考，并对此发表自己的见解，形成百家争鸣的景象。中国古代管理思想初步形成体系，对其后两千多年的古代管理思想产生了极其深远的影响。中国古代绝大多数的管理思想均可从春秋战国诸子百家中找到其渊源。唐安史之乱后藩镇割据，兵连祸结，最后形成五代十国的局面，社会仍然动荡不安。北宋虽然结束了五代十国的割据局面，但终两宋三百多年，先有北宋、辽、西夏对峙，后有南宋、金、西夏鼎立，仍然是战火连绵，天灾

人祸不断。在这种历史背景下，又激发了一些有忧患意识的人思考如何安邦治国，从而开创了古代管理思想一个新的发展时期。明末清初的改朝换代，使社会长期动荡不安，促使一些明朝遗民思考明亡的教训。晚清西方列强的侵略，使中华民族面临着生死存亡的严峻挑战，一些爱国志士师夷长技以制夷，努力学习西方的先进科学技术与政治制度、管理思想，奋力挽救民族危亡，梦想建立一个富强的中国。明末清初和晚清出现的管理变革思想，标志着中国古代管理思想向近代管理思想转变。与此相反，汉唐虽然是中国古代富庶强盛的朝代，但哲学思想和管理思想都相对缺少明显的创新，处于缓慢发展、比较沉闷的时期。究其原因，汉唐相对安定富饶的生活使人们创新管理思想的动力不足。这里必须说明的是，魏晋南北朝虽然也是一个战乱的时期，但是由于进入中原的游牧民族文化层次太低，其政权更迭频繁，因此也不可能产生管理思想的创新。

其二，相对宽松自由的文化和言论环境有利于管理思想的创新。如春秋战国时期各诸侯国为在割据混战中胜出，一般都给予士人较宽松优裕的待遇，以招揽人才，为己所用。那些士人为了能受到国君的重用，也积极发表自己的安邦治国见解。这就促使当时管理思想新见迭出，异彩纷呈。赵匡胤建立宋朝后，右儒重学，优待知识分子，不杀言官，以后宋代历朝皇帝都遵循这一祖训。这使宋代大臣士人都敢于言事，评论朝政，或著书立说，授徒讲学，创立学派，从而使管理思想呈现出繁荣的景象。明末清初，时局动荡不安，明朝遗民或隐居不仕，或埋名隐姓、浪迹天涯，思考明亡的教训，从而产生了黄宗羲、顾炎武、王夫之反封建君主专制的思想。晚清时期，清廷处于内外交困的境地，无奈之下只好放宽言论限制，允许朝廷大臣以至民间士人，上书奏闻，提出抗御外侮、富国强兵的良方妙策，以挽救岌岌可危的清王朝统治，从而使一些爱国志士纷纷建言献策，引发古代管理思想向近代管理思想的转变。

（二）　古代三次管理思想发展高潮

从上文可知，在中国古代管理思想史上，曾出现三次管理思想发展高潮，一次在第一阶段，即春秋战国时期，两次在第三阶段，即唐中叶

五代宋与明末清初、晚清时期。

其一，春秋战国时期，中国古代管理思想初步形成体系。春秋战国是社会大变革的时代，各种社会矛盾错综复杂。激烈的政治斗争层出不穷，从春秋时期的大国争霸到战国时期的兼并战争，从礼乐征伐自天子出到自诸侯出再到自卿大夫出，从三桓与鲁公室的斗争、田氏代齐到三家分晋，从齐威王改革、魏国李悝变法、赵烈侯改革、韩昭侯内修政教、楚国吴起变法、秦商鞅变法，再到燕昭王的改革。兼并战争与政治、经济上的剧变，对社会上的各个阶级、阶层和集团都产生了深刻的影响。人们对于当时社会大变革中的许多问题，都有自己的态度、主张、愿望和要求等。

每个诸侯国面临割据纷争的局面，都想在生死存亡的竞争中采取合乎时宜的谋略与政策，求富图强，求得生存与发展，最后消灭竞争对手。各国的国君和大贵族，都大力招揽知识分子为自己出谋划策，礼贤下士成为社会风尚。这就是所谓"诸侯并争，厚招游学"①。当时各国统治者对人才的重视，使作为知识分子阶层的士可以各持一说，在诸侯间奔走游说，"合则留，不合则去"，有相对的自由。一些略为有名的士，还收门徒讲学，"率其群徒，辩其谈说"②。这使每个学派都有发展的空间和机会。如当时的孔子就带着弟子周游列国，宣扬自己的治国主张。其后的墨子和他的弟子结成一个严密的团体，经常到各国游学。

当时的国君为了招纳智囊，谋求方略，使士为己效力，都比较礼贤下士，对知识分子比较宽容尊重。这使知识分子有比较强的独立性，敢于独立思考，敢于发表自己的见解。在这大变革的时代，各阶级、阶层和集团也纷纷在士阶层中寻找自己的代言人。这使士这一阶层大都企图用己说改造君主，使君主采纳自己的治国主张，从而得到高官厚禄。有不少思想家虽追逐荣华富贵，但更看重自己的治国抱负。

---

① 司马迁：《史记》卷 6《秦始皇本纪》，中华书局，2011 年。
② 《荀子·儒效篇》。

春秋战国时期，"官学"日趋没落，"私学"在各地产生和发展起来。在当时私学中，孔子创设的私学最为著名，影响最大。齐国的威王和宣王大兴"稷下"之学，使"稷下"成为各派学者讲学和讨论学术的中心，稷门下所设的学校称"稷下之学"。当时儒家、阴阳家、道家和其他流派的学者都聚集在此，从事议论、探讨学术。

在这时代大变革的背景下，许多杰出的人物代表不同的阶级、阶层或集团，提出了对社会变革的看法和治国的主张，初步形成了各种管理思想。例如：在自我管理上，出现了儒家的修身、明德、格物致知等思想；在家族管理上，继承发展了西周的宗法管理思想；在经营管理上，出现了范蠡（陶朱公）的"计然之策"和白圭的"治生之道"；在国家管理上，出现了儒家的仁政、民本、君舟民水、礼治、德主刑辅、选贤任能，法家的法、术、势，道家的无为而治，墨家的兼爱、非攻等思想；在军事管理上，出现了国君必须掌握军队的最高统帅权、将在外君命有所不受、严明军纪、绝对服从上级指挥、知己知彼百战不殆、国力必须以军事实力为后盾、先德后兵，应慎重使用军事力量、不战而屈人之兵等思想。总之，把中国古代的管理思想推向了一个高峰，并对以后两千多年的古代管理思想产生了极其深远的影响。中国古代绝大多数的管理思想均可从春秋战国管理思想中找到其渊源。

其二，唐中叶五代宋，开创古代管理思想一个新的发展时期。经营管理思想、国家管理思想上的新发展主要表现在：古代政府管理思想从统治到治理的转化是从唐末五代至宋中期开始和完成的，其重要标志就是政府协调为主的管理思想的出现。从先秦至隋代，政府对财政性和市场性政策工具的使用仅限于：通过赋役政策引导民众从事农业生产，限制工商业，调整社会财富的分配；通过价格杠杆，买跌卖涨，实行平准，平衡市场物价。唐宋封建商品经济发达，为顺应这一历史潮流，政府管理开始逐渐把市场激励机制、自由竞争机制和民营部门的管理方法与手段引入政府的管理，以最大限度提高财政收入，进而解决因频繁战争、军费开支巨大而引起的财政危机，从而稳定其统治地位。唐宋政府管理

思想开始逐渐发生划时代的变化，从单纯的管制性工具向市场性、财政性工具转变（当然这一转变还是相当微弱的）。在特许经营与契约管理方面，对一些传统的政府经营领域，有意识地引进市场机制。例如：对盐茶酒的专卖，从唐末刘晏发其端，至宋代朝廷全面有意识地引进市场机制，逐步探索从直接全面专卖到间接部分专卖的实践；宋代政府创造性地以高商业利润诱使商人入中，把解决沿边军需供应难题纳入市场化的体系中；明代的开中法沿袭了宋代的这一做法；五代、宋朝廷在酒坊、官田、盐井、河渡、商税场务等推行买扑承包制，通过投标竞争，激活经营机制，压缩政府管理成本，保证国家财政收入最大化，并促进市场的公平竞争和资源的合理配置。唐宋在手工业和漕运方面，完成了从官府垄断经营到承买制、从劳役制到雇募制、从定额制到抽分制的转化，激活了生产者的主动性和积极性，克服了官营垄断的僵化体制和低效率，降低管理成本，从而提高矿冶业的经营效益。在政府救助方面，顺应商人逐利的本性，利用价格杠杆，引导他们参与赈灾，从而部分解决了救灾经费和物资不足问题，节省了财政支出。

宋代以后，由于封建商品经济的发达，人们的交往日益频繁，社会关系纷繁错综，民事诉讼大量增加。朝廷对民事诉讼尽可能采取自愿平等协商的调解方式，而不采取强制性的判决方式。这在缓和社会各种矛盾，防止其激化，以封建纲常伦理教化民众，稳定社会秩序方面发挥了应有的作用。这也从侧面体现了政府管理思想从统治到治理的转化。

总之，以上各种新的管理思想在唐末五代至宋中期的出现，充分表明该时期政府管理思想从统治到治理的转化，是中国古代管理思想史新的发展时期，其结论与史学界的唐宋变革论不谋而合。

唐末五代至宋时期，自我管理思想的新发展主要表现在：韩愈的道统说和性三品论是继承传统的孔孟儒家思想而发展来的，为宋明理学开了先河。他在《原道》中指出："斯吾所谓道也，非向所谓老与佛之道也。尧以是传之舜，舜以是传之禹，禹以是传之汤，汤以是传之文武周公，文武周公传之孔子，孔子传之孟轲。轲之死不得其传焉，荀与扬也，择

焉而不精,语焉而不详。"① 在此,韩愈为了对抗佛道两教,提出儒家思想在历史上的一个传授的系统——道统。韩愈的道统之说,孟子本已略言之,经韩愈提倡,宋明道学家将其进一步发扬光大,成为宋元明清思想界的主流,而道学亦成为宋明新儒学的新名字。韩愈在此极力推崇《大学》的主张,即修身与治国是紧密联系为一体的,修身的目的是齐家治国,要管理好国家首先必须修身齐家。他在自我管理思想方面提出了性三品的人性论。他的性三品论继承了董仲舒的性三品说,既不赞成孟子的性善论和荀子的性恶论,也不赞成扬雄的善恶相混的二元论。

唐代韩愈的性三品论对宋代的人性论产生了直接的影响,其中比较突出的是李觏提出的性三品、人五类论,周敦颐提出的性五品论,王安石提出的上智下愚中人说以及二程、朱熹提出的天命之性、气质之性等。在人性论的基础上,宋代理学家提出了各种自我管理思想。如张载认为,一个人如经历了"穷理""尽性""以至于命"3 个层次后,其精神世界便上升到一个所谓至诚至善、无思无虑、无私无欲的境界。程颐、程颢提出,"致知格物"是起点、开端、基础,而"治国平天下"则是终点、目标,通过它进行修身养性,最终才能达到治国平天下的目标。周敦颐则要求人们必须孜孜不倦追求诚,因为诚是道德的极致。他还继承了古代儒家"中庸"、道家"清静"、佛家"寂静"的思想,提出以"主静"作为修养的方法。朱熹发扬光大了二程主敬的思想,反复强调把持敬看作是涵养的根本,即"立脚去处""圣人第一义""圣门之纲领"。张九成提出的"慎独"道德境界有两层含义:一是所谓"性""天命""中",都是指喜怒哀乐未发时"寂然不动"的心理状态;二是所谓"敬以直内"与二程、朱熹的持敬说的道德境界是相似的,而张九成的慎独说更强调一个人独居时的持敬。

唐末五代至宋时期,家族管理思想的新发展主要表现在:朱熹是继张载、程颐之后大力提倡建立新的家族制度的著名理学家。他为宋代家

---

① 韩愈:《昌黎先生文集》卷 11《原性》,上海古籍出版社,1987 年。

族制度设计了一个相当完整而十分具体的方案。除了当时已形成的家谱他没有谈到以外，大凡族长、祠堂、族田、祭祀、家法、家礼等体现宋代家族制度形态结构的主要内容，他都详细且具体地在其《朱子家礼》卷1《通礼》中提出来了。后世的家族制度，大体上就是按照朱熹设计的模式建立起来的。因此，朱熹通过族长、祠堂、族田、祭祀、家法、家礼等达到敬宗收族的思想，对后世影响极其深远。

关于族谱的体例，以欧阳修的《欧阳氏谱图》为例，其包括4项内容，为谱序、谱图、传记、谱例。谱序，概述欧阳氏先世历史、得姓缘由和修谱的原因。谱图，绘制欧阳氏世系图。最后是谱例，阐述该谱的编纂原则。从谱序中我们知道，欧阳修编纂族谱采用详近亲、略远疏的著录对象原则。欧阳修主张各房支修谱，便于明确和查考，然后将修好的各房支谱合并起来，就是欧阳宗族的总族谱了。

苏洵的《苏氏族谱》则包含6项内容，为谱例、族谱、族谱后录、大宗谱法、附录、苏氏族谱亭记。其中谱例，阐述谱的意义；族谱，先说明修谱的目的和叙述法则，然后是世系图；族谱后录分上、下篇，上篇为苏氏的先世考辨和叙述法则，下篇记录了苏洵"所闻先人之行"，类似人物传记；大宗谱法介绍了纂修族谱的方法，以备修大宗族谱者采用；苏氏族谱亭记记载了族谱亭的建立过程。这里值得注意的是，苏洵纂修《苏氏族谱》采用的是小宗法，全谱仅著录六代人。苏洵还提出藏谱与续修的原则是：已成谱，高祖子孙家藏一部，续增的后人至五世，续修家谱。如此往复兴修，总观起来，世系延绵，修谱不绝，宗绪不会混乱。苏洵对于族谱的世系记载表述，则采用表的方式，六代一线贯穿下来，不像欧谱五世一图。

我们如对欧、苏两谱进行比较，发现其共同点：一是编纂族谱的目的相同，即通过追本溯源、明晰世系以敬宗收族，通过记述祖先的功绩德行来教忠教孝，传承祖先遗德，光宗耀祖；二是在编纂体例上，欧、苏两谱均有谱序、谱例、世系、传记，都采用小宗谱法，详亲略疏，传记所包含的内容，一般都有名讳、字号、仕宦、为人、生卒、享年、葬

地、配偶、子数等。不同点主要是：在记述世系时，欧谱用图，苏谱用表，表述方法不同。欧谱以图表述，不论宗族传了多少世代，人丁多么兴旺，都可以便利地记录下来，但世代、人口一多，查检起来不太方便；苏谱以表表达，族人的世系、血缘关系令人一目了然，但若世远人众，表就不好做了。谱图、谱表，各有优劣，需要互相取长补短，故后世修谱者往往综合欧、苏两家，图表并用。

欧谱和苏谱的创修，不仅出自本族的需要，而且意在为天下提供样本，起表率作用。欧、苏编纂家谱的指导思想和体例不仅影响南宋的家谱修撰，而且为元、明人修谱提供了范本，士大夫修谱纷纷遵奉欧、苏思想，仿照其体例。元代徽州教授程复心于延祐元年（1314）为武进姚氏族谱作序，就主张学习欧苏谱："苏氏、欧阳氏相继迭起，各创谱式，其间辨昭穆，别亲疏，无不既详且密，实可为后世修谱者法。"① 历史上家谱修撰的趋势是：唐以前官修谱牒，宋以后私家自修，首自庐陵欧阳氏和眉山苏氏二家，明士大夫家亦往往仿而为之。

北宋著名的政治家、军事家、思想家和文学家范仲淹以俸禄之余购买良田，捐为范氏宗族公产，称为"义田"，又设立管理机构，称为"义庄"。义庄的功能，涉及诸多方面，但对宗族成员进行经济生活上的赈济，是其最为重要的功能之一。一是义庄的"赡族"措施，其对象并不限于贫困族人，而是惠及宗族的所有成员，如对所有族人"逐房计口给米"，"冬衣每口一匹"，"嫁女""娶妇"支钱，"丧葬"支钱等。二是义庄建立了初步的管理、监督制度。范仲淹去世后，他的几个儿子都能遵从父训，承继父亲志愿，光大父亲事业。在义庄慈善事业方面，他们不断投入钱财和精力，不断完善义庄规矩。义庄对明清家族管理思想影响深远。

唐末五代至宋时期，军事管理思想的新发展主要表现在：中国古代自西魏文帝大统十六年（550）宇文泰开创了府兵制，这一兵制一直沿用

---

① 民国《辋川里姚氏宗谱》卷1，程复心《序》。

了两百年左右，直至唐中叶府兵制被募兵制所取代。府兵一般不入民籍，而是另立军籍。当府兵者，自备弓、刀，甲、槊、戈、弩由官府供给，有的自备资装，但不负担其他课役。当府兵的农民平时务农，农隙时讲武教战，有战事时朝廷临时点将率领从各地征发的府兵出征。战事完结，兵散于府，将归于朝。这样，兵不识将，将难专兵，避免了将帅长期拥兵作乱之弊，有利于巩固中央集权和国家统一。府兵制是兵农合一的一种制度。

唐中叶，随着土地兼并的发展，均田制日趋破坏，建立在均田制基础上的府兵制难以继续实行。为了解决宿卫缺兵问题，玄宗开元十年（722），宰相张说奏请募士。翌年，取京兆、蒲、同、岐、华府兵及白丁，加上潞州长从兵，共有12万人，号"长从宿卫"。开元十二年（724）"长从宿卫"更名"彍骑"。彍骑的产生实际上使唐朝兵制由府兵制转入募兵制，已具有雇佣兵性质。

北宋先后设立武举和武学，其中武学之设尚是中国古代史上的首创。宋仁宗景祐元年（1034），绛州通判富弼上书仁宗，建议"于太公庙建置武学，许文武官与白身岁得入补。聚自古兵书置于学中，纵其讨习，勿复禁止。朝观夕览，无一日离乎兵战之业，虽曰不果，臣不信也"。[①] 庆历三年（1043）五月丁亥，在对西夏战争的触动下，宋仁宗始设武学。宋代的武举和武学对军队的人才建设发挥了一定的作用，使一些训练有素的军事人才源源不断地补充到各级军队中，在对敌战争中发挥骨干的作用。

唐中叶五代宋，之所以是开创古代管理思想一个新的发展时期，与社会的动荡忧患、相对宽松自由的文化和言论环境密切相关。唐安史之乱后藩镇割据，兵连祸结，最后形成五代十国局面，社会仍然动荡不安。北宋虽然结束了五代十国割据的局面，但终两宋三百多年间，社会矛盾始终比较尖锐。据粗略估计，大致十年就发生一次较大规模的农民或士

---

① 赵汝愚：《宋朝诸臣奏议》卷82《上仁宗论武举武学》，上海古籍出版社，1999年。

兵起义，每一年就发生一次小规模的农民或士兵起义，加上先后对辽、西夏、金和元的战争，给人民生命和财产带来很大的破坏，并严重威胁宋政权的统治。唐中叶五代宋，由于战乱不已，军费开支庞大，财政上入不敷出的危机时有发生。历代朝廷解决危机的一个重要方法就是增加苛捐杂税，横征暴敛。当这种征敛超过了一定的限度，就会对小农经济造成巨大的破坏，严重影响小农的简单再生产正常进行。面对这种局面，许多有识之士纷纷提出改革朝政措施，从而在这一时期涌现出刘晏、杨炎、周世宗、范仲淹、欧阳修、李觏、王安石、司马光、苏轼、苏辙、叶适等著名的管理思想家，提出改革朝政的各种管理思想。一些朝中大臣在治理朝政、解决财政危机中提出买扑、入中，主张私营工商业等富有创造性的理财思想。

宋朝从太祖开始，就尊儒重文，兴文教，抑武事。太宗时还特别注意从孤寒之家选拔人才，这成为宋代科举改革的一个重要原则，为国家选拔才德兼备的人才发挥了积极的作用，如北宋著名的政治家、文学家、思想家范仲淹、李觏、欧阳修、王安石、苏轼、苏辙等都是出身孤寒之家的知识分子。正如明人徐有贞在《重建文正书院记》中所指出的："宋有天下三百载，视汉唐疆域广之不及，而人才之盛过之。"宋仁宗庆历四年（1044），太学从国子学三馆中分出，单独建校。太学在宋代成为混杂士庶子弟的普通学校，是宋代学校制度的一个重大变化，扩大了接受高等教育的范围。到神宗时期，那些"远方孤寒人士"和"四方士人"没有资格进入国子学的，自然就进入太学学习。与此同时，宋廷又给太学生以优厚的经济和政治待遇。朝廷全面实行"舍选"，即"天下取士悉由学校升贡"，于是，太学成为全国士庶子弟获得参加殿试资格的主要途径。南宋初年，国子学已不复独立存在，与太学合二为一。

宋代的右文重儒政策，一方面带来了两宋文化的繁荣，在理学、文学、史学等方面都达到了一个新的高峰，另一方面也造就了一大批士大夫阶层。这些士大夫广泛参与赵宋各级政权，有的终身从政，有的在一生中某一时期从政，其中的绝大部分人不管是在朝还是在野，都以天下

为己任，通经术，明史事，晓法律，重现实，疑经论政，批判现实，著书撰文立说，总结自己的从政经验，阐发管理思想和方略，如李觏、范仲淹、欧阳修、司马光、王安石、苏轼、苏辙、朱熹、叶适、吕祖谦等均是其中杰出的代表。

宋代自宋太祖开始就立下祖宗之法：不诛杀士大夫和言事人。宋代历朝皇帝的确比较优待知识分子，除非罪大恶极，一般不予诛杀；对上书言事、犯颜直谏之人，一般都较宽容，更不会加罪处以极刑。由于相对宽松自由的文化和言论环境，这一时期出现了一批富有管理思想和方略的名臣。如熙宁变法的论战，各种不同观点不同思想的撞击，产生了许多有价值的管理思想和理论火花。南宋孝宗对各种学派也采取宽容的态度。他喜欢苏轼的学说，却没有因此而排斥程颐的学说。吕祖谦、叶适、陆九渊、朱熹等学派的同时并存，说明了当时言论环境的宽松。

宽松的言论环境使当时的知识分子敢于关心现实问题，批判现实问题。宋代无论是程朱理学，还是陈亮、叶适的重商学派，都关心当时的现实问题，朝政的议论也呈现出前所未有的活跃局面。由此虽然形成了无休止的政党之争，但也带来政治、思想上较为自由的风气。这种风气为学术上的探讨和新管理学说的产生提供了有利的政治条件。如在较为宽松的文化政策环境中，一向为传统儒家思想所鄙视的重商思想在宋代却较为活跃。重商思想对宋代商品经济的发展和空前繁荣影响深刻，在古代经济史中占有显著的地位。

其三，明末清初和晚清，中国古代管理思想向近代管理思想转变。明末清初，在资本主义萌芽缓慢发展，封建君主专制主义愈益腐朽，王朝更迭、社会动荡的历史背景下，黄宗羲、顾炎武、王夫之等人的反专制政治思想，显露出资产阶级民主思想的端倪。黄宗羲提出：专制君主以天下为私产，实为天下大害；在专制君主社会里，只有一家之私法，天下就永远难免于乱；天下治乱的标准不是王朝的兴亡，而是民众的忧乐；应变法以救世，臣下出仕应以万民为重，置相权以分君权，设学校以监视朝政。顾炎武提出专制君主无法使天下致治，应分权众治的政治

主张。王夫之则以"不以天下私一人"的民本思想来反对封建君主专制主义。

清代末年，中国古代管理思想开始发生深刻的变化。19 世纪 40 年代至 70 年代，随着鸦片战争和第二次鸦片战争以及《南京条约》《北京条约》的签订，中国开始沦为半殖民地半封建社会。与此同时，西方思想也如潮水一般涌入中国。林则徐、魏源、冯桂芬、张之洞、李鸿章等提出抵御外侮、学习西方思想。林则徐主张严禁鸦片，抵御外国侵略，了解和学习西方。魏源也主张抗击英国侵略者，"师夷长技以制夷"。冯桂芬提出向西方学习，进行改革的主张，即创办军事工业、民用工业和新式学堂的洋务思想。张之洞提出实业与军事救国、中学为体西学为用思想。

19 世纪末，甲午战争的失败和《马关条约》签订后，面对民族危机日益严重，康有为提出维新变法思想：主张开民权，设议院、制度局，实现三权分立，从而改君主专制为君主立宪制；主张发展民族资本主义工商业，富国养民；主张发展新式教育，培养人才，以智富国。总之，实行自上而下的资产阶级民主改革，使中国走向富国强兵的发展资本主义的道路。梁启超提出维新变法思想：其一，改变官制，变专制制度为议院制度，这是变法的本原。其二，全面促进经济发展，兴交通，清除阻碍经济发展的不利因素。其三，废科举，兴学堂。其四，建立法制，借鉴西方各国法律以完善中国法制。其五，兴民智，实行君民共主。其六，设报馆，译西书，宣传维新变法。严复也提出维新变法，挽救民族危亡的思想。其维新思想中最突出的一个特点是借助自然科学的理论，将弱肉强食、优胜劣汰、物竞天择、适者生存理论用于论证当时中国变法的必要性和紧迫性，认为中国只有变法才能由弱变强，才能"自强保种"，否则，将亡国灭种。严复还主张思想自由，提倡科学，"黜伪崇真"。

20 世纪初，八国联军侵入北京，强迫清政府签订了《辛丑条约》，自此中国完全沦为半殖民地半封建社会。以孙中山先生为首的资产阶级革命党人，提出了民主革命思想。其中最具代表性的是：邹容在《革命军》

一文中，主张通过民主革命，推翻清朝封建专制统治，建立资产阶级民主共和国。章太炎主张，在中国推翻清王朝统治之后，应当建立资产阶级的民主共和国，并主张先"排满"，后对付帝国主义。孙中山民主革命思想的核心内容是包括民族主义、民权主义、民生主义在内的三民主义。民族主义的主要内容是推翻清王朝统治和争取民族独立，民权主义的核心内容是"推翻帝制，建立民国"，民生主义的主要内容是"一曰平均地权，二曰节制资本"。所有这些思想，标志着中国古代管理思想逐步迈向近代管理思想。

第六节　五个方面的说明

该系列专著在撰述中主要注意了五个方面的处理方式。其一，在撰述历代管理思想时，既注意其继承性，又强调其创新性。这就是说，古代的许多管理思想具有历史传承性，也就是历史依赖路径。为了反映这些管理思想的传承性，我们在阐述每一朝代相类似的管理思想时，都以适当的篇幅予以涉及。另一方面，对于每一朝代有特色有创新的管理思想，笔者都尽可能以较多的篇幅予以重点阐述。其二，中国古代历朝管理思想都十分丰富，即使鸿篇巨制也很难一一囊括，更何况拙著区区三百多万字，要阐述三千多年的管理思想更是难上加难。笔者只能以当代人的视角，选择其中对现实较有启示意义的管理思想加以阐述。其三，研究历史上的管理思想，应该如何应用当代的一些管理理论进行阐发，似乎在实际操作中不大容易掌握。尤其是古代的大多数管理思想，以今人的眼光来看，显得较为简单、粗糙，如用现代管理理论做太多的阐述引申，显得有悖于历史的客观情况，如不用现代管理理论阐述引申，又有就事论事之嫌，理论分析不够。笔者尽可能根据当时的历史现实做客观的评述，点到为止，不做太多的引申。其四，在内容框架上尽可能做

到先秦、秦汉魏晋南北朝、隋唐五代、宋、元、明、清卷统一。但是，由于各卷侧重点略有不同，因此，有些相同性质的内容在各卷的安排并不相同。如商税管理思想一般安排在商业管理思想方面论述，但如果本卷没有专节论述商业管理思想，那就将商税管理思想安排在赋税管理思想方面论述。其五，该系列专著各卷所引用的史料，笔者尽可能依据学术界公认比较权威的版本，如中华书局点校的二十四史，中华书局、天津古籍出版社出版的陈高华等点校的《元典章》。主要参考文献中所列的古籍版本只是该系列专著中较多引文依据的版本，并不意味着所有史料引文字句、标点均采用该版本。笔者往往还比较数家不同的点校、注疏和诠释，然后根据自己的理解和判断，择善而从之。由于篇幅和体例所限，以及该系列专著不属于考据学、训诂学的范围，其取舍理由就不一一予以说明了。

第一章
隋唐五代管理思想历史背景

第一节　隋唐时期的政治与经济

　　隋唐时期自581年隋建立，至907年唐灭亡，共经历了三百多年。隋唐是继秦汉以后中国封建社会发展过程中第二次繁荣时期。隋代是古代大一统形势下的短命王朝之一，这个王朝苦难而辉煌。隋朝是短暂的，但是隋朝的强盛在中国历史上也是空前的。隋文帝开创了"开皇之治"，当时国泰民安，经济繁荣，文化昌盛，社会安定，户口增长，垦田速增，积蓄充盈，甲兵强锐，威动殊俗，幅员万里。隋文帝推行汉化，为后来唐宋汉文化大发展奠定了坚实的基础。这个时期，中国在政治、经济、文化、外交等方面都达到史无前例的高峰，东亚邻国新罗、渤海国、倭国（即日本）等国家在政治体制、文化等方面都受其很大影响，是中国历史上唯一让倭国称臣朝贡的朝代，隋朝与倭国是宗主与藩属的关系。隋炀帝杨广修通大运河，营建东都洛阳，西巡张掖，东征高丽，虽因耗尽国财民力导致隋朝短祚，却不减损隋代的辉煌和伟大。

　　隋朝末期，军阀割据，农民起义四起，民不聊生。隋炀帝大业十三年（617）五月，隋朝太原留守、唐国公李渊在晋阳（今太原）起兵，十一月占领长安，拥立杨广之孙杨侑为帝，即隋恭帝，改元义宁，遥尊杨

广为太上皇。李渊自任大丞相，进封唐王。义宁二年（618）五月，李渊逼杨侑禅位，自行称帝，定国号为唐，隋朝灭亡。

唐武德九年（626）六月，战功显赫的李世民发动玄武门之变，射杀太子李建成和皇子李元吉。李渊被迫退位，李世民即位，是为太宗。次年改元贞观。太宗励精图治、从谏如流，唐朝国力很快恢复。在内政方面推行均田制和租庸调制，促进农业经济发展。在职官制度方面继承并改良隋制，使三省六部制和科举制定型，限制皇权和贵族特权等。在人才选用方面不计出身、知人善任，网罗一大批精明强干的文臣武将。在对外方面推行积极防御、以战止战策略，羁縻与武力并用的措施绥安四境。利用突厥内部矛盾，使得东突厥突利可汗归降唐朝，并先后派李靖攻灭东突厥、攻占吐谷浑，派文成公主入藏与吐蕃联姻，派苏定方攻下西突厥，等等。这不仅显示了大唐强盛，也稳定了与边境各国关系。北方各族派使臣入贡长安，尊唐太宗为天可汗。贞观时期，社会稳定，经济繁荣，民生安宁，边疆稳固，被誉为"贞观之治"，大一统得到进一步发展。

唐高宗李治前期（660年之前），继续推行李渊、李世民制订的政治、经济、文化教育等各项制度，实现了大唐第二个繁荣的治世——"永徽之治"。显庆五年（660），武则天通过一系列的政治斗争彻底打败了反对她当政的长孙无忌、褚遂良等人的势力，成为唐朝的实际最高统治者。在此后的时间里，仁弱的李治身体健康状况时好时坏，甚至因中风一度局部瘫痪，视力也严重衰退，武则天凭着她精明、锐利的政治敏感，在李治几次患病期间总管国事，卓越的管理才干使她得心应手。之后直到705年去世前不久，她都强力管理着这个国家。武则天当政后，注意吏治，劝课农桑，对土地兼并和逃亡的农民也采取比较宽容的政策。因此社会安定，农业、手工业、商业都有长足发展，户口维持了较高的增长率。文化教育方面，武则天重视科举，有时甚至亲临考场主持考试，首创"殿试"制度。用人唯才是举，不重门第，特别注意从中举者中选拔高级官吏，这对年轻人读书具有激励作用，也推动了文化事业的发展。

她还以温和的文化政策接纳多元文化，进一步促进了文化的繁荣。武则天当政期间，还注意打击门阀贵族势力。在边疆管理方面，武则天执政后，西突厥攻占了安西四镇，吐蕃也不断在青海一带对唐展开进攻，北边一度臣服的突厥叛乱势力甚至和东北的契丹一直打到河北中部。武则天组织军队反攻，恢复了安西四镇，打败了突厥、契丹，在边地军镇设立常驻军队，把高宗末年在青海屯田的做法推广到甘肃张掖、武威，内蒙古五原等地。武则天擅长管理，重视延揽人才为己所用。故其主政期间，政策稳当，百姓富裕，文化复兴，兵略妥善，为唐玄宗的开元盛世打下了坚实的基础。

武则天之后，唐王朝经过了唐中宗李显和唐睿宗李旦兄弟二人数年统治的过渡期，终于迎来了将大唐推上鼎盛阶段的唐玄宗李隆基。他是唐代诸君主中在位期最长，而且也是一位非常能干的统治者。玄宗初年，虽因清除太平公主势力使朝廷元气大伤，却彻底巩固了皇权。他着手整治混乱和腐败的吏治。为了实现其治国目标，他选用贤能，赏罚分明，办事干练果断，提高了官僚机构的办事效率，并采取了一系列的改革措施：精简机构，裁减多余官员；建立严格的考核制度，加强对地方官吏的管理；重新恢复了谏官和史官参加宰相会议的制度；开展检田括户，打击强占土地、隐瞒不报的豪强，削减全国僧尼数量，增加了国家的财政收入；建立和在全国推广雇佣兵制；恢复了安北都护府，重新恢复了对长城以北地区的管辖权；收复碎叶城，重新恢复了丝绸之路。在外交方面推行民族和解政策，改善民族关系，和睦的民族关系进一步保障、促进了社会稳定和经济发展。这一系列积极的政治、经济、文化、外交等政策措施，加之人民勤劳，唐朝在各方面都达到极高水平，国力空前强盛，人民生活水平和综合国力都超过了太宗贞观时期，开创了中国历史上的鼎盛时代——"开元盛世"。社会繁荣促进了人口大幅增长，"开元盛世"期间唐代人口达到 5290 万人。唐代商业非常发达，不仅国内交通四通八达，城市经济繁荣发展，而且外贸不断增长，波斯、大食等国商人纷至沓来，长安、洛阳、扬州、广州等大都市商贾云集。唐朝达到

了其全盛阶段，也达到大一统中国历史上最强盛的时代。唐玄宗及其开创的"开元盛世"倍受后世称奉颂扬。

但是，唐王朝盛极而衰。唐玄宗后期，长达8年的安史之乱以后，藩镇割据、宦官专权、朋党相争相互交织，外族乘机入侵，内忧外患之中的唐朝进入了中唐时期。

隋唐政治上三省六部制达到完善，三省既分工制约，又互相合作，决策机关是中书省，审议机关是门下省，处理日常政务机构是尚书省。尚书省下设吏、户、礼、兵、刑、工六部，六部尚书分掌全国政务。户部之下设有四司：户部、度支、金部、仓部。据《旧唐书·职官二》和《职官三》载：户部统管天下人户、田土、贡赋之事。度支"每岁计其所出而度其所用"，相当于搞财政预算。国家"每岁所费，皆申度支会计，以长行旨为准"，相当于搞会计核算。金部为钱帛出纳部门，"掌判天下库藏钱帛出纳之事，颁其节制，而司其簿领"。仓部为粮食出纳部门，"掌判天下仓储，受纳租税，出给禄廪之事"。实际上唐朝金、仓两部只是总其政令而已，具体掌握钱帛、粮谷出纳的是太府寺和司农寺。太府寺"掌邦国财货，总京师四市、平准、左右藏、常平八署之官属，举其纲目，修其职务……凡四方之贡赋，百官之俸秩，谨其出纳，而为之节制焉。凡祭祀，则供其币"。司农寺"掌邦国仓储委积之事，总上林、太仓、钩盾、导官四署与诸监之官属，谨其出纳"。

隋唐时期，地方行政机构实行郡县或州县两级制，其财计组织与中央相适应。如隋时，郡设有金曹、户曹，县亦设有金、户等曹佐。唐时州设有户曹、仓曹，县则设有司户、仓督等。隋代统一为南北经济文化交流和社会发展创造了有利条件。隋文帝实行劝课农桑、轻徭薄赋政策，不仅有利于社会稳定，也调动了农民从事生产的积极性。因此隋代社会经济恢复发展很快。

隋代农业恢复发展主要体现在田野辟垦、户口增长和府库充实等方面。隋初全国垦田1940万余顷，到隋末计入之前漏统及新垦的共计5585万余顷，垦田快速增加。开皇九年（589）灭陈前仅有户650余万，口

3357 余万；开皇九年灭陈后南北合计有户 710 余万，口 3667 余万①。至大业五年（609）已增至户 907 余万，口 5032 余万②。人口迅速增长。社会经济迅速发展使国家赋税收入显著增加，政府也在各地修建了许多官仓储存粮食，除京师太仓外，较著名的还有黎阳仓、常平仓、河阳仓、广通仓（后改为永丰仓）、子罗仓、含嘉仓、洛口仓（又名兴洛仓）、回洛仓等。这些规模巨大的粮仓，多者可储粮千万石，少者也可储数百万石。地方府库储存了大量布帛，京师和并州府库就各储存了数千万匹。由于收入迅速增加，到隋文帝末年"天下储积，得供五六十年"③。

隋代纺织业、制瓷业和造船业等各种手工业也得到快速发展。隋代丝织业最为有名，产于今河南、河北、山东、四川等地的绫、绢、锦等都非常精美。波斯锦织造技法的传入和采用，提高了织锦质量，织出了高质量的仿波斯锦。"豫章之俗，颇同吴中，其君子善居室，小人勤耕稼……一年蚕四五熟，勤于纺绩，亦有夜浣纱而旦成布者，俗呼为鸡鸣布。"④ 麻布主要产于今安徽、江苏、浙江、江西等地，产量也很大。在隋代我国的造船技术及规模都名列世界前茅，造船业取得很大发展。隋文帝准备伐陈时命杨素大造战船，其中名叫"五牙"的大舰，"上起楼五层，高百余尺，左右前后置六拍竿，并高五十尺，容战士八百人，旗帜加于上"⑤。隋炀帝时，"遣黄门侍郎王弘、上仪同于士澄往江南采木，造龙舟、凤艒、黄龙、赤舰、楼船等数万艘"⑥。炀帝巡游江都所乘龙舟："高四十五尺，阔五十尺，长二百尺，四重。上，一重，有正殿、内殿、东西朝堂，周以轩廊；中，二重，有一百六十房，皆饰以丹粉，装以金碧珠翠，雕刻奇丽，缀以流苏羽葆朱丝网络；下，一重，长秋内侍及乘

---

① 王育民：《中国人口史》，江苏人民出版社，1995 年，第 189—201 页。
② 路遇、腾泽之：《中国人口通史》，山东人民出版社，1999 年，第 302—371 页。
③ 吴兢：《贞观政要》卷 8《辩兴亡》，中华书局，1978 年。
④ 《隋书》卷 31《地理志下》，中华书局，2011 年。
⑤ 《隋书》卷 48《杨素传》。
⑥ 《隋书》卷 3《炀帝纪上》。

舟水手以素丝大条绳六条，两岸引进，其引船人并名'殿脚'，一千八十人并着杂锦采装袄子，行缠鞋袜等。"① 民间造船业也有重要发展，吴、越、闽等地因为濒临大海，造船业很发达，善造大船。隋代制瓷业有很大发展，已能生产造型美观、质地坚硬、色泽晶莹的白瓷。青瓷陶造技术也有发展，隋代生产的胎厚重、釉透明的青瓷质量远胜前代。

随着农业、手工业和城乡交通运输的发展，国内外市场也随之扩大，隋朝商业快速发展起来。长安作为全国最大商业中心及国际贸易重要城市，东、西二市国内外商人云集，商品交易频繁。东都洛阳也是国内外贸易重要商业城市，东、南、北三市商旅熙熙攘攘，货物集散也很快。江都、丹阳、余杭、吴郡、会稽、荆州、成都、太原、南海、宣城等城市也繁荣起来。"蜀郡、临邛、眉山、隆山、资阳、泸川、巴东、遂宁、巴西、新城、金山、普安、犍为、越巂、牂柯、黔安，得蜀之旧域。其地四塞，山川重阻，水陆所凑，货殖所萃，盖一都之会也。"② 各州郡县都设有市，州县治所是本地乃至更大范围的商业中心。"南海、交趾，各一都会也，并所处近海，多犀象玳瑁珠玑，奇异珍玮，故商贾至者，多取富焉……诸蛮则勇敢自立，皆重贿轻死，唯富为雄。"③

唐代繁荣强盛，经济发展规模和质量都取得长足进步。由于隋末战乱产生大量无主田地，使得唐朝可以持续推行均田制，此举进一步推动了农业经济发展。随着孙吴至东晋南朝对江南的开发，江南经济持续发展，已展现出超越黄河流域经济的态势。大运河沟通五大水系，也促进唐代南北经济的发展繁荣。因此，唐代南北经济都取得巨大发展而达到鼎盛。虽然安史之乱以后华北残破不堪，但是唐代依赖江南经济而国力有所恢复。隋唐时期中国经济进入了一个更高的发展阶段。

---

① 《说郛》卷110上，杜宝《大业杂记》，台湾商务印书馆影印文渊阁四库全书本。
② 《隋书》卷29《地理志上》。
③ 《隋书》卷31《地理志下》。

唐代农业取得极大发展，发明使用了新的农业生产工具，有耕具曲辕犁、灌溉工具水车和筒车。见于史籍的唐代前期重要水利工程高达160余项，较有名的如玉梁渠、绛岩湖、安徽镜湖、山东窦公渠、河北三河、湖南武陵等。唐代前半期全国垦田和户口都显著增长。玄宗开元二十八年（740）户部统计全国应受田（公田，即国有土地）1440余万顷[1]，当有大量私田未计入。隋末大乱人口锐减，贞观十三年（639）才恢复至304余万户，1235余万口[2]。但到天宝十三年（754）户部统计，全国有户961余万，口5288余万[3]。当代学者葛剑雄认为天宝十四年（755）前后唐代人口达到峰值8000万～9000万之间[4]，陈旭麓认为唐代人口峰值为9254余万，日本学者日野开三郎认为唐代人口峰值为2000余万户，达1.4亿口[5]。生产工具进步及水利工程建设推动粮食产量逐年提高。开元十四年（726）长安、洛阳米价每斗仅13文；青州、齐州更低，每斗仅5文。天宝八年（749）全国官仓存粮达960余万石。

唐代手工业分官营、私营两种。官营手工业品仅供皇室、衙门，一般不对外销售。唐代前期手工业主要有纺织业、陶瓷业和矿冶业。纺织业以丝、麻等产品为主，河南道的绢、江淮的布品质上乘，广泛沿用北朝蜡缬法染色，还先后创造发明夹缬、绞缬两种新染色法，受西域胡风影响织品图案呈现出部分波斯风格。白瓷生产更加精细更加发达，唐三彩取材涉及唐代社会生活诸多方面，以黄、绿、白三色为主，表明当时已熟练掌握施釉技术。唐代金银器制造借鉴西域技术，灰吹法的采用使金银纯度进一步提高。唐代中期南方手工业进步较大，以丝织业、造纸业和造船业最具代表性。养蚕业在民间普及，扬州、益州、定州等地的丝织品最为有名。唐代已批量采用竹为原料造纸，还制造出人力脚踏轮

① 《新唐书》卷41《地理志一》，中华书局，2011年。
② 《旧唐书》卷43《地理志》诸州户口统计，中华书局，2011年。
③ 《旧唐书》卷9《玄宗本纪下》。
④ 葛剑雄：《中国人口发展史》，福建人民出版社，1991年，第159页。
⑤ 葛剑雄：《中国人口发展史》。

船，都体现了手工业的发展进步。

由于国势强盛、社会开放、文化发达、交通便利等因素，唐代城市商品经济的发展繁荣程度在中国帝制时代是空前的，也处在当时世界领先水平。长安、洛阳、成都、苏州、扬州、广州等都是繁华的大都会和商业中心。这些城市规划明确，城内市场管理规范，有市（商贸区）有坊（民居区），坊市分离。市内各种店铺林立，各行各业齐聚四方珍奇，异常繁华。诗人王建《夜看扬州市》云："夜市千灯照碧云，高楼红袖客纷纷。如今不似时平日，犹自笙歌彻晓闻。"可见当时扬州夜市之繁荣，餐饮服务之昌盛。张祜《纵游淮南》亦云："十里长街市井连，月明桥上看神仙。人生只合扬州死，禅智山光好墓田。"

对外开放作为唐代商品经济发展的一大亮点，也是促成大唐盛世的主要因素之一。兼容并包、博大恢宏的盛唐气象，成为中国帝制时代鼎盛的标志。在开放包容的背景下，大唐与世界的联系空前紧密，商品经济也进入一个新的发展阶段，海外贸易推进到空前广阔的国家和地区，中国商品通过陆上丝绸之路被销往中亚、南亚与西亚甚至欧洲，外国商人来华经商也空前活跃、规模空前庞大。以广州为例，唐末广州的外国外贸商人竟达 12 余万人，他们把本国产的香料、药物、珠宝、珍禽异兽等卖到中国，而从中国买走丝绸、瓷器、茶叶和铜铁器等。随着唐代造船、航海技术的发展，中国经过东南亚穿过马六甲海峡到达印度洋，远至红海及非洲大陆的航线开通和延伸，海上丝绸之路甚至超越陆上丝绸之路一度成为唐朝对外交往的主要通道。《新唐书·地理志》记载唐代从广州出发"广州通海夷道"：

> 广州东南海行，二百里至屯门山，乃帆风西行，二日至九州石。又南二日至象石。又西南三日行，至占不劳山，山在环王国东二百里海中。又南二日行至陵山。又一日行，至门毒国。又一日行，至古笪国。又半日行，至奔陀浪洲。又两日行，到军突弄山。又五日行至海硖，蕃人谓之"质"，南北百里，北岸则罗越国，南岸则佛逝国。佛逝国东水行四五日，至诃陵国，南中洲之最者。又西出硖，

三日至葛葛僧祇国，在佛逝西北隅之别岛，国人多钞暴，乘舶者畏惮之。其北岸则个罗国。个罗西则哥谷罗国。又从葛葛僧祇四五日行，至胜邓洲。又西五日行，至婆露国。又六日行，至婆国伽蓝洲。又北四日行，至师子国，其北海岸距南天竺大岸百里。又西四日行，经没来国，南天竺之最南境。又西北经十余小国，至婆罗门西境。又西北二日行，至拔䫻国。又十日行，经天竺西境小国五，至提䫻国，其国有弥兰太河，一曰新头河，自北渤昆国来，西流至提䫻国北，入于海。又自提䫻国西二十日行，经小国二十余，至提罗卢和国，一曰罗和异国，国人于海中立华表，夜则置炬其上，使舶人夜行不迷。又西一日行，至乌剌国，乃大食国之弗利剌河，南入于海。小舟溯流，二日至末罗国，大食重镇也。又西北陆行千里，至茂门王所都缚达城。自婆罗门南境，从没来国至乌剌国，皆缘海东岸行；其西岸之西，皆大食国，其西最南谓之三兰国。自三兰国正北二十日行，经小国十余，至设国。又十日行，经小国六七，至萨伊瞿和竭国，当海西岸。又西六七日行，经小国六七，至没巽国。又西北十行，经小国十余，至拔离歌磨难国。又一日行，至乌剌国，与东岸路合。西域有陀拔思单国，在疏勒西南二万五千里，东距勃达国，西至涅满国，皆一月行，南至罗刹支国半月行，北至海两月行。罗刹支国东至都槃国半月行，西至沙兰国，南至大食国皆二十日行。都槃国东至大食国半月行，南至大食国二十五日行，北至勃达国一月行。勃达国东至大食国两月行，西北至岐兰国二十日行，北至大食国一月行。河没国东南至陀拔国半月行，西北至岐兰国二十日行，南至沙兰国一月行，北至海两月行。岐兰国西至大食国两月行，南至涅满国二十日行，北至海五日行。涅满国西至大食国两月行，南至大食国一月行，北至岐兰国二十日行。沙兰国南至大食国二十五日行，北至涅满国二十五日行。石国东至拔汗那国百里，西南至东米国五百里。罽宾国在疏勒西南四千里，东至俱兰城国七百里，西

至大食国千里，南至婆罗门国五百里，北至吐火罗国二百里。东米国在安国西北二千里，东至碎叶国五千里，西南至石国千五百里，南至拔汗那国千五百里。史国在疏勒西二千里，东至俱蜜国千里，西至大食国二千里，南至吐火罗国二百里，西北至康国七百里。①

从地理学观点看，广州通海夷道有如下特点。一是该航道虽然只记述主要航线，但包括了海、河、陆联运的情况。二是涉及大小国名101个，地名12个。三是该航线全程以乌刺国（今伊拉克巴士拉附近）为中心分东岸和西岸两条主要航路，与当时伊斯兰教徒活动范围正好吻合。该航线东到中国航程需要89天，西南到坦桑尼亚需要48天。四是该航线反映中国贸易远达东非的情况，比西汉航线更远也更详细。《新唐书》记载"入四夷之路与关成走集最要者七"，即当时七条主要的国际通道："一曰营州入安东道，二曰登州海行入高丽渤海道，三曰夏州塞外通大同云中道，四曰中受降城入回鹘道，五曰安西入西域道，六曰安南通天竺道，七曰广州通海夷道。"② 有的通道记述长有千余字。五是当时已发明远洋航行技术。考察"至婆国伽蓝洲。又北四日行，至师子国"，婆国伽蓝洲指今尼古巴群岛，即婆国属的伽蓝洲部分，师子国即斯里兰卡古译名。从航程计算，沿海航行不可能只需四天，应该是横渡孟加拉湾，故推测当时已发明远洋航行技术（古称"牵星术"）。唐代天文学家李淳风已掌握"牵星"知识。从宋代已可横渡印度洋亦可推知唐代航海技术水平之高，才有外国商人喜欢坐唐船往返的记载。《新唐书》记载，唐太宗朝将作大匠阎让在"洪州造浮海大航五百艘"③。嘉庆十三年（1808）抄本《西山杂志》记载唐玄宗天宝年间泉州海舶尺寸为："舟之身长十八丈，次面宽四丈二尺许，高四丈五尺余，底宽二丈，作尖圆形，桅高十丈有奇。银银舱舷十五格，可贮货品二至四万担之多。"可见唐代造船技术也非常发达。

---

① 《新唐书》卷43《地理志七下》。
② 《新唐书》卷43《地理志七下》。
③ 《新唐书》卷100《阎让传》。

由于商业发达，长安、洛阳、成都、苏州、扬州、广州等大都会或商业中心还出现了专门用于储蓄和支付钱币的柜坊。这种柜坊接受存款者存钱，也可以凭借具体信物替有钱者支付款项但要收取一定的柜租。与此同时，还出现了"飞钱"制度，这也是中国最早的汇兑制度。这种制度能够长途异地汇兑，这样就能避免长途携带金钱而带来的不便和可能的危险，对商业发展起到了一定的助力作用，也是当时经济发展的一个标志。唐代还推进货币改革，初唐就开始铸造"开元通宝"（币面上下右左有"开元通宝"四字），"开元"即开辟新纪元，"通宝"即通行宝货。若按顺时针方向回环来读就是"开通元宝"，后世铜币遂由此命名为"通宝"或"元宝"。"通宝"确定了后代货币的范式，该名称一直沿用至民国时期，成为中国货币史上占主导地位的货币，对社会经济发展起到了相当的推动作用。另外，作为商品买卖中介的牙人、牙郎的出现也是唐代经济发展繁荣的一个标志。

总之，隋唐时期，封建社会经济呈现出空前繁荣景象，出现了"贞观之治"和"开元盛世"的鼎盛局面。随着水利工程的大规模兴修和农具的改进，农业生产迅速发展，到玄宗开元年间达到高峰。"忆昔开元全盛日，小邑犹藏万家室，稻米流脂粟米白，公私仓廪俱丰实。"杜甫的诗句形象地说明了当时富足的景象。隋唐的手工业比较突出的是纺织业、冶铸业和陶瓷业，其中提花晕绷锦、斜纹纬锦、天枢、邢州白瓷、越州青瓷以及唐三彩等，都是这些行业的杰出代表。在农业、手工业发展的基础上，唐后期出现的柜坊和飞钱，标志着商业水平发展到一个新的阶段。

隋朝的赋役有租、调和力役。开皇十年（590）改为50岁免役收庸。唐朝则实行租庸调制，规定每丁每年向政府交纳粟2石，叫作租；绢2丈、绵3两（不产丝织品的地方纳布2丈5尺、麻3斤），叫作调；每年服力役20天，如果不去服役，可以每天交纳3尺绢或3尺7寸5分布代替，这叫"输庸代役"。唐中叶，均田制遭到破坏，以均田制为基础的租庸调制也无法实行。唐德宗建中元年（780）改行两税法。两税法的最主

要内容是取消租庸调及各项杂税的征收，保留户税和地税。还有在财政上实行量出制入，即唐中央以大历十四年（779）各项税收所得的钱、谷数，作为户税、地税的总额分摊于各州；各州则以大历年间收入钱、谷最多的一年，作为两税的总额分摊于各地。由此，户税、地税全国无统一的定额。

魏晋南北朝时期，由于分裂割据，度量衡极为混乱。隋文帝统一中国后，改变古制，重新统一度量衡，为经济的发展和财经的管理提供了有利的条件。唐朝在官厅会计结算中有了"三柱结算法"向"四柱结算法"过渡的迹象，"旧管"和"新收"已经有了分别。唐宪宗元和年间，李吉甫撰《元和国计簿》，它是中国古代史上第一部官厅财计著作，记载和分析了当时国家财政收支的情况，标志着会计核算与经济管理达到一个新的水平，对宋以后的"会计录"有深远的影响。

第二节　五代时期的政治与经济

五代是自 907 年朱温废唐建立后梁，其间先后在黄河流域建立的梁、唐、晋、汉、周五个朝代。与此同时，长江流域及其以南地区曾有吴、南唐、吴越、楚、闽、南汉、前蜀、后蜀、南平等九个政权，加上北方的北汉，共有 10 个国家，史称十国。

（一）五代

1. 后梁。

唐末农民起义军叛徒、唐宣武节度使朱温（后改名朱全忠），消灭了许多割据势力，初步统一了黄河流域以后，于 907 年废唐哀帝自立，国号梁，建都开封。后梁建立后，朱全忠与河东军阀李克用为争夺霸权，鏖兵不已。912 年，朱全忠被其子杀死后，政局更为混乱，结果为后唐所灭。后梁统治了 17 年。

2. 后唐。

923年4月，李克用的儿子李存勖称帝，国号唐。10月攻灭后梁，建都洛阳，史称后唐。李存勖当上皇帝后，昏庸无知，宠信宦官和伶人，而且骄傲自矜，疑忌功臣，使得众叛亲离。他任用孔谦重敛急征，以致"四方饥馑，军士匮乏"①。926年魏州发生兵变，李存勖毙于流矢，李克用养子李嗣源入洛阳称帝。李嗣源改革了李存勖的一些弊政，如下令各镇处斩由宦官担任的监军使；削减宫内冗员，留宫女100人，宦官30人；斩孔谦，废除孔谦所立的苛敛法；均平民间田税，关心农事；禁止中外诸臣献珍玩。李嗣源在位7年，战事减少，农业屡有丰收，人民获得短期的休养生息。但李嗣源死后，最高统治集团内部互相攻杀，不久被后晋所灭。后唐统治了14年。

3. 后晋。

936年，后唐河东节度使石敬瑭以割让幽云十六州、岁贡绢帛30万匹和认辽朝君主耶律德光为父皇帝等条件，取得辽兵的援助，推翻了后唐，取得政权，迁都开封，国号晋，史称后晋。后晋以后，幽云十六州成为辽南下攻掠中原的基地，致使北方地区的社会经济遭到严重破坏。947年，辽兵攻入开封，晋亡。后晋统治了12年。

4. 后汉。

后晋河东节度使刘知远乘辽兵攻入开封，在晋阳（今山西太原）称帝。他沿用后晋天福年号，以争取后晋旧臣归附；下诏禁止诸道为辽朝括钱帛，处死在诸道的契丹人；拿出宫中财物收买军心。当辽兵北退后，刘知远率军入洛阳和开封，建都开封，国号汉，史称后汉。刘知远做了11个月皇帝就死了，侄儿刘承祐继位后，忌杀大臣。天雄节度使郭威起兵反汉，刘承祐被杀。后汉仅统治了4年。

5. 后周。

951年正月，郭威在开封称帝，国号周，史称后周。郭威称帝后，虚心纳谏，生活节俭；吸取前四代过分信任武将的教训，重用文臣参与机

---

① 薛居正：《旧五代史》卷35《明宗纪一》，中华书局，2011年。

谋、管理财政；革除前代弊政，严惩贪官污吏；废除苛捐杂税，奖励生产，提高农民的生产积极性，社会经济得到恢复发展。954 年，郭威死去，养子郭荣（即柴荣）继位，即周世宗。郭荣继续革新，训练军队，开始进行统一战争，但不幸于 959 年英年早逝。960 年春，后周殿前都点检赵匡胤利用主幼国疑之机，发动陈桥兵变，夺取了后周政权，定国号宋，史称北宋。后周统治了 10 年。

（二）十国

五代后，在南方和河东地区，先后存在过 10 个割据政权（不包括一些小的割据势力），史称十国。其存在时间是 891—979 年。

1. 吴和南唐。

吴的开创者是唐朝淮南节度使杨行密。902 年，唐昭宗封他为吴王，建都扬州，占有 27 州之地。到杨溥在位时，丞相徐温等拥立杨溥为天子，国号吴。但此时杨氏大权已旁落徐温。937 年，徐温养子徐知诰废杨溥而自立，国号唐，建都金陵，并改自己姓名为李昪，史称南唐。昪子李璟继位后，西灭楚，东灭闽，占地 30 余州，广袤数千里。到后主李煜时，为北宋所灭。

2. 前后蜀。

唐朝壁州（四川通江）刺史王建，从 894 年开始先后兼并西川、东川和汉中 46 州之地。后梁建立后，王建在成都称帝，国号蜀，史称前蜀。其子王衍继位后，以奢侈荒淫、刻剥人民著称。925 年，后唐李存勖派兵灭前蜀，任命孟知祥为剑南西川节度副大使。

926 年，孟知祥入成都，整顿吏治，减少苛税，攻占东川。934 年，他在成都称帝，仍然国号蜀，史称后蜀。同年，孟知祥死，子孟昶继位。孟昶朘刻惨毒，奢纵成性。965 年为北宋所灭。

3. 吴越。

吴越的创建者钱镠，唐朝末年因讨伐越州军阀董昌有功，升任镇海、镇东两军节度使，拥有两浙 13 州一军之地。907 年，后梁封钱镠为吴越王，都于杭州。五代时，吴越地区战争少，生产发达，经济繁荣。但是

钱氏诸王大都重敛百姓，过着奢侈淫逸的生活。978 年，吴越第五王钱俶投降北宋。

4. 楚。

唐朝末年，马殷割据湖南。907 年，后梁封马殷为楚王，都于潭州（湖南长沙），辖湖南潭、澧、衡、道等 20 余州。927 年，后唐又封马殷为楚国王。马殷死后，诸子争立，政局混乱。951 年，楚被南唐攻灭。但南唐灭楚后不久，楚将刘言起兵击败南唐占领军，继续据有湖南。后来刘言被其部下杀死，周行逢及其子周保权又先后统治湖南。963 年被北宋所灭。

5. 闽。

897 年，唐朝任命王审知为威武节度使，据福州。909 年，后梁封他为闽王，据有泉、汀等 5 州之地。王审知当政时提倡节俭，减轻赋役，奖励农业，促进生产，开辟海港，发展商业，建立学校，提倡教育，对促进福建经济、文化的发展起了较显著的作用。王审知死后，继位者均为暴君，内乱不休。945 年闽被南唐攻灭。

6. 南汉。

905 年，唐朝任命刘隐为静海军节度使。907 年，后梁封刘隐为大彭郡王。隐弟刘龑继位后，扩大了势力范围，据有广州和潮、容、邕、韶诸州。917 年，刘龑称帝，国号越，建都广州，次年改国号为汉，史称南汉。南汉君主都极其奢侈，统治十分残暴，社会各种矛盾尖锐。971 年，南汉为北宋所灭。

7. 南平。

907 年，后梁任命高季兴为荆南节度使。924 年，后唐李存勖封他为南平王，都于江陵，仅据有荆州一地。至后唐李嗣源统治时，南平才得到归、峡二州。南平是十国中最弱小的一国，高季兴及其后继者，对南北称帝诸国，一概上表称臣，借以得些赏赐，并在夹缝中求得生存。南平靠征收商税和掠夺过境使者的财物维持财政开支。963 年，南平为北宋所灭。

8. 北汉。

北汉为后汉高祖刘知远弟刘崇所建。951 年，郭威代汉，杀刘崇子刘赟后，刘崇据河东并、汾、忻、代等 11 州之地，在太原称帝，仍以汉为国号，史称北汉。北汉"土瘠民贫，内供军国，外奉契丹，赋繁役重，民不聊生"①。979 年，北汉为北宋所灭。

五代十国是中国古代史上一个纷乱割据的时期，政治黑暗。为了战争的需要，统治者强迫征兵，并对人民横征暴敛，各种苛捐杂税不胜枚举。军阀政权往往毫无法制，滥施酷刑，草菅人命，统治集团内部互相残杀，争权夺位。因此，人民生活苦不堪言，动荡不安。尤其在北方，由于战争频繁，乡邑尽为焦土，人民大量逃亡，农田荒废，经济十分萧条。但是，这一时期，也不尽是混乱与黑暗。五代十国之中也出现一些贤明的君主，如后唐李嗣源、后周郭威、郭荣、后蜀孟知祥、闽王审知等，在他们统治的短暂时期内，实行一些使社会安定、经济文化发展的措施。尤其在长江以南，由于战争较少，规模也较小，时间不长，比起北方安定得多，社会经济仍然有所发展。

960 年，北宋建立后，经过 19 年的统一战争，结束了五代十国的分裂局面。但是终宋一代，中国始终没有统一，先后有辽、西夏、金等政权并立。

五代十国时期各地军阀之间的战争连绵不断。为了有足够的财力应付战争的需要，各统治者除了加紧搜刮、增加赋税外，在当时的情况下，很关键的一点，就是必须将原来分散的财权集中起来，建立统一的财政机关，将有限的财力、物力最大限度地聚敛起来。

最早开始集中财权的行动是后梁开平元年（907）四月置建昌院，五月改为建昌宫，长官为正副宫使，专门掌管四镇兵车、税赋、诸色课利。② 后来，朱温的儿子弑父自立，废建昌宫，改设国计使，"凡天下金

---

① 《资治通鉴》卷 290，中华书局，1956 年。
② 《五代会要》卷 24《建昌宫使》，上海古籍出版社，1978 年。

谷兵戎，旧隶建昌宫者悉主之"。① 梁末帝朱友贞即位之后，又废国计使，改置租庸院，长官有租庸使、租庸判官等。宋人王溥讥评："伪梁不闲典故，乃置租庸使总天下征赋。"② 可见，租庸使的职权范围比原来的建昌宫有所扩大，成为全国最高税务官，掌管"天下征赋"。后唐建立之初，因袭梁制，设立租庸院。到同光二年（924）正月，才诏"盐铁、度支、户部并委租庸使管辖"，③ 至此，中央财政机关才算最终统一集中起来。这时的租庸院，已经不仅仅是个中央税务机关，而是掌握国家全部财政大权的中央财政机关。到了明宗长兴元年（930），改置三司使统一管理中央财政。"三司使"虽是前所未有的名称，但其实就是租庸使的改名而已。后来，后晋、后汉均照搬后唐中央财政体制，设置三司使统一管理中央财政，而后周三司大部分时间里不设专职长官，多由宰相直接领导。

中国历史上，目前所发现最早的、比较完备的"四柱结算法"的实物是后唐同光三年（925）沙州净土寺编制的年终会计结算账单，账单明确列出承前账回残（旧管）、自（兹）年新附入（新收）、破用（开除）、现在（见在）四部分。④

第三节　隋唐三教并行和向宋理学的过渡

一、三教并行

佛教从东汉时期传入中国以后，就有所谓儒、释、道三教。隋末唐初，文人王绩，在其《答程道士书》中提出三教并行和合流的主张："孔

---

① 《五代会要》卷24《建昌宫使》。
② 《五代会要》卷24《建昌宫使》。
③ 《旧五代史》卷31《庄宗纪第五》。
④ 池田温：《中国古代籍帐研究》，日文版，第617—630页。

子曰：'无可无不可'，而欲居九夷。老子曰：'同谓之元（玄）'，而乘关西出。释迦曰：'色即是空'，而建立诸法。此皆圣人通方之元（玄）致，宏济之秘藏。"① 这里不但承认了三教并行，而且主张三教合流了。

唐朝建立伊始，唐高祖就命令在太学中立周公孔子庙。唐太宗在当秦王的时候，就在王府"开文学馆，召名儒十八人为学士，与议天下事"。他当了皇帝以后，又设"弘文馆，悉引内学士番宿更休。听朝之间，则与讨古今，道前王所以成败"。贞观六年（632），又"以孔子为先圣，颜氏为先师，尽召天下惇师老德以为学官"。太学的学生，能够通一种儒家的经典，就可以做官。他又"雠正《五经》缪缺，颁天下示学者，与诸儒粹章句为义疏，俾久其传"。② 这里所说的"义疏"就是指唐太宗命令孔颖达同颜师古等人所作的《五经正义》。《儒学列传》中的《孔颖达传》说："颖达与颜师古、司马才章、王恭、王琰，受诏撰《五经》义训，凡百余篇，号《义赞》，诏改为《正义》云。"

唐太宗命令孔颖达等人作《五经正义》，这是儒教逐渐恢复统治思想地位的标志。西汉时期，儒家的经典经过董仲舒等人的解释，成为朝廷利用谶纬神秘迷信统治人民思想的工具。东汉章帝时的白虎观会议，使先秦儒家经典在谶纬神秘迷信的包装下成为"国宪"。三国时期，何晏的《论语集解》、王弼的《周易注》，都排斥谶纬迷信，开辟了一种新经学的风气。这种风气，后来转为玄学，在魏晋南北朝没有继续发展下去。唐朝初年孔颖达的《五经正义》可以说是魏晋何晏、王弼新经学的一种继续。他的《周易正义》就用王弼《周易注》，《诗经正义》用《毛传》，《书经正义》用《伪孔传》。这些传注，都是排斥谶纬迷信的。何晏的《论语集解》后来也成为标准的注解。

《五经正义》是在唐太宗亲自主持下编纂的，其目的在于确定儒家经典的官方注解，充实经典的内容，恢复和树立这些经典的权威，使儒家

_____

① 《全唐文》卷131《答程道士书》，中华书局影印本，1982年。
② 《新唐书》卷198《儒学列传》序。

重新成为管理国家的主导思想。

孔颖达的《五经正义》初稿出来以后，有些人提出了一些批评的意见，唐太宗命令孔颖达予以修订。永徽二年（651），唐高宗命令中书门下与国子三馆博士、弘文馆学士考正之。他动员了所有当时政府中的高级官员以及文教界的人士，全力修订这个稿子。经过这番修订，才把这部书正式公布。

在南北朝时期，道、佛二教的斗争有时是很激烈的。它们都想凭借一个时期在政治势力上的优势以压倒对方。这种斗争都是你死我活的，都以废除对方或压倒对方为目的。当时的统治者受其影响，或灭佛，或灭道。但是，由于佛、道两教在当时都已有深厚的民众基础，教义深入人心，因此被灭的一方，也都不久就又恢复。唐朝建立后，经过几个皇帝的调整，最终达成了儒、释、道三教并行的局面。唐初，唐太宗于贞观十三年（639），命令国子祭酒孔颖达、沙门慧净、道士蔡晃入弘文殿谈论三教。但是，对于道、佛两教，他分了先后。因为唐朝的皇帝自称是老子的后代，唐太宗在贞观十一年（637），命令在供斋的会中，道士的座位在和尚之上。但是尽管如此，唐太宗统治时期，由南北朝时一教轮流独尊，改为三教并行。

武则天称帝后，由于有一部佛教经典中有"女主威伏天下"一语，当时又盛传武后为弥勒佛的化身，所以武则天笃信佛教，大有将佛教奉为国教之势。她命令说："今后释教宜在道法之上，缁服处黄冠之前"，把和尚的地位提高在道士之上。到了睿宗景云二年（711），又命令僧道"齐行并进"，不分先后，和尚和道士的地位是平等的。贞元十二年（796），唐德宗在麟德殿命令给事中徐岱等与沙门覃延、道士葛参成论三教。第二年又命令沙门端甫入内殿与儒道论议。这些事情都说明终唐一代，除唐武宗于会昌五年（845）一度灭佛法外，儒、释、道三教基本上是并行并存的。

二、韩愈的反佛

韩愈是当时坚持儒家传统思想，坚决反佛教的一个有力的人物。元和十四年（819），凤翔一个寺庙里，有一块据说是佛的手指的骨头，唐宪宗得知后，要派人把佛骨迎入宫内。韩愈上"表"反对，劝谏宪宗说：佛骨所到之处，迷信的人，"焚顶烧指，百十为群，解衣散钱，自朝至暮，惟恐后时"。"夫佛本夷狄之人，与中国言语不通，衣服殊制。口不言先王之法言，身不服先王之法服，不知君臣之义，父子之情……况其身死已久，枯朽之骨，凶秽之余，岂宜令入宫禁？……乞以此骨付之有司，投诸水火，永绝根本，断天下之疑，绝后代之惑。使天下之人，知大圣人之所作为，出于寻常万万也。岂不盛哉！岂不快哉！佛如有灵，能作祸祟，凡有殃咎，宜加臣身。上天鉴临，臣不怨悔。"① 韩愈在此以传统儒家夷狄之辨、君臣大义和父子之情的道理，劝谏宪宗说，佛本来是野蛮的人，跟中国言语衣服都不相同，不遵奉中国古代先王的教训，不知道君臣关系的道理，父子关系的情分。况且他已经死了很久，剩下的骨头，又凶又脏，是不可以让其进入宫内。他建议宪宗把这块骨头交给有关方面的人员，把它扔到水里或火里，永远断绝佛教的根本，使天下的人都不受佛教的迷惑。这才是大快人心的盛事。如果佛真是有灵，能够降祸于反对他的人，那就请他把祸降到自己的身上，自己是决不后悔的。

宪宗看到韩愈上呈的这个"表"后，龙颜震怒，把韩愈贬为潮州刺史。这是当时反对佛教斗争的一件大事。韩愈在贬往潮州的途中，作了一首诗："一封朝奏九重天，夕贬潮阳路八千。欲为圣明除弊事，敢将衰朽惜残年。"由此可见，他虽然因反对宪宗迎佛骨而遭贬潮州，但并不后悔，其反佛的斗争意志是很坚定的。

① 韩愈：《昌黎先生集》卷 39《论佛骨表》，商务印书馆影印四部丛刊本。

　　韩愈在理论上反对佛教，主要见于其文章《原道》。他在《原道》中指出："今其（佛教）法曰：必弃而君臣、去而父子、禁而相生（相）养之道，以求其所谓清净寂灭者……（灭）其天常。子焉而不父其父，臣焉而不君其君，民焉而不事其事……今也举夷狄之法而加之先王之教之上，几何其不胥而为夷也。"韩愈认为，现在佛教和道教的"法"告诉人们说，必须抛弃你们的君臣关系，去掉你们的父子关系，禁止你们的生活原则，这样才可以得到像道教所说的清净，像佛教所说的寂灭。这其实就是要消灭人的本性中本来有的东西。和尚和道士们也都是子，可是他们不以他们的父为父；他们都是臣，可是不以他们的君为君；他们都是民，可是他们不干民所应该干的事。这就是把野蛮人的道理加到中国先王的道理之上，把中国人降低为野蛮的人。

　　韩愈在《原道》中，还从生产经济方面说明佛教、道教的危害性。他指出："古之为民者四，今之为民者六。古之教者处其一，今之教者处其三。农之家一而食粟之家六，工之家一而用器之家六，贾之家一而资焉之家六，奈之何民不穷且盗也？"[①] 韩愈在此把民分为士、农、工、商四民，现在又多了和尚和道士，变为六民。古来只有一个儒教，现在又加上佛、道两教，一教变成三教。农民只有一家，而吃粮食的有六家；手工业只有一家，而用器皿的有六家；商贾只有一家，而六家的人都需要商品流通，交换物资。劳动工作的人还是那么多，凭空又增加了和尚、道士两种吃闲饭的人，所以导致人民越来越穷，盗贼越来越多。

　　韩愈反对佛教和道教，基本上是从政治、经济上来论证的，而没有从哲学高度上进行批判，他的批判显然不会彻底。与韩愈同时的李翱，对韩愈的思想作了发展和补充。他认为："佛法之所言者，列御寇庄周言所（应为所言）详矣，其余则皆戎狄之道也。"他指出，出家的佛教徒，"不蚕而衣裳具，弗耨而饮食充。安居不作，役物以养己者，至于几千百万人。推是而冻馁者几何人可知矣"。他的这些排佛的理由，与韩愈是一

────────────

　　① 《昌黎先生集》卷11《原道》。

致的。李翱还指出,韩愈批判佛教的不足之处还在于"惑之者溺于其(佛)教,而排之者不知其心。虽辩而当,不能使其徒无哗而劝来者"。[①]他的这些话并不一定是指韩愈,但韩愈在《原道》中对佛教的批判的确也存在着这样的问题,即所说的道理虽然是正确的,但不能使当时的信众放弃对佛教的信仰。

三、向宋理学的过渡

佛教禅宗自称,有一个"以心传心"的"心法",在印度经过七佛、二十八祖师的传授。再经菩提达摩,传到中国,为东土的初祖。经过五代的传授,到慧能为六祖。历代祖师,一脉相承。韩愈企图用禅宗的方法来对抗佛教,在《原道》中也为儒家构建一个"道统"。据他说,儒家的"道",从传说中神话式的人物尧开始,经过舜、禹、周文王、周武王、周公传到孔子,孔子又传至孟子。但是,至孟子死后,"不得其传焉"。他在《与孟尚书书》又说:"释老之害,过于杨、墨。韩愈之贤,不及孟子……使其道由愈而粗传,虽灭死万万无恨。"[②]显然,韩愈在此勇于担当历史的使命,以自己为孟子以后的"道统"的唯一继承人。

佛教的经典十分丰富,并分为经、律、论三藏。经据说是佛的言论,律规定佛教修行的清规戒律,论是对一些问题的系统的阐述。佛教中各个派别都有他们所根据的经、论。即使禅宗不立文字,"以心传心",也常引《金刚经》。韩愈为了对抗佛教,也致力于寻找一些儒家经典著述作为根据。先秦儒家虽然也有《五经》《论语》《孟子》等经典,但除《易传》外,多不是对于某些问题的系统的阐述。[③]韩愈找出了《大学》,引用了一大段,为他的"道统"找到了理论上的根据:"传曰:'古之欲明明德于天下者,先治其国。欲治其国者,先齐其家。欲齐其家者,先修

① 李翱:《李文公集》卷4《去佛斋》,商务印书馆影印四部丛刊本。
② 《昌黎先生集》卷18《与孟尚书书》。
③ 冯友兰:《中国哲学史新编》,人民出版社,1986年,第293页。

其身。欲修其身者，先正其心。欲正其心者，先诚其意.’然则古之所谓正心而诚意者，将以有为也。今也欲治其心而外天下国家。"韩愈所讲的"传"就是《大学》。韩愈指出，儒家也并不是不讲"正心诚意"，但它讲"正心诚意"的目的，为的是"治国平天下"。而佛教、道教讲"正心诚意"，却是要抛弃天下国家。这就是儒家与佛、道的重要区别：前者是入世的，而后两者则是出世的。

《大学》本来只是《礼记》中的一篇，韩愈把它挑选出来，成为后来道学所遵奉的《四书》之首。照后来道学家们的诠释，《大学》有"三纲领""八条目"。"三纲领"是"明明德""亲民""至于至善"，"八条目"是格物、致知、诚意、正心、修身、齐家、治国、平天下。韩愈在《原道》中所引的，正是这个"三纲领"和"八条目"的一大部分内容。所以说韩愈是宋道学的先驱，这个历史定位是中肯的。

李翱同韩愈一样，也努力在儒家著述中寻求他所依据的经典，以帮助韩愈构筑儒家的"道统"。韩愈找到了《大学》，李翱则找出了《中庸》，对韩愈所构建的儒家道统进行补充。他认为，孔子有"尽性命之道"的"道"。孔子的孙子子思，得了这个"道"，作《中庸》传给了孟子。孟子死之后，《中庸》的文字固然保存流传了下来，但是其中所谈的"性命之源"却没有传人了。因此，后世谈到性命之源的人，都"入于庄、列、老、释"。这使世人都认为，儒家的人"不足以穷性命之道"。[1]李翱认为，当时儒家所以敌不过佛教，"性命之源"学说失传是一个重要原因。《中庸》原来也只是《礼记》中的一篇，经过李翱的推崇，后来道学家把《中庸》列为《四书》第二，认为是儒家的一部根本经典。李翱认为《中庸》是"性命之书"。《中庸》开宗明义就说"天命之谓性"，这可谓是谈到了"性命之源"。但是，专凭这样一句话，还是解决不了问题。李翱就作了三篇《复性书》，发挥了《中庸》性命之书的思想，不仅从伦理学层面，而且从更高的哲学层面，对性、情、圣人、修养等问题

---

[1] 《李文公集》卷2《复性书上》。

作了论述。因此可以说，道学的出现，李翱也是功不可没，他与韩愈同为宋代道学的先驱者。

有关韩、李在经学史上的定位，冯友兰作了精辟的论述："韩愈和李翱为道学奠定了基础。他们制造了一个'道统'，为道学作历史根据。他们提出《大学》《中庸》，作为道学的基本经典，加上《论语》（韩愈和李翱曾合注《论语》）、《孟子》，成为后来的道学的《四书》。但是，仅只如此还不够。要想有个哲学体系，可以作为一个时代的思潮，它必须同佛教一样，包括哲学主要方面的根本问题。就这方面说，《四书》是不够的。李翱的《复性书》也引《易传》。《易传》后来也成为道学的基本典籍。但是也还不够。道学家必须把这些典籍中的思想加以提炼，把其中一大部分原来只是伦理的思想，提到哲学的高度。道学家在这样做的时候，佛教就不是他们的哲学的对立物，反而成为他们所要吸收的养料了。李翱开了这样一个途径。后来的道学家都是照着这个途径进行的。从唐末到宋初，随着地主阶级的要求的发展，韩愈在封建统治阶级中的地位，也越来越高……到了南宋时期，道学的体系完全建立起来，韩愈在封建统治阶级中的地位，就降低了。这是因为韩愈只是为道学的建立创造了条件，而在哲学上，还不能列入道学的创始者的行列。"①

四、柳宗元、刘禹锡的唯物主义和无神论思想

唐代作为盛世，文化灿烂辉煌，但遗憾的是，在哲学思想方面较贫乏。其个中原因，笔者在总论中已简要阐述，兹不赘。唐后期柳宗元（773—819）和刘禹锡（772—842）的唯物主义和无神论思想，却得到侯外庐等编写的《中国思想通史》的高度评价，认为"就其内容、体系、战斗性和科学性等方面来看，不仅在唐代最为突出，而且在中国唯物主

---

① 《中国哲学史新编》第4卷，第299—300页。

义无神论史上也有其创造性的建树和特殊的历史地位"。① 就他们的研究来看，柳宗元和刘禹锡的思想主要有三个特点：

一是在认识和解释自然现象时，不仅坚持了一般的"元气"一元论的原理，并且创立了"天与人交相胜、还相用"的唯物主义世界观。他们在阐述过程中，对当时及历史上各种形式的有神论思想和宗教迷信观念，进行了广泛的分析批判，通过这些批判丰富了古代唯物主义的思想内容。

二是柳、刘在对自然现象的阐述过程中，主观上还试图把他们的这种世界观贯彻到社会历史的领域，极力从他们所能理解的社会的客观规律来认识历史发展，解释社会现象，并对当时及历史上的各种形式的唯心主义历史观和神学的社会历史学说进行批判。通过比较深入的批判，创立了富有人民性、斗争性的"生人之意"的人道主义的历史观，从而把唯物主义世界观在实际运用时变为政治斗争的手段。这一点对于后代的唯物主义思想富有启发作用。

三是柳、刘不仅在思想上坚持唯物主义和无神论，同时在贞元、元和之交参与了王伾、王叔文结成的政治革新集团，展开反宦官、藩镇的斗争。这场斗争最后虽然失败了，但是充分证明了柳、刘的唯物主义和无神论富有斗争精神，开启了宋代王安石以及明代方以智等人以唯物主义思想家直接参与大规模政治斗争的先河。

在《柳河东集》和《刘梦得集》中，有关唯物主义无神论的著述，共有 80 篇左右，其中最能代表柳、刘唯物主义无神论思想的有 6 篇：柳宗元《天说》《答刘禹锡〈天论〉书》《天对》，刘禹锡《天论》上篇、中篇、下篇。这 6 篇文章，可视为中国唯物主义无神论史上的重要文献。

---

① 侯外庐：《中国思想通史》第 4 卷，人民出版社，1957 年，第 352 页。

第四节　隋唐五代宗族制的转型

隋唐五代时期，士庶之间的界限逐渐缩小，魏晋南北朝时期的旧士族逐渐走向消亡。其主要因素有 4 个方面：一是唐朝皇室及功臣新贵压抑旧士族，二是科举制度的兴起，三是经济制度的变革，四是历次战乱对士族的打击。兹缕述如下。

一、唐朝皇室及功臣新贵压抑旧士族

隋唐王朝均是北周以来以关陇士族为核心建立起来的政权，由于文化程度和历史久暂的不同，在族姓的社会声望方面，关陇士族长期以来一直居于山东士族之下。唐朝建立后，唐朝最高统治者不满于山东士族崇高的社会地位，遂采取官修姓望氏族谱及禁止士族门第内通婚等措施，贬低山东士族，使山东士族社会地位降低，与士庶合流。唐朝官修氏族谱有太宗贞观《氏族志》、高宗显庆《姓氏录》、玄宗开元《姓族系录》等。《氏族志》修撰时，朝廷明确规定，不论数世以前，只以目前官爵高下为等级，将李氏皇族列为第一等，后族外戚列为第二等，山东士族崔干原为第一等现在降为第三等，包括皇室及功臣的新贵进入士流，压抑了山东士族。

高宗时的《姓氏录》的修撰原则是仕唐官至五品者皆升士流，扩大了士族的范围，提高了科举入仕的高中级官员和因军功而爵列五品者的政治地位和社会地位。此外，又规定入谱者只取本身及兄弟子孙，家族支属不入，削弱了支多人众的旧门望族的势力。玄宗时的《姓族系录》把国家旧籍所载五品以上官员的"图籍之家"收入，士族标准更加宽泛。宗族社会地位高低的评价由"姓本位"过渡到"官本位"，即由以血缘贵

贱为标准进行评价转变为以官位高低为标准进行评价。姓望高低曾是区别婚姻的重要因素，山东士族长期以来实行士族间的通婚，以保持其崇高的社会地位。新兴的权贵为了提高自己的社会地位，曾主动与旧士族联姻，但遭到山东士族的拒绝或索取高额的陪嫁财礼。唐统治者因此大为恼火，利用手中的权力，下令禁止"卖婚"和在七姓十一家山东士族内部通婚，将这些士族称为"禁婚家"，以此来打击山东士族的社会地位，强迫他们必须与新贵家族通婚。有关婚姻的规定对旧士族无疑有所压抑，不过传统观念和习俗不是凭行政权力就能在短时间内改变的，故一直到唐文宗时，皇帝仍然发出民间婚姻尚阀阅，连天子都不及崔、卢的感慨。

二、科举制度促使旧士族的衰败和分化

魏晋南北朝九品中正制至隋文帝开皇年间被废止，代之而起的是科举制度。所谓科举制，简言之，就是通过不同科目的考试，从中依据成绩来选拔人才的制度。隋代的科举科目有秀才、明经、进士等科，其中进士科最为重要。到了唐代，科举常设的科目又有增加，除秀才、明经、进士外，还有明法、书、算等科，唐以后科举考试成为古代选拔人才最重要的制度，一直到清王朝终结，整整延续了一千多年。

以唐代入仕主要途径的进士科而论，考试科目是试诗赋、帖经、时务策。选拔人才的标准是知识而非家庭出身血统，由于科举考试归中央主持，同魏晋南北朝相比，此时已把官吏的任免权收归中央。这样的选举制度对士族集团是一个很大的打击。古代作为一个官本位社会，官品高低决定社会地位和等级，唐代主要以科举考试选拔官吏，换言之，就是以文化知识来选拔官吏，因为形成了"知识—官位—社会"等级的逻辑关系，社会结构随之发生了变化。一是科举出身者成为新的官僚势力群体，原来的士族集团发生了分化。唐朝初年，士族以科举入仕者不多，然而由于科举既已成为入仕的主要途径，旧有的士族已无法通过门第出

身入仕，士族便很快意识到只有顺应科举制度才能使本家族有较高文化知识者进入仕途，取得政治地位和社会地位，从而避免本家族成为小姓衰宗。于是唐中叶以后，名族参加科举便与日俱增。安史之乱后，史传人物通过进士上达者 268 人，名族及公卿子弟就占了 205 人，约为 75%，南北朝以来世家旧族如范阳崔、清河崔、弘农杨、荥阳郑、京兆王、京兆韦、太原王等氏，无不是科举显赫之家。① 这样世族便不再是由于门第和传家成为行政体系之外的政治力量，而是通过国家制定的考试制度进入官僚体系。同时，很多士族也因科举不成功"世禄失之，其族绝矣"。② 由此可见，隋唐时期，魏晋南北朝以来的士族发生了分化，有些士族通过科举进入新政权的官僚体系，继续维持着上流社会的地位，有些则因科举考试被淘汰，失去了原有的上流社会地位，成为普通的血缘宗族组织，甚至瓦解消失。

由于科举制，许多出身贫寒的人通过自己的勤奋在科举考试中取得好成绩而步入官场。如元和十一年（816），"李凉公（以）下三十三人，皆取寒素"。③ 总之，科举考试瓦解了魏晋南北朝的士族政治。同时，科举制也破坏了士族原来的地域社会结构。科举制将选官的权力集中到中央吏部，失去选举权的地方士族于是向京城权力中心迁徙集结以便于入仕和谋求发展，导致当时出现"里闾无豪族，井邑无衣冠，人不土著，萃处京畿"④ 的局面。早在隋代，关东地区的邺城就"衣冠士人多迁关内"。⑤

最大的迁徙风潮是在唐高宗、武后及玄宗时期开始的，到安史之乱前基本完成。在 10 姓 13 个著名士族的诸支迁徙中，移居到河南府比移居

---

① 常建华：《中华文化通志·宗族志》，上海人民出版社，1998 年，第 35 页。
② 王定保：《唐摭言》卷 9《好及第恶登科》，台湾商务印书馆影印文渊阁四库全书本。
③ 《唐摭言》卷 7《好放孤寒》。
④ 《通典》卷 17《选举五·杂论议中》，中华书局，2004 年。
⑤ 《隋书》卷 73《梁彦光传》。

到京兆府几乎多了 1 倍，河北（山东）大士族的诸支向西京一带迁移的迹象尤为明显。其结果是：一方面迁往两京地区的士族中，山东士族最多，宗族与地望分离，失去了原有的地缘社会根基，进入权力中心地区，受到中央官僚体制的直接管辖和控制，成为集权政治的附属品，为政治所左右；另一方面，原士族居住地区变得"士无乡里，里无衣冠，人无廉耻，士族乱而庶人僭矣"，① 造成乡里社会失去文化精英，传统伦理沦丧，士庶混淆，使基层民间社会出现权力和文化代表的真空化。唐中后期河北（山东）地区的胡化及藩镇割据战乱与此不无关系。

三、经济制度的变革削弱士族存在的经济基础

隋唐沿袭北魏以来的均田制。均田制实行土地国有制，对防止豪强地主的土地兼并、田庄的建立和下层百姓依附世家大族发挥了应有的作用。那些无政治特权、经济来源减少的旧士族，面临着经济基础瓦解，再也无法维持庞大的家业，世家大族出现分崩离析的局面。所以说，唐朝前期的均田制对宗族的发展和规模有较大的限制作用。唐代中期以来，由于均田制的破坏，土地兼并渐趋严重，安史之乱后实行两税法，以户税为重，官方为增加税收，强令大族分析，建立一夫一妻的个体小农家庭，也使宗族的规模受到影响。

四、历次战乱对士族的打击

隋唐五代时期，对士族的沉重打击还有因战乱对士族人身的杀戮和财产的洗劫。其中主要有隋末农民起义使山东士族遭受打击，唐中叶安史之乱又使两京士族流离失所，唐末五代农民起义和藩镇割据混战使士族被屠戮者甚多。如唐末黄巢起义，攻入长安城后，严厉惩罚皇族和公

---

① 《新唐书》卷 199《柳冲传》。

卿，唐宗室和公卿大族被大量杀戮，史称"天街踏尽公卿骨"①，"宗室、侯王屠之无类"②，长安城内皇族与高官显宦几无遗类。起义军还没收洗劫富豪的财产，号称"淘物"③，富家豪族皆赤脚而行。天祐二年（905），权臣朱温为了废哀帝篡位，大肆贬逐朝官，并全部将他们杀死于白马驿，投尸黄河，史称"白马之祸"。所以经过唐末五代战乱，中原大部分缙绅衣冠四处逃散，有不少显贵世家甚至遭杀身灭族。隋唐士族曾因文化优势、地缘优势和门第优势而谋得政治地位和社会地位，但在武力与动乱、法制遭到践踏、社会秩序失控的情况下，束手无策，生命与财产丧失殆尽。而且，证明姓望氏族地位的谱牒也在战乱中亡佚，士庶难以区分。正如宋代著名史学家李焘所说："唐末五代之乱，衣冠旧族多离去乡里，或爵命中绝，而世系无所考。"④ 士族制度终于走到了历史的尽头。

① 计有功：《唐诗纪事》卷 4《韦庄》，上海古籍出版社，1987 年。
② 《新唐书》卷 225 下《逆臣》。
③ 《新唐书》卷 225 下《逆臣》。
④ 《续资治通鉴长编》卷 103，中华书局，1992 年。

第二章
隋唐五代自我管理思想

唐中叶以后，随着封建王朝统治危机的加深，思想界出现了韩愈、李翱、柳宗元、刘禹锡等著名人物，对自我管理等提出自己的见解。

第一节　韩愈的道统说和性三品论

韩愈（768—824），字退之，河南河阳（今河南省孟州市）人。自称"郡望昌黎"，世称"韩昌黎""昌黎先生"。唐代杰出的文学家、思想家。贞元八年（792），韩愈登进士第，两任节度推官，累官监察御史、都官员外郎、史馆修撰、中书舍人等职。晚年官至吏部侍郎，人称"韩吏部"。韩愈是唐代古文运动的倡导者，被后人尊为"唐宋八大家"之首。著有《韩昌黎集》等。

韩愈在思想上排斥佛老，推崇儒家学说，企图用孔孟之道来对抗佛、道两教。在中国古代发展史上，韩愈为宋明道学家的先驱。他在《原道》中指出："斯吾所谓道也，非向所谓老与佛之道也。尧以是传之舜，舜以是传之禹，禹以是传之汤，汤以是传之文武周公，文武周公传之孔子，孔子传之孟轲。轲之死不得其传焉。荀与扬也，择焉而不精，语焉而不

详。"① 在此，韩愈为了对抗佛道两教，提出儒家思想在历史上有一个传授的系统——"道统"，由尧舜开始，传于周公、孔子，孔子又传给了孟子，但孟子以后就不得其传了。韩愈的道统之说，孟子本已略言之，经韩愈提倡，宋明道学家进一步发扬光大，成为宋元明清思想界的主流，而道学亦成为宋明新儒学的新名。

从上述韩愈的道统说还可以看出，他特别推崇孟子，认为孟子得孔子之真传。这一观点由韩愈首先提出，后来的宋明理学继承发展了这一观点，《孟子》一书，遂成为宋明道学家所推崇的四书之一。综观《孟子》一书，其注重修身养性的自我管理，书中谈心谈性，主张"养心""寡欲"的修养方法，提出"万物皆备于我，反身而诚"。这些思想可对当时佛学中所讨论、人们所普遍感兴趣的问题提供有益的启迪，因此，为韩愈和后来的宋明理学所推崇。

韩愈不仅推崇《孟子》，他在《原道》中更为推崇《大学》，引之曰："古之欲明明德于天下者，先治其国。欲治其国者，先齐其家。欲齐其家者，先修其身。欲修其身者，先正其心。欲正其心者，先诚其意。然则古之所谓正心而诚意者，将以有为也。今也欲治其心而外天下国家，灭其天常。"韩愈在此极力推崇《大学》的主张，修身与治国是紧密联系为一体的，修身的目的是为了齐家治国，要治理好国家首先必须修身齐家。他进一步斥责佛教的思想是"灭其天常"，因为他们把修身与治国割裂开来，"治其心"的目的恰恰与《大学》相反，是"外天下国家"。韩愈以儒家正统自居，他大力提倡的《大学》中的明明德、正心、诚意的修齐治平思想，成为宋明道学家思想中的圭臬，《大学》居于宋明理学家所推崇的四书之首。

韩愈在自我管理思想方面提出了性三品的人性论。他的性三品论继承了董仲舒的性三品说，既不赞成孟子的性善论和荀子的性恶论，也不赞成扬雄的善恶相混的二元论。

---

① 《昌黎先生集》卷11《原性》，本目以下引文未注出处者，均见于此。

> 孟子之言性曰：人之性善。荀子之言性曰：人之性恶。扬子之言性曰：人之性善恶混。夫始善而进恶，与始恶而进善，与始也混而今也善恶，皆举其中而遗其上下者也，得其一而失其二者也。

在这里，韩愈认为孟子、荀子、扬雄等人的人性论都不能全面概括实际存在的各种人性，因此对历史上的人性论进行补充与修正，提出了性三品论：

> 性也者，与生俱生也。情也者，接于物而生也。性之品有三，而其所以为性者五。情之品有三，而其所以为情者七。

韩愈认为孟子的性善说、荀子的性恶说、扬雄的善恶相混说都是针对中等的人性而说的，都没包括上等和下等的人性。性的具体内容是仁、义、礼、智、信，韩愈的性三品论则把人性分为上、中、下三等，"上焉者之于五也，主于一而行于四；中焉者之于五也，一不少有焉，则少反焉，其于四也混；下焉者之于五也，反于一而悖于四"。这就是说上品的人性，以五德中某一德为主，但也兼有其四德，五种道德品性俱有；中品的人性对于某一德或者有所不足或有所违背，对其余四德也有不足或不合的情况，五种道德偏差不齐；下品的人性对某一德违反，对其余四德也是不合的。

韩愈把性与情并提，并以性为情的基础。情的具体内容是喜、怒、哀、惧、爱、恶、欲，情之品也有上、中、下三等，"上焉者之于七也，动而处其中；中焉者之于七也，有所甚，有所亡，然而求合其中者也；下焉者之于七也，亡与甚，直情而行者也。情之于性视其品"。由此可见，韩愈认为，上品的情的发生活动都符合道德标准，没有过和不及；中品的情的发生活动有过与不及，但有合乎道德原则的要求；下品的情的发生活动或者过多或者不及，都不符合道德标准。情的上、中、下三品与性的上、中、下三品是一一相当的，上品的性必发为上品的情，中品的性必发为中品的情，下品的性必发为下品的情。

韩愈在此基础上进一步认为："上焉者，善焉而已矣；中焉者，可导而上下也；下焉者，恶焉而已矣……上之性就学而愈明，下之性畏威而

寡罪，是故上者可教而下者可制也，其品则孔子谓不移也。"在此，韩愈坚持孔子的"惟上知与下愚不移"的观点，认为上品和下品的人性都是不可改变的，但是上品的人性是善的，通过学习可以发扬光大，下品的人性是恶的，不堪教化，只能用刑罚惩处使之少犯罪。这就是上品人性的人可以好好教育，而下品人性的人则只能通过刑罚进行管制。除此之外，唯有中品人性的人可以通过引导，使其成为上品人性之人或下品人性之人。总之，韩愈的性三品论，一方面承认人性有差别，另一方面也指出按照封建道德标准改造中品人性的可能性。他的这种人性思想既避免了先秦孟子、荀子等人人性论的片面性，又为道德教育、自我修养的必要性予以足够的重视。韩愈的人性论为后来的宋明理学家提出气质之性、天理人欲之说开辟了道路。

综上所述，韩愈的道统说和性三品论是继承传统的孔孟儒家思想而发展来的。他的道统说和性三品论为宋明理学开了先河，正如欧阳修在《新唐书·韩愈传》中所云："昔孟轲拒杨、墨，去孔子才二百年。愈排二家，乃去千余岁，拨衰反正，功与齐而力倍之，所以过况、雄为不少矣。自愈没，其言大行，学者仰之如泰山北斗云。"

第二节　李翱的性善情邪"复性"论

李翱（772—836），字习之，唐陇西成纪（今甘肃静宁西南）人。唐朝文学家、哲学家。贞元年间进士，历任国子博士、史馆修撰、考功员外郎、礼部郎中、中书舍人、桂州刺史、山南东道节度使等职。曾从韩愈学古文，协助韩愈推进古文运动，两人亦师亦友。在思想上，李翱一生崇儒排佛，主张人们的言行都应以儒家的"中道"为标准。传世有《李文公集》。

李翱同韩愈一样反佛教。李翱特别推崇儒家典籍《中庸》，认为《中

庸》所讲的"性命"学说是孔孟思想的精华。李翱依据《中庸》的理论，同时又吸取了佛教的某些心性思想，提出了"复性"的学说，用来加强儒家学说的正统地位，以抗衡佛教信仰在当时的广泛影响。李翱的复性学说，主要见于其所作《复性书》①。《复性书》分为三篇：上篇总论性、情及圣人，中篇论所以修养成圣之方法，下篇论人必须努力修养。

李翱继承了韩愈的人的性、情之说，在《复性书》中沿用了韩愈《原性》中性、情两名词。但是，他却认为性和情是对立的，一般说来，性是善的，情是邪的②：

> 人之所以为圣人者，性也；人之所以惑其性者，情也。喜、怒、哀、惧、爱、恶、欲七者，皆情之所为也。情既昏，性斯匿矣。非性之过也，七者循环而交来，故性不能充也。水之浑也，其流不清；火之烟也，其光不明，非水火清明之过。沙不浑，流斯清矣；烟不郁，光斯明矣。情不作，性斯充矣……情者，性之邪也……情本邪也，妄也，邪妄无因，人不能复。

李翱认为，人的性是从天上来的，"性者天之命"，圣人和百姓的性没有差别，都是善的。圣人所以为圣人，在于他的"性"不受情欲的侵染；所以圣人虽然也有情，但由于能很好地控制情，就像没有情一样。一般人之所以不能成为圣人，是因为他的"性"受了情欲的侵染，所以一般人虽然也有性，但由于被情遮蔽了，连自己也看不到自身所具有的性。这就是"圣人者岂其无情邪？圣人者寂然不动，不往而到，不言而神，不耀而光，制作参乎天地，变化合乎阴阳，虽有情也，未尝有情也。然则百姓者岂其无性者邪？百姓之性与圣人之性弗差也。虽然，情之所昏，交相攻伐，未始有穷，故虽终身而不自睹其性焉"。他把性与情的关

---

① 李翱：《李文公集》卷2《复性书》，本目引文见于《复性书》者，均不再注出。

② 李翱在《复性书》中又明确提出："圣人者岂其无情邪……情有善有不善，而性无不善焉。"由此可见，并不是通常哲学史著作所普遍认为的，李翱所指的情都是恶的。

系比喻作水与泥沙、火与烟的关系：水的本性原来是清的，是泥沙把水弄浑浊了，如泥沙沉淀后，水就恢复清明了；火的本性原来是明亮的，是烟雾使火光昏暗，如去掉烟雾，火光就恢复明亮。李翱认为，普通人如能消除情欲的蒙蔽，使他的"性"恢复善，同样能成为圣人，就如浑浊的水恢复清明，昏暗的火光恢复明亮，这就是"复性"。

李翱一方面讲性善情恶，另一方面又讲情由性而生，性通过情而显露："情不自情，因性而情；性不自性，由情以明。""性与情不相无也"，无性则情无所生矣，无情则性无所显露也。性与情的关系，就如同明与昏的关系："明与昏谓之不同。明与昏，性本无有，则同与不同二者离矣。夫明者所以对昏，昏既灭，则明亦不立矣。"

为了恢复善的本性，李翱提出"不动心"的修养方法。他所说的不动心，即所谓"圣人者寂然不动"，是说心不受外物和情欲的诱惑，永远保持"清明"的境地。李翱认为，要达到这一境界，必须经过两个阶段，第一阶段是心什么都不想，所谓"弗虑弗思，情则不生"，"心寂不动，邪思自息"。他认为，心进入一种虚静的状态，其实还是相对于动来说的，仍不能彻底摆脱情的影响，因为一旦心动起来，情邪就会产生。第二阶段如要彻底摆脱情邪的影响，那就要连没有都不想，也都不要想，即连虚静的状态都不要追求，"知本无有思，动静皆离"。就是说，这时心已进入一种绝对静止的状态，即"寂然不动"的境界。李翱进一步认为："寂然不动，是至诚也。"也就是如能做到"寂然不动"，心就进入《中庸》所说的"诚"或"至诚"的境界。在这种境界中，情欲不再发作，善的本性就恢复了。达到这种境界的人就是"圣人"。"是故诚者，圣人性之也，寂然不动，广大清明，照乎天地，感而遂通天下之故，行止语默无不处于极也。复其性者，贤人循之而不已者也，不已则能归其源矣。"

李翱认为既然"寂然不动"就是"至诚"境界，人们也可通过"慎独"来使心不动，从而达到"至诚"。"道也者，至诚也。至诚者，天之道也。诚者，定也，不动也……其心不可须臾动焉故也。动则远矣，非

道也，变化无方，未始离于不动故也。'是故君子戒慎乎其所不睹，恐惧乎其所不闻，莫见乎隐，莫显乎微，故君子慎其独也。'说者曰：不睹之睹，见莫大焉；不闻之闻，闻莫甚焉。其心一动，是不睹之睹，不闻之闻也，其复之也远矣，故君子慎其独。"

李翱还认为，寂然不动的至诚境界也不是不同外界接触，而是说虽有见闻，却不被见闻动其心。这就是《大学》所说的格物和致知："视听昭昭而不起于见闻者，斯可矣。无不知也，无弗为也，其心寂然，光照天地，是诚之明也。《大学》曰：'致知在格物。'……物者，万物也。格者，来也，至也。物至之时，其心昭昭然，明辨焉而不应于物者，是致知也，是知之至也。"这就是说，心无情欲，自然能明辨是非，虽同外物打交道，却不受外物的影响，这就达到追求知识的最高境界。

礼乐的意义，在先秦儒家学说中，是伦理的，可以使人的欲望与感情皆发而有节而得中，有益于养成道德完全之人格，但在李翱的《复性书》中，礼乐则能使人得到"诚"之一种方法："圣人知人之性皆善，可以循之不息而至于圣也，故制礼以节之，作乐以和之。安于和乐，乐之本也；动而中礼，礼之本也。故在车则闻鸾和之声，行步则闻佩玉之音。无故不废琴瑟，视听言行循礼而动。所以教人忘嗜欲而归性命之道也。道者至诚也，诚而不息则虚，虚而不息则明，明而不息则照天地而无遗。非他也，此尽性命之道也。"

李翱提倡复性，主要要达到两个目标。其一是要达到《大学》所提出的："知至故意诚，意诚故心正，心正故身修，身修而家齐，家齐而国理，国理而天下平。"其二是要达到《中庸》所提出的："唯天下至诚为能尽其性；能尽其性，则能尽人之性；能尽人之性，则能尽物之性；能尽物之性，则可以赞天地之化育；可以赞天地之化育，则可以与天地参矣。"总而言之，达到寂然不动、至诚境界的人，不仅可以治国平天下，而且可以参赞天地，化育万物。

第三节　柳宗元的性、气思想

柳宗元（773—819），字子厚，河东（现山西运城永济一带）人，唐宋八大家之一，唐代文学家、思想家，世称"柳河东""河东先生"，因官终柳州刺史，又称"柳柳州"。柳宗元与韩愈并称为"韩柳"，与刘禹锡并称"刘柳"，与王维、孟浩然、韦应物并称"王孟韦柳"。著有《河东先生集》。

柳宗元写有一篇《天爵论》① 对人的性、气问题发表了自己的见解。他说："仁义忠信，先儒名以为天爵，未之尽也。夫天之贵斯人也，则付刚健、纯粹于其躬，倬为至灵，大者圣神，其次贤能，所谓贵也。刚健之气钟于人也为志……纯粹之气注于人也为明……明离为天之用，恒久为天之道。举斯二者，人伦之要尽是焉……然则圣贤之异愚也，职此而已。使仲尼之志、之明，可得而夺，则庸夫矣。授之于庸夫，则仲尼矣。若乃明之远迩，志之恒久，庸非天爵之有级哉……道德与五常存乎人者也。克明而有常，受于天者也……或曰：子所谓天付之者，若开府库焉量而与之耶？曰：否。其各合乎气者也。庄周言天曰自然，吾取之。"柳宗元认为，以前的人说过，仁义忠信，是上天给人的爵位，这种说法不够全面。人类是万物中最为灵、贵的。上天给予人类刚健、纯粹之气，其中得到最多的人就成为"圣神"，得到其次的人则成为"贤能"。有些人所受的刚健之气较多，就成为意志坚强的人，有毅力能坚持。有些人所受的纯粹之气较多，就成为特别聪明的人，擅长理解和分析。《周易》的恒卦讲的是"志"，即坚持、恒久，这是天的原则。《周易》的离卦讲

---

① 柳宗元：《唐柳先生集》卷3《天爵论》，商务印书馆影印四部丛刊本，本目以下引文未注出处者，均见于此。

的是明，即聪明、有能力，这是天的作用。关于人的各种事情，柳宗元认为，只要举出"志"和"明"就够了，因为圣贤与愚人的区别，就在于这两个方面。如果把孔子的"志"和"明"拿掉，孔子就变成一般的人了。如果将孔子的"志"和"明"放在一般人的身上，那么一般人就成了孔子。志有大小，有的志能够坚持很久，有的志则差一些。明也有大小，有的明照得很远，有的明则照得比较近。这说明，"天爵"有等级。道德和仁义礼智信，是属于人这一方面的。聪明和坚持，是属于天的那一方面，是人受于天的。就好像有人问，你说天给人以"明"和"志"，你的意思是不是说，天有这种仓库，打开仓库，称出一定的分量，把它交给人？其回答是，不是这样的。其实人的某种天生的品质，跟某种气相结合。庄子说，天是自然，这句话是可取的。

柳宗元指出，道德原则不是人的本性中所本有的。孟子认为，仁义礼智信这些封建道德的原则，是人的本性中所本有的，是上天给予人的，所以称为天爵。至于人在封建等级中的地位，那是人所安排的，不过是人爵。柳宗元批判了孟子的这种观点，指出道德原则是属于人这一方面的事情，至于属于天的方面的事情，不过是人的聪明和毅力。而且，他还认为，天也是属于自然的。这样，他就划清了天和人的界线，也就是自然和社会的界线。韩愈继承了孟子的思想，在《原性》一文中也认为仁义礼智信是人性中所本有的。因此，柳宗元对孟子的批判，其实也是对同时代韩愈的批判。

柳宗元为慧能所作的碑文中指出："自有生物，则好斗夺，相贼杀，丧其本实，悖乖淫流，莫克返于初。孔子无大位，没以余言持世。更杨、墨、黄老益杂，其术分裂。而吾浮图说后出，推离还源，合所谓生而静者。梁氏好作有为，师达摩讥之，空术益显。六传至大鉴……其教人，始以性善，终以性善，不假耘锄，本其静矣。"① 柳宗元认为，自从有生物以来，他们就互相争夺和残杀，失去了他们的本性，并且这样悖乱下

---

① 《唐柳先生集》卷6《曹溪第六祖赐谥大鉴禅师碑》。

去，不能再回到他们的本性了。孔子没有得到君位，自从他逝世之后，只有遗训得以流传下来，用以维持世界。经过杨朱、墨翟、黄帝、老子这些学派的纷扰，孔子的学说也分裂了。到了佛教传入中国后，才把离开本性的事情推回到它的本源。《礼记》中的《乐记》说："人生而静，天之性也。"佛教的学说，是符合这个道理的。梁朝时，禅宗在中国的第一代祖师达摩，见到梁武帝。梁武帝问达摩说：我修了很多的佛寺，抄了很多的佛经，度了很多的和尚，这些作为有什么功德？达摩回答说，这并没有什么功德。达摩的回答是对梁武帝很大的讽刺。自此以后，佛教中讲"空"的学说更加兴盛。而后经过禅宗六代祖师的传授，到了六祖大鉴（即慧能），他所讲的、所用以教人的，开始是性善，最后还是性善，不用修行，因为人的性本来就是"静"的。

柳宗元为慧能所作的碑文这段话，可能是记述当时佛教徒的话，但是，他对于这段话所表达的思想是赞赏的，所以在撰写碑文时，又用自己的话，把这段话的意思重述了一遍。从此可以看出，佛教的教义与儒家的思想不但没有矛盾，而且其中的一些主要思想还是基本一致的。如佛、儒都讲性善，都讲"人生而静"。从孔子以后，儒家思想受到道教的冲击和干扰，幸而佛教传入中国，才把儒家的基本思想恢复过来。从这个意义上说，佛教不但不与儒家对立，而且还有助于儒家思想的传承与发展。

柳宗元给南岳弥陀和尚写的碑铭说："一气回薄茫无穷，其上无初下无终。离而为合蔽而通，始末或异今同。虚无混冥道乃融，圣神无迹示教功。"[①] 柳宗元认为，无穷的气，是无始无终的。有时候分离，但是分了还是要合的。有时候蔽塞，但是蔽塞了还是要通的。其中虽然有一些小小的不同，但是基本上在大的方面还是相同的。它虚无混冥，融化为一。圣人用这个道理教导人，但是他的教训，也没有什么可以看得见的遗迹可寻。在此，柳宗元认为，佛教所讲的性，就是儒家所讲的气，

---

① 《唐柳先生集》卷6《南岳弥陀和尚碑》。

也就是他自己所讲的元气。

柳宗元与韩愈是好朋友，但是他们在对待佛教的态度上则截然相反。如上所述，柳宗元认为佛教同儒家思想大同小异，对儒家有益。韩愈则认为佛教对中国有害，反对佛教。韩愈批评柳宗元跟佛教徒在一起，认为柳宗元认同佛教是他的缺点。对此，柳宗元回应说："浮图诚有不可斥者，往往与《易》《论语》合。诚乐之，其于性情奭然，不与孔子异道。退之（韩愈）好儒，未能过扬子。扬子之书，于庄、墨、申、韩皆有取焉。浮图者反不及庄、墨、申、韩之怪僻俭（险）贼耶？曰：以其夷也。果不信道而斥焉以夷，则将友恶来、盗跖而贱季札、由余乎？非所谓去名求实者矣。吾之所取者，与《易》《论语》合，虽圣人复生，不可得而斥也。退之所罪者，其迹也，曰：髡而缁，无夫妇、父子，不为耕农蚕桑而活乎人。若是，虽吾亦不乐也。退之忿其外而遗其中，是知石而不知韫玉也。"① 柳宗元在此指出，佛教是有不可以驳斥的地方，它所讲的道理，往往与《周易》《论语》所讲的相符合。如佛教关于人的性情的说法，与孔子所讲的道理就没什么区别。韩愈对于儒家的喜好，未必超过扬雄。扬雄的书，对于与孔子不同的庄子、墨子、申不害、韩非，认为都有可取之处。这四家都很怪僻、俭贼，难道说，佛教还不如这四家吗？韩愈说，因为佛教是夷狄的宗教，所以要反对。在中国古代，恶来、盗跖，这两个恶人倒是中国人，相反，季札、由余这两个贤人，却是夷狄。如果我们评判人，不是以道为标准而是以是否为中国人为标准，难道说就可以恶来、盗跖为朋友，而贱视季札、由余吗？韩愈所看重的是名而不是实。佛教中，我认为可取的地方，都是同《周易》《论语》相符合的。这些地方，即使是圣人再生也不能驳斥的。韩愈之所以反对佛教，是因为他只是看到一些表面的迹象，即佛教的信徒，把头剃光了，衣服也换了，没有夫妇、父子的关系，也不从事生产，专靠别人的劳动来维持自己的生活。这些情况我也是不赞成的。但是韩愈只是反对佛教的外

---

① 《唐柳先生集》卷25《送僧浩初序》。

表，至于它的内在思想精神，韩愈却忽略遗弃了。这好像是遗弃一块石头而不知道其中有蕴藏着的玉。总之，柳宗元认为佛教所讲的"佛性"，就是儒家所说的"性本善"，佛教所说的"心"，就是儒家所说的"元气"。这虽然是很粗糙的比附，但毕竟说明柳宗元看到在修身思想上，佛教与儒家孔子的思想还是有不少相吻合之处。

第四节　禅宗的修身养性思想

一、禅宗和慧能

在唐朝中叶，佛教中形成一个新的宗教，这就是禅宗。它不是同唯识、华严等宗派并行的一个宗派。禅宗自称"宗门"，称别的宗派为"教门"。"宗门"与"教门"是对立的，禅宗盛行以后，其他佛教宗派的影响逐渐衰微，甚至消失，"禅"成为佛教和佛学的同义语。禅宗不仅是佛教和佛学中的一个宗派，而且从纵向来看，禅宗也是中国佛学发展的一个新阶段。

"禅"是从印度的"禅那"这个词音译过来的，是"禅让"的简称，意译是"思维修"或"静虑"，指的是佛教中的一种修行的方法。如佛教中所说的"参禅打坐"（凝神静坐）之类，其实禅宗是反对"参禅打坐"的。不过它更反对从文字上学习佛教和佛学，可以说是注重"思维修"。按照禅宗的说法，当释迦牟尼创立佛教的时候，除了说"教"之外，还有一个"教外别传"，"以心传心，不立文字"。教是靠文字言说传授的。所谓教门，都是这一类的传授。禅宗认为，真正的佛学，不能靠这样的传授。它自称，自己接受了佛教经典以外释迦牟尼直接的秘密传授，所以称自己为"宗门"，以别于那些"教门"。禅宗不但不要那些教门的繁

琐注解和无谓的争论，而且基本上也不要任何佛教的经典作为根据。它认为，禅宗的根据就是人自己的"本心"。从佛教和佛学的发展看，禅宗的兴起，也是对佛学的繁琐哲学的一种否定。

照禅宗的传说，释迦牟尼的这种秘密传授，称为"密意"或"心法"。这种"密意"和"心法"，在印度经过 27 代的传承，到梁武帝时，经过达摩传到中国。又经过 5 代，传至慧能（又作惠能，638—713）。照禅宗的说法，慧能是中国禅宗的第六代祖师。实际上，禅宗基本上是慧能创始的。它的社会影响，是经过慧能才扩大的。慧能以后，禅宗代替了其他佛教宗派，"禅"成为佛教的别名。

慧能姓卢，父亲本是北方的一位官僚，后来被贬到广东。慧能出生于广东，幼年家道没落，以卖柴为生。后来听说禅宗五祖弘忍在湖北黄梅宣扬佛教，他就到弘忍所住持的寺院里拜见弘忍。弘忍问他说："汝何方人？欲求何物？"慧能回答说："弟子是岭南新洲百姓。远来礼师，惟求作佛，不求余物。"弘忍说："汝是岭南人，又是獦獠（少数民族），若为堪（怎么能）作佛？"慧能说："人虽有南北，佛性本无南北。獦獠身与和尚不同，佛性有何差别？"弘忍就叫慧能在寺里砍柴、舂米。有一天，弘忍让庙里的和尚们每人作一首偈，如果作得好，就将法、衣传给他，让他当第六代祖师。当时就有一个最有学问的"教授师"名叫神秀，作了一首偈，写在墙上。偈云："身是菩提树，心为明镜台，时时勤拂拭，勿使惹尘埃。"意思是说，人的身体就是一棵智慧树，人心就像一面明亮的镜子，要时时刻刻勤加擦拭，不要让它沾惹灰尘。慧能在舂米的地方，听见有人念这首偈，就说：我也有一首偈，但我不识字不会写，就托一个会写的人把偈子也写在墙上。偈云："菩提本无树，明镜亦非台，本来无一物，何处惹尘埃？"这是说，本来就没什么智慧树，也没有什么明亮的镜子，本来什么东西都没有，还有什么东西可以沾惹灰尘呢？显然，慧能的修行境界高过神秀，什么东西都没有，哪里沾惹灰尘，比起沾惹灰尘后，再时时刻刻擦拭，当然是更彻底地超脱尘世。当时，弘忍对于这两个偈都作了评论。他认为神秀关于个体的心的说法，只是进了佛学的大门，还没进入二门，距离"菩提"还相当远。弘忍对于慧能的偈，也没完全肯定，认为慧能"亦未见性"。至于怎样才能见性呢？他没有说。但是，《坛经》在后面所说的那几个"何期"作了回答。慧能悟出这几个何期，有了这几个何期，他就见性了。这个"性"，就是宇宙的心。正是这首流行一千五百多年的著名偈子，使弘忍终于遇到了他满意的继承人，所以把法、衣传授给了慧能，使慧能成为禅宗的第六代祖师。慧能自述弘忍向他传法、衣的经过时，弘忍"为说《金刚经》，至'应无所住而生其心'，慧能言下大悟，一切万法，不离自性。遂启祖言，何期自性本自清净，何期自性本不生灭，何期自性本自具足，何期自性本无动摇，何期自性能生万法。祖知悟本性"①。

禅宗的所谓本性就是宇宙的心，本性或本心，对每一个人来说都是本来就有的，所以又称为自本性。这个自本性生出来连续不断的念头，也生出来万法万境。弘忍说："万境自如如"，所谓"如如"，就是说，是那个样子。万法万境，就是那个样子。这些都是真实的，因为都是人的自本性所生出来的。神秀的偈所以未见本性，因为他把尘埃和菩提树、明镜台对立起来，不知道尘埃就是菩提树、明镜台，万法万境就是自本性。弘忍认为，慧能的偈"亦未见性"，因为他把自本性和尘埃都讲空了，也没有见到自本性的本来的样子。禅宗的教义基本上和教门是一致的，它的特殊之处在于方法论。佛教的方法论有两个方面：一是讲说，二是修行。在讲说的方面，禅宗以不讲说为讲说，即所谓"不道之道"；在修行方面，禅宗以不修行为修行，即所谓"无修之修"。

二、禅宗的"无修之修"

慧能的大弟子怀让的语录中说："马祖（道一）居南岳传法院，独处一庵，惟习坐禅，凡有来访者都不顾……（师）一日将砖于庵前磨，马

---

① 《坛经·自序品》，金陵刻经处 1929 年刻本。

祖亦不顾。时既久，乃问曰：'作什么？'师云：'磨作镜。'马祖云：'磨砖皆能成镜？'师云：'磨砖不能成镜，坐禅岂能成佛？'"① 在此，师傅以暗示的方式告诉马祖，坐禅不能成佛，意为说明道不可修。《马祖语录》云："问：'如何是修道？'师云：'道不属修。若言修得，修成还坏，即同声闻。若言不修，即同凡夫。'"得道的方法，是非修非不修。非修非不修，就是无修之修。

禅宗之所以主张无修之修，是因为其认为，有修之修是有心的作为，就是所谓有为。有为是有生有灭的，是生灭法，所以修成还坏。黄檗（希运）云："设使恒沙劫数，行六度万行，得佛菩提，亦非究竟。何以故？为属因缘造作故。因缘若尽，还归无常。""诸行尽归无常，势力皆有尽期。犹如箭射于空，力尽还坠。都归生死轮回。如斯修行，不解佛意，虚受辛苦，岂非大错？"② 有心的修行，是有办法，其所得自然也是万法中的一法，不是超乎万法者。超乎万法者，就是禅宗所谓不与万法为侣者。庞居士问马祖："不与万法为侣者是什么人？"马祖回答说："待汝一口吸尽西江水，即向汝道。"③ 马祖其意是告诉庞居士，不与万法为侣者，是不可说的。因为说之所说，即是万法之一法，那就是与万法为侣者。马祖说："待汝一口吸尽西江水，即向汝道。"就是说不能向汝道。说不能向汝道，亦即是有所道。这就是"不道之道"。欲说不与万法为侣者，须以"不道之道"。欲得不与万法为侣者，须用"无修之修"。

有修之修的修行，亦是一种行。有行即是于佛法所谓生死轮回中造业，造业即须受报。如不造新业，所以无修。然此无修，正是一种修。所以此修是无修之修。不造新业，也并不是不做任何事，而是做事以无心。马祖云："自性本来具足，但于善恶事上不滞，唤作修道人。取善舍恶，观空入定，即属造作。更若向外驰求，转疏转远……故经云：但以众法，合成此身，起时唯法起，灭时唯法灭。此法起时不言我起，灭时

---

① 《古尊宿语录》卷1，上海佛学书局影印本，1930年。
② 《古尊宿语录》卷3。
③ 《古尊宿语录》卷1。

不言我灭。前念，后念，中念，念念不相待，念念寂灭，唤作海印三昧。"① "于善恶事上不滞"，就是无心，也就是无念。《坛经》云："我此法门，从上已来，顿渐皆立无念为宗，无相为体，无住为本。为相者，于相而离相，无念者，于念而无念。无住者，为人本性，念念不住。前念，念（今）念，后念，念念相续，无有断绝。若一念断绝，法身即是离色身。念念时中，于一切法上无住。一念若住，念念即住，名系缚。于一切法上，念念不住，即无缚也。是以无住为本。"② 所谓无念，不是"百物不思，念尽除却"。若"百物不思"，亦是"法缚"。③ 神会云："声闻修空住空被空缚，修定住定被定缚，修静住静被静缚，修寂住寂被寂缚。"④ "百物不思"，即"修空住空"之类也。无念是"于诸境上心不染"，"常离诸境"。⑤ "于诸境上心不染"，即是"于诸法上念念不住"。此即是无住，亦即是"于相而离相"，亦即是"无相"。所以《坛经》上所说的"无念为宗，无相为体，无住为本"，实只是"无念"。"前念着境即烦恼，后念离境即菩提"，⑥ 即是"善不受报""顿悟成佛"之义。

禅宗修道主张顿悟，所谓"一念相应，便成正觉"。⑦ 悟与普通所谓知识不同。普通所谓知识，有能知与所知的对立。悟无能悟与所悟的对立。因其无对象，可以说是无知。但悟亦并不是普通所谓无知。悟是非有知，非无知，是所谓无知之知。

《赵州（从念）语录》云："师问南泉（普愿）：'如何是道？'泉云：'平常心是道。'师云：'还可趣向不？'泉云：'拟即乖。'师云：'不拟，争知是道？'泉云：'道不属知不知，知是妄觉，不知是无记。若真达不

① 《古尊宿语录》卷1。
② 郭朋：《坛经校释》，中华书局，1983年。
③ 《坛经校释》。
④ 《神会和尚禅语录》卷1，中华书局，2004年。
⑤ 《坛经校释》。
⑥ 《坛经校释》。
⑦ 《神会和尚禅语录》。

疑之道，犹如太虚，廓然荡豁，岂可强是非也。'"① 舒州佛眼禅师（清远）云："先师（法演）三十五落发，便在成都听习唯识百法。因闻说，菩萨入见道时，智与理冥，境与神会，不分能证所证，外道就难，既不分能所证，却以何为证？时无能对者，不鸣钟鼓，返披袈裟。后来唐三藏至彼，救此义云：'智与理冥，境与神会时。如人饮水，冷暖自知。'遂自思惟，冷暖则可矣，作么生是自知的事？无不深疑。因问讲师，不知自知之理如何。讲师不能对……后来浮渡山见圆鉴，看他升堂入室，听说者尽皆说着心下事。遂住一年，令看'如来有密语，迦叶不覆藏'之语。一日云：'子何不早来，吾年老矣，可往参白云端和尚。'先师到白云，一日上法堂，便大悟：'如来有密语，迦叶不覆藏'，果然果然，智与理冥，境与神会，如人饮水，冷暖自知，诚哉是言也。乃有投机颂云：'山前一片闲田地，叉手叮咛问祖翁。几度卖来还自买，为怜松竹引青风。'端和尚觑了点头。"② 理为知的对象，境为神的对象，智与神为能，理与境为所。"智与理冥，境与神会"即是知对象之能，与对象之所，冥合不分。不分而又自觉其是不分。此所谓"如人饮水，冷暖自知"。南泉云："道不属知不知。"普通所谓知识之知，有能知所知之分，知道之知不能有此等分别，故曰："知是妄觉。"道不属知，然人于悟中所得的能所不分，亦不是不自觉的，如其是不自觉的，则即是一个混沌，一个原始的无知，一个"空顽"，所以说："不知是无记。"道不属不知。

禅宗常形容悟"如桶底子脱"，则桶中所有东西均一时脱出，这就是豁然洞开。得道的人于悟时，以前所有的各种问题均一时解决。其解决并不是积极的解决，而是在悟中懂得此等问题，本来都不是问题。所以，悟后所懂得的道，为"不疑之道"。

禅宗人常说："着衣吃饭，屙屎送尿。"平常人所做的是此等平常的事，圣人所做的亦是此等平常的事。所以说圣人的生活，无异于平常人

---

① 《古尊宿语录》卷 13。
② 《古尊宿语录》卷 32。

的生活。禅宗的主要意思是说穿点破，实是明白简单。舒州云："参禅唤作金屎法。未会一似金，会了一似屎。"① 此主要意思是若说点破，亦毫无奇特秘密。所以禅宗人常说："如来有密语，迦叶不覆藏。"（云居士道鹰）云："汝若不会，世尊有密语。汝若会，迦叶不覆藏。"② 密语之所以密，是因为众人不会。佛果云："迦叶不覆藏，乃如来真密语也。当不覆藏即密，当密即不覆藏。"③ 不覆藏的密，即所谓公开的秘密。

自迷而悟，谓之从凡入圣。入圣之后，圣人的生活，也无异于平常人的生活。"平常心是道"，圣人的心也是平常心。此所谓从圣入凡。从圣入凡谓之堕。堕亦可说是堕落，亦可说是超圣。（此皆《洞山（良价）语录》中语）超圣是所谓"百尺竿头，更进一步"。南泉云："直向那边会了，却来这里行履。"④《曹洞语录》引作："先过那边知有，却来这里行履。""直向那边会了"，是从凡入圣。"却来这里行履"，则是从圣入凡。

因为圣人平常所做的事，是从圣入凡，所以他所做的事只是平常人所做的事，而其实并非此等事与平常人做的事不同。百丈（怀海）云："未悟未解时名贪瞋，悟了唤作佛慧。故云：'不异旧时人，只异旧时行履处。'"⑤ 黄檗云："但无一切心，目尽同无漏。"⑥ 庞居士偈云："神通并妙用，担水及砍柴。"担水砍柴平常人做之，但如是圣人做之，就是神通妙用。

圣人的境界，就是所谓"人境俱不夺"的境界。在此等境界中，山还是山，水还是水，但人已不是旧日的人，而是从凡人入圣人了。百丈所引："不异旧时人，只异旧时行履处。"严格地说，应该是"只异旧时

---

① 《古尊宿语录》卷 32。

② 《传灯录》卷 7，中华书局，2014 年。

③ 《佛果禅师语录》卷 15，《大正藏》第 47 册。

④ 《古尊宿语录》卷 12。

⑤ 《古尊宿语录》卷 1。

⑥ 《古尊宿语录》卷 2。

人，不异旧时行履处"。人是从圣入凡，所以虽有人有境，而仍然若无人无境。"人境俱夺"，是从凡入圣的功夫。"人境俱不夺"，是从圣入凡的境界。

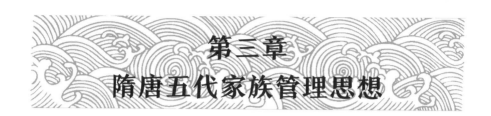

第三章
隋唐五代家族管理思想

第一节 士族门第思想

唐初太宗为了压抑山东士族以门第自矜，在《氏族志》里故意降低他们的门第，同时"崇重今朝冠冕"，提高新士族的地位，王妃、主婿皆选自新贵大臣之家，皇室不与山东士族通婚，借此冷落他们。

但是到了唐中叶以后，社会上重旧士族门第的思想观念并没有得到彻底改变。从唐中叶的新旧士族的斗争中，我们可以了解到从唐中叶到唐后期，从皇帝到朝臣，从旧士族到新士族，都仍然重视士族门第。一方面，山东士族依然以门第自矜，还是不屑与皇室通婚，甚至以躲避同皇室的通婚为荣。如唐宣宗大中年间，"会有诏于士族中选人才尚公主，衣冠多避之。（驸马都尉郑）颢谓（于）琮曰：'子人才甚佳，但不护细行，为世誉所抑，久而不调，能应此命乎？'琮然之"①。由此可见，唐宣宗大中年间距唐太宗贞观年间已 220 余年，但重视士族门第的思想观念仍然没有变化。宣宗嫁女儿讲究门第，"诏于士族中选人才尚公主"，那些旧士族则以门第自矜，看不起皇室、大臣等所谓新士族，因此出现"衣冠多避之"的现象。最后宣宗只好选了一个不拘小节、被世人看不起

---

① 《旧唐书》卷 149《于休烈附于琮传》。

的士族化的鲜卑族后裔于琮做驸马。唐中后期之所以还发生这种现象，其主要原因还是士族门第思想根深蒂固。旧士族虽然在政治上失去了权势，但还是看不起那些新士族，认为他们没有祖先世代富贵的门资，也没有声望，不过是一些暴发户。所以旧士族依然结成一团，"潜相聘聚"，不与新士族联姻。另一方面，皇室屡屡放下身段主动与旧士族联姻，也说明皇室因祖先非高门望族而自卑，试图通过与旧士族的联姻来抬高自己的门第。因此，在平时的言行中，表现出不敢随意轻视旧士族的自卑的一面。如唐宣宗之女万寿公主下嫁起居郎郑颢。大中二年（848），郑颢弟弟郑颐"尝得危疾，上（宣帝）遣使视之，还，问'公主何在？'曰：'在慈恩寺观戏场。'上怒，叹曰：'我怪士大夫家不欲与我家为婚，良有以也！'亟命召公主入宫，立之阶下，不之视。公主惧，涕泣谢罪。上责之曰：'岂有小郎病，不往省视，乃观戏乎！'遣归郑氏。由是终上之世，贵戚皆兢兢守礼法，如山东衣冠之族"①。从这件事可以看出，唐宣宗意识到自己虽然贵为皇族，但在礼教等方面可能不如旧士族，因此对爱女万寿公主在小叔子重病时还去慈恩寺观戏大为恼火，召回万寿公主狠狠训斥了一顿。这说明贵为皇帝的唐宣宗也不敢无视旧士族的礼教，在与旧士族联姻时内心隐藏着某种自卑感。

在唐中后期社会重门第这种根深蒂固思想观念的影响下，皇室为了提高自己的门第，利用手中至高无上的权力，强迫旧士族同皇室通婚。如"开成初，文宗欲以真源、临真二公主降士族，谓宰相曰：'民间修婚姻，不计官品而上阀阅。我家二百年天子，顾不及崔、卢耶？'诏宗正卿取世家子以闻。（杜）中立及校书郎卫洙得召见禁中，拜著作郎。月中，迁光禄少卿、驸马都尉，尚真源长公主"②。从唐文宗对宰相所说"民间修婚姻，不计官品而上阀阅"可知，虽然唐初太宗、高宗、中宗朝为了抬高新贵们的地位，努力培植一个以皇室和功臣为主体的新士族集团，

---

① 《资治通鉴》卷248。
② 《新唐书》卷172《杜兼附杜中立传》。

抑制旧士族的地位，但到了唐后期，民间重士族门第的思想观念仍然占主导地位，皇族在世人心目中的地位依然不及崔、卢等旧士族，所以才会使唐文宗十分恼火，愤愤不平地说："我家二百年天子，顾不及崔、卢耶？"

如前所述，门阀士族的衰亡，是从唐中叶开始的。由于门阀士族制度的经济基础庄园制的崩溃，加上安史之乱后长期的藩镇割据战争和唐末农民大起义，到唐末五代时，从魏晋以来延绵数百年的许多著名士族，如北方的崔、卢、李、郑和二王，从北方逃到南方的王、谢、袁、肖，南方土著的顾、陆、朱、张等士族，逐渐从历史记载中消失。

五代时期随着门阀士族的彻底衰亡，谱牒之学也走向废绝。这使自五代开始，世人重士族门第的思想观念发生了变化。正如宋代学者胡应麟所说的，自五代以后，人们已不崇尚门阀，谱牒之学，遂绝而不传①。在人们的思想观念中，已不把出身门第当成什么了不起的事："唐人推崔、卢等姓为甲族，虽子孙贫贱皆家世所重。今人（宋人）不复以氏族为事。"② 在社会生活中，已经逐渐没有士庶的界限，其中在婚姻上最能说明士庶身份界限趋于泯灭，从北宋开始，已是"取士不问家世，婚姻不问阀阅"了③。

第二节　家庙思想

一、立家庙的标准

关于隋代的宗庙制度，开皇十七年（597）诏曰："其王公以下，祭

---

① 《少室山房笔丛》庚部卷36。
② 赵彦卫：《云麓漫钞》卷3，中华书局，1961年。
③ 郑樵：《通志》卷25《氏族略》一，商务印书馆万有文库十通本。

私庙日，不得作音乐。"① 可见，当时官僚确实有家庙祭祀，只是朝廷禁止王公以下的官僚在家庙祭祀时奏乐。《隋书》卷12《礼仪志》曰：玄冕，"诸侯服以祭其宗庙……新制（案：指大业制）依此。服之章，通给庶姓。一品以下，五品以上，自制于家，祭其私庙"。由此可见，隋代不论同姓或庶姓诸侯皆有宗庙，官员只有一品至五品才有家庙，删除了河清令中六七品的庙祀。

唐代开元之前，家庙制度与隋朝相同。开元年间，朝廷分别于开元七年（719）、十二年（724）对原来的家庙制度作了修改，但仅过了8年，到了开元二十年（732），颁布"开元礼"，再次对家庙制度进行修订。此次"开元礼"修订后的制度，长期成为唐代立庙的根据。"开元礼"家庙制度规定："凡文武官二品以上，祠四庙；五品以上，祠三庙（夹注曰：三品以上不须兼爵。四庙外有始封祖者，通祠五庙）……六品以下达于庶人，祭祖祢于正寝。"② "开元礼"规定的立庙者身份与隋代相同，不同的是对不同品级官员建庙数量的规定更为细致而已。

唐代开元礼的家庙制度，基本是四五品一定要兼爵方可立庙，三品以上无爵亦可立庙。"五品以上之官，是为通贵"③，居于官员中的特权阶层。立庙者的品级是依职事官而定的，而爵、勋、散官则不能构成立庙的必要条件。唐后期放宽了立庙的标准。懿宗咸通初年有"德音"："官阶至朝散大夫者，许追荣先世，及妻以邑封。至正议大夫者，用勋荫子。至光禄大夫者，得衮服，庙祭，设棨戟。"④ 这次懿宗"德音"特许官阶至光禄大夫者庙祀其祖先。光禄大夫为从二品文散官，可见散官到了二品而职事官还未到达立庙标准者，也有机会立庙。官员欲立家庙时，依惯例要申请批准。如李绅立家庙，其家庙碑云："斋沐祗栗，拜章上言，

①　《隋书》卷15。

②　《大唐开元礼》卷3《序例下·杂制》，台湾商务印书馆影印文渊阁四库全书本。

③　《唐律疏议》卷2《五品以上妾有犯》，中华书局，1983年。

④　高彦林：《阙史》，《知不足斋丛书》本。

请立先庙，以奉常祀。于是得请于天子，承式于有司。"① 又如王涯立家庙，其家庙碑曰："上章曰，臣涯官秩印绶，品俱第三，请如式以奉宗庙，制曰：可。"② 可见，在立家庙之前，官员上章报告自己的资格已符合礼制的规定，申请立庙。经皇帝批准后，由礼司给立庙者有关规定，令其依式修建。

二、家庙的建筑式样

唐代家庙的建筑式样，《文献通考》卷 105《大夫士庶宗庙》记载了三品三庙制的式样："唐诸臣庙之制，三品以上九架，厦两旁。三庙者五间，中为三室，左右厦一间，前后虚之，无重拱、藻井。室皆为石室一，于西墉三之一近南，距地四尺，容二主。庙垣周之，为南门、东门，门屋三室，而上间以庙，增建神厨于庙东之少南，斋院于东门之外少北，制勿逾于庙。"三庙可以有九架、五间。架是用来表示进深，间是指横宽。根据唐代长安大明宫遗址及佛光寺正殿的调查，各间多在 5 米左右，因此三品以上家庙正殿宽约 25 米。家庙采取同堂异室的方式。庙数其实就是室数，三庙即三室。诸室的位置，是依照尊卑顺序从西室到东室。如田弘正家庙，"得立庙祭三代，曾祖……祭初室；祖……祭二室；兵部府君（指其父）祭东室。"③ 又如殷侑家庙碑云："奉工部（指曾祖）、卫尉（指祖）、骑省（指父）三府君，李氏、周氏、刘氏（指前三人之妻）神主，克祔于其室，自西徂东，靡陋靡丰。"④ 可见，当时庙室均是从西到东依曾祖、祖、父的由尊到卑的顺序排列。正如高宗永徽年间许敬宗

---

① 《全唐文》卷 678《右仆射赵郡李公家庙碑》。

② 刘禹锡：《刘梦得文集》卷 28《代郡开国公王氏先庙碑》，台湾商务印书馆影印文渊阁四库全书本。

③ 《昌黎先生集》卷 26《魏博节度观察使沂国公先庙碑铭》。

④ 《全唐文》卷 624《天平军节度使殷公家庙碑》。

上奏所说的："今庙制与古不同，共阶别室，西方为首。"① 如有始封祖，似乎也是置于西室。长庆元年（821），太常博士王彦威说："景皇帝是始封不迁之祖，其神主合藏于太庙从西第一室。"② 这里虽然指的是皇帝宗庙，但一般家庙也应当是这种规制。太祖之位一般是置于（最）西室，即"从西第一室"，只有在祫享时，诸神主皆合食于庙堂，才在中央位置设太祖之位。关于室在堂中的位置，令狐绹指出，三品家庙"庙制合造五间，其中三间隔为三室"③。也就是中间隔为三室。堂的两旁有东西两厢，堂的左右有"东序"及"西序"两面墙。《新唐书》中所说的"石室"，实际上是坎室，平时置神主，至享时，方请出神主，置于神座。唐家庙祭礼，只有三品以上有神主，所以只有三品以上有坎室。所谓"二主"指某祖先及其配偶的神主。庙正殿的所谓"厦两头""左右厦一间"中的"厦"，是指屋顶的形式，上半部为两面坡，下半部为四面坡。这种建筑的屋顶特色是两端向前折起，正殿的东西山墙缩入檐内，故能在正殿两旁形成檐廊。"左右厦一间"，即是正殿左右所形成的檐廊，距离一间。此外，一些家庙还有"四阿"，又称"四溜"，就是家庙建筑四面都缩入台基，在台基的四周形成檐廊。通往庙堂设有东西二阶，又称阼阶和宾阶。"无重拱"，即柱头上只能施一层斗拱。家庙的建筑样式体现了严格的等级制度，不得违制僭越。此外，"神厨"是执事者宰杀牲的场所，并在其中烹调。斋院是"开元礼"中主人、亚献、终献并执事者，致斋一日于庙所的地方。④

三、家庙的祭祀

《大唐开元礼》继《仪礼》之后，第一次详载了大夫、士祭仪，可以

① 《通典》卷 48《诸藏神主及题板制》。
② 《旧唐书》卷 26《礼仪六》。
③ 《册府元龟》卷 593《掌礼部奏议》，中华书局影印本，1960 年。
④ 常建华：《中华文化通志·宗族志》，第 73—75 页。

说是中古祖先庙祀礼仪的总结，而且深刻影响了宋以后诸儒对宗祠祭祖的礼仪规范。

关于唐代家庙的祭期，《新唐书》卷13《礼乐志》云："天子以四孟，腊享太庙，诸臣避之，祭仲而不腊。"即因为皇帝一岁5祭，在一、四、七、十4个孟月和腊祭的十二月，所以官员为了避僭礼之嫌，改在4个仲月举行家庙祭祀，而且不腊祭。这样在时间上比皇帝推后一个月、在次数上比皇帝少一次，以表示对皇帝的尊崇。而且在具体时间的确定上，"祭寝者，春、秋以分，冬、夏以至日。若祭春分，则废元日。然元正，岁之始，冬至，阳之复，二节最重。祭不欲数，乃废春分，通为四"。《开元礼》卷78《六品以下时祭》规定祭寝亦在四仲月，与此不同。这就是由于民间重视元旦和冬至日的祭祖，所以以元旦代替春分，一年仍然是祭4次。以上是唐代官方礼制的规定，但当时还有一些不同的确定家庙祭祀时间的主张。如周元阳《祀录》"以元日、寒食、秋分、冬夏至，为四时之祭"①。这里显然有越礼之嫌，一年共祭祀5次。对于士族无庙者而言，仍然遵行家传的规矩。元稹说："唐制位五品皆庙祀，庙祀亦以求吉日。其余未庙祀者，各奉家传，疏数每异。昔我先府君……是用日至暨正旦，仲夏之五日，季秋之初九，莫不修奉祠祀。"②可见，元稹家祭祖，是在元旦、端午、重阳、冬至4节。唐代民间祭祖的时间、次数与官方开元礼规定的不同，说明官方虽然有明确的礼制规定，但并没有得到严格的执行，甚至连官宦人家都不遵守，更不要说那些普通百姓会自觉遵守了。

唐代祭祖用的牺牲，《大唐开元礼》卷3《序例下·杂制》也有具体规定："牲皆用少牢，六品以下，达于庶人……用特牲。"其下夹注曰："纵祖、父官有高下，皆用子孙牲。"如将此规定与《新唐书》卷13《礼乐志》的有关记载相对照，五品以上官员用少牢，即用羊和豕祭祀，六

① 叶梦得：《石林燕语》卷1，中华书局，1984年。
② 元稹：《元氏长庆集》卷59《告祀曾祖父》，商务印书馆影印四部丛刊本。

品以下官员及庶民，用特牲，即用特豚。大致上也可以说，有庙者用少牢，无庙者用特牲。

关于祭祀时是否用神主，历史上屡有变化。根据《仪礼》的记载，祭祖仪式没有出现神主。汉儒根据此记载，认为大夫以下依礼制不可有神主。如郑玄为《礼记·祭法》所作注云："天子诸侯有主禘祫，大夫有祖考者，亦鬼其百世，不禘祫，无主尔。"但是也有人对此提出不同看法，认为大夫、士应有主。① 这种主张反映了当时士大夫阶层祭祖的需求。北魏孝明帝时，清河王元怿上书："大夫及士，既得有庙题纪祖考，何可无主？……宜通为主，以铭神位。"② 诏依怿议。根据这一记载，自北魏中后期起，大夫、士祭祖皆可有神主。但是到了唐代，则又恢复了汉代的礼制。《大唐开元礼》规定，三品以上官员家庙有神主，四五品无神主，只设八筵，六品以下无几筵，但设神座。但是先秦传统的儒家思想认为，设神主进行祭祀，是使祖先的灵魂有所归依。礼经中的葬礼，人死后，先作"重"以依神，返葬而虞，开设讣主。但此时是用"虞主"，因为还没有结束凶礼的阶段，所以只是丧主。唐代继承了这种礼制，卒哭之后，才进入吉礼的阶段，到了小祥，才用以后吉祭所施的神主。③ 吉祭用的神主，唐制用栗主。④ 唐制强调三品以上方可有神主，注重的是礼的等级森严，但忽视了祭祖者的感受，无神主使祖先灵魂无所归依，怎么进行祭祀？唐礼制规定不近情理，终究不会长久。

唐代家庙制度之所以绵延近 300 年，其主要原因在于贵族官僚制的盛行。由于贵族官僚制的一个重要特色是荫任制度，唐朝规定五品以上官员可以立庙，而正是五品以上官员有荫子孙当官的权利，即其子孙可以延续官员的身份，维系家庙的存在。而且唐代的官僚制还有诸多资荫出身的途径，如勋、爵的出身阶。其中嫡系比其他众子更有优待。这样

---

① 《通典》卷 4《诸侯大夫士神主》。

② 《魏书》卷 108 之二《礼四之二》，中华书局，2011 年。

③ 《大唐开元礼》卷 140《三品以上丧之三·小祥祭》。

④ 《旧唐书》卷 26《礼仪六》。

就为家庙的祭祀提供了政治保障和经济上的条件。但是也正因为官僚的贵族化不彻底，使多数家族的政治地位不能世袭，因此使许多家庙废祀。贞元九年（793），朝廷一方面放宽祔庙的规定，另一方面以强制的手段，迫使有庙之家不得废祀。唐代家庙世代相续的规定，显示唐朝廷想要恢复以周礼为典型的宗法分封庙制，但诸多家庙的废祀，也预示着家庙制的贵族政治已经无法维持，一去不复返了。

第三节　谱牒编纂思想

一、官修《氏族志》和谱牒思想

唐王朝建立后，废止了魏晋南北朝以来的九品中正制，新起的关陇贵族成了国家的统治者，权力格局和身份地位的变化使关陇贵族要求人们改变以往衡量族姓贵贱的标准，因此，贞观年间，唐朝廷组织纂修大型的官书《氏族志》。

据吴竞《贞观政要》卷7《礼乐》记载："贞观六年，太宗谓尚书左仆射房玄龄曰：比有山东崔、卢、李、郑四姓，虽累叶陵迟，犹恃其旧地，好自矜大，称为士大夫。每嫁女他族，必广索聘财，以多为贵，论数定约，同于市贾，甚损风俗，有紊礼经，既轻重失宜，理须改革。乃诏吏部尚书高士廉……等刊正姓氏。"由此可知，《氏族志》纂修于贞观六年（632），纂修的主要工作是"刊正姓氏"，其原因在于唐太宗看不惯社会上崇尚山东大姓的风气。关于"刊正姓氏"的具体工作，据《新唐书·高俭传》的记载，唐太宗诏吏部尚书高士廉等"责天下谱牒，参考史传，检正真伪，进忠贤，退悖恶，先宗室，后外戚，退新门，进旧望，右膏粱，左寒畯，合二百九十三姓，千六百五十一家，为九等，号曰

《氏族志》"。但高士廉等不理解唐太宗修《氏族志》的真正用意，仍然
遵从社会风尚，把崔干列为第一等。唐太宗看了很气愤，说："我平定四
海，天下一家，凡在朝士，皆功效显著，或忠考可称，或学艺通博，所
以擢用。见居三品以上，欲共衰代旧门为亲，纵多输钱帛，犹被偃仰。
我今特定族姓者，欲崇重今朝冠冕，何因崔干犹为第一等？"命令"不须
论数世以前，止取今日官爵高下作等级"。① 可见，唐太宗令高士廉"刊
正姓氏"、编纂《氏族志》的真正目的在于以当时的政治地位为标准来决
定氏族的社会地位，以打破山东崔、卢、李、郑等姓长期以来作为望姓
占据崇高的社会地位。高士廉等明白了皇帝的意图后，"于是以皇族为
首，外戚次之，降崔民干为第三（原注：九等之次，皇族为上之上，外
戚为上之中，崔民干为上之下）。凡二百九十三姓，千六百五十一家，颁
于天下"②。修改后的《氏族志》在 9 等顺序上加以调整，颁布于贞观十
二年（638）。《氏族志》将族姓分成上、中、下 3 等，每等又分上、中、
下 3 个层次，总共是 9 个等级，也就是 9 等。自此，唐王朝正式确立了皇
族、外戚在社会上的最高地位，在广大民众心目中强化了皇权，同时，
也承认了魏晋南北朝以来山东大姓望族享有的很高社会地位。《氏族志》
是一种由国家通过权力强制确定不同姓族社会地位的谱牒，体现了政治
权力至上，政治权力对家族进行管理和控制。

唐初，由于士族门第思想根深蒂固，谱学仍然较为兴盛。唐初的谱
学家中比较著名的是高宗、武后时期的路敬淳。《新唐书》载：路敬淳
"尤明姓系，自魏、晋以降，推本其来，皆有条序，著《姓略》《衣冠系
录》等百余篇……唐初，姓谱学唯敬淳名家。其后柳冲、韦述、萧颖士、
孔至各有撰次，然皆本之路氏"③。《旧唐书》也载："敬淳尤明谱学，尽
能究其根源枝派，近代以来，无及之者。撰《著姓略记》十卷，行于时。

① 《旧唐书》卷 65《高士廉传》。
② 《资治通鉴》卷 195 "太宗贞观十二年"条。
③ 《新唐书》卷 199《儒学中·路敬淳传》。

又撰《衣冠本系》，未成而死。"① 综合《新唐书》《旧唐书》的记载，我们可以知道路敬淳的谱牒编纂思想主要就是"推本其来，皆有条序"，"究其根源枝派"，即编纂谱牒是为了理清世家大族的源流世系，以别辈分亲疏尊卑。从其著作名称《著姓略记》（《姓略》）、《衣冠本系》（《衣冠系录》）可以推测，其内容就是记录世家大族姓氏源流、辈分亲疏的。

继路敬淳之后比较有名的谱学家是柳冲。《旧唐书》载："冲博学，尤明世族，名亚路敬淳……初，贞观中太宗命学者撰《氏族志》百卷，以甄别士庶；至是向百年，而诸姓至有兴替，冲乃上表请改修氏族。中宗命冲与左仆射魏元忠及史官张锡、徐坚、刘宪等八人，依据《氏族志》，重加修撰。元忠等施功未半，相继而卒，乃迁为外职。至先天初，冲始与侍中魏知古、中书侍郎陆象先及徐坚、刘子玄、吴兢等撰成《姓族系录》二百卷奏上……开元二年，又敕冲及著作郎薛南金刊定《系录》，奏上，赐绢百匹。"② 《新唐书》也载："初，太宗命诸儒撰《氏族志》，甄差群姓，其后门胄兴替不常，冲请改修其书，帝（中宗）诏魏元忠、张锡、萧至忠、岑羲、崔湜、徐坚、刘宪、吴兢及冲共取德、功、时望、国籍之家，等而次之。夷蕃酋长袭冠带者，析著别品。会元忠等继物故，至先天时，复诏冲及坚、兢与魏知古、陆象先、刘子玄等讨缀，书乃成，号《姓系录》……开元初，诏冲与薛南金复加刊窜，乃定。"③ 从史籍所载"取德、功、时望、国籍之家，等而次之"可知，柳冲这次重新编纂谱牒的指导思想与路敬淳有所不同，路敬淳主要是理清世家大族世系源流，而柳冲则主要是依据德、功、时望、国籍等评价标准，品定士族等级。由于品定士族等级关乎方方面面，不仅汉族世家大族，连少数民族"夷蕃酋长袭冠带者，析著别品"，难度大，因此柳冲等人三次组织人员编纂，历经近十年时间，才最终大功告成。

---

① 《旧唐书》卷 189《儒学下·路敬淳传》。

② 《旧唐书》卷 189《儒学下·柳冲传》。

③ 《新唐书》卷 199《儒学中》。

唐代宗永泰年间有"（柳）芳精于谱学，永泰中按宗正谱牒，自武德以来宗枝昭穆相承，撰皇室谱二十卷，号曰《永泰新谱》，自后无人修续"[①]。

柳芳不仅编纂皇室《永泰新谱》，而且著文阐述自己的谱牒编纂思想。其要旨主要有以下4点[②]。

其一，编纂谱牒必须讲求地望、姓氏和婚姻。"善言谱者，系之地望而不惑，质之姓氏而无疑，缀之婚姻而有别。"柳芳认为当时编纂谱牒有4种倾向必须把握好，才能避害趋利："山东之人质，故尚婚娅，其信可与也；江左之人文，故尚人物，其智可与也；关中之人雄，故尚冠冕，其达可与也；代北之人武，故尚贵戚，其泰可与也。及其弊，则尚婚娅者先外族、后本宗，尚人物者进庶孽、退嫡长，尚冠冕者略伉俪、慕荣华，尚贵戚者徇势利、亡礼教。四者俱弊，则失其所尚矣。"

其二，强调编纂谱牒的重要性，士族谱牒关乎国家兴衰。"人无所守，则士族削；士族削，则国从而衰。"柳芳列举了历代的兴衰来说明士族谱牒在治理国家中的重要性："管仲曰：'为国之道，利出一孔者王，二孔者强，三孔者弱，四孔者亡。'故冠婚者，人道大伦。周、汉之官人，齐其政，一其门，使下知禁，此出一孔也，故王；魏、晋官人，尊中正，立九品，乡有异政，家有竞心，此出二孔也，故强；江左、代北诸姓，纷乱不一，其要无归，此出三孔也，故弱；隋氏官人，以吏道治天下，人之行，不本乡党，政烦于上，人乱于下，此出四孔也，故亡。唐承隋乱，宜救之以忠，忠厚则乡党之行修；乡党之行修，则人物之道长；人物之道长，则冠冕之绪崇；冠冕之绪崇，则教化之风美，乃可与古参矣。"柳芳认为编纂谱牒讲求乡党、人物、冠冕，有益于社会良风美俗的形成，国家的长治久安。

其三，强调编纂谱牒必须通古博今。"不通历代之说，不可与言谱

---

① 《旧唐书》卷149《柳璟传》。

② 以下4点引文未注出处者均见于《新唐书》卷199《儒学中》。

也。"如上所述，当时著名谱学家，几乎都以博学著称。如路敬淳"尤勤学，不窥门庭，遍览坟籍"①，柳冲"博学，尤明世族"②，韦述"为儿童时，记览皆遍，人骇异之……贯穿经史，事如指掌，探赜奥旨"③。

其四，对当时盲目崇拜旧士族提出批评。柳芳认为历史上的士族门第是不断变化的，故应以历史的眼光看待士族门第的变化，不要盲目崇拜一些旧士族。如柳芳指出，当时的一些士族，其渊源来自魏晋，在此基础上，不同时期，不同地域，不断有新的权贵加入，而且因不同的评价标准而划分为不同的等级，最终形成当时的士族体系："魏氏立九品，置中正，尊世胄，卑寒士，权归右姓已。其州大中正、主簿、郡中正、功曹，皆取著姓士族为之，以定门胄，品藻人物。晋、宋因之，始尚姓已。然其别贵贱，分士庶，不可易也。于时有司选举，必稽谱籍，而考其真伪。故官有世胄，谱有世官，贾氏、王氏谱学出焉。由是有谱局，令史职皆具。过江则为'侨姓'，王、谢、袁、萧为大；东南则为'吴姓'，朱、张、顾、陆为大；山东则为'郡姓'，王、崔、卢、李、郑为大；关中亦号'郡姓'，韦、裴、柳、薛、杨、杜首之；代北则为'虏姓'，元、长孙、宇文、于、陆、源、窦首之。'虏姓'者，魏孝文帝迁洛，有八氏十姓，三十六族九十二姓。八氏十姓，出于帝宗属，或诸国从魏者；三十六族九十二姓，世为部落大人；并号河南洛阳人。'郡姓'者，以中国士人差第阀阅为之制，凡三世有三公者曰'膏粱'，有令、仆者曰'华腴'，尚书、领、护而上者为'甲姓'，九卿若方伯者为'乙姓'，散骑常侍、大中大夫者为'丙姓'，吏部正员郎为'丁姓'。凡得入者，谓之'四姓'。又诏代人诸胄，初无族姓，其穆、陆、奚、于，下吏部勿充猥官，得视'四姓'。北齐因仍，举秀才、州主簿、郡功曹，非'四姓'不在选。故江左定氏族，凡郡上姓第一，则为右姓；太和以郡四姓为右姓；齐浮屠昙刚《类例》凡甲门为右姓；周建德氏族以四海通望

---

① 《旧唐书》卷189《儒学下·路敬淳传》。
② 《旧唐书》卷189《儒学下·柳冲传》。
③ 《旧唐书》卷102《韦述传》。

为右姓；隋开皇氏族以上品、茂姓则为右姓；唐《贞观氏族志》凡第一等则为右姓；路氏著《姓略》，以盛门为右姓；柳冲《姓族系录》凡四海望族则为右姓。"① 基于这种认识，柳芳对当时盲目崇拜山东旧士族提出了批评："今流俗独以崔、卢、李、郑为四姓，加太原王氏号五姓，盖不经也。"其理由如上所述：从空间上看，崔、卢、李、郑、王只是山东地区的旧士族，当时全国范围内还有江南"侨姓"、东南"吴姓"、关中"郡姓"、代北"虏姓"等旧士族；从时间上看，这些旧士族主要是魏晋南北朝时期形成的；从其产生、发展的原因上看，这些旧士族之所以居于社会上层，是因为他们曾经是皇族、官宦权贵。理所当然，唐朝新的皇族、权贵加入士族行列是天经地义的。因此，只盲目崇拜崔、卢、李、郑、王等山东旧士族是很片面的。

二、私撰家谱思想

有唐一代，士大夫流行私撰家谱。朱熹在《胡氏族谱序》中说："唐人重世族，故谱牒家有之。"② 贞观六年（632），唐太宗诏修《氏族志》，曾广泛征求地方家谱。据《欧阳氏六宗通谱》和《山阴安昌徐氏宗谱》记载，欧阳氏和徐氏二宗族分别将家谱呈交。③ 有百卷之巨的《氏族志》正是在"检正"大量家谱的基础上修撰成的，由此可知当时士大夫私修家谱之普遍。

据统计，《新唐书·艺文志·谱牒类》著录的唐人家谱约有 31 种。如果再结合其他一些文献记载和学者研究，我们对唐代家谱的编撰内容就有一定的了解。《新唐书·艺文志》著录有刘子玄（知几）撰有《刘氏

---

① 《新唐书》卷 199《儒学中·柳冲传》。

② 《古今图书集成·明伦汇编·氏族典》卷 8，中华书局、巴蜀书社，1984—1988 年。

③ 王永兴：《隋唐五代经济史料汇编校注》上册，中华书局，1987 年，第 394—395 页。

谱考》3 卷、《刘氏家史》15 卷，据《册府元龟·国史部·谱牒门》记载，刘知几的著述"推汉氏为陆终苗裔，非尧之后。彭城丛亭里诸刘，出自宣帝子楚孝王嚣曾孙司徒居巢侯刘恺之后，不承楚元王交。皆按据明白，正前代所误。虽为流俗所讥，学者服其该博"。由此可见，可能刘氏著作系学术考证，虽受到学者的好评，但未能被社会所接受。唐著名书法家颜真卿也有家谱，可能就是《新唐书·艺文志》中所著录的《颜氏家谱》1 卷。颜真卿曾于德宗建中元年（780）撰写《世系谱序》，该谱北宋时欧阳修曾经看到过。他在《与王深甫论世谱帖》中说："修启：惠借颜氏谱，得见一二，大幸。前世常多丧乱，而士大夫之世谱未尝绝也。"①《新唐书·艺文志》还载有《荥阳郑氏家谱》1 卷。南宋绍兴八年（1138）郑樵曾见过此谱，指出："《唐书》郑氏《宰相世系》皆出于此，实嘉祐中编修吕夏卿因撰《唐书》得之也"。"观此谱，派别宗系，疏著婚姻，纤悉备矣"。并进一步推测"且以《新唐书·宰相世系表》本，皆是摭此等谱牒而为之，但略其婚姻耳"。② 从郑樵所云，我们可以推测，《荥阳郑氏家谱》主要记载世系和婚姻，这或许是唐代家谱普遍所记载的基本内容。

《全唐文》卷 418 载有唐后期于邵所作的《河南于氏家谱后序》，从此文中我们可以了解到：于氏家谱最早修纂者是于邵的高叔祖于志宁。于志宁出身世宦名门，曾祖父为北周的太师，燕国公，志宁父亲"仕隋至内史舍人"，③ 该家谱大约成书于贞观年间，详于"受姓封邑，衣冠婚嫁"，看来唐朝人作谱的目的是为了出仕和婚媾。这说明了唐朝初年仍然承袭南北朝以来的传统，以血缘为社会阶层标准的现实。于志宁所修的于氏家谱，后因安史之乱"散落无遗"，于是于邵在其基础上，"变前规"，编了新的于氏家谱。谱中"每房分为两卷，其上卷自九祖某公至玄孙止，其下卷自父考及身以降，迭相补注，即令邵以皇考工部尚书为下

① 《古今图书集成·明伦汇编·氏族典》卷 170。
② 郑樵：《荥阳谱序》，吴怀祺校补《郑樵文集》，书目文献出版社，1992 年。
③ 《新唐书》卷 103《于志宁传》。

卷之首，此其例也"。该谱分卷以五世为断，存古小宗法之意，宋代欧、苏族谱与其有相似之处，这或许是单姓私修家谱在唐代后期的变化。①《旧唐书·经籍志》《新唐书·艺文志》和《通志·艺文略》中记载了许多唐代某氏某姓家谱，但这些家谱至今都已亡佚。幸运的是如今我们在吐鲁番出土文书和敦煌石室遗书中发现了一些当时家谱的残片和残卷，从中可以窥见当时编纂谱牒的一些思想。如吐鲁番出土的两件家谱残片，都是用方框、线条、箭头简洁明了地表示世系脉络，详细注明每人的血缘关系、名讳、官职及配偶的姓氏名字等，图画清晰，类似现在的图表，抄字工整，一目了然。敦煌石室则出土了几卷官修望族谱的残卷，其中以一件题为《新集天下姓望氏族谱》的最为完整和典型。它的编纂是按照唐代的政治区划，依道、州、郡的次序排列，每一郡列出该郡的望族姓氏，少者三姓（如凉州西平郡），多者四十姓（如雍州京兆郡）。据徐杨杰研究，"这大约是官修谱牒的一种提纲，而不是修成的谱牒。因为光列每郡的几个望族姓氏，而不列出某一个人是不是属于这个望族，是起不到谱牒的作用的"②。总之，从出土的家谱残片、残卷中我们可以了解到，当时编纂谱牒在技术性上的指导思想是简洁明了记录士族的世系源流、血缘亲疏，据此来区别人们门第高下、贵贱尊卑。

在中国古代家国同构的思想观念的制约下，编纂谱牒不仅是作为对一个延绵数世、人数众多家族的管理依据，而且更重要的是具有管理国家的意义。那种专门记载士族门第高下，研究人们血缘世系亲疏的官修谱牒，是人们作为选官和联姻的重要依据。

唐中期至五代，朝廷选官的重要依据仍然是谱牒。如《新唐书》卷199《柳冲传》载："有司选举，必稽谱籍而考其真伪。"后唐庄宗即帝位，"拜（豆卢革）同中书门下平章事。革虽唐名族，而素不学问，除拜官吏，多失其序，常为尚书郎萧希甫驳正，革颇患之……唐、梁之际，

---

① 常建华：《中华文化通志·宗族志》，第 259 页。
② 徐杨杰：《中国家族制度史》，武汉大学出版社，2012 年，第 260 页。

仕宦遭乱奔亡，而吏部铨文书不完，因缘以为奸利，至有私鬻告敕，乱易昭穆，而季父、母舅反拜侄、甥者"①。《新五代史》的记载表明，后唐时期选官的重要依据还是谱牒所载门第高低、世系源流和血缘亲疏，当时选官没有严格按照谱牒记载，原因是当时大部分谱牒因战乱而残缺散佚，因此才会出现在选官中"因缘以为奸利"的情况，加上当时宰相豆卢革"素不学问"，不懂谱牒之学，所以更加剧了选官弄虚作假、世系混乱、营私舞弊的现象。

唐后期五代时，婚姻中依据谱牒比选官依据谱牒有过之而无不及。南宋郑樵就指出：唐、五代"官之选举，必由于簿状；家之婚姻，必由于谱系"②。而到了北宋时，士庶身份界限才随着世家大族式家族的彻底衰亡而逐渐趋于泯灭，出现了"取士不问家世，婚姻不问阀阅"③ 的现象。

陈捷先曾撰《唐代族谱略述》一文，其对唐代族谱有一总结性的论述，对我们全面了解唐代族谱有较高的参考价值："唐代的族谱大致说来可以分为簿状与谱系两大类，前者为官谱，后者为私谱。簿状主要记姓源、门第、婚姻、官宦等事，是炫耀家世、进入仕途的一种实用证明文件，就体例上看，这种文件是与魏晋南北朝一脉相承的。谱系虽然也具有辨姓氏、联婚姻、明官爵等的内容，但记事不必依循政府的规定，内涵显然比较扩大自由，家族中大小事务都可入谱。唐代族谱除尚门第之外，对妇女外家的重视也颇有魏晋南北朝的遗风。另外唐代族谱也有尊祖敬宗的思想，且具维系宗族的力量，惟不如宋代以后那样的强合宗法于谱法，更不见睦宗族、化风俗的大理想。至于唐代制作的族谱数量，尽管目前不能确知，为数实多应该是意料中事。总之，以上的这些事实是由于唐代仍有世族存在，且有新旧世族之争，因此族谱的体例与内容

---

① 《新五代史》卷28《豆卢革传》。
② 《通志》卷25《氏族略》一《氏族序》，商务印书馆万有文库十通本。
③ 《通志》卷25《氏族略》一《氏族序》。

也就不失魏晋以来的旧规了。"①

第四节　义门宗族思想

古代义门宗族是指累世同居共财的大家庭。在这种大家庭里，一个祖先的几代甚至十几代的子孙，数十百口以至数千口人同居共财，同爨合食，不分家，不析产，不异爨。这种大家庭往往不易长期存在，也无法在社会普遍推广。其原因是在一个庞大的家庭中，人口如果太多，关系就变得复杂，一般在四五代之后，血缘关系逐渐疏远，加上不可避免的私有观念，因各种利害关系引起的冲突越来越频繁和严重。在这种情况下，家长很难控制整个大家庭，最终不得不走向瓦解。但是这种义门宗族体现了封建的仁义孝悌伦理思想，因此，一再为历朝统治者所提倡旌表。如《新唐书》列举了180多户人家"皆数世同居者，天子皆旌表门闾，赐粟帛，州县存问，复赋税，有授以官者"②。

据徐扬杰研究，在魏晋南北朝时期世家大族式家族组织的形成和发展过程中，还零零星星地出现了一些几代同居共财、几十人或百余人同爨合食的大家庭。唐中叶以后，随着社会经济条件的变化和世家大族式家族制度的衰落，大家庭组织也在逐步发生变化。这种变化首先表现在数量方面。一是大家庭的数量猛增。在南北朝时，有记载的大家庭还寥寥无几，而在唐朝，仅受到朝廷旌表的大家庭就已经成堆、成片了。二是同居代数有明显的延长。在南北朝及以前，四代同居就已经十分难得，当时甚至三代同居都被人们认为是了不起的事。可是到了唐中叶以后，大家庭动辄六世、七世、八世同居共财，少数的竟有十余代而不分析的。

---

① 《第一届国际唐代学术会议论文集》，台北唐代研究学者联谊会，1989年。
② 《新唐书》卷195《孝友传》。

三是大家庭的口数也大量增加。同居代数的延长，必然带来口数的增加。南北朝时期，一个大家庭一般只有几十口到百余口，而到唐代，尤其是唐中叶以后，数百口之家已经常常出现在社会上了。①

一个数十口甚至数百口上千口的大家庭同居共财、同爨合食，数代不析产、不异爨，共同劳作，共同生活，必须有一套相应的组织制度和管理办法。

在一个义门大家庭中，家长的权力是至上的，他有权处置家庭中的一切事务。当家族成员违反家法时，他有惩罚该成员的权力。如江州陈氏义门家法规定："丈夫……执作农役等，稍有不遵者，具名请家长处分科断"，"不遵家法不从家长令……各决杖二十，剥落衣妆归役一年，改则复之"②。但是，如果一个义门同居共财达数百人，甚至上千人、数千人，那么一个家长是无法管理过来的，所以大的义门家族一般还要委任一些办事公正、有能力的人来分管家族内外之政，辅助家长对整个家族的管理。如陈氏义门"立主事一人，副事两人，管理内外诸事"。他们的日常事务是"内则敦睦九族，协和上下，约束弟侄"，"照管老少应需之资，男女婚嫁之给，三时茶饭……纽配诸庄费用多寡"，处理具体的人际关系、内务、衣食、财务等繁琐的事情。又立"库司二人作一家之纲领……握赏罚之二柄，主公私之两途，惩劝上下，勾当庄宅，掌一户版籍税粮及诸庄书契等，应每年送纳王租公门费用，俵给男女衣妆，考较诸庄课绩"。由此可见，库司主要掌管义门生活资料和生产资料的发放，并负责考核、赏罚家族生产者的劳动情况。

陈氏义门家法还反复强调，对于这些管理人员的选择任用，必须坚持不拘辈分、德才兼备的原则。如对主事的选任，"不以长少拘之，但择谨慎才能之人委之"。对库司的选任也是坚持"亦不以长幼拘，但须公干刚毅之人"。

---

① 徐扬杰：《中国家族制度史》，第 243—246 页。
② 《义门陈氏大同宗谱》卷 4《义门家法》。本目引文未注出处者，均见于此。

要管理好一个人口众多的义门，不仅要选任一些才德兼备的人来进行管理，还要订立森严的家法，奖善罚恶，规范众人的日常行为。如陈氏义门的第二代家长陈崇"主家政二十八年，唐昭宗大顺元年，家有二百人，公恐乖负荷，乃立家法三十一条，家范十二则以维持之"。宗法规定陈氏义门设有刑杖厅，并公然宣称："家秉三尺法，官省五条刑。"对违反家法的家族成员的惩罚形式多种多样，如罚拜、"挑粪一年"、鞭打、棍打、革出宗谱等。陈氏义门甚至把家法看得高于国法，严格限制家族成员去官府告状："倘有不平，在宗族则具巅末诉之族长，从公以辨其曲直，毋挟私昵而偏轻重"，"其有恃强放恣，不禀尊长，擅自告官者，许尊长同族人直折其非，庶不致长刁风，而伤孝义也"。义门家法之所以做出如此规定，主要是维护义门家长（族长）至高无上的权威，维护整个家族的利益，巩固义门内部的团结，一致对外。

义门家族的一个重要特征是家族成员共同劳作共同消费，如家族劳动生产者达到数十数百直至上千人，而消费者势必比生产者人数更多时，对生产劳动和各种消费的管理也是势在必行的。陈氏义门家法对组织家族成员从事农业生产做了如下规定："诸庄各立一人为首，一人为副，量其田地广狭以资安排，弟侄各令首副约束，共同经营。"由此可见，义门中的生产组织为"庄"，各庄设首、副两人组织安排弟侄等家族成员进行生产。这些庄里的生产者——弟侄们，在生产劳动中受到严格的管束，即"各令首、副约束"，"执作农役，出入市肆，买卖使钱，须具账目回赴库长处算明，稍有不遵命，便加责惩"。这些田庄如经营得好，"供应公私之外，田产添修，食库充实者，庄首、副依庄上次第加赏"；如经营不好，庄首、副则要受到处罚，"剥落衣妆，重加惩治"。陈氏义门家法还对妇女从事的蚕桑业做了规定，将从事蚕桑业的妇女按照不同年龄段搭配成一些生产小组："婆母自年四十五以上至五十八者，名曰蚕婆，四十五岁以下者名曰蚕妇，于都蚕院内，每蚕婆各给房一间，蚕妇二人，同看桑柘，仰蚕首组配。"如某个生产小组种桑养蚕效果好，就额外予以奖赏："其有得茧多者，除给付外别赏之，所以相激劝也。"陈氏义门在

组织生产中还采用定额制来保证经济效益："每年织造帛绢仰库司分派诸庄丝绵归与妇女织造，新妇自年四十八以下，另织二匹，帛一匹，女孩一匹。婆嫂四十八以上者免。"陈氏义门为了防止在经营生产中管理人员通过直系亲属假公济私使共有财产受到损失，家法规定：庄的管理人员要规避最亲的血缘关系，即"不得父子同处，远嫌疑也"。甚至对庄上人员和小家庭的联系也加以限制："出入归省，须候庄首指挥给限期，自年四十以下，归家限一日，外赴须同例。"

据《义门陈氏大同宗谱》卷5《义门楹联》记载，宋代时江州陈氏"义居三千九百口人间第一"，整个大家族吃饭时"击鼓传餐"，一年消费一万石以上的粮食，规模相当可观。这种"击鼓传餐"的同爨共食形式，唐中期就已存在。《旧唐书》卷100《裴宽传》载：裴宽弟兄、子侄、甥侄立第同居，"击鼓而食，当世荣之"。江州陈氏义门由于整个大家族共食人数太多，就采取分批分地点共餐的方式："每日三时茶饭，丈夫于外庭坐，作两次，自年四十以下至十五岁者坐先次，取其出赴勾当故在前也，自年四十以上至家长同坐后次，以其闲缓故在后也……妇人则在后堂坐，长幼亦作两次。"陈氏义门除了共餐外，日常家族成员的衣服也采取按时发放的方式，"春给春衣，夏给葛衫，秋发寒衣"。

陈氏义门家族成员的共同消费并不是采取绝对的平均主义，而是有一定的消费等级，老人和尊长受到一些特殊的照顾。如壮年劳动力干活时只能五天饮一次酒，而"尊长取便"，"仍别酝好酒以俟老上取给"。家族成员的衣服也是如此，唯有老人和尊长才能享用丝绸类织物。陈氏义门在共同劳作共同消费的基础上，也允许小家庭和个人拥有少量的私人物品。如家法规定："诸房令掌事每月各给油一斤、茶盐等，以备老疾取便，须周全。"还有，家庭成员的衣服都属于个人自有。此外，上文所述在组织生产中采取的奖惩法，也导致劳动者个人所得有所不同。

当时义门家族的财物收支出纳，要设立专门的账簿登记，财物的保管贮藏有专门的仓库，账簿和仓库的钥匙由管理经济的家长或由家长委托最亲信的人执掌保管。如唐代宗大历年间检校刑部尚书、兼太子太保

李光进弟李光颜"先娶妻,其母委以家事。母卒,光进始娶。光颜使其妻奉管龠、家籍、财物,归于其姒。光进命反之,且谓光颜曰:'新妇逮事母,尝命以主家,不可改也。'因相持泣良久,乃如初"①。从光进娶妻,弟妇即将保管财物的钥匙、账簿以及财物等奉还给嫂,说明按当时习俗礼制家族钥匙、账簿和财物应由兄长执掌保管。但光进命妻子将钥匙、账簿和财物退还给弟妇保管,其理由是母亲生前已委托给弟妇管理这个大家庭,母亲的遗命是不可更改的。总之,光进、光颜兄弟俩的互相谦让说明不管是由兄嫂还是弟妇管,其家族的钥匙、账簿和财物都要由家族的家长或最亲信的人执掌保管。

陈氏义门还十分重视家庭成员的文化教育,如《南唐书》载:义门陈氏"筑书楼,延四方学者。乡邻化其德,狱讼为之衰息。升元初,州以闻,诏复蠲徭役,表门闾"。他们尤其注重用礼制教化子弟,"居既睦矣,当礼乐以固之,诗书以文之"。具体做法是建立书院学堂教育子弟:"堂庑数十间,聚书数千卷,田二十顷,以为游学之资。子弟之秀者,弱冠以上,皆就学焉。"② 陈氏义门注重用礼制教化子弟,是其庞大家族延绵数百年没有瓦解的一个重要原因。据《义门陈氏大同宗谱》卷首所记,唐僖宗曾御赐给陈氏对联一副:"九重天上书声旧,千古人间义字香",就一语中的道出封建礼制教化是维系义门的精神支柱。

当时的一个义门家族要维持几十人到数百人上千人数世同居,要拥有较雄厚的经济基础,即不仅要有大量的土地用于耕种,还要有大片的宅院供人数众多的家族成员居住。因此,这些义门家族的始祖往往非富即贵。他们在组建庄院式宅第时,都要考虑其建筑既便于众多家族成员聚会、游晏,又便于家人分房支居住,甚至还考虑整个大庄院的统一管理和安全,在大庄院四周修筑围墙。如唐中期朝廷官员裴宽"性友爱,弟兄多宦达,子侄亦有名称,于东京立第同居,八院相对,甥侄皆有休

---

① 《旧唐书》卷161《李光进传》。

② 徐锴:《陈氏书堂记》,《江西通志》卷122,台湾商务印书馆影印文渊阁四库全书本。

憩所，击鼓而食，当世荣之"①。由此记载可以推测，裴宽兄弟8人同居共住，必须建有大家庭的公共厅堂，才能使族众击鼓而食，同爨共餐。同时每人及其子孙各独居一个院落，八院相对成列，使各自有独立的空间，甥侄皆有自己的休息、娱乐场所。五代后晋时，义门李自伦六世同居，"所居之前，量地之宜，高其外门，门外绰楔，门外左右各建一台，高一丈二尺，广狭方正，称台之形，圬以白泥，四隅漆赤"②。义门李氏院宅占地宽广，院门特别高大，门前树立朝廷表彰其家孝义的雄伟华表（即绰楔），同时在大门外左右各建一高台，台高一丈二尺，涂以白泥，台之四角漆成赤色，以显示其威武雄壮。又如"义门王仲昭六代同居，其旌表有厅事步栏，前列屏树乌头，正门阀阅一丈二尺，二柱相去一丈，柱端安瓦桶墨染，号为乌头，筑双阙一丈，在乌头之南三丈七尺，夹街十有五步，槐柳成列"③。从此记载可以看出，义门王氏的庄院比义门李氏的庄院更宏大雄伟：宅院内建有宽阔的大厅，由厅堂至大门，有步栏连接，步栏由乌头屏风构成。正门宽一丈二尺，同华表距离一丈，华表顶端装饰有墨漆瓦桶，号为"乌头"。在乌头之南三丈七尺，建有双阙。门外夹街每隔十五步种一棵树，槐、柳成列。

第五节　家庭教育思想

一、家庭科举教育思想

唐代科举兴盛，使人们普遍产生了教子读书，以便将来学而有成时

---

① 《旧唐书》卷 100《裴漼附裴宽传》。
② 《旧五代史》卷 78《高祖纪第四》。
③ 《旧五代史》卷 78《高祖纪第四》。

科举及第，进入仕途，甚至能出入台阁，光宗耀祖的观念。这种读书科举入仕的观念在唐代社会相当普遍，因此家庭教育主要以科举教育为主。如唐初敦煌民间诗人王梵志的劝诫诗说道："养子莫徒使，先教勤读书。一朝乘驷马，还得似相如。"① 人间最可贵的技艺本领就是教子读书获取学问，有朝一日能得到功名，出人头地。

　　由于当时科举考试竞争相当激烈，而且考试主要是考查对儒家经典的记忆背诵以及诗赋、策文的写作能力，因此学子在学习过程中必须经过艰苦的长期训练，家庭对他们的督责也相当的严厉。如元稹追述自己早年在家中苦读的情景是："学问攻方苦，篇章兴太清。囊疏萤易透，锥钝股多坑。笔阵戈矛合，文房栋楹撑。"② 又如柳公绰家中，为使子弟通宵攻读不困，还制出苦丸药用于醒脑提神，"常命粉苦参、黄连、熊胆和为丸，赐先公（柳仲郢）及诸叔，每永夜习学，含之以资勤苦"。③ 当时许多家庭为使子弟艰苦读书，博闻强记，以图金榜题名，真是用心良苦，通过各种方式进行家庭教导，使子弟发愤苦读。如古文八大家之首的韩愈就写了《符读书城南》一首，来勉励儿子韩符要勤奋学习。"欲知学之力，贤愚同一初。由其不能学，所入遂异闾。两家各生子，提孩巧相如。少长聚嬉戏，不殊同队鱼。年至十二三，头角稍相疏。二十渐乖张，清沟映污渠。三十骨骼成，乃一龙一猪。飞黄腾踏去，不能顾蟾蜍。一为马前卒，鞭背生虫蛆。一为公与相，潭潭府中居。问之何因尔，学与不学欤。金璧虽重宝，费用难贮储。学问藏之身，身在则有余。君子与小人，不系父母且。"④ 诗中通过两家孩子的不同成长经历及日后悬殊的身份的对比，生动形象地说明了学习可以决定人的命运，即学习优异者日后成为公相、为君子，飞黄腾达，而不学习者日后成为马前卒、为小人，

　　① 项楚：《王梵志诗校注》卷4，上海古籍出版社，2010年，第483—484页。
　　② 《元氏长庆集》卷11《答姨兄胡灵之见寄五十韵》。
　　③ 柳玭：《柳氏序训》，载刘清之《戒子通录》卷2，台湾商务印书馆影印文渊阁四库全书本。
　　④ 《昌黎先生集》卷6《符读书城南》。

背生虫蛆。这就是当时典型的学而优则仕的普遍社会意识。

唐代科举考试的内容，明经科重点考帖文和口试，应试者必须熟练掌握九经等儒家经典，进士科自玄宗天宝以后，重点考诗赋和时务策，应试者必须有较高的作诗撰文能力。这就决定了唐代家庭教育的学习内容必须紧紧围绕着经史典籍以及作诗撰文技巧。如中唐诗人卢仝，隐居少室山，朝廷以谏议征召，不奉诏。就是这样一位自身远离官场的隐士，在教育儿子时，仍然指导其学习儒家经书："别来才经年，囊盎未合斗。当是汝母贤，日夕加训诱。《尚书》当毕功，《礼记》速须剖。喽罗儿读书，何异撮枯朽。寻义低作声，便可养年寿。莫学村学生，粗气强叫吼……殷十七老儒，是汝父师友。传读有疑误，辄告咨问取。"① 由此可见，卢仝之子应是自己在家中学习，由父亲制订学习计划，母亲负责日常诱导。所学习的课程，就是儒家经典《尚书》《礼记》等，学习的方法，不同于村里私塾学生的大声吼叫式的读书，而是轻声地默念，在理解中记忆。如遇到疑难的问题，再及时请教村里的老儒。这种自学式的学习方法，显然优于村私塾的死记硬背，取得了较好的学习效果。又如柳仲郢家为书香门第，藏书万卷，自己笔耕不辍，有较高的经史造诣，同时又有科考的经验。柳氏还将《九经》《三史》《南北史》等经史典籍分门别类，自编成 30 卷《柳氏自备》科举考试教材。这使其子弟们在家中受到良好的教育，图书、师资等学习条件远远优于一般家庭。

唐代普通家庭由于购买不起那些大部头的经史书籍，也没有人有较高的文化素养予以分门别类编辑教材，因此只能由书商编纂出版一些启蒙简易的教材供普通家庭选用。这些教材用途广泛，有的可应科举入仕之用，有的可传承道德礼仪，有的可供识字之用。当时常见的普通家庭教材有近人诗文、《兔园策府》《开蒙要训》《千字文》《太公家教》《百行章》《俗务要名林》《新集吉凶书仪》等等。如当时的《兔园策府》，属于科举考试的启蒙教材，因其内容丰富，模仿科考策问，并有注释，通俗

---

① 《全唐诗》卷 387，中华书局，1960 年。

易懂，便于自学，价廉实用，受到底层民众的广泛欢迎。史载："《兔园策府》三十卷，唐蒋王恽令僚佐杜嗣先仿应科目策，自设问对，引经史为训注。"[①] 北宋孙光宪《北梦琐言》卷19则记载了此书在唐朝广泛流传的盛况，几乎是每家都购藏一本，以供子弟阅读学习。"刘岳与任赞偶语，见（冯）道行而复顾，赞曰：'新相回顾，何也？'岳曰：'定是忘持《兔园策》来。'道之乡人在朝者，闻之告道，道因授岳秘书监，任赞授散骑常侍。北中村墅，多以《兔园策》教童蒙，以是讥之。然《兔园策》乃徐、庾文体，非鄙朴之谈。但家藏一本，人多贱之也。"[②]

家庭科举教育至晚唐五代时发生了一些变化，在学习内容上增加了新的知识，不单单是经史，而且还有文学、书法、佛经等。这时的家学虽然主要还是围绕着科考，但是由于受当时社会风气、宗教等影响，新的内容不断增加，使得家学的知识体系更加丰富完善。

唐末五代社会的动荡不安，使官僚贵族之家受到强烈的冲击，士族门第自身尚且不保，其家学学馆也随之衰落。如唐末卢玄晖为僖宗朝尚书左仆射郑愚外甥，少孤，深得舅氏钟爱，早年与表兄郑续一起在家中学馆读书习举业。广明之乱中，郑续任岭南东道节度使，卢玄晖逃难往南海，投靠其幕下。郑续多次督促他应科举考试，但卢玄晖心灰意冷地回答表兄说："大朝设文学之科以待英俊，如晖之能否，焉敢期于饕餮！然闻昔舅氏所勖，常以一第见勉。今旧馆寂寥，奈何违夙昔之约！苟白衣殁世，亦其命也；若见利改图，有死不可！"[③] 这里所说的"旧馆寂寥"，不仅反映出当时外家学馆已普遍衰败，而且世家大族的学馆也没落了。

① 王应麟：《困学纪闻》卷14，商务印书馆，1979年。
② 关于《兔园策府》，另参见屈直敏：《敦煌本〈兔园策府〉考辨》，载《敦煌研究》2001年3期。
③ 《唐摭言》卷4《节操》。

二、士族的家风礼法教育

唐代名门望族延续六朝以来重礼法的传统，逐渐形成了具有家族特点的家法、家风或家规，世代传承和发扬这些家风，成为这些士大夫家庭教育的重要内容。《宋史·王弘传》云：太保王弘"既以民望所宗，造次必存礼法，凡动止施为及书翰仪体，后人皆依仿之，谓之'王太保家法'"。这里所谓"王太保家法"，其实就是将传统礼法渗入到家族活动之中，家人的举止行为或书信文书，都有一定的规矩格式，而这些规矩格式体现了礼法精神。由于王弘德高望重，故王氏家族的所作所为产生了较大的影响力，后人纷纷仿效，蔚为风尚。陈寅恪说过："中原经五胡之乱，而学术文化尚能保持不坠者，固由地方大族之力，而汉族之学术文化变为地方化及家门化矣。故论学术，只有家学可言，而学术文化与大族盛门常不可分离也。"① 换言之，五胡十六国中原动乱时期，汉族学术文化依靠世家大族的家学得以传承，由此可见，当时家学之普遍，在传承汉族文化中发挥了重要的作用。

唐朝继承和发扬了六朝以来居家重礼法的传统，并在前代家训、家法的基础上，逐渐形成了具有各自家族特点的家法、家风或家规。宋人在修撰《新唐书·宰相世系表》时说："唐为国久，传世多，而诸臣亦各修其家法，务以门族相高。其才子贤孙不殒其世德，或父子相继居相位，或累数世而屡显，或终唐之世不绝。呜呼，其亦盛矣！然其所以盛衰者，虽由功德薄厚，亦在其子孙。"② 由于篇幅所限，以下略举两个家族家风礼法教育以窥一斑。

（一）穆宁家族清严孝谨的家风礼法教育

穆宁（716—794），怀州河内（今河南沁阳）人。父元休，开元年

---

① 陈寅恪：《崔浩与寇谦之》，《金明馆丛稿初编》，三联书店，2001年。
② 《新唐书》卷71上《宰相世系表一》。

间，"世以儒闻"。在其父的教育下，"宁刚正，气节自任"，明经及第，任盐山尉。安史之乱中，穆宁据兵守境，又入颜真卿幕府，参与平定叛乱。大历年间，以检校秘书少监兼和州刺史，颇有政绩。德宗初年，藩叛乱，又奔赴奉天勤王，后以秘书监致仕。

穆宁在外为官正直，居家教育诸子家法严谨。首先，他注重言传身教，以身作则，为诸子做出表率。他对归依家中的寡姊非常恭敬。其次，他撰写《家令》教导诸子，人手一份。史载："宁居家严，事寡姊恭甚。尝撰《家令》训诸子，人一通。"穆宁教育儿子强调侍奉亲人，培养直道、达观知命，"戒（诸子）曰：'君子之事亲，养志为大，吾志直道而已。苟枉而道，三牲五鼎非吾养也。'疾病不尝药，时称知命"。[①] 由此可见，他的人生志向首先是"养志"，即培养直道，与孟子的养"浩然之气"相似，与枉道是相背离的人生价值观，高官显职并非是他追求的目标。

穆宁晚年，在他的严格教育下，4 个儿子均在朝廷作官，皆能"守道行谊"，正直无私，而在家中侍奉父母，孝敬和睦。"赞与弟质、员、赏以家行人才为搢坤所仰。赞官达，父母尚无恙，家法清严。赞兄弟奉指使，笞责如僮仆，赞最孝谨"。[②] 长子赞为侍御史，以治狱正直得罪宰相窦参。任御史中丞时，又因秉公执法，严惩贪官污吏，得罪了权臣裴延龄。次子质，"性强直，举贤良方正，条对详切，频擢至给事中，政事得失，未尝不尽言"。元和时，奏论盐铁、转运诸院冤狱颇力。后来，"宪宗以王承宗叛，用内官吐突承璀为招讨使。质率同列伏阁论奏，言自古无以中官为将帅者"，坚持宦官不宜为将，因此而得罪了宦官集团，并引起宪宗的不悦。后来，他虽官处闲职，但仍不改初衷。三子员"工文辞，尚节义"。总之，穆氏兄弟由于家学清严，"质兄弟俱有令誉而和粹，世以'滋味'目之：赞俗而有格为'酪'，质美而多入为'酥'，员为'醍

---

① 《新唐书》卷 163《穆宁传》。
② 《旧唐书》卷 155《穆宁传》及附传，本段引文均见于此。

酺'，赏为'乳腐'。近代士大夫言家法者，以穆氏为高"。

（二）柳公绰家族仁孝的礼法家风教育

柳公绰，京兆华原（今陕西铜川）人。祖父正礼，为邠州士曹参军；父子温，官至丹州刺史。公绰父祖重视子女教育，使聪敏的公绰从小受到良好的礼法熏陶和文化知识教育。公绰"性谨重，动循礼法。属岁饥，其家虽给，而每饭不过一器，岁稔复初。家甚贫，有书千卷，不读非圣之书，为文不尚浮靡"。由于受到良好的家庭礼法教育，公绰从 18 岁开始，先后两次登贤良方正能直言极谏科制举，历任湖南观察使、御史大夫、山南东道节度使等，官至刑部、兵部尚书。公绰忠厚仁孝，正直耿介，侍奉继母如生母，长期资助孤幼，结交皆正派之士。《旧唐书》本传云："公绰天资仁孝，初丁母崔夫人之丧，三年不沐浴。事继亲薛氏三十年，姻戚不知公绰非薛氏所生。外兄薛宫早卒，一女孤，配张毅夫，资遗甚于己子。性端介寡合，与钱徽、蒋义、杜元颖、薛存诚文雅相知，交情款密。"元和六年（811），柳公绰任湖南观察使，"湖南地气卑湿，公绰以母在京师，不可迎侍，致书宰相，乞分司洛阳，以便奉养，久不许。八年，移为鄂州刺史、鄂岳观察使，乃迎母至江夏"。① 这里迎养的正是继母薛氏，可见他对继母的孝敬之心。在晚唐时期，世间称家法者，公推柳氏为楷模："初公绰理家甚严，子弟克禀诫训，言家法者，世称柳氏云。"②

柳公绰子仲郢，元和十三年（818）进士及第，历任监察御史、京兆尹、户部侍郎、山南西道节度使等，官至刑部尚书。仲郢能够继承家族之风，以礼法持家，以孝义事亲，以仁义为政，不为时势党争摇移，甚得当时同僚赞誉。这在党争激烈、互相攻讦的中晚唐时期尤其难得。"仲郢方严，尚气义，事亲甚谨"。③ 仲郢"有父风矩，（牛）僧孺叹曰：'非

---

① 《旧唐书》卷 165《柳公绰传》。
② 《旧唐书》卷 165《柳公绰传》。
③ 《新唐书》卷 163《柳公绰附子仲郢传》。

积习名教，安及此邪？'"① "李德裕贬死，家无禄，不自振。及领盐铁，遂取其兄子从质为推官，知苏州院。宰相令狐绹持不可，乃移书开谕绹，绹感悟，从之"。② "仲郢以礼法自持，私居未尝不拱手，内斋未尝不束带。三为大镇，厩无名马，衣不熏香"。③ "父子更九镇，五为京兆，再为河南，皆不奏瑞，不度浮屠。急于摘贪吏，济单弱。每旱潦，必贷匮蠲负，里无逋家。衣冠孤女不能自归者，斥禀为婚嫁。在朝，非庆吊不至宰相第。其迹略相同"。④ 如果仲郢在青少年时期没有受到家庭礼法的良好教育，是很难在走上仕途后能这样以礼法自持，正直仁义的。

仲郢从小受到父母良好的家庭教育，入仕后也重视传承经营家学。公事之余，经史佛经，多所涉猎，手不释卷，藏书万卷，笔耕不辍，训导子弟。"（仲郢）母韩，即皋女也，善训子，故仲郢幼嗜学，尝和熊胆丸，使夜咀咽以助勤。长工文，著《尚书二十四篇》，为韩愈咨赏"，"家有书万卷，所藏必三本；上者贮库，其副常所阅，下者幼学焉"。⑤ "退公布卷，不舍昼夜。《九经》《三史》一钞，魏晋以来南北史再钞，手钞分门三十卷，号《柳氏自备》。又精释典，《瑜伽》《智度大论》皆再钞，自余佛书，多手记要义。小楷精谨，无一字肆笔"。⑥ 这为后来柳氏家学的形成、传承及子弟的科举入仕奠定了深厚的基础。

柳氏家学，主要以经史、书法为主，兼及佛经。就柳万卷藏书而言，主要分为四个部分。一是《九经》《三史》及魏晋以来南北史等传统经典。柳氏之家世代用力于经史，多次手抄并保存这些典籍，且颇有读书心得。如柳公绰之弟、唐著名书法家柳公权"精《左氏传》《国语》《尚书》《毛诗》《庄子》，每说一义，必诵数纸"⑦。仲郢著《尚书二十四司

① 《新唐书》卷163《柳公绰附子仲郢传》。
② 《新唐书》卷163《柳公绰附子仲郢传》。
③ 《旧唐书》卷165《柳公绰附子仲郢传》。
④ 《新唐书》卷163《柳公绰附子仲郢传》。
⑤ 《新唐书》卷163《柳公绰附子仲郢传》。
⑥ 《旧唐书》卷165《柳公绰附子仲郢传》。
⑦ 《旧唐书》卷165《柳公绰附弟公权传》。

箴》，"为韩愈咨赏"。① 二是《柳氏自备》30 卷及个人文集，其中《柳氏自备》相当于柳氏"家集"，专门为柳家子弟习业和科举考试而编纂的经史著作。柳家子弟代代有多人金榜题名，入仕为宦，可见其编纂水平之高。三是柳家家庭教育以书法闻名于世，柳公绰兄弟书法在当时就闻名于世，尤其是柳公权，更是中国书法史上名家，自创一体，影响深远，被后世称为"柳体"，与颜真卿"颜体"、欧阳询"欧体"并称楷书三体，一千多年来成为学习书法的典范字帖。史载："公权初学王书，遍阅近代笔法，体势劲媚，自成一家，上都西明寺《金刚经碑》，备有钟、王、欧、虞、褚、陆之体，尤为得意。"② 四是唐代佛教盛行，柳氏家族也重视学习佛学，家中有《瑜伽》《智度大论》等佛经。柳氏兄弟与僧人往来频繁，切磋佛学，他们还自己编纂手抄"佛书要义"等。

仲郢子柳玭为早年两经举及第，又登书判拔萃，累官右补阙、殿中侍御史、谏议给事中、泸州刺史、御史大夫等，经历唐末内乱。柳氏家法，传至唐末，经数代实践完善，已逐渐成熟。柳玭在此基础上集其大成，进行总结，撰《柳氏序训》一文。③ 在这篇文章中，柳玭对家庭教育的必要性、柳氏家法的构成、官德、告诫世家子弟坚持传承家学等进行了系统的论述。《柳氏序训》代表了唐代士大夫家法教育的最高水平。④

柳玭从自己以及柳氏家族的发展中认识到，立身为学不仅是安身立命之本，关乎个人的前途，而且也直接影响一个家庭或家族的兴衰。他指出："夫门地高者，可畏不可恃。可畏者，立身行己，一事有坠先训，则罪大于他人。虽生可以苟取名位，死何以见祖先于地下。不可恃者，门高则自骄，族盛则人之所嫉。实艺懿行，人未必信；纤瑕微累，十手

<hr />

① 《新唐书》卷 163《柳公绰附子仲郢传》。

② 《唐会要》卷 35《书法》，中华书局，1960 年。

③ 以下有关引文均见于《旧唐书》卷 165、《新唐书》卷 163《柳公绰附孙玭传》。

④ 张国刚：《中国家庭史》第二卷《隋唐五代时期》，广西人民出版社，2013 年，第 365 页。

争指矣。所以承世胄者，修己不得不恳，为学不得不坚。夫人生世，以无能望他人用，以无善望他人爱……亦由农夫卤莽而种，而怨天泽之不润。"① 在此认识基础上，柳玭进一步指出，士大夫子弟要立身为学，就必须重视家庭教育，必须立家法、兴家教，从小培养子弟修己好学，才能防止家族衰落，保持家业长盛不衰。"丧乱以来，门祚衰落，基构之重，属于后生"，② "比见门家子孙，其先正直当官，耿介特立，不畏强御；及其衰也，唯好犯上，更无他能。如其先逊顺处己，和柔保身，以远悔尤；及其衰也，但有暗劣，莫知所宗。此际几微，非贤不达"。③

柳氏家法根植于儒家传统思想德行文学、正直刚毅、孝悌忠信，又吸收了当时民间礼仪习俗积极健康的一面。柳玭说："余家本以学识礼法称于士林，比见诸家于吉凶礼制有疑者，多取正焉……夫行道之人，德行文学为根株，正直刚毅为柯叶。有根无叶，或可俟时；有叶无根，膏雨所不能活也。至于孝慈、友悌、忠信、笃行，乃食之醢酱，可一日无哉？"④ 柳氏家法将人的道德品行修养分为"行道"与"立身"两个层次，在"行道"层面，"德行文学"为根本，"正直刚毅"为枝叶。在"立身"层面，则应具备"孝慈、友悌、忠信、笃行"等品行，用于具体体现出"德行文学"。柳氏家法主张，在家法教育中，应将"立身"层面的这些道德品行，贯穿于每一个家庭成员的日常生活中，使之成为他们为人处事的行为准则，从而最终促进"行道"层面的形成。柳氏家法在"立身"层面的具体要求中，主张："讲论家法，立身以孝悌为基，以恭默为本，以畏怯为务，以勤俭为法，以交结为末事，以气义为凶人。肥家以忍顺，保交以简敬。百行备，疑身之未周；三缄密，虑言之或失。广记如不及，求名如傥来。去奢与骄，庶几减过。"⑤ 也就是说，在"立身"层面，应

① 《旧唐书》卷 165《柳公绰附孙玭传》。
② 《新唐书》卷 163《柳公绰附孙玭传》。
③ 《旧唐书》卷 165《柳公绰附孙玭传》。
④ 《新唐书》卷 163《柳公绰附孙玭传》。
⑤ 《旧唐书》卷 165《柳公绰附孙玭传》。

以孝悌为基础，以恭敬简默为根本，以畏惧谨慎为态度，以勤劳俭朴为方法，以交结他人为末节，以意气用事为大敌。日常为人处事，应以恭顺忍耐持家，以简洁互敬交友，不断完善德行以避免失误，讲话慎之又慎不要失言，强闻博记还是感到不足，淡泊名利，戒吝惜财物与骄傲自大。如能做到以上各个方面，就能少犯过错了。

柳氏系世代官宦之家，之所以能在变幻莫测的宦海中立于不败之地，很重要的一点就是能处理好当官与治家、加强个人修养等之间的关系。"莅官则洁己省事，而后可以言守法，守法而后可以言养人。直不近祸，廉不沽名。廪禄虽微，不可易黎氓之膏血。榎楚虽用，不可恣褊狭之胸襟。忧与福不偕，洁与富不并。"① "忧则恐惧，恐惧则福至……受福则骄奢，骄奢则祸至。故世族远长与命位丰约，不假问龟蓍星数，在处心行事而已。"② 这就是说：一个人必须加强个人修养，然后才能当官；当官廉洁称职，然后才能称得上守法；做到守法，然后才能教化他人。官俸虽然微薄，但不能搜刮民脂民膏；虽然采用刑罚，但不能肆意行褊狭之志。如果能这样为官，就不会祸福、沽名与富贵同在，就有忧患意识，能远离各种祸患，不会祸及家门。家族兴衰命运及持续长短，往往与子弟的为人行事密切相关，无需借助占卜就可预知。"今世人盛言宿业报应，曾不思视履考祥事欤？夫名门右族，莫不由祖考忠孝勤俭以成立之，莫不由子孙顽率奢傲以覆坠之。成立之难如升天，覆坠之易如燎毛"。③ 今世人盛行说因果报应，而不思考人的行为与事业之间的关系。其实名门望族，都是因祖先忠孝勤俭而建立起来的；相反，名门望族的衰败，也都是由于子孙奢侈骄傲而引起的。名门望族的建立难如登天，其衰败覆亡易如火烧毛。

柳玭在《柳氏序训》最后从反面列举了世家子弟必须引以为戒的"五失"，以及坚持学习、传承家学的两种不同态度。所谓"五失"："夫

---

① 《旧唐书》卷165《柳公绰附孙玭传》。
② 《新唐书》卷163《柳公绰附孙玭传》。
③ 《新唐书》卷163《柳公绰附孙玭传》。

坏名灾己，辱先丧家。其失尤大者五，宜深志之。其一，自求安逸，靡甘淡泊，苟利于己，不恤人言。其二，不知儒术，不悦古道，懵前经而不耻，论当世而解颐，身既寡知，恶人有学。其三，胜己者厌之，佞己者悦之，唯乐戏谭，莫思古道，闻人之善嫉之，闻人之恶扬之，浸渍颇僻，销刻德义，簪裾徒在，厮养何殊。其四，崇好慢游，耽嗜曲蘖，以衔杯为高致，以勤事为俗流，习之易荒，觉已难悔。其五，急于名宦，昵近权要，一资半级，虽或得之，众怒群猜，鲜有存者。"[1] 此所谓"五失"，就是：追求安逸享乐，自私自利；不学无术，孤陋寡闻；妒忌比自己强的人，喜欢别人奉承巴结；喜欢结交酒肉朋友，生活荒淫；为了升官而巴结权贵，被人讨厌。柳玭认为，这"五失"是败家毁己的罪魁祸首，危害很大，是不可救药的。"兹五不是，甚于瘭疽。瘭疽则砭石可瘳，五失则巫医莫及。前贤炯戒，方册具存，近代覆车，闻见相接"，宜深戒之。

柳玭还指出，当时世家大族子弟在学习上由于天赋的不同还存在着差异，有"中下智"和"上智"，即普通人和君子的差别。普通人学习容易走极端，或"躁进患失"，急于求成，作为进身之阶，或"业荒文芜"，知难而退，学业荒废，一无所成；而君子则学有所成，博闻强记，持之以恒，学业优异，用舍行藏，运用自如。"夫中人以下，修辞力学者，则躁进患失，思展其用；审命知退者，则业荒文芜，一不足采。唯上智则研其虑，博其闻，坚其习，精其业，用之则行，舍之则藏。苟异于斯，岂为君子。"[2]

三、农业手工业家庭教育

唐代广大平民百姓中占人口绝大多数的人就是农民和手工业者，他

---

① 《旧唐书》165《柳公绰附孙玭传》。
② 《旧唐书》165《柳公绰附孙玭传》。

们一般没有条件像官宦世家大族一样享受良好的家庭教育，其家庭教育主要包括民间道德礼仪教育和生产知识技能传授两个方面。

（一）《太公家教》的家庭教育思想

唐代民间家庭教育继承了儒家传统的思想，以忠孝仁义为主要内容，以传授礼仪为日常行为规范。安史之乱后，社会普遍流行《太公家教》，作为当时社会底层家庭道德礼仪教育的最佳范本。《太公家教》[①] 主要内容包括以下 3 个方面：

其一，教导人们要忠君为国，孝敬父母师长，谨慎做人，多行善事。"事君尽忠，事父尽孝。礼闻来学，不闻往教。舍父事师，敬同于父。慎其言语，整其容貌。善能行孝，莫贪恶事。莫作诈巧，直实在心。勿生欺诳，孝心事父。晨省暮看，知寒知暖。忧时共戚，乐时同欢。父母有疾，甘美不餐。""一日为师，终日为父。一日为君，终日为主。"

其二，教导人们重视对子弟的道德礼仪和为人处事教育，包括谨言慎行，与人为善，莫贪钱财，戒酒远色，劝恶行善等。"教子之法，常令自慎。言不可失，行不可亏。他篱莫越，他事莫知。他贫莫讥，他病莫欺。他财莫取，他色莫侵。他强莫触，他弱莫欺。他弓莫挽，他马莫骑……财能害己，必须畏之。酒能败身，必须戒之。色能置害，必须远之。忿能积恶，必须忍之。心能造恶，必须净之。口能招祸，必须慎之。见人善事，必须赞之。见人恶事，必须掩之。邻有灾难，必须救之。见人打斗，必须谏之。意欲去处，即须审之。见人不是，即须教之。非是时流，即须避之。罗网之鸟，悔不高飞。吞钩之鱼，恨不忍饥。人生误计，恨不三思。"

其三，教育小孩从小养成日常待人接物礼节，重视读书和技能培养。"尊人之前，不得唾地。尊人赐酒，必须拜受。尊者赐肉，骨不与狗。尊者赐果，怀核在手。苦也弃之，为礼大丑。对客之前，不得唾涕。记而

---

① 以下《太公家教》引文，转引自周凤五：《敦煌写本太公家教研究》，台湾明文书屋，1986 年。

莫忘，终身无咎。""小而学者，如日出之光；长而学者，如日中之光；老而学者，如日暮之光；老而不学，冥冥如夜行。""勤是无价之宝，学是明月神珠。积财千万，不如明解一经；良田千顷，不如薄艺随躯。慎是护身之符，谦是百行之本。香饵之下，必有悬钩之鱼；重赏之下，必有勇夫之者。"

《太公家教》反映了唐代社会平民百姓的民间道德礼仪和价值观，是当时道德礼仪教育的通俗版本。安史之乱平定后，社会上各阶层人的关系和道德观念都需要进行调整和确认，《太公家教》就是在这种历史背景下产生的。正如此书作者所云："余乃生逢乱代，长值危时，望乡失土，波迸流离。只欲隐山居住，不能忍冻受饥……才轻德薄，不堪人师，徒消人食，浪费人衣……以讨其坟典，简择诗书，依经傍史，约礼时宜，为书一卷，助幼童儿，用传于后。"《太公家教》内容所涉及的范围广泛，上至价值观、道德观，下至日常行为规范、为人处事之道，都有所阐述，所以尽管它的作者名不见经传，所谓《太公家教》之太公，"当是唐村落间老校书为之"①，至今无法确知其姓名，但自此书问世后，就广泛传播，闻名于世。

（二）家庭农业技能知识的传授

中国古代作为农业社会，农民家庭占人口总数的绝大部分，农业技能知识是人们养家糊口最重要的谋生手段。在古代小农经济时代，农业生产以个体家庭为单位，所以，农业生产技能知识的传授主要是在家庭中以父教子、兄教弟的方式进行。古代由于科学技术的限制，虽然家庭农业生产技能知识较为简单低级，其传授具有一定的重复性和实践性，但仍然是唐代农业家庭教育的最重要方面。

柳宗元在《龙城录》卷下《老叟讲明种蓺之言》一文中，记述了自己在南行路途中遇到一位老农教子种庄稼之事，作者本意是借种蓺言政事，但客观上也真实反映了唐代农业生产技能在家庭中的世代传授。"余

---

① 王明清：《玉照新志》卷5，台湾商务印书馆影印文渊阁四库全书本。

南迁度高乡,道逢老叟师年少于路次,讲明种蓺。其言深耕溉种,时耘时籽,却牛马之践履,去螟螣之戕害,勤以朝夕,滋之粪土,而有秋之利,盖富有年矣。若夫尧、汤之水旱霜雹之不时,则在夫天也。"这位老农在教儿子种庄稼的知识时,只是寥寥数语,就点明了耕种庄稼的 6 个关键:一是土地要深耕,二是播种要按农时,三是耕地须灌溉,四是保护好禾苗以免遭牲畜践踏,五是除去害虫侵害,六是用粪土施肥。如果能做到这 6 点,再加上秋天风调雨顺,那么肯定是一个丰收之年。老农之言,既注重人的主观努力,即精耕细作,不违农时,又注意客观自然条件对农业的影响,即是否风调雨顺。这么简洁明了、句句切中要害的专业话语,使柳宗元对老农异常佩服,奉之为"至言"。这说明农业生产技能知识看似简单、低级,但也是祖祖辈辈长期在农业生产中摸索总结出来的,如没有一代代的传授承传,根本无法不断发展古代农业生产力,提高农业生产率。

由于官僚士大夫以及富裕家庭都拥有大量的土地,他们虽然并不一定直接从事农业生产,但是也要适当学习、了解生产技能和知识,便于管理家中的土地及奴婢们的农业生产活动。如卢仝在《寄男抱孙》诗中,就叮嘱儿子在学习之余,要亲自除去庭院中的杂草,还要督促奴婢及时安排家中的农业生产,如在菜园中栽种蔬菜,在附近种植桃树、柳树,在院落周围编好篱笆,引水灌溉竹园,在池塘中栽种莲藕,捕捞蛤蟆,看护好竹林、新笋、箨龙等。卢仝家作为一个庄园,虽然各项农活有奴婢专门负责,但是作为庄园的主人,必须全面了解全年水旱地的耕作技能和知识,其中包括一些非常繁琐具体的农活,以便全面统筹安排整个庄园的农业生产。

古代许多士人崇尚耕读并举的生活,他们由于土地和财力有限,并不一定拥有专门从事农业生产的奴仆,所以农活还要靠自己亲自下田劳作,生产赖以生存的粮食、蔬菜和丝麻,向国家缴纳赋税。这种所谓的亦耕亦读家庭,往往是长辈在向子弟传授科举考试文化知识和技巧的同时,还要教给子弟农业生产技能和知识。作为子弟,往往是白天在田间

地头耕作劳动，晚上在家中读书习文。这就是人们常说的"耕读之第"。如卢肇为袁州宜春人，出身低微，家中贫困，长期致力于读书应科考。"自知书以来，窃有微尚，窥奥索幽，久而不疲，垂二十年，以穷苦自励。"① 会昌三年（843），以状元进士及第，深受知贡举王起及宰相李德裕的赏识，先后任数州刺史。他登第前所写的《送弟》诗云："去日家无担石储，汝须勤苦事樵渔。古人尽向尘中远，白日耕田夜读书。"② 虽然家境贫寒，家中无一担储粮，但卢肇仍然鼓励弟弟要读书、耕作两不误，以耕资读，白日耕田、砍柴、打鱼，夜晚读书。他们虽历经艰辛，但最终通过科举入仕，实现了自己的理想。

（三）家庭手工业技能和知识的传授

古代手工业者为了保证自己手工业产品的竞争力，手工业技术往往具有保密性，往往只在家族或行业内部传授，甚至在个体家庭中也是传男不传女，严格保密，使之不外传。如《太平广记》卷231《李守泰》记载："唐天宝三载五月十五日，扬州进水心镜一面，纵横九寸，青莹耀目，背有盘龙长三尺四寸五分，势如生动。玄宗览而异之，进镜官扬州参军李守泰曰：'铸镜时，有一老人，自称姓龙名护，须发皓白，眉如丝，垂下至肩，衣白衫，有小童相随，年十岁，衣黑衣，龙护呼为玄冥，以五月朔忽来，神采有异，人莫之识。'谓镜匠吴晖曰：'老人家住近，闻少年铸镜，暂来寓目，老人解造真龙，欲为少年制之，颇将惬于帝意。'遂令玄冥入炉所，扃闭户牖，不令人到，经三日三夜……镜龙长三尺四寸五分，法三才，象四气，禀五行也。纵横九寸，类九州分野，镜鼻如明月珠焉。"这里的老者和小童或为师徒关系，老者是身怀铸镜绝技的工匠，在"扃闭户牖，不令人到"的封闭场所中，通过铸造"水心镜"，将铸镜绝技在"三日三夜"内秘密传授给了小童，并且一起铸造出了巧夺天工的镜子。这个故事带有某种神秘的色彩，历史上未必真有此

---

① 《全唐文》卷768《上王仆射（起）书》。
② 《全唐诗》卷551。

事，但是其中老者秘密传授铸镜绝技给小童的方式，却反映了唐代手工业者秘密传授本行业独门绝技以维持自家在本行业技术优势的真实情况。

唐代丝绸闻名于世界，开辟了史所罕见的丝绸之路。唐代之所以生产出世界一流的丝织品，与当时家家户户女子代代相传，母传女、姐教妹，不断改进提高养蚕织丝、绩麻缝纫技巧是密切相关的。当时，绝大多数普通家庭的女子都必须掌握养蚕织丝的技能和知识，在男耕女织的古代社会里，女子养蚕织丝是普通家庭交纳赋役、维持生计的重要手段。宋若莘姐妹《女论语·学作章》云："凡为女子，须学女工。纫麻缉苎，粗细不同。车机纺织，切勿匆匆。看蚕煮茧，晓夜相从。采桑摘柘，看雨占风。滓湿即替，寒冷须烘。取叶饲食，必得其中。取丝经纬，丈匹成工。轻纱下轴，细布入筒。绸绢苎葛，织造重重。亦可货卖，亦可自缝。"由此可见，当时从蚕种的养护、饲养，桑树的栽种、桑叶的采摘，苎麻的分析、成缕，直到丝绸、布匹的织造、保存、用途、买卖等各个环节，都有十分规范、严格、科学的程序，必须通过家庭教育世代传承发展，从而为盛唐丝绸之路的辉煌奠定了坚实的物质基础。

当时不管哪一行手工业者，都十分重视家庭技能和知识的传授。因为不管经营哪一行手工业，如果失去了高超的技艺，在技术上没有了优势，就会在激烈的竞争中被淘汰出局，失去谋生的手段。如隋末青州染工李清，技艺精湛，家中世代以染业为生，收入颇丰，积累了大量的财富。他的织染技术只在家族内部及亲近亲属之间传授，以维护技术上的垄断，大家一起从中获利。"家富于财，素为州里之豪氓，子孙及内外姻族近百数家，皆能游手射利于益都。"后来，李清迷恋于学仙成道，不顾亲人苦劝，放弃染坊，赴南山修行。若干年后，李清再回到故居，发现子孙虽然仍有从事染业者，但已今不如昔，呈现出没落的景象。当然，李氏染坊的兴衰有多方面的因素，但与李清出走修道，精湛技艺中断，经营不善等是直接相关的。由此说明手工艺技能和知识在家庭教育和传授中的重要性。

韩愈在《师说》中提出老师在各种知识传承中的重要性："巫医乐师

百工之人，不耻相师"，这里的"百工"就是各行各业的手工业者。这些行业靠一技之长立足于社会，养家糊口，因此非常重视通过家庭教育，父传子、兄教弟，世代相传，使家庭甚至家族生生不息。手工业技能和知识，对于家庭和家族来说，是关系到生存的头等大事，而对于一个社会和民族来说，则关乎职业分工、经济发展繁荣和各种专业先进知识技术的传承和发展。正是这种传承和发展，共同促进了中国古代物质和精神文明的继承和创新，这也是唐王朝经济文化领先于当时国际水平的重要因素之一。

第四章
隋唐五代经营管理思想

第一节　刘晏发挥私商经营积极性的思想

刘晏（718—780），字士安，曹州南华（今山东菏泽西北）人，是唐中后期杰出的理财思想家，他的一生有近 20 年从事理财工作，并担任户部侍郎，兼任度支、铸钱、盐铁诸使以及户部尚书同平章事（宰相）等中央理财要职，封彭城县开国伯。安史之乱对唐代社会经济的破坏严重，使国家财政困难，人民负担沉重。政府的横征暴敛激化了社会矛盾，迫使许多百姓逃到山泽，进行武装抗争。在这种统治危机下，朝廷擢用刘晏理财。刘晏经过富有成效的改革，促进了社会经济的恢复，使唐朝财政状况有了明显好转，社会矛盾有所缓和。刘晏是一位理财实干家，在20 年的理财生涯中，勤勉廉明，把全部精力投入繁琐复杂的日常理财工作中，没有留下著述和多少言论。因此，后人只能从他的理财实践中发掘分析他的理财思想。在他的理财思想中，最可贵的、与经营管理思想关系最密切的是他注重通过发挥私商经营的积极性来提高经济效益，促进社会经济发展，增加财政收入。

一、改革榷盐为民产、官收、商运、商销思想

唐朝初年未实行榷盐。唐玄宗初年，因财政开支不断增加，朝廷感到"用少而财不足"，朝臣刘彤首先建议仿照汉武帝时榷盐之法，"盐铁木等官收兴利，贸迁于人"①。但直到安史之乱前，朝廷并未将此建议付诸实施，只实行盐铁征税。安史之乱爆发后，唐朝财政更加困难，唐肃宗乾元元年（758），第五琦担任盐铁使，采用桑弘羊以来的官收官销的榷盐办法，并把盐价由每斗 10 钱一下子猛涨到每斗 110 钱。这种措施虽然一时能解财政危机燃眉之急，但实际上从长远眼光来看，由于盐价太高，极大限制了盐自身的销路；官府榷盐必须增设机构，任用大批的官吏，开支庞大，贪污舞弊严重，效率低下，其增加财政收入的成效是很有限的。同时，大幅度提高盐价也在很大程度上加重了人民的负担，并导致食盐走私，触犯政府禁令，社会矛盾和冲突加剧。

唐肃宗上元元年（760），刘晏兼任盐铁使，对榷盐进行改革，其中心是将第五琦实行过的官产、官运、官销体制，改变为民产、官收、商运、商销体制，其具体做法可能有 3 种：

其一，采取官收、商运、商销的做法。刘晏改变第五琦原来"就山海井灶收榷其盐，官置吏出粜"的做法，实行官"收盐户所煮之盐，转鬻于商人"②。这就是盐仍由亭户（煮盐民户）生产，生产出来后的食盐全部由国家收购，然后国家加价后批发给商人，再由商人自主经营，"纵其所之"③，即运往何地销售、价格高低、销售多少，听其自便。由于把运销、零售的繁重复杂的工作环节交由商人承担，国家只要通过向亭户收购然后加价批发给商人就可以达到赚取巨额差价、增加财政收入的目的，同时通过裁撤大批榷盐机构和官吏而节省了财政支出。

---

① 《旧唐书》卷 48《食货志上》。
② 《资治通鉴》卷 226。
③ 《新唐书》卷 54《食货四》。

其二，亭户在官吏的监督下，交纳一定的盐税后，直接将盐出售给商人，再由商人自主运销经营。《新唐书·食货志》载："亭户粜商人"，这一记载虽然极其简略，但我们还是可以了解到这与第一种官"收盐户所煮之盐，转鬻于商人"做法不同，变"官收"为"官监"，变赚取差价为征收盐税。这两种做法虽然有所不同，但效果应该是不相上下的，即通过征收高额盐税同样也可增加财政收入，同时减少政府的收购、运销、零售环节，也可裁撤大批榷盐机构和官吏而节省财政支出。

其三，增加牢盆，广招商人自行煮盐，然后运往各地销售。《旧唐书》卷49《食货志下》载："自淮北列置巡院搜择能吏以主之，广牢盆以来商贾。"牢盆是煮海水为盐的大锅，是生产食盐的重要工具。官府控制牢盆，目的就是为了垄断盐的生产。这里官府增加牢盆，广招商人直接参与生产食盐，更是减少了政府收购、运销、零售等环节，能更大批地裁撤榷盐机构和官吏，从而节省管理成本。这里，官府给予商人牢盆，究竟如何收取商人获得牢盆而生产盐的费用，并没有明载。据推测，可能有两种形式：一是直接收取商人获得一个牢盆所要付出的费用，二是根据商人获取牢盆后生产盐的数量征收盐税。总之，不管采取何种形式，官府增加牢盆，广招商人自行煮盐的做法比上述两种做法可能更会节省政府管理成本，减少财政支出，同时有利于扩大盐的生产，更能增加财政收入。

刘晏在改变第五琦对盐全面直接专卖为部分间接专卖的同时，为了确保国家榷盐收入和使盐商的利益合法化，在主要产盐区设立涟水、湖州、越州、杭州四个盐场，嘉兴、海陵、盐城、新亭、临平、兰亭、永嘉、太昌（即大昌）、侯官、富都十个盐监。盐场负责存贮及收发盐的堆栈，盐监则负责对亭户、盐商的管理及对亭户统购盐、对盐商批发盐。商人向盐监纳钱办理购盐手续后，即可向盐场领取盐自由运销。为了严禁私盐的运销，加强查捕私盐，政府还设了十三巡院："自淮北置巡院十三，曰：扬州、陈许、汴州、庐寿、白沙、淮西、甬桥、浙西、宋州、

泗州、岭南、兖郓、郑滑，捕私盐者，奸盗为之衰息。"①

刘晏的榷盐改革，使唐朝财政收入得到了很大提高，"晏之始至也，盐利岁才四十万缗，至大历末，六百余万缗。天下之赋，盐利居半。宫闱服御、军饷、百官禄俸，皆仰给焉"。②刘晏实行民产、官收（官监）、商运、商销的方式，发挥亭户和盐商经营的积极性，提高了劳动生产率。同时，刘晏把国家对盐的垄断价格变为竞争价格，利用商人的竞争使盐价保持比较低廉、稳定的水平，并使盐的质量有所提高，对广大民众对盐的消费不无裨益。

二、改漕运为官督雇佣制

唐朝建都长安，关中虽号沃野，然其土地狭小，所出不足以供京师众多人口。唐初中央机关还不算庞大，每年由东南转运到京的粮食不过20万石。开元时期随着京师人口的不断增加，江南地区供应长安的粮食增至每年100万石。在粮食特别紧张之时，甚至连皇帝也要去东都洛阳就食。

安史之乱后，洛阳残破，河南一带成为军事争夺区域，破坏严重地区甚至在五百里内仅有千余户农家，很难找到运输所需要的劳动力。另一方面在镇压安史叛军中，出现了大批骄兵悍将，在漕船经过的地方，"屯戍相望，中军皆鼎司元侯，贱卒仪同青紫……挽漕所至，船到便留"③，恣意截留漕船所运粮食。这使长安的粮食供给陷入更严重的危机。

刘晏接手漕运事务后，面临的运粮任务十分重大和艰巨，既关系到封建王朝的安危，又需要克服巨大的困难。他亲自对漕运路线、仓库及其有关问题作了仔细考察，拟定了改革漕运制度的方案。

刘晏改革漕运的方案主要有两方面。一是恢复和完善了裴耀卿的分

① 《新唐书》卷 54《食货四》。
② 《新唐书》卷 54《食货四》。
③ 《旧唐书》卷 123《刘晏传》。

段运送制，并把过去粮食散装入船改为袋装入船，不但省工减耗，如遇翻船也易于打捞。有关这一方面与本书主题关系不大，兹不详析。二是实行官吏督运，雇佣水手，依靠私人船户造船。改革之前，官府指派富户负责督运，称为"漕头"。所需水手、民夫，则征调农民无偿服劳役。这对人民是一种非常沉重的负担，而且效率很低，船翻粮没的事情时有发生。针对这些弊端，刘晏废除了"漕头"督运制，改为官吏督运。不再无偿征调农民充当水手、民夫，改为雇佣船工、水手自行督运。他又用盐利向私人船户订造了大批能运米千斛的官船。为保证船的质量，刘晏付给比市价更高的造船价，如市价造一艘五百金时，他出价一千金。

刘晏改革漕运思想所表明的最重要作用是废除了无偿的劳役，采取了付给船工、水手、民夫工资的雇佣劳动方式。所以他能"不发丁男，不劳郡县"而完成了艰巨的漕运任务，史称其为"古未之有"的措施①。他的改革更具管理意义的是他对雇佣的船工、水手、民夫优给报酬，提高了他们的劳动积极性，提升了效率，加强了他们的责任心，减少了事故。史载刘晏以雇佣劳动代替强制服劳役之后，每年转运至太仓的粟达110万石，无升斗的损失。按以往20％的损耗计算，即每年减少损失22万石。还有专门雇佣船工、水手、民夫经办，运输的时间也大大缩短。以往江南粮食运送至东都需要八九个月时间，改革后自扬州运至京师的商品只需40天，"人以为神"②。从表面上看，刘晏优给船工、水手、民夫报酬，以高价向私人船户订造运粮官船，似乎增加了漕运成本。其实，由于节省了大量的损耗，减少了事故，缩短了运输的时间，提高了效率，使运费不增反减。改革前自江南润州（今镇江）运米至扬子（镇江对岸），每斗运费19钱，经刘晏改革后，每斗运费减到15钱；由此运至河阴，改革前每斗运费120钱，改革后则减至每斗运费30钱。而且每年运送至长安的米粮"无升斗溺者"③。

---

① 《旧唐书》卷49《食货志下》。
② 《新唐书》卷149《刘晏传》，《通典》卷10。
③ 《新唐书》卷53《食货三》。

刘晏的漕运改革不仅基本解决了唐都长安地区面临的粮食危机，而且使关中地区的商品供给得到全面改善，"自是关中虽水旱，物不翔贵"①。并且"舟车既通，商贾往来"②，促进了漕运沿线地区的经济发展。刘晏的漕运改革还减轻了"京师三辅"百姓的徭役负担，使沿途残毁的"村落邑墟"因"饥人皆附"③而得到恢复。

三、以商赈灾和平准思想

古代由于交通工具的限制，在赈灾中，农村贫苦的边远地区，官府很难将救灾粮食或物资运到那里，如常平仓在粜粮时，就很难顾及这些边远受灾地区，而那里的农民要奔走几十里甚至上百里进城购买常平仓赈济粮，也是相当艰难的。再加上封建官府机构及人员作风懒散、拖沓，甚至乘机通过赈灾贪污腐败，中饱私囊，因此，赈灾效果不好。

刘晏主持理财工作后，把发挥私商经营积极性的思想也应用于赈灾工作中。他在受灾地区实行以商赈灾，即政府以较市场优惠的比价用粮食同商人交换农副产品，利用商人趋利的本性，诱使商人积极贩运农副产品进城同官府交换粮食，然后再运送粮食到受灾地区换取农副产品，从而使商人积极主动地往返于城乡之间从事农副产品和粮食的交易销售，"不待令驱"，以致使"（水旱）二害灾沴之乡"出现了水旱灾害均能克服的"二胜"局面④。这样，政府利用商人解决了边远农村地区运送赈灾粮食的困难，农民在灾荒中获得最起码的生存保障，另一方面商人在贩运救灾粮食和农副产品中获得商品利润，从而达到政府与商人共利双赢的效果。

刘晏在主持理财工作中还实行平准政策，但他的平准政策与汉代桑

---

① 《新唐书》卷149《刘晏传》。
② 《旧唐书》卷123《刘晏传》。
③ 《旧唐书》卷123《刘晏传》。
④ 《新唐书》卷149《刘晏传》。

弘羊的平准政策有所不同。汉代桑弘羊的平准政策有抑制打击商人的一面，即"县官不失实，商贾无所贸利"①，而刘晏的平准政策既要做到"朝廷获美利"②，"使天下无甚贵贱而物常平"③，又不主张使"商贾无所贸利"，换言之，就是使商人也能得利。他的平准政策也体现了发挥私商经营积极性的思想，即通过适当照顾商人的利益以调动其积极性，从而通过他们来解决政府理财活动中遇到的困难。

综上所述，刘晏的理财活动在许多方面体现了发挥私商经营积极性的思想。如在改革榷盐为民产、官收（官监）、商运、商销，改革漕运为官督雇佣制和高价向私人船户订造运粮官船，以及以商赈灾和平准思想等，都注意通过发挥私商经营的积极性来克服官营的高成本、低效率等问题。刘晏改变了以往政府理财重农抑商的传统观念，开始将私商从限制打击的对象变成利用保护的对象。私商的自由竞争经营能够降低官府的管理成本，提高产品质量和数量，促进社会经济的发展，同时又能提高政府的财政收入，或解决政府在漕运、赈灾和稳定市场商品价格中遇到的难以克服的问题，其效果真可谓是公私共利双赢。刘晏注重发挥私商经营积极性的思想标志着古代经营管理思想的一个重要发展，这一思想在宋代入中、买扑、雇募制中得到进一步发扬光大，是我国中古管理思想到近古管理思想转变的一项重要标志。

第二节　买扑思想的萌芽

买扑制度始于何时，史学界看法不一。裴汝诚、许沛藻认为"至迟

---

① 桓宽：《盐铁论》卷1《本议》，天津古籍出版社，1983年。
② 《旧唐书》卷123《刘晏传》。
③ 《新唐书》卷149《刘晏传》。

在唐代晚期，两浙地区已经存在着买扑的事实"①。其根据是罗濬《宝庆
四明志》所载两条资料：

> 小溪酒务：句章乡，去（鄞）县四十里，唐谓之光溪镇。本人
> 户买扑，皇朝元丰元年复置监官趁酒税课额。

> 公塘巡检：听事（奉化）县西北三十里公塘市中，旧地名高公
> 塘，唐文（当为"武"）德元年置镇。民户买扑名课管纳官钱。皇
> 朝熙宁六年添置巡检驻扎，巡捕私茶、盐、矾、盗贼等事，庆元四
> 年罢镇税，止存巡检。②

刘森认为："小溪与公塘民户买扑确属宋代事，裴、许之说，根据似
不足。"③ 袁桷《鄞县小溪巡检司记》载："城南门折行四十五里曰小溪
镇，宋元丰置焉，唐曰光溪镇，以监酒税、烟火得名。治平元年罢酒税
以便民，独掌烟火。"④ 如果综合《宝庆四明志》和《鄞县小溪巡检司记》
的记载，笔者认为买扑始于唐晚期的观点基本上还是站得住脚的：鄞县
小溪镇在唐代名曰光溪镇，是因为此镇在当时因监酒税、烟火而得名，
从"本人户买扑"可以推断，当时酒税应是通过买扑而收取。宋代英宗
治平元年（1064）为了便民废除酒税，即取消人户买扑。神宗元丰元年
（1078）恢复设置监官通过人户买扑收取酒税。

从历史发展的脉络来看，买扑制度当源于唐末五代间接专卖的榷酒
政策。据《通典》记载，唐代榷酒始于广德二年（764）唐政府向特许酒
户征收专卖税，实行间接专卖制。建中三年（782），改为实行直接专卖
制："广德二年十二月敕，天下州各量定酤酒户，随月纳税，除此外，不
问官私，一切禁断。大历六年二月，量定三等，逐月税钱，并充布绢进

---

① 裴汝诚、许沛藻：《宋代买扑制度略论》，《中华文史论丛》1984 年第 1 辑。
② 罗濬：《宝庆四明志》卷 12、卷 14，台湾商务印书馆影印文渊阁四库全
书本。
③ 刘森：《买扑始年之我见》，《中国史研究》1986 年第 4 期。
④ 袁桷：《清容居士集》卷 19，商务印书馆影印四部丛刊本。

奉。建中三年制，禁人酤酒，官司置店自酤，收利以助军费。"① 此后贞元二年（786），唐朝的酒政便是官酤、征收榷酒钱、榷曲或多项制度并行，或交替实行。由于唐后期榷酒政策的频繁变动，因此，出现"人户买扑"收取酒税的间接专卖制完全是有可能的。

刘森还认为"买扑是出现于后唐长庆（按：'长庆'应为'长兴'）二年（931）的'扑断'演变而来"②。如前所述，买扑当始于唐晚期，扑断最早也不是出现于后唐长兴二年，而至迟在天成四年（929）之前已出现扑断："其天成四年十二月终已前……应诸道商税课利扑断钱额去处，除纳外，年多蹇欠，枷禁征收，既无抵当，并可放免。"③ 但是，刘森认为宋代的买扑与后唐扑断的演变关系则是符合历史事实的。

后唐的这种扑断制度，最初只在三京和诸道州府城市中实行，乡村则放任并未实行。长兴二年（931）五月敕："应三京、诸道州府，苗亩上所征曲钱，便从今年夏并放。其曲官中自造，委逐州减旧价一半，于在城扑断货卖。除在城居人不得私造外，乡村人户，或要供家，一任自造。"④ 但是，仅过了两个月，或许是城市扑断制度能节省官府管理成本，提高财政收入，抑或是后唐财政困难，必须进一步扩大扑断制增加财政收入，同年七月三司奏请城乡酤酒一律实行扑断制："诸道州府申论，先有敕命，许百姓造曲，不来官场收买，伏虑课额不迨，请准前曲法，乡村百姓与在城条法，一例指挥。"⑤ 由此可见，后唐这时已是全国城乡都实行扑断制了。

五代时，除了中原政权中的后唐外，处于江南经济较为发达的吴越政权也实行酒课的买扑制度："先是钱俶（948—978在位）日，募民掌榷酤，酒醨坏，吏犹督其课，民无以偿，湖州万三千三百四十九瓶，衢州

① 《通典》卷11《榷酤》。
② 刘森：《买扑始年之我见》，《中国史研究》1986年第4期。
③ 《全唐文》卷112《南郊改元敕文》。
④ 王溥：《五代会要》卷26《曲》。
⑤ 《五代会要》卷26。

万七千二百八十三瓶，台州千一百四十四石，越州二千九百四石七斗，并毁弃之，勿复责其直。"① 这里，钱俶时的吴越政权实行的"募民掌榷酤"其实就是北宋初年"募民主之"买扑制②。而且从当时湖州、衢州、台州、越州酒醨坏的巨大数额来看，当时吴越平民买扑的规模已经很大，范围很广。这也可从一个侧面证实唐后期浙江鄞县出现买扑制度完全是可能的。而后经过数十年的发展，才有可能形成如此规模并达到如此普及的程度。

唐晚期至五代有关买扑（或扑断）的记载，一般都很简略，后人对其具体内容都无法了解。但王溥的《五代会要》卷26却保存了一段珍贵的资料，使我们可以大致知道这一时期买扑（或扑断）的具体内容，并从中可以窥视其蕴含的经营管理思想。后唐天成三年（928）七月十三日敕：

> 其京都及诸道州府县镇坊界及关城草市内，应逐年买官曲酒户，便许自造曲，酝酒货卖，仍取天成二年正月至年终，一年逐户计算，都买曲钱数内十分只纳二分，以充榷酒钱，便从今年七月后，管数征纳。榷酒户外，其余诸色人亦许私造酒曲供家，即不得衷私卖酒。如有故违，便仰纠察，勒依中等酒户纳榷。其坊村一任沽卖，不在纳榷之限。③

这一敕文虽然没有出现"扑断"之词，但其具体思路和做法就是上引天成四年（929）敕文中所提到的"扑断"。其理由有两点：一是敕文规定买官曲酒户，只要向官府缴纳仅为上年度20%的曲钱便可获得自由酿造并售卖酒的权利；二是后唐政府征收到官曲酒户的榷酒钱后，有义务保护酒户所取得的酿酒和卖酒特许经营权，明令其余未交榷酒钱的人

---

① 《长编》卷32。
② 《长编》卷17太祖开宝九年冬十月载："先是，茶盐榷沽课额少者，募豪民主之，民多增额求利，岁或荒歉，商旅不行，至亏失常课，乃籍其资产以备偿。于是诏以开宝八年额为定，勿辄增其额。"
③ 《五代会要》卷26《曲》。

不得"衷私卖酒"。宋代的买扑，简而言之，就是私人通过向官府交纳课利，承包经营官府的酒坊、河渡、商税场、盐井、田地等，其中酒的买扑等于民户用缴纳课利的代价，从官府手中买断某个领域某段时间的酒类生产销售权，把原先官府的垄断经营变成私人的垄断经营。以上所引天成三年（928）七月十三日的敕文中所规定的两条本质特征正符合宋代的酒类买扑制，即酒户交纳 20％的曲钱便取得了垄断生产和出售酒的经营权。

唐晚期五代时期的买扑或扑断都有一"扑"字，"扑"之字义，唐朝人有多种解释。释玄应引《通俗文》："争倒曰扑"，引《字林》云："手相搏曰扑"①。李善引《方言》曰："扑，尽也。"②

从唐人对"扑"的释义来看，这时的买扑、扑断可能也具有宋代实封投状法中通过类似现代的竞标，以出较高的价钱、提供较多的抵当，战胜竞争对手，取得对某行业在某地区某时段的特许经营权或使用权等，而且这种特许经营权或使用权是对某地区某时段的完全占有，具有很强的排他性，一旦为中标者拥有，就不许其他人经营或使用，具有私人垄断经营或使用的性质。从"扑"字意为"争倒曰扑""手相搏曰扑"来看，其具有竞争的性质；从"扑"字意为"尽也"来看，其又具有完全占有、垄断经营的性质。

第三节 "和市"改革与轻重之策

一、裴耀卿的"和市"改革思想

裴耀卿（681—743），字焕之，绛州稷山（今山西稷山）人，唐朝宰

---

① 释玄应：《一切经音义》卷 6、卷 11，清嘉庆宛委别藏本。
② 萧统、李善：《文选》卷 11，胡刻本。

相，宁州刺史裴守真之子。历任秘书正字、相王府典签、国子主簿、詹事府丞、河南府士曹参军、考功员外郎、右司郎中、兵部郎中、长安令、济州刺史、宣州刺史、冀州刺史、户部侍郎、京兆尹。开元二十一年（733），裴耀卿拜相，授为黄门侍郎、同平章事，后升任侍中。开元二十四年（736），被罢为尚书左丞相，封赵城侯。天宝元年（742），裴耀卿又改任尚书右仆射，后改左仆射。去世后追赠太子太傅，谥号文献。

唐玄宗开元初年，裴耀卿担任长安令。在他任职前，长安实行"配户和市之法"。所谓"和市"，就是唐王朝利用权力强买民间商品的一种制度。"和市"从字义上说，原是政府与民众双方自愿平等的交易，政府出价购买，民众同意出售。但是，封建政权的专制性，使在进行和市时，封建官府及官吏所面对的是社会政治地位低下，仍然具有很强的人身依附关系的"商民"。双方这种严重的不对等的关系，使得商品交换所要求的平等性无法在具体的商品交易中实现。封建官府借"和市"之名，在向民众购买商品时，任意压价、巧取豪夺，成为唐代一项严重病商、病民的弊政。所谓"配户和市"，即按户配给一定数额的"和市"任务，而不管该户拥有多少这种商品，或是否拥有。这种规定，使拥有这种商品的人，只好忍痛与官府"和市"，不拥有这种商品或拥有这种商品量不足的人，则只好自己先出钱购买，然后再贱价卖给政府。为了买到供"和市"的商品，常常免不了受商人、高利贷的乘机盘剥。

裴耀卿深知，对这种"和市"使"百姓苦之"的现象，他自己作为一个小小的长安令是无权罢除"和市"的。于是，他对先前的"和市"方式进行改革，"一切令出储蓄之家，预给其值"，也就是说，对一切朝廷下达的"和市"任务，不再按户强制摊派，而是只向"储蓄之家"即储存大量有关商品的大商人购买，并且事先付给货价。这就是把市场的自愿平等交易原则运用到官府垄断的商业中来，把"和市"中官府"强市"变成了一种正常的，或者接近于正常的商品交易的行为。结果，"公

私甚以为便"①。

从裴耀卿的这次"和市"改革思想可以看出，他是用一般正常的自愿平等的商品交易原则，来改革封建政权利用自己手中的权力所进行的强制、不平等的政府购买，这种理念对刘晏后来改革唐朝榷盐制度起了直接的影响，二者对政府理财工作的思路是一致的。

二、陆贽运用轻重之策调控社会经济思想

陆贽（754—805），字敬舆。苏州嘉兴（今浙江嘉兴）人。唐朝著名政治家、文学家、政论家，为溧阳县令陆侃第九子，人称"陆九"。陆贽为唐代宗大历八年（773）进士。唐德宗即位，由监察御史召为翰林学士。"泾原兵变"后，随德宗出逃奉天，起草诏书，情词恳切，"虽武人悍卒，无不挥涕激发"。贞元七年（791），拜兵部侍郎。贞元八年（792），迁中书侍郎、同平章事。为相时，指陈弊政、废除苛税。贞元十年（794），遭构陷罢相。去世后追赠兵部尚书，谥号"宣"。

陆贽为中唐贤相，其学养才能、品德风范，深得当时及后世称赞。工诗文，尤长于制诰政论。所作奏议，多用排偶，条理精密，文笔流畅。有《陆宣公翰苑集》及《陆氏集验方》传世。

先秦、汉代的轻重论思想，至唐代时又呈现活跃的局面。唐代一些有识之士对轻重论甚感兴趣，盛唐时期的刘彤、刘秩、裴耀卿等人，或多或少在其经济管理思想中涉及这方面的问题。唐中期的著名理财大臣刘晏，则在实践中运用轻重之策，并取得了很大的成效。陆贽也十分重视轻重问题，在他的论著中多次提到运用轻重之策调控社会经济问题。在中国封建社会中，受自然经济的影响，官吏习惯用行政的强制手段处理社会经济问题。陆贽则与众不同，他不主张国家运用行政手段对社会经济进行强制控制，而主张顺应商品经济和市场活动"趋利"的本质特

① 《旧唐书》卷98《裴耀卿传》。

征，利用人们的"趋利"心理，运用轻重之策，让国家尽可能多地参与商品交换过程，如通过"和籴""和雇"等商品交换形式来获取所需的人力、物力，于不知不觉之间实现对社会经济的调节控制。"交易往来，一依市利。勿令官吏催遣，道路遮邀。但不抑人，自当趋利。"① 通过对流通领域中货币流通量的调节来有效地干预社会经济，是陆贽通过轻重论来调控社会经济思想的中心内容。陆贽指出，国家赖以行使轻重之权的一个最重要的工具就是货币。"先王……立货泉之法，以节轻重之宜，敛散弛张，必由于是。"② 由于陆贽意识到货币作为"御财之大柄，为国之利权"的重要性，因此坚决主张国家必须垄断货币的发行权。"古之圣人，所以取山泽之蕴材，作泉布之宝货，国专其利，而不与人共之者，盖为此也。"

陆贽通过对流通领域中货币流通量的调节来有效调控社会经济的思想，是基于其对商品与货币之间因果关系的认识。"物贱由乎钱少……物贵由乎钱多……物之贵贱，系于钱之多少。"而流通领域之中钱之多少，又是取决于国家货币发行量的大小。"钱之多少，在于官之盈缩。"换言之，国家通过对流通领域中货币流通量的控制，就可以有效地控制市场各种商品的价格水平。在陆贽看来，国家在这方面的调控能力非常巨大："少则重，重则加铸而散之，使轻……多则轻，轻则作法而敛之，使重"。"敛轻为重……散重为轻，弛张在官，何所不可。"在此理论认识的基础上，陆贽进一步提出国家增加或减少流通领域货币流通量的具体措施。当流通领域中货币流通量不足时，国家应通过"广即山殖货之功，峻用铜为器之禁"的手段，即国家应多开采铜矿、禁止用铜铸造器皿等手段来多铸造钱币予以发行；而当流通领域中货币流通量过多时，国家则应通过棄盐、榷酒等专卖来回笼流通中的货币。

陆贽一方面主张国家通过调节货币流通量来调控社会经济，另一方

---

① 陆贽：《陆宣公翰苑集》卷 20《论度支令京兆府折税市草事状》，台湾商务印书馆影印文渊阁四库全书本。

② 《陆宣公翰苑集》卷 22《均节赋税恤百姓》，以下两个自然段引文均见于此。

面又反对国家以货币形式征税和以货币来作为计税标准，主张将国家财税收入的活动与国家调节货币流通量的活动严格区分开来。他认为，"谷帛者，人之所为也；钱货者，官之所为也"，"人之所为者，故租税取焉；官之所为者，故赋敛舍焉"。因此，"人不得铸钱，而限令供税，是使贫者破产，而假资于富有之室。富者蓄货，而窃行于轻重之权。下困齐人，上亏利柄"。在此，陆贽认为，因为民众所生产的东西是谷子、布帛，所以缴纳租税也只能以谷子、布帛的实物形态。钱币为国家所铸造，所以国家通过货币调控社会经济活动，而不应该以货币形式向民众征税。如果国家强迫民众以货币形式缴纳租税，就会被富有之家通过货币进行操纵，使物价下跌，民众税负大大增加，生活困苦，国家掌控货币的权力也受到损害。陆贽在此的推理不一定科学正确，但他认为在当时国家如按货币形式征税会使民众税负加重、生活困苦却是符合当时客观现实的。

如果我们以当代经济学的眼光来看待陆贽的实物税主张与国家通过货币来调控社会经济思想，两者之间实际上存在着矛盾。唐朝由于还是自给自足的自然经济，社会经济中商品化、货币化程度不高，在当时市场货币量不足的情况下，物价不断下跌，所以如果国家坚持以货币形式征税，民众就必须贱卖自己的生产品纳税，从而大大增加了税负。陆贽从"养民"的民本思想出发，理所当然反对以货币形式征税，坚持以实物形态征税。但是，另一方面，陆贽又主张国家通过控制货币流通量来调控社会经济，而这一主张的首要条件就是要有较高的社会经济的商品化、货币化。只有将整个国民经济纳入商品、货币经济的轨道，国家才可能对货币流通领域中的货币流通量进行有效调节。社会经济的货币化程度越高，调节的作用也越明显。但是，陆贽又主张国家赋税的征收采取实物形式，这意味着一部分的社会产品不经过商品交换就直接进入消费领域，这无疑降低了社会经济的商品化、货币化程度，进而势必影响国家对货币流通量的调节作用，使国家通过货币调控社会经济的作用减弱。

陆贽的实物税主张对减轻百姓税负有积极作用，却削弱了国家货币

政策对社会经济的调控作用，也使其轻重理论的光彩大为逊色。此外，财政分配本身也是国家推行轻重政策的重要工具。国家通过财政收支的规模差及时间差也能对流通领域中的货币流通量进行有效的调节。在以金属作币材的客观条件下，受币材的制约，仅靠增加铸币发行量以及国家专卖来调节货币流通量，其效果毕竟是很有限的，财政分配工具的运用将会大大增强轻重政策的调节力度，扩大轻重政策的调节范围，使其对社会经济的发展产生强有力的调控作用。

陆贽继承发展了先秦西汉时期的轻重之策，将轻重之策理论广泛应用于国家管理的各个方面，不仅运用于流通领域的货币流通量的调节上，还广泛应用于实边垦荒、漕运乃至对国家财政收入结构的调节等诸多方面。如在实边垦荒方面，陆贽不赞成传统的强制性徙民实边的屯田法，批评其有"课责之劳"。他主张国家以轻重之术，为那些失去土地、生活无着的农民提供衣食住所，贷给农具、种子，招徕民众自愿到边疆开荒种地。当收获粮食后，国家以布帛等生活用品换取垦荒农民的粮食，以作为戍边将士的军粮。这样可使农民和戍边将士双方受益，丰衣足食，"戍卒忘归，贫人乐徙"。① 国家可从中收到"可以足食，可以实边；无屯田课责之劳，而储蓄自广；无征役践更之扰，而守备益严"诸多益处。解决边境军队粮食供给，对百姓来说，不必被政府强迫迁徙到边境屯田，但边境粮食储备充足，军队守卫更加严密。陆贽利用轻重之策招募民众自愿到边境开荒种地，实际上就是以经济利益引导农民自愿到边境垦荒实边，取代传统的军事苦役性质的屯田制，提高了屯田农民的生产积极性，使他们乐于长期在边境从事农业生产，解决了边境地区军队粮食供给难题。

陆贽还把轻重理论应用于财政分配领域，主张运用轻重之术来调节财政收入结构。他指出，"聚人以财，而人命在食"，财（指货币）与粮

---

① 《陆宣公翰苑集》卷18《请减京东水运，收脚价于沿边州镇储蓄军粮事宜状》，以下一个自然段引文均见于此。

食均为国家最基本的需要，二者之间应保持一定的比例，国家机器才能正常地运转。当国库钱多粮少或钱少粮多、财政收入结构失衡之时，则应当运用轻重之术进行调节。"将制国用，须权轻重。食不足而财有余，而弛于积财，而务实仓廪；食有余而财不足，则缓于积食，而啬用货泉。"而当国库钱粮俱充足时，国家则可以利用充足的财力，一方面与民休养生息，减轻赋税征收和徭役征调；另一方面可以大兴漕运，以调整财政分配的区域结构。"若国家理安，钱谷俱富。烝黎蕃息，力役靡施；然后恒操羡财益广漕运。"陆贽之所以以国家富余的财粮用于大规模的漕运，其理由是漕运虽然会耗费国家巨额的资财，但漕运多由大量穷苦的劳动力承担，这样有利于广大劳苦大众获得养家糊口的收入。"益广漕运，虽有厚费，适资贫人"。

陆贽从立国首务在养民的思想出发，主张将国家富余的资财用于耗资巨额的漕运，从而使贫苦百姓得到养家糊口的收入，其实，这就是通过调节财政分配，来解决广大劳苦民众的生存问题。虽然漕运并不属于生产领域，不会带来社会财富总量的增加，但在隋唐时期，由于各地区政治、经济、军事、文化、人口发展的不平衡，使各地区的粮食供给也很不均匀，在当时的历史条件下，漕运比起通过移民平衡各地区人口分布、在地广人稀地区屯田等办法，是解决这个问题比较直接、容易短期内见效的办法。陆贽大兴漕运的主张，既解决了缺粮地区的粮食供给，又使劳苦大众从漕运中获得养家糊口收入，是成功的一举两得的应用轻重理论的案例。

三、白居易调控国民经济思想

白居易（772—846），字乐天，太原（今属山西）人。元和三年（808）拜左拾遗，后贬江州（今属江西）司马，移忠州（今属四川）刺史。又先后为杭州、苏州、同州（今属陕西）刺史，以刑部尚书致仕。官至翰林学士、左赞善大夫。晚居洛阳，自号醉吟先生、香山居士。其

诗早年与元稹齐名，称"元白"；晚年又与刘禹锡齐名，称"刘白"。他的诗歌题材广泛，形式多样，语言平易通俗，有"诗魔"和"诗王"之称。词不多，但影响后世甚大。有《白氏长庆集》。

（一）尚宽简，重改作

安史之乱及其后，唐王朝长期处于动乱之中。当时连首都长安也数次失守，社会经济凋敝，百姓饥寒交迫，备尝"时难年荒""骨肉流离"之苦。人们盼着得到一段安定平静的日子，以便休养生息。白居易正好生活在这个时代，饱受战乱之害，因此特别向往安定，把"人情俭朴，时俗清和"作为一种理想的社会风尚。而"欲使人情俭朴，时俗清和，莫先于体黄老之道也"。他认为所谓黄老之道就是"在尚宽简，务清静"，"我无为而人自化，我好静而人自正，我无事而人自富，我无欲而人自朴"。[1] 对于经济活动，他主张"从宜随俗"。"从宜随俗"和"尚宽简，务清净"是一致的。白居易认为："《论语》云：因人所利而利之。盖明从宜之义也。"其实，儒家的"因人所利而利之"与道家的"从宜随俗"是相通的。为政者不能"驱天下之人，责其所无，强其所不能"，而只应做必须做的事，关键是"使各利其利"，"各得其所"。"圣人辨九土之宜，别四人之业，使各利其利焉，各适其适焉。犹惧生生之物不均也，故日中为市，交易而退，所以通货食，迁有无，而后各得其所矣。"[2]

白居易所说的黄老之术"尚宽简""从宜随俗"，具体而言，就是省刑罚、薄税敛，顺应人的求利之心而因势利导。除此之外，还主张"重改作"，即在治理国家中尽量维持现状，不轻易进行重大改革。他引用前人反对变革的观点时说："君子为政，贵因循而重改作""利不百不变法"，[3] 认为行黄老之术就必须对变革现有法制持慎重的态度。

---

① 白居易：《白氏长庆集》卷45《策林一·十一》，商务印书馆影印四部丛刊本。
② 《白氏长庆集》卷30《礼部试策五道·第一道》。
③ 《白氏长庆集》卷47《策林三·五十三》。

（二）操一节三的调控国民经济思想

白居易虽然提倡行黄老之术，甚至也涉及"无为而治"，但他并不是像黄老之术所主张的那样尽量减少国家的行政管理活动，在经济方面也不是一味地采取"因之"的做法，反对以国家的力量对经济活动予以干预。他在主张"尚宽简""从宜随俗""重改作"的同时，也十分推崇《管子》的轻重之学，主张以国家的力量对社会经济活动做适当的调控，这是有为而不是无为。由此可见，白居易虽然主张"体黄老之道"，但并不否定国家对社会经济活动的调控，而且认为这种调控是十分必要的。社会经济之所以需要调控，是因为社会经济往往出现不平衡，其表现即百货之价不平。造成这种不平衡的主要原因有两个方面。一是农业生产受到天时的影响，丰收之年谷物收成多、价格低，农民要受到损失；灾荒之年谷物收成少、价格高，贫困百姓因买不起谷物而成为"饿殍"。因此，丰收之年与灾荒之年的谷物价格都需要调控。他称赞历史上"管氏之轻重，李悝之平籴，耿寿昌之常平"是"不涸之食，不竭之府"[①]。二是由于各种原因造成的农、工、商之间的重轻失调，必然通过国家的调控来实现三者之间关系的平衡。白居易认为社会经济必须经过国家的调控，"平均其贵贱，调节其重轻"，才能使社会经济活动正常地运行，做到"敛散得其节，轻重便于时，则百货之价自平，四人之利咸遂"[②]，百货通流，四人交利"[③]，"然后上无乏用，而下亦阜安"[④]。

以上白居易无论是对谷物价格的调控，还是对农、工、商三者重轻的调控，归根结底，其实质上就是调控农、工、商三者之间的利益关系。他认为农、工、商三个经济部门，都是社会经济不可缺少的，三者的利益必须兼顾。他指出："谷帛者，生于农也；器用者，化于工也；财物者，通于商也。""钱刀重则谷帛轻，谷帛轻则农桑困。""谷帛贵则财物

---

① 《白氏长庆集》卷45《策林一·十八》。
② 《白氏长庆集》卷46《策林二·二十》。
③ 《白氏长庆集》卷46《策林二·十九》。
④ 《白氏长庆集》卷46《策林二·十九》。

贱，财物贱则工商劳。"① 他在此揭示了物价与农、工、商三者的关系：如果农民生产的谷子、布帛等农产品价格太低，则对农民是不利的；如果谷子、布帛等农产品价格太高，则对工商业者是不利的。他还指出："粜甚贵，钱甚轻，则伤人；粜甚贱，钱甚重，则伤农。农伤则生业不专，人伤则财用不足。"② 他这里所说的"人"，不是指一般的民众，而是特指工商业者。因为"器用者，化于工也；财物者，通于商也"，只有工、商才能为民众提供"器用"和"财物"。白居易在此进一步指出：农民因谷帛农产品价格太低而受到损害，会影响今后的农业生产；工商业者则因谷帛农产品价格太高而受到损害，会影响今后的器用、财物供给不足。

我们必须看到，白居易的调控农、工、商三者的关系，其实际上是以农业作为本位，在重农的基础上，调控农、工、商的关系。白居易谈论调控社会经济中农、工、商关系问题，主要见于《策林》中的《十八·辨水旱之灾，明存救之术》《十九·息游堕》和《二十·平百货之价》三篇文章之中。第一篇是从水旱之灾对社会影响出发，提出调控社会经济问题，由于水旱之灾对社会的影响，主要就是对农业的影响，因此，其实主要就是谈论农业问题。第二篇、第三篇则都是从农业受到工商业的冲击角度，提出调控农、工、商关系。如他意识到当时弃农逐工商者日益增多，而影响到农业生产："人多游心，地有遗力，守本业者，浮而不固，逐末作者，荡而忘归。"其原因主要是谷物、布帛等农产品价格太低，导致农民日益贫困，而从事工商业者，则日益富裕的现实。"田畴不加辟，而菽粟之估日轻，桑麻不加植，而布帛之价日贱。是以射时利者，贱收而日富；勤力穑者，轻用而日贫。"白居易正是基于这种社会经济问题，而提出通过调控农、工、商三者关系，来引导广大农民回归农业生产。

---

① 《白氏长庆集》卷 46《策林二·二十》。
② 《白氏长庆集》卷 46《策林一·十九》。

我们还可以进一步从白居易的文章中看出，他所谓的调控农、工、商三者的关系，其实只是调控农业与工商业两者的关系。他所谓的调控，就是使游离于农业生产的原农业劳动力能够回归，从而为农业的生产提供足够的劳动力。"游手于道途市肆者，可易业于西成；托迹于军籍释流者，可返躬于东作"。① 然后，在农业发展的基础上，工商业也获得正常进行的条件，使农、工、商"三者和均"。可见，白居易的国家调控社会经济思想，还是传统的以农业为本，带有明显的农业社会的特点。

白居易不仅提出国家应当调控农、工、商三者之间的关系，从而使社会经济得到更好的发展，还具体主张，国家应通过掌握钱币的发行、流通，作为调控社会经济的工具。他提出，钱币"实当今权节重轻之要"。② 因此，国家要有效地调控社会经济，使农、工、商各部门保持良好的、正常的关系，就应当掌握住钱币这一关键的调控工具。"君操其一，以节其三。三者和均，非钱不可也。"③

《管子》轻重诸篇在论述调控国民经济时均把"黄金刀币"即货币和"五谷粟米"即粮食作为调控经济的两个重要工具，而白居易与前人不同，则只把钱币作为"权节轻重之要"，即上引所谓的"君操其一"。这应当是唐代商品、货币经济有了长足的发展，货币在社会经济生活中的作用有了举足轻重的表现。但是，白居易虽然强调"君操其一"，却在具体论述调控手段的运用时，仍然是以钱币与谷帛相提并论的。"钱刀重则谷帛轻，谷帛轻则农桑困。故散钱以敛之，则下无弃谷遗帛矣。谷帛贵则财物贱，财物贱则工商劳。故散谷以收之，则下无废财弃物矣。"④ 由此可见，国家调控社会经济生活时，如遇到钱币价值太高、谷帛价格太低时，就会使农民贫困，国家就应该多发行钱币，以提高谷帛的价格。相反，如果钱币价值太低、谷帛价格太高时，就会使工商业者受损失，

---

① 《白氏长庆集》卷 46《策林二·十九》。
② 《白氏长庆集》卷 46《策林二·二十》。
③ 《白氏长庆集》卷 46《策林二·二十》。
④ 《白氏长庆集》卷 46《策林二·二十》。

国家就应该多投放谷帛到市场出售，以降低谷帛的价格。

国家在调控农、工、商轻重失衡时需要钱币或谷物，如果在调控不同年份因丰歉而造成的谷物供给多寡、价格高低时，更需要谷物和钱币作为调控的工具。从某种意义上说，这种调控，有时谷物的作用更为重要。因为，灾荒之年缺乏谷物的情况与丰收之年谷物太多价贱相比较，前者形势更为严重，更迫切需要调控。而且这种调控，关键在于国家是否有充足的谷物储备。"廪积有常"，"备之以储蓄，虽凶荒而人无菜色"。而"储蓄"，要"聚于丰年，散于歉岁"。调节的办法是"丰稔之岁，则贵籴而以利农人；凶歉之年，则贱粜以活饿莩"。① 从此可以看出，尽管白居易认为钱币"实当今权节重轻之要"，但他实际在具体措施中不仅把谷物和货币一起作为调控社会经济的手段，而且认为谷物的重要性甚至超过货币，把谷物的"储蓄"看作是调控社会经济的物质基础和保证。民以食为天，谷物是国计民生最重要的产品，也是市场上最重要的商品，关系到每个人的生存问题，从而影响到社会的安定和封建王朝的安危。

白居易的"操一节三论"虽然受到先秦、西汉轻重论的深刻影响，他自己也认为是对《管子》轻重理论的运用与阐发。但如果我们仔细将二者进行对比，发现白居易的操一节三论在继承《管子》轻重理论的基础上又有所发展，其主要有以下 3 个方面：

其一，《管子》轻重论的出发点是以增加国家财政收入为目的，强调国家操轻重之权的目的是"国利归于君"②。而白居易调控社会经济的主要目的则是使农、工、商之间的利益能够平衡，社会经济正常运行。这就是"百货流通，四人交利"。他认为，如果农、工、商利益均衡，社会经济正常运行了，经济繁荣百姓富裕了，国家财政税收肯定也充足，自然而然"上无乏用"。由此可见，他只是把"上无乏用"作为调控农、工、商三者关系、社会经济正常运行的客观结果，而不是作为目的，起

---

① 《白氏长庆集》卷 45《策林一·十八》。
② 《管子·国蓄》，新编诸子集成本，中华书局，2018 年。

码来说不是主要目的。在财政税收问题上，白居易是反对"利壅于上"，而主张"利散于下"，①反对封建国家过度取于民。换言之，他是主张藏富于民的，自然不赞成《管子》轻重论所主张的国家借控制经济来垄断取利的政策。

其二，正由于《管子》轻重论与白居易操一节三论的出发点和目的不同，因此两者所主张的政策也有明显的差异。《管子》轻重论者为达到"利壅于上"的目的，主张国家直接垄断经营矿冶业、盐业，以获取巨额的垄断利润。这就是所谓的"官山海""官天财"。《管子》轻重论者还主张国家直接经营工商业，"寓税于价"，使国家从直接经营工商业中获得巨额利润以代替税收，这样不致引起百姓强烈反对和抵制国家通过征税而增加财政收入。这就是所谓"见予之形，不见夺之理"。②白居易虽然赞赏《管子》国家调控社会经济的理论，却不赞成"利壅于上"的国家直接垄断经营矿冶业、盐业和工商业。他主张工商业私有、民营，而由国家通过钱币、谷物来宏观调控工商业与农业的关系，从而促进社会经济的发展，使百姓生活富足，国家财政收入自然也会充足。

其三，正由于《管子》轻重论者要追求"利壅于上"的目标，那自然要把最大的利，即富商大贾的工商之利作为国家夺取分割之利。不言而喻，轻重论者必然将商人，特别是富商大贾看作轻重政策的打击剥夺对象，强调要"杀正商贾之利"。③由于白居易的操一节三论主要目的是调控农、工、商三者关系，促进社会经济正常运行，因此他虽然也谈到"商贾大族，乘时射利者，日以富豪"，④但是他是想通过限制商贾大族而防止其破坏农、工、商三者利益的"和均"，而不把普通商人作为打击的对象，甚至他还将普通商人作为"三者"或"四人"之一，作为通过国家调控社会经济时实现"交利""咸遂"的扶持、保护的对象。

---

① 《白氏长庆集》卷46《策林二·二十二》。

② 《管子·国蓄》。

③ 《管子·轻重乙》《管子·轻重丁》。

④ 《白氏长庆集》卷46《策林二·十九》。

唐朝在白居易之前，著名理财家刘晏已对传统的轻重论做了重大的修正，如重视通过国家对经济的调控，发挥私人经营的积极性。但这种修正主要反映在理财实践方面，并且主要还是以增加国家财政收入为目的。白居易对传统的轻重论修正的范围不仅超过了刘晏，而且对国家调节经济的目的、手段、意义等，进行了一系列理论上的探讨和论证，提出了许多明显不同于前人的轻重论新观点。汉代以后，对轻重论有所修正、创新的人不少，但能对轻重论有所发展的，则只有白居易一人。①

第四节　通过土地、赋税政策促进农业生产

一、皮日休的"励民成业"赋税思想

皮日休（约838—约883），字袭美，一字逸少，复州竟陵（今湖北天门）人。曾居住在鹿门山，道号鹿门子，又号间气布衣、醉吟先生、醉士等。咸通八年（867）进士及第，在唐时历任苏州军事判官、著作佐郎、太常博士、毗陵副使。后参加黄巢起义，或言"陷巢贼中"②，任翰林学士，起义失败后不知所踪。

皮日休是晚唐著名诗人、文学家，与陆龟蒙齐名，世称"皮陆"。其诗文兼有奇朴二态，且多为同情民间疾苦之作。《新唐书·艺文志》录有《皮日休集》《皮子》《皮氏鹿门家钞》多部，对于社会民生有深刻的洞察和思考。传世有《文薮》。

对于国家征收赋税的目的和意义，唐末皮日休别开生面，提出了一

---

① 赵靖：《中国经济思想通史》第3卷，北京大学出版社，1997年，第53页。

② 辛文房：《唐才子传》卷6《皮日休》，台湾商务印书馆影印文渊阁四库全书本。

个独特的见解："征税者，非以率民而奉君，亦将以励民而成其业也。"①数十年前，以儒家正统自居的韩愈把百姓纳税奉养封建君主和官吏视为应尽的义务，如有人胆敢不尽此义务，则要遭到诛杀："民者，出粟米麻丝，作器皿，通货财，以事其上者也。""民不出粟米麻丝，作器皿，通货财，以事其上，则诛。"韩愈作为唐朝大名鼎鼎的封建卫道者，他的这一观点被后人尊奉为天经地义的正统思想。皮日休对此则不以为然，提出了与此截然相反的见解。他公然说征税"非以率民而奉君"，如果不是故意与韩愈的封建正统观点唱反调，则表现他对当时的封建统治者横征暴敛民脂民膏以供自己骄奢淫逸挥霍享受的不满。

皮日休认为，国家之所以向民众征税，其主要目的是对占有生产资料或具有劳动能力的人的管控，如果不把自己的生产资料和劳动能力用于生产而为社会创造财富，使民众无衣食之忧，则国家应通过征税来迫使其用于从事生产。"今之宅，树花卉犹恐不奇，减征赋惟恐不至，苟树桑者必门嗤户笑，有能以不毛而税者哉？如曰：必也，居不树桑，虽势家亦出里布，则途无裸丐之民矣。今之田，贫者不足于耕耰，转而输于富者，富者利广占，不利广耕。如曰：必也，田不耕者，虽势家亦出屋粟，则途无馁毙之民矣。今之民，善者少，不肖者多，苟无世守之业，必斗鸡走狗，格篡击鞠以取餐于游闲……如曰：必也，凡民无职事者出夫家之征，则世无游惰之民矣。此三者，民之最急者也，有国有家者可不务乎？"②

皮日休文中的宅不树桑出"里布"（25倍的住宅税）、田不耕种出"屋粟"（2倍的田税）、无正当职业者出"夫家之征"（人头税），这些做法都出自儒家经典《周礼》。在中国古代，知识分子都习惯采用引经据典的方式，来论证自己的观点。皮日休也是如此，他在上引论述当时的征收赋税目的时，就将此文篇名定为《请行周典》，并引用了《周礼》中的

---

① 皮日休：《文薮》卷7《请行周典》，台湾商务印书馆影印文渊阁四库全书本。
② 《文薮》卷7《请行周典》。

"里布""屋粟"以及"夫家之征"的说法。他的这种做法,绝不是鼓吹复古,而是具有很强的现实针对性,引用《周礼》只是借用古代儒家经典来阐发自己的赋税思想,并增加自己观点的权威性。他的主张首先是针对当时的权贵、豪富而发的。他一再强调说"虽势家亦出里布""虽势家亦出屋粟",其矛头指向十分明显,当时所谓"势家",即贵族官僚、豪强地主、富商大贾等有权有势有钱之人。对"斗鸡走狗,格簺击鞠"课以"夫家之征",固然不是直接针对势家,但靠"斗鸡走狗,格簺击鞠"以求食的,主要是为贵族官僚、豪强地主、富商大贾这些"势家"奢侈淫逸生活服务的。所以对这些人课以"夫家之征",主要也是间接针对"势家"的,通过对他们的征税,来削减为"势家"奢侈淫逸生活服务的人,从而限制势家对社会财富的大肆挥霍。

皮日休"励民成业"的主张,也是针对当时土地和财富的大量兼并及其严重后果而提出的。均田制瓦解后,土地兼并发展迅速。唐德宗时的陆贽,从分配不均、贫富分化的角度,已尖锐指出土地兼并之害,企图用限田、减租的办法缓和贫富之间的对立。皮日休则进一步从土地兼并对生产影响的角度,来缓解土地兼并对社会生产的破坏。首先,他指出,那些势家兼并大量的土地,只是希望通过广占土地来收取地租,而不关心农业生产的改进。这就是所谓"利广占,不利广耕"。土地兼并使广大农民土地"不足于耕耨",不能把自己的劳动力充分使用于农业生产,削弱了社会生产力,使土地兼并者的土地利用率低下。其次土地和财富的大量兼并,使本来应该用于农业、手工业生产的大量生产资料和劳动力转用于满足势家奢侈淫逸生活的需要,这对社会生产力也具有很大的削弱和破坏作用。许多具有劳动能力的人变成"斗鸡走狗,格簺击鞠"以供势家耳目之娱的"游闲"之人,使从事社会生产的劳动力供给不足。当时许多势家将资金用于"树花卉犹恐不奇",广植奇花异草修饰府第园林,而不用于种植桑树扩大农业生产。总之,从劳动力和资金方面削弱了社会生产力。对此,皮日休主张对种桑的民宅只课以常征,而对广植奇花异草的势家课以 25 倍的宅税。这是对浪费劳动力和生产资

金、土地的兼并势力的打击。

皮日休文中所说的"里布""屋粟""夫家之征",都是《周礼》书中所提到的税种。《周礼》主张实施这些税种,自然其本意有奖勤罚懒之意。但《周礼》多是在制度设计中蕴含着这种意图,并未明确从理论上加以阐述或论证。并且,《周礼》所以要做这些规定,还具有维护冠、婚、丧、祭等宗法礼制的需要。因此,除征税外,还有"祭无牲""祭无盛"以及不得衣帛,居丧"不衰"等处罚。这与皮日休说的"励民成业",更是没有关系的。

皮日休提出征税要"励民成业"的观点在赋税理论方面是一个创新。赋税如作为一种政策工具,可以用作鼓励、保护生产的一种手段,这在前人早已有认识。如战国时期荀子就提出"裕民以政"的见解,强调"裕民则民富,民富则田肥以易"。所谓"裕民以政",其内容就包括"轻田野之税"① 这类财政、赋税政策在内。韩非反对重征富人救济贫人,认为富人之所以富,是由于"力俭",而贫人之所以贫,则由于侈惰。因此,征富济贫的政策只能是"夺力俭而与侈惰"②,对社会生产的发展、国家的富强,都是不利的。唐朝中期的理财大臣刘晏,重视以财政性政策工具引导民众"耕耘织纴"③,通过财政、赋税来刺激人们的生产和经营积极性,从而活跃社会经济。

但是,前人的这些认识和做法,只是在某些方面看到了财政赋税政策对生产的积极作用,而没能从赋税的理论高度明确提出问题。皮日休则不仅从多方面分析了赋税政策能够促进生产力的发展和发挥这种促进作用的机制,而且明确把赋税的这种作用概括为"非以率民奉君,亦将以励民而成其业"。他不仅把赋税看作是国家政权生存的经济基础,还把它看作国家干预、调控经济,促进社会经济发展的重要手段。这是前人未曾道及、后人也少能表达得如此简练、如此明确的一个崭新的赋税理

① 《荀子·富国篇》,新编诸子集成本,中华书局,2018年。
② 《韩非子·显学》,新编诸子集成本,中华书局,2018年。
③ 《新唐书》卷149《刘晏传》。

论观点。①

这里还必须指出的是，前人在论述赋税对经济发展的积极作用时，多是主张以减税免税的轻税政策来鼓励引导生产者积极从事生产，从而发展生产，这就是于史籍中屡见不鲜的"轻田野之税""平关市之征"。而皮日休"励民成业"则从逆向思维，以重税打击不参与生产或消极生产者。他看到当时土地兼并者"利广占，不利广耕"的状况，因为两税法是按田地大小、财产多少征税的，所以轻税只会使那些广占田地的势家兼并者得到更多的好处，坐享其成。因此他反对一般地实行轻税。他批评唐王朝对势家"减征赋惟恐不至"，主张重征势要和游闲，而对勤劳的生产者只征常赋，鼓励引导民众致力于农业生产，以"励民成业"，从而促进社会经济的发展。

前人在谈论轻徭薄赋来鼓励、保护农业生产时，多是笼统地将轻徭薄赋对象称为"农"或"民"，认为只要减轻"农"或"民"的赋役负担，就能促进他们的农业生产积极性。皮日休则不同，把纳税人分为两种类型：一是"势家"，二是"贫者"。他将纳税人分为两类的目的是，分别对他们课以不同的赋税。他所说的以征税来"励民成业"的对象是势家及为势家奢侈淫逸生活服务的游闲之人。换言之，即对那些拥有土地、生产资料和劳动力，而自己又不从事耕作或经营的人课以重税，以此来强制、督促他们参与耕作或经营等生产活动，使土地和劳动力发挥更好的效用。

东汉末年的荀悦就已指出，汉代轻田赋的政策，在土地兼并和土地集中严重的情况下，"适足以资富强"②，即对拥有大片田地的豪强地主有利。但是，他并未提出如何以赋税来抑制当时土地兼并的主张。唐末皮日休则意识到了土地兼并对农业生产的破坏作用，但他没有从土地制度本身入手来解决这个问题，而是企图通过赋税制度改革来抑制土地兼并

---

① 《中国经济思想通史》第 3 卷，第 82—83 页。
② 《西汉纪》卷 8，中华书局，2020 年。

对农业生产带来的消极作用。这是别开生面的。

唐朝末年，土地兼并和土地集中的社会问题已经十分严重，大批农民失去了耕地，陷于无田可耕或耕地不足的境地，而兼并了大量土地的人又"利广占，不利广耕"。封建农业生产中的两个要素——劳动力和土地的配置越来越不协调，互相脱节，使生产日益凋敝衰落。那些土地兼并者由于广占耕地，积聚了大量财富，更加追求奢侈淫逸的生活，使更多的财富和劳动力浪费在非生产用途，加剧了生产力的破坏。皮日休的励民成业论，正是这种历史现象的反映和必然产物。

唐末农民起义，对士族豪门和势家兼并势力给予沉重的打击，但土地兼并、土地集中的历史趋势并没有被遏制，在有些地区，甚至还更加严重。因此，这种土地兼并、土地集中的现象仍然成为严重的社会问题。有关类似皮日休"励民成业"论的思想，在五代时期仍然有人提出。五代后汉乾祐二年（949），朝臣梁文赞指出，当时"诸道州府吏及人户广置田园，不勤耕稼"。为制止这种状况的"渐染"、滋长，他建议各地"搜求此色户民，令出代耕钱纳官，以督农务"①。在此，梁文赞所说的"广置田园，不勤耕稼"的吏民，也就是皮日休所指责的"利广占，不利广耕"的势家，这说明五代后汉时期与唐末时期土地兼并的问题是一样存在的。对于这种社会问题，梁文赞则主张让这些吏民"出代耕钱，以督农务"。这种主张从实施角度来说，比皮日休的征收"里布""屋粟"和"夫家之征"更为简便易行，可操作性更强。但是，如从理论角度来说，皮日休的"励民成业"比梁文赞的"出代耕钱"更具有理论高度，因为皮氏提出了一种新颖的赋税观点，从新的角度赋予赋税政策工具的功能，突破了自西汉董仲舒以来主要从分配的角度来考虑解决土地兼并问题。他的这种新思想，对宋代李觏对土地兼并的批判，产生了直接的影响。

---

① 《册府元龟》卷 476《台省部·奏议七》。

二、招垦荒地，均平赋役

周世宗十分重视农业生产，"刻木为耕夫、蚕妇，置之殿庭"①。他一再说："自古厚农宝谷，故家给人足。"告诫群臣要"厚农桑，薄伎巧，优力田之夫，禁末游之辈"②。后周政府把中原无主荒地分配给逃亡人户耕种，规定自广顺元年（951）以后，来自幽州、淮南、西川、河东等界军人、百姓投降者，"所在有无荒闲田土，一任请射住佃为永业"③。他还免除两京及诸道州府人民所欠广顺三年（953）以前秋夏税租及沿征物帛。政府对逃户庄田颁布处理办法：凡流亡户的庄田，当地农民均可向政府申请承佃耕种；若田主流亡归来，在法定年限内可取回大部或部分土地。如在中原地区，本户在 3 年内回来，可取回桑田和庄田各一半；5 年内回来，可取回 1/3，但承佃户自己盖的房屋和种的树木园圃，不再交还；5 年以外回来，除本户的坟地外，其余一律不予取回，但佃户无力栽种的荒废桑田，仍可取回。在北方边境地区，人民常遭契丹掳掠，人口流动较大，情况复杂，承佃办法更为通融。如本户在外 5 年内回来，可取回桑田和庄田的 2/3；10 年内回来，可取回 1/2；15 年内回来，可取回 1/3，但承佃户自盖的房屋和种的树木园圃，不再交还；15 年以外回来，除本户坟地外，其余一律不予取回，而承佃户无力栽种的荒废桑田，仍可取回。但如果是冒佃而不交纳租税者，则本户无论何时回来，均可认领。④ 这种措施，使逃户的庄田有人继续耕种，恢复了农业生产，安定了社会秩序，同时又增加了政府的租税收入。诏书另一方面又照顾到不同地区和逃亡者的不同情况，以及庄田主回归故里的可能性，给他们在一定年限内如回乡取回部分土地的权利，这在一定程度上也鼓励逃亡者回

① 《资治通鉴》卷 294。

② 《册府元龟》卷 70《帝王部·务农》。

③ 《册府元龟》卷 167《帝王部·招怀五》。

④ 《五代会要》卷 25《逃户》。

归故乡从事农业生产，免于在外长期流亡。

后周政府为了保证赋税收入，改变"赋租不等，贫者抱虚而无告，富者广植以不言，州县以旧额为规，官吏以相承为准"① 的弊病，实行"均定天下赋役"，减轻农民负担。显德五年（958），朝廷颁发均田图，派官吏均定河南六十州赋税，仅开封府就查出隐匿土地 42000 多顷。连历代被奉为"圣人"而免征的曲阜孔府，"至周显德中，遣使均田，遂抑为编户"②，也编入户口，与平民一样缴纳租税。均田的结果，一方面使民户赋役负担较为公平合理，另一方面也增加了政府的财政收入。

---

① 《册府元龟》卷 158《帝王部·诫励三》。
② 《文献通考》卷 4《田赋四》。

第五章
隋唐五代国家管理思想

第一节　民本思想和德刑并用思想

一、唐太宗的君舟民水思想

唐太宗李世民（599—649）为唐朝第二位皇帝。隋朝末年，他随父亲李渊起兵，扫除各地割据势力，建立了大一统的唐王朝。武德九年（626），李世民发动玄武门之变，截杀李建成、李元吉兄弟，逼李渊退位，正式登基，是为唐太宗。唐太宗即位后，认真吸取了隋亡的历史教训，任用贤才，推行了一系列政治、经济、财政、刑法、军事等方面的改革措施，从而带来社会稳定，经济发展，对外交往频繁，文化繁荣的盛唐气象，史称"贞观之治"。唐太宗也因此成为中国古代史中的著名皇帝。

唐太宗与群臣经历了隋末农民起义，亲身感受到民众力量的强大作用，因此对先秦儒家的君舟民水、君鱼民水思想有深刻的认识。贞观名臣魏征在给唐太宗的上疏中就明确提出："荀卿子曰：君，舟也；民，水

也。水所以载舟，亦所以覆舟。故孔子曰：鱼失水则死，水失鱼犹为水也。"① 由此可见，贞观时期，唐王朝君臣上下清醒地认识到：其一，民众力量具有强大的作用，既能拥戴君主长治久安，也能揭竿而起推翻君主统治。其二，君主失去民众拥戴，就无法成为君主；而民众如没有君主存在，依然还是民众。

唐太宗正是基于先秦儒家君舟民水、君鱼民水的深刻认识，因此在贞观之治时期，屡屡告诫自己和群臣在管理国家中要高度重视民生问题。唐初由于经历隋末农民战争，国库空虚，经济凋敝，人民极度贫困。在这种历史背景下，统治者稍有疏忽放纵，就可能激化社会矛盾，引起百姓反抗。

贞观初年，唐太宗就指出："可爱非君，可畏非民。天子者，有道则人推而为主，无道则人弃而不用，诚可畏也。"② 唐太宗在此引用《尚书·大禹谟》"可爱非君，可畏非民"之语，意在告诫臣下，民众是一种可畏的政治力量，其可推举君主，也可废弃君主。因此，唐太宗特别重视君主与人民、人民与国家之间的关系，提出了"君依于国，国依于民"③ 的命题。他认识到："为君之道，必须先存百姓，若损百姓以奉其身，犹割股以啖腹，腹饱而身毙。"④

唐太宗基于以民为本的治国理念，其治国方略推崇儒家的仁政。他崇奉尧舜之道、周孔之书，认为治国理政与儒家学说的关系"如鸟有翼，如鱼依水，失之必死，不可暂无耳"⑤。他在与臣僚谈论治国之道时，屡屡提及以"仁义"治理国家："余思三代以来，君好仁，人必从之"，"为国之道，必须抚之以仁义，示之以威信，因人之心，去其苛刻，不作异端，自然安静"，"朕看古来帝王以仁义为治者，国祚延长，任法御人者，

---

① 《贞观政要·君臣鉴戒》。
② 《贞观政要·政体》。
③ 《资治通鉴》卷 192。
④ 《贞观政要·君道》。
⑤ 《贞观政要·慎所好》。

虽救弊于一时，败亡亦促"。① 在此，唐太宗以历史的洞察力，指出治国如以儒家的"仁义"道德作为方略，就能得到民众的拥护，使国家长治久安。反之，如以商鞅、韩非法家的"任法御人"学说来治理国家，虽然能收一时之效，但会很快败亡。

在仁政、仁义治国方略的指导下，贞观时期，唐太宗及其臣僚采取了重视农业生产、轻徭薄赋、任人唯贤、依法治国等措施，兹缕述如下：

其一，重视农业生产。唐太宗在贞观初年就一再强调："凡事皆须务本。国以人为本，人以衣食为本，凡营衣食，以不失时为本。"他继承了前人重视农业生产的思想，认为一个国家的存在取决于广大民众，广大民众的存在取决于他们的衣食状况，而广大民众的衣食状况则取决于农业生产。不言而喻，要实现天下大治、长治久安，关键是要让农民耕种有时，农业生产得到发展。因此，唐太宗一针见血指出："国以民为本，人以食为命，若禾黍不登，则兆庶非国家所有。"② 他在管理国家中，一直坚持以"唯思稼穑之艰，不以珠玑为宝"③ 的理念。唐初，为了促进农业生产的恢复与发展，唐太宗在即位后切实推行均田制，鼓励垦荒和宽乡占田，使广大农民成为自耕农，提高了他们的生产积极性。唐初还推行租庸调制，减轻了农民的赋税负担，保证了农民的生产时间。从而使农业迅速得到恢复和发展，为盛唐的繁荣奠定了雄厚的物质基础。

其二，实行轻徭薄赋政策。唐太宗的儒家仁政思想，主要内容就是轻徭薄赋，少兴土木兵戈，与民休养生息。他的这一思想，也在某种程度上吸纳了道家的无为而治思想。从《贞观政要》等史籍可以看出，贞观时期君臣上下在论政的言论中，不时提到人君要"清静""简静"，这正是道家无为而治的基本要求。唐太宗本人就是无为而治的践行者。史载他"夙夜孜孜，惟欲清静，使天下无事"。他深知，君主只有做出表

---

① 《贞观政要·仁义》。

② 《贞观政要·务农》。

③ 《旧唐书》卷185上《良吏传上》序。

率，才能使国家"徭役不兴，年谷丰稔，百姓安乐"，"君能清静，百姓何得不安乐乎？"①

贞观时期，治国要清静无为成为君臣的共识。贞观十三年（639），魏征在上疏中指出，贞观初年之所以能出现"大治"的局面，是因为朝廷能"无为无欲，清静之化，远被遐荒"，尔后出现的不大景气，则又是"其风渐坠"②的结果。黄门侍郎王珪也主张治国要"志尚清静，以百姓之心为心"③。他还以历史上秦、隋短命王朝的教训告诫唐太宗应当慎始慎终，才能尽善尽美地治理好国家："昔秦皇、汉武，外则穷极兵戈，内则崇侈宫室，人力既竭，祸难遂兴，彼岂不欲安人乎？失所以安人之道也。亡隋之辙，殷鉴不远，陛下亲承其弊，知所以易之，然在初则易，终之实难。伏愿慎终如始，方尽其美。"④

在管理国家中与清静无为思想密切相关的是戒奢从俭，少兴土木。历史上，一个王朝如横征暴敛、滥派徭役，往往与统治集团骄奢淫逸是有因果关系的。因为统治集团骄奢淫逸，就必然要花费大量的钱财人力，而只有通过向广大民众横征暴敛、滥派徭役才能解决钱财人力问题。如统治者能戒奢从俭、少兴土木，就能大大减轻民众的赋税徭役的负担。因此，这也是统治者是否具有以民为本思想的一种体现。唐太宗在位期间，就坚持戒奢从俭。

他以隋炀帝奢侈身亡而自戒，认为纵欲是一切祸乱的根源。"伤其身者不在外物，皆由嗜欲以成其祸。"因此，他一再告诫群臣"奢侈者可以为戒，节俭者可以为师矣"⑤。如发现官吏贪奢，就坚决予以惩治，毫不姑息。唐太宗还身体力行，为群臣戒奢从俭做出表率。如大臣们几次提出为唐太宗重修一座"台榭"，但他考虑到花费甚巨，皆加以拒绝。当国

---

① 《贞观政要·政体》。
② 《贞观政要·慎终》。
③ 《贞观政要·政体》。
④ 《贞观政要·务农》。
⑤ 《贞观政要·俭约》。

家财政稍好一些时，他要修行宫，但因臣下劝阻而作罢。他为了节省宫廷开支，下令放免三千宫女。

其三，坚持依法治国。唐太宗为了防止官吏贪赃枉法，鱼肉百姓，重视制定完善的法律，严格以法治吏。他亲自主持制定《贞观律》，而后长孙无忌等人又为其作注，这就是著名的《唐律疏议》，成为后世封建王朝制定法律的圭臬。在《唐律疏议》中，严格依法治吏是核心内容之一。为了防止官吏贪赃枉法，《唐律疏议·职制》规定：如果是"监临主司"（主要指负有司法和监督职责的官吏）受财枉法，往往要处以重刑。这些官吏即使在同办理公事无关的情况下，接受下属的财物也要受到处罚："监临之官，不因公事而受监临内财物者，计赃一尺以上答四十，一匹加一等；八匹徒一年，八匹加一等；五十匹流二千里。"如果这些官吏接受下属馈赠的猪羊、酒食、瓜果之类的东西，要依贪赃罪处罚："诸监临之官，受猪羊供馈，坐赃论。"唐政府为了有效制止行贿受贿事情的发生，严禁私下嘱请曲法。《唐律疏议·职制》规定："凡是公事，各依正理"。如违反规定嘱请曲法，有所请求者（即嘱请之人）和主司许者（即接受嘱请的官员），都同样论罪："诸有所请求者，答五十；主司许者，与同罪。已施行，各杖一百。"唐律还规定，替别人请求的人，也要处罚："为人请者，与自请同"，"即为人请求，虽非己事，与自请同，亦答五十"。如果接受别人财物而替其请托的以及用财物行贿求托的，那要加重处罚："诸受人财而为请求者，坐赃论加二等……与财者，坐赃论减三等。"《唐律疏议》严惩贪官污吏的立法思想源于唐太宗。《贞观政要》载，唐太宗"深恶官吏贪浊，有枉法受财者，必无赦免。在京流外有犯赃者，皆遣执奏，随其所犯，置以重法"。

在中国古代封建社会君主专制制度下，皇帝口含"天宪"，凌驾于法律之上，生杀任情，言出法立。但是在贞观时期，唐太宗比较注意克制私见私情，不管尊卑上下，如有所犯，一断于律。尽管唐太宗也有不少践踏法律的事例，但他在一定程度上能做到尽量减少对法制的干预，甚而使皇权受制于法，这在封建专制帝王中比较少见。如贞观九年（635），

盐泽道行军总管、岷州都督高甑生诬告功臣李靖"谋反"。据法律规定，高甑生诬告罪应处死刑，但有人以高是秦府功臣而请求宽恕。唐太宗不允许，说："虽是藩邸旧劳，诚不可忘，然理国守法，事须画一。今若赦之，使开侥幸之路。且国家建义太原，元从及征战有功者甚众，若甑生获免，谁不觊觎，有功之人，皆须犯法。我所以必不赦者，正为此也。"①

正由于唐太宗能带头守法，强调法乃"天下之法"，执法不避亲疏贵贱，一断于律，从而出现了"贞观之初，志存公道，人有所犯，一一于法"② 的局面。这使那些皇亲国戚、贵族官僚、豪富地主等不敢贸然以身试法，从而使广大平民百姓免遭权贵的欺压，生命财产得到一定的保障。

在中国封建社会每个朝代的末期，由于社会矛盾尖锐，人民往往不断奋起反抗斗争。统治者为了镇压民众的反抗斗争，必然要制定繁刑峻法，以威慑惩罚反抗者。但是，这种繁刑峻法非但不能平息人民的反抗斗争，反而使无辜的平民百姓动辄触禁，人人自危，甚至形成一种恶性循环：反抗愈激烈，繁刑峻法就愈多愈严厉；繁刑峻法愈多愈严厉，却只能使反抗进一步升级。贞观时期，唐太宗意识到这一点，提出了"法务在宽简"③ 的治国方略，以缓和唐初的社会矛盾。贞观十年（636），他更全面具体地谈到立法必须简约的问题。他说："国家法令，惟须简约，不可一罪作数种条。格式既多，官人不能尽记，更生奸诈，若欲出罪即引轻条，若欲入罪即引重条。数变法者，实不益道理，宜令审细，毋使互文。"④ 贞观年间朝廷修订法律时，就明显贯彻了立法"务在宽简"的原则，"凡削烦去蠹，变重为轻者，不可胜纪"⑤。立法"宽简"，使贪官污吏难以利用法律漏洞上下其手，随心所欲地弄权，操纵司法审判，草菅人命。另一方面也使平民百姓有一个相对宽松的生存环境，不至于动

---

① 《贞观政要·刑法》。

② 《贞观政要·公平》。

③ 《贞观政要·刑法》。

④ 《贞观政要·赦令》。

⑤ 《资治通鉴》卷194。

辄触禁，人人自危。

其四，治理国家应任人唯贤，尤其是应当重视地方父母官的选任。唐太宗深刻认识到，人才是治理国家的关键："为政之要，惟在得人"，"政治之术，在于得贤"。唐太宗十分重视人才的培养和选拔，大力兴办各级学校，完善科举制度，从而培养和选拔了一大批人才充实到各级政府中任职。

唐太宗任人唯贤，在考察和任用人才时，不计贵贱、亲疏，也不计个人恩怨。其中最为人津津乐道的是重用魏征。魏征原本是太子李建成的谋士，曾力谏太子铲除李世民，以绝后患。玄武门之变后，唐太宗爱惜魏征才德，并念他曾辅佐李建成剿灭刘黑闼，立有大功，因而不计前嫌，重用不疑。魏征不负唐太宗知遇之恩，殚精竭虑辅佐唐太宗，成为贞观名臣。

唐太宗任用人才还讲究"用人如器，各取所长"①。注意发挥每个人的长处，使人才的能力起到最大的作用。唐太宗善于发现每位臣子的特长，并给予很好地任用。如贞观名臣中房玄龄能谋，杜如晦善断，魏征能谏等。由于唐太宗善用各人所长，因此形成了一个高效能的贞观中央管理群，为开创"贞观之治"盛世局面奠定了坚实的人才基础。

唐太宗在任人唯贤中特别注意对地方父母官的选任。因为地方父母官直接管理着一方百姓，与地方的民生问题、经济发展问题关系最为密切。唐太宗曾亲自掌握刺史的选拔和任用，并将各州守令的名字刻在室内屏风之上，并在上面记载着官员的政绩优劣，以便能对官员的品德、才能有具体全面的了解。如果发现有不胜任或违法乱纪的，就及时予以罢免或惩治。

难能可贵的是，唐太宗作为封建君主，不歧视唐王朝周边的少数民族，对他们一视同仁。唐太宗认为，"戎、狄与天地俱生"②，自然具有中

---

① 《资治通鉴》卷 192。

② 袁枢：《通鉴纪事本末》卷 28 下，台湾商务印书馆影印文渊阁四库全书本。

原人的素质，也自然会有"人心"。贞观十八年（644），他明确提出了"夷狄亦人，以德治之，可使如一家"①。他派兵击败突厥颉利可汗之后，对其采取了"略其旧过，嘉其从善，并授官爵，同我百僚，所有部落，爱之如子，与我百姓不异"②的政策，对其首领既往不咎，对其臣民"爱之如子"，与汉人同等看待，终于巩固了唐中央政府对突厥族的统治，使西北边疆稳定，社会经济得到发展。

二、唐代德刑并用思想

李世民即位后，推行崇儒政策，讲论治国之道，处处以仁义、仁政为指导。他从历史兴亡中汲取经验教训，意识到"古来帝王以仁义为治者，国祚延长，任法御人者，虽救弊于一时，败亡亦促"。"余思三代以来，君好仁，人必从之"。因此，他主张，治国首先要重视实行仁政，这样国祚才能长久，民众才会拥戴，社会才会安定。"为国之道，必须抚之以仁义，示之以威信，因人之心，去其苛刻，不作异端，自然安静。"③唐太宗虽然主张治国以仁义为本，但也重视法律在治理国家中的作用，认为"法"为"国之权衡也，时之准绳也"④。他作为全国最高统治者，在法制中注重操作层面的问题。其一，唐太宗强调法要公平、稳定、宽简。他即位初，就提出立法要"以天下为公"，必须公平。他赞扬诸葛亮立法公平，不为人作轻重。唐太宗还强调法律要保持稳定，不可多变。法律多变就容易引起前后不一，难以操作，官吏易于作弊。他说："法令不可数变，数变则烦。官长不能尽记，又前后差违，吏得以为奸。"⑤当然，唐太宗主张法律要稳定，但不是意味着其不可改变，而是说不可多

---

① 《唐会要》卷 94《北突厥》。
② 《旧唐书》卷 194 上《突厥传》。
③ 《贞观政要·仁义》。
④ 《贞观政要·公平》。
⑤ 《资治通鉴》卷 194。

变，更不能朝令暮改，应当保持相对稳定，如要改变必须慎重。他还主张执法务在宽简。因为如不宽简，官员难以掌握，容易产生作弊欺诈。"国家法令，惟须简约，不可一罪作数种条，格式既多，官人不能尽记，更生奸诈，若欲出罪即引轻条，若欲入罪即引重条。数变法者，实不益道理，宜令审细，毋使互文。"①

其二，唐太宗以身作则，带头做到帝王也要守法。在古代君主专制制度下，皇帝至高无上，可以凌驾于法律之上，言出法立，生杀任情。但是唐太宗在位时，虽然也有不少践踏法律的事情，但总的来说，他还是比较注意克制私见私情，尽量避免以主观意志来取代法律，减少对法制的干预，甚至使皇权受制于法。这在古代封建帝王中是难能可贵的。如贞观元年，大理寺卿戴胄批评唐太宗对长孙无忌和校尉的处罚不公平，唐太宗立即表示接受，并说："法者非朕一人之法，乃天下之法，何得以无忌国之亲戚，便欲挠法耶？"终于下令"免校尉之死"。由于唐太宗带头守法，从而出现了"贞观之初，志存公道，人有所犯，一一于法"②的清明政治。

其三，唐太宗主张赏罚要分明、慎重，避亲疏贵贱，一断于律。唐太宗认为赏罚要分明、慎重，才能起激励、威慑的作用。"赏当其劳，无功者自退；罚当其罪，为恶者戒惧。故知赏罚不可轻行。"他还接受魏征的谏言，赏罚"不以贵贱亲疏而轻重者也"，应该做到"一断于律"。他把赏罚作为管理国家的重要手段，要求赏罚"以公平为规矩，以仁义为准绳"。③

其四，唐太宗重视建立完善的法律体系，以此作为唐王朝执法的依据。唐太宗在位时期，主持制定了《贞观律》。而后，长孙无忌又为其作注，这就是历史上著名的《唐律疏议》。《唐律疏议》是我国封建社会历史上最重要的国家立法，是唐以前历朝立法的集大成者，并深刻影响后

---

① 《贞观政要·赦令》。
② 《贞观政要·公平》。
③ 《贞观政要·择官》。

世的宋元明清立法，成为我国封建社会影响最大的一部法典。《唐律疏议》分律、令、格、式四种法律形式，系统完备严密，成为唐王朝以及后世封建王朝立法的圭臬。

第二节 禁戒命令思想

一、隋《开皇律》禁戒思想

隋朝建立之初，由于魏晋南北朝以来的长期分裂和战乱，许多制度都遭到严重破坏，显得混乱不堪。开皇元年（581），隋文帝令裴政等重修刑律，"诏与苏威等修定律令，政采魏、晋刑典，下至齐、梁，沿革轻重，取其折衷。同撰著者十有余人，凡疑滞不通，皆取决于政"[①]。但是，裴政主修的律典仍然存在着法条繁苛等问题，并未做到"杂格严科，并宜除削"。于是到了开皇三年（583），文帝"因览刑部奏，断狱数犹至万条。以为律尚严密，故人多陷罪。又敕苏威、牛弘等，更定新律"[②]。删繁就简，删去死罪 81 条，流罪 154 条，徒枷等罪 1000 余条，共留 500 余条，计分名例、卫禁、职制、户婚、厩库、擅兴、贼盗、斗讼、诈伪、杂律、捕亡和断狱，共 12 篇。律文中更定刑名为笞、杖、徒、流、死 5 种，废除前代的鞭刑、枭首、䯆裂等酷刑与孥戮相坐之法。

苏威等删定律典主要做了三个方面的工作：一是减省刑名，律典条文大量削减；二是废除酷法，降从轻典；三是规范完善律典编撰体例。此次修订体现了用法唯简、刑罚从轻的立法精神。

---

① 《隋书》卷 66《裴政传》。
② 《隋书》卷 25《刑法志》。

隋代立法中，最重的犯罪是指"十恶"罪。这十恶罪是在西汉的"大逆无道""大不敬"罪的基础上发展起来的，魏晋南北朝时期此类罪名继续沿用，北齐律中有所谓"十条重罪"，标志着其时"十恶"罪名已经形成。《隋书》卷25《刑法志》载：北齐河清三年（564），尚书令、赵郡王叡等奏上《齐律》十二篇，"又列重罪十条：一曰反逆，二曰大逆，三曰叛，四曰降，五曰恶逆，六曰不道，七曰不敬，八曰不孝，九曰不义，十曰内乱。其犯此十者，不在八议论赎之限"。隋开皇时更定新律，"又置十恶之条，多采后齐之制，而颇有损益。一曰谋反，二曰谋大逆，三曰谋叛，四曰恶逆，五曰不道，六曰大不敬，七曰不孝，八曰不睦，九曰不义，十曰内乱。犯十恶及故杀人狱成者，虽会赦，犹除名"。① 隋代所定十恶罪名，由唐宋而迄于明清，一直为各封建王朝的刑律所沿用，是封建王朝在对臣民的管制中最不容忍、惩罚最重的十种犯罪。

隋律在规定十恶罪的同时，又特别规定对贵族、官僚的庇护，有所谓的"八议"，即议亲、议故、议贤、议能、议功、议贵、议勤、议宾制度。所谓八种人在犯罪时须经特别审议，并享受减免刑罚的待遇。如八议之科者及官品第七以上犯罪，皆例减一等治罪；九品以上官吏犯罪者，任凭以铜赎罪："其在八议之科，及官品第七以上犯罪，皆例减一等。其品第九以上犯者，听赎。应赎者，皆以铜代绢。赎铜一斤为一负，负十为殿。笞十者铜一斤，加至杖百则十斤。徒一年，赎铜二十斤，每等则加铜十斤，三年则六十斤矣……犯私罪以官当徒者，五品以上，一官当徒二年；九品以上，一官当徒一年；当流者，三流周比徒三年。若犯公罪者，徒各加一年，当流者各加一等。其累徒过九年者，流二千里。"②

隋代的五刑经过历史的漫长演变，最后才定型笞、杖、徒、流、死五刑，并为唐宋元明清所沿用不改，这标志着中国古代刑罚制度和思想至隋唐已经进入成熟阶段。先秦时期有墨、劓、剕、宫、大辟五种刑罚，

---

① 《隋书》卷25《刑法志》。
② 《隋书》卷25《刑法志》。

最早见于《尚书》，合称五刑，大约西周时期已经实行。西汉文帝时期宣布废除肉刑，以笞、杖来代替，但终汉一世肉刑并未真正废除。三国魏以死刑、髡刑、完作、赎刑、罚金为五刑；西晋时以死刑、徒刑、笞刑、罚金、赎刑为五刑，其中以死刑、徒刑、赎刑为主要刑种；北魏确定以死、流、徒、鞭、杖为五刑；北齐以死、流、耐、鞭、杖为五刑；北周以杖、鞭、徒、流、死为五刑。隋统一后，彻底废除了肉刑以及前代枭首、车裂等酷刑，还降低了流徒罪的判刑幅度。隋代五刑制度具体规定如下：

笞刑，隋代始设，为五刑中最轻刑罚，定为 10、20、30、40、50，凡五等，都可以用铜来赎刑；杖刑，隋废鞭刑，以杖刑代之，定为 60、70、80、90、100，凡五等，所犯重于 50 笞者则入于杖刑；徒刑，隋制，徒刑最低为 1 年，最高为 3 年，每等之间相差半年，且不附加笞刑和杖刑，并准许以铜赎刑；流刑，隋代分为流配 1000 里、1500 里、2000 里三等，合称"三流"，应配者分别居作 2 年、2.5 年、3 年；应住居作者，"三流"均服役 3 年；死刑，隋朝分为斩与绞两种，斩为身首异处，绞用帛、绳勒死或绞死，绞较斩为轻。

二、《唐律疏议》禁戒思想

（一）唐律的制定

唐高祖李渊建立唐王朝后，即打着"除隋苛法"的旗号以争取人心，减轻刑罚，曾与民约法十二章，除杀人、劫盗、背军、叛逆者处死外，余均蠲除。鉴于隋朝末年滥施刑罚、任意废法所造成的严重后果，李渊以立法宽简、保持稳定作为唐朝制定法律的指导思想，命裴寂、萧瑀等人参照隋《开皇律》来制定《武德律》12 篇 500 条。唐太宗即位后，也特别重视立法的简约。他即位后，便命令房玄龄、长孙无忌等修改《武德律》。从贞观元年至十年（627—636），历时 10 年，修成了《贞观律》，仍然为 12 篇 500 条。《贞观律》与隋律相比，总体说来已简约、轻刑了不

少。如《贞观律》中死罪减少了92条，改流罪为徒罪71条，并删除兄弟"连坐俱死"之法，"自是比古死刑，殆除其半"，"凡削烦去蠹，变重为轻者，不可胜纪"。①

唐高宗时期，长孙无忌、李勣、于志宁等又奉命以武德、贞观两律为基础，编纂了《永徽律》12篇502条，于永徽二年（651）颁行。为了阐明《永徽律》的精神实质，并对律文进行诠释，朝廷又命长孙无忌等对《永徽律》逐条逐句进行注疏，即为"律疏"。律疏经皇帝批准，附于律文之下，与律文具有同等的法律效力，于永徽四年（653）颁行。《永徽律》由于律疏并行，故统称为《永徽律疏》，后世称之为《唐律疏议》。唐玄宗时根据当时现行的令式，对《永徽律疏》又做了一些文字上的订正，称为《开元律》，内容与《永徽律疏》相同。

（二）唐律的内容

唐律12篇的篇名与隋《开皇律》相同，各篇的内容简略而言是：第一篇《名例》，凡57条，类似于刑法总则的范畴。内容列举五刑、十恶、八议、请、减赎、官当、免，此外还规定了犯罪行为、责任能力、时效、刑罚的适用（过失、错误、自首、累犯、合并论罪、减免、类推、同居相为隐、外国人犯罪处理原则）和法律用语的解释等。第二篇《卫禁律》，凡33条，内容是关于违反皇帝宫殿庙苑的警卫和州镇城戍、关津要塞以及边防、国防的保卫等方面的制度的刑事处罚规定，从而达到保护皇帝的安全和国家主权的目的，总的说来，对此类的违法乱纪处罚较严厉。第三篇《职制律》，凡59条，内容是关于官吏的设置、失职、贪赃枉法和违反交通、驿传方面的刑事处罚规定，主要是为了加强国家机构的管理效能，尤其注重肃清吏治，加重对官吏贪赃枉法的处罚。第四篇《户婚律》，凡46条，内容是关于对户籍、赋税、田宅、婚姻家庭等方面违法的刑事处罚的规定，主要是为了维护封建土地所有制，加强对人口户籍的控制，从而保证国家对兵役的征发和赋税的征收，保护封建

---

① 《旧唐书》卷50《刑法志》。

婚姻和父权家长制。第五篇《厩库律》，凡 28 条，内容是关于对违反养护公私牲畜、仓库管理、官物出纳等方面行政法规的处罚。第六篇《擅兴律》，凡 24 条，内容是关于对违反军队征调、指挥、行军出征的规定以及兴建工程不符合法规的行为进行惩罚。第七篇《贼盗律》，凡 54 条，分为"贼"和"盗"两部分。所谓"贼"，就是"狡竖凶徒，谋危社稷"，即叛逆凶恶之徒妄图颠覆朝廷者；所谓"盗"，就是"以威若力而取其财"，即以暴力抢劫私人财产。这两种犯罪严重威胁唐王朝政权及社会安定，因此处罚严厉。第八篇《斗讼律》，凡 60 条，内容是关于对斗殴行为的处罚和有关刑事诉讼方面的规定。第九篇《诈伪律》，凡 27 条，内容是关于对欺诈和伪造行为的处罚。第十篇《杂律》，凡 62 条，内容是把形形色色不能归纳于某一类的犯罪行为，统统归并于《杂律》之中，即《疏议》所云："诸篇罪名，各有条例，此篇拾遗补阙，错综成文，班杂不同。"所以此律内容庞杂，范围广泛，如对国忌作乐、私铸钱币、奸非、失火、赌博、犯夜、私造度量衡，以及关于借贷和雇佣契约、商品价格、市场管理、商品质量检查、医疗事故、堤防、水运、城市交通、公共安全、清洁卫生等方面违反法律的行为进行惩罚。第十一篇《捕亡律》，凡 18 条，内容是关于官吏或其他人追捕"囚与未囚"，即因犯罪事发而逃亡的罪人，以及惩罚各种逃亡者的法律规定。换言之，一是规定追捕者和主守者的法律责任，二是对各种逃亡者的处罚规定。第十二篇《断狱律》，凡 34 条，内容是关于审讯、判决、囚禁、执行等方面司法程序的规定，属于诉讼法、监狱法、司法官惩戒法规以及刑法分则的范围。

《唐律疏议》在中国古代立法史上具有继往开来的重要历史地位，不仅是唐朝以前历代立法的集大成者，而且对唐以后宋元明清历朝立法有深远的影响。唐朝统治者不仅制定了完备成熟的封建法典，而且在司法实践中重视提倡明法慎刑，防止枉纵。其中对此提倡最有力最具代表性的是唐太宗。首先，他主张对死刑的处决持慎重的态度。他在贞观年间

规定："自今以后，大辟罪，皆令中书、门下四品以上及尚书九卿议之。"① 起初，死刑在执行前实行三覆奏的复核程序，后来又因三次覆奏的时间相隔太短，实际上来不及核实犯罪事实及慎重考虑判决当否，因此又改为五覆奏。②

在慎刑中，唐太宗自己做出表率，对证据不足的犯罪，不轻易下结论和做出判决。如刑部尚书张亮揭发侯君集约他谋反，太宗以"君集独以语卿，无人闻见，若以属吏，君集必言无此，两人相证，事未可知"③，仍待君集如初。直到侯君集谋反的事实暴露以后才斩之而籍其家。一些经过查勘确实属于冤案的，唐太宗则予以平反昭雪。如因得罪高祖幸臣裴寂而被诬致死的开国元勋刘文静，尽管高祖尚在，唐太宗也为其昭雪，"追复官爵，以子树义袭封鲁国公，许尚公主"④。其次，审判中严禁官吏贪赃枉法。"断狱而失于出入者，以其罪罪之。失入者，各减三等；失出者，各减五等。"⑤ 唐太宗"深恶官吏贪浊，有枉法受财者，必无赦免"。唐律中处罚最为严酷的是"十恶"罪，其次就是官吏的贪赃枉法罪了。由此可见，朝廷对严防官吏贪赃枉法行为的重视。由于"明法慎刑，防止枉纵"原则的推行，在唐代司法实践中，法律得到了较好的贯彻，从而使唐贞观之治时期，政治清明，社会安定，百姓安居乐业。

（三）唐律中十恶、八议思想

如前所述，十恶、八议思想在唐以前就已出现，但是人们对其具体内容不得而知。由于《唐律疏议》一书完整流传至今，因此使今人对十恶、八议内容有了详细的了解，兹简略介绍如下。⑥

1. 十恶。

---

① 《贞观政要》卷8《刑法》。

② 《新唐书》卷56《刑法志》。

③ 《旧唐书》卷69《侯君集传》。

④ 《旧唐书》卷57《刘文静传》。

⑤ 《旧唐书》卷50《刑法志》。

⑥ 本目以下所引内容未注出处者，均见于《唐律疏议》卷1《名例》。

一是谋反。原注对谋反的注释是"谓谋危社稷"，换言之，就是谋划推翻当时的封建君主王朝。不言而喻，这在封建社会中被认为是最严重的犯罪，故列为十恶之首。之所以如此，《疏议》对此解释说："案《公羊传》云：'君亲无将，将而必诛。'谓将有逆心，而害于君父者，则必诛之。《左传》云：'天反时为灾，人反德为乱。'然王者居宸极之至尊，奉上天之宝命，同二仪之覆载，作兆庶之父母，为子为臣，惟忠惟孝。乃敢包藏凶慝，将起逆心，规反天常，悖逆人理，故曰谋反。"唐朝对谋反罪的认定从严，不仅以行动为依据，即使是某种不满的言论，不论是否有真实的计划或付诸行动，都以谋反论处。而且在处罚上也是从严，动辄处以极刑，甚至法外用刑，株连九族，或处以凌迟等酷刑。

二是谋大逆。原注对谋大逆的注释是"谓谋毁宗庙、山陵及宫阙"，即谋划毁坏皇帝的宗庙、陵墓及宫殿，是严重侵犯皇帝至高无上尊严的犯罪行为。《疏议》对此解释说："此条之人，干纪犯顺，违道悖德，逆莫大焉。"因此唐律将此列为仅次于谋反的严重犯罪，动辄处以极刑。

三是谋叛。原注对谋叛的注释是"谓谋背国从伪"，即背叛朝廷、私通和投降敌伪政权的犯罪。谋叛罪具体而言主要有两种类型：一是叛国的民族败类和反对中央政权的地方割据势力，二是支持农民起义而进行武装反抗的官兵。谋叛罪也是严重的犯罪，列于十恶的第三种，动辄也是处以极刑。

四是恶逆。原注对恶逆的注释是"谓殴及谋杀祖父母、父母，杀伯叔父母、姑、兄姊、外祖父母，夫、夫之祖父母、父母"，简言之，就是殴打或谋杀自己至亲的长辈。《疏议》解释说："父母之恩，昊天罔极。嗣续妣祖，承奉不轻。枭镜其心，爱敬同尽，五服至亲，自相屠戮，穷恶尽逆，绝弃人理，故曰恶逆。"在中国古代封建社会中，从西汉武帝开始独尊儒术，儒家成为封建统治的主导思想。恶逆罪严重违背了儒家的孝悌思想，封建君主为了维护以父权为中心的封建家族关系和三纲五常伦理道德，对侵害至亲的犯罪予以重惩，列为十恶中的第四种，动辄处以极刑。但是在具体审判论罪中，则根据犯罪者与被害对象的亲属关系

的亲密程度不同而有所差别。如在认定犯罪行为时，若对祖父母、父母有殴击的行为，未造成伤害，或者有谋杀的计划而未开始行动，就已构成犯罪。对伯叔以下，则必须有实际的行动才构成犯罪。

五是不道。不道顾名思义指违背正道，原注对不道的注释是："谓杀一家非死罪三人，肢解人，造畜蛊毒、厌魅。"具体而言，唐律将把杀一家非死罪 3 人和肢解人身体的恶性杀人犯罪上升到十恶第五，由此可见，唐王朝十分重视保护民众的人身安全，防止各种残暴杀人的恶性案件发生。其中"造畜蛊毒、厌魅"是两种巫术，从当今科学的眼光来看，根本不会致人以死，是一种迷信。《疏议》解释说，此条罪名起源甚早，"汉制九章，虽并湮没，其不道不敬之目见存，原夫厥初，盖起诸汉"。

六是大不敬。唐律大不敬专指对皇帝的不尊敬。如盗取皇帝祭祀用品或日常穿戴物品，盗取或伪造皇帝的玺印，为皇帝配制药物题封有误，为皇帝烹调膳食误犯食禁，为皇帝制造舟船有误不牢固，诽谤皇帝，无礼对待皇帝派遣的使者。总之，凡是不利于君主尊严和威胁皇帝人身和财物安全的行为，即使是一些细微过失也会被列入十恶重罪之中，其目的是维护皇帝神圣不可侵犯的尊严和安全。

七是不孝。顾名思义指对直系亲属有忤逆行为，如控告或咒骂祖父母、父母；祖父母、父母在时分居独立门户；对祖父母、父母赡养有缺；居父母丧时嫁娶作乐，改着吉服；闻祖父母、父母丧匿不举哀；诈称祖父母、父母死亡。在提倡百善孝为先、以忠孝治国的中国古代封建社会里，这些不孝行为被看作是大逆不道的，因此被列入十恶中的第七种，其目的是维护封建纲常礼教，以巩固封建政权及其统治秩序。

八是不睦。唐律中的不睦特指近亲之间的严重不和睦行为，如谋杀及出卖缌麻以上的亲属，殴打或控告丈夫及大功以上尊长和小功尊亲属。中国古代讲究血缘亲疏关系，这在丧葬时所穿丧服上有严格的区分。这里的缌麻、大功、小功是指按亲疏关系在丧葬中所穿的丧服不同。其立法目的是维护宗族在社会基层的统治，禁止亲属间的相互侵犯，维持社会稳定。

九是不义。唐律中的不义特指卑侵犯尊的犯罪行为，如杀害本属府主、刺史、县令、现受业师；吏卒杀害本部五品以上官长；闻夫丧匿不举哀，作乐，改着吉服出嫁。总之，就是地位卑贱的奴仆、平民、学生、吏卒、妻子如杀害侵犯地位尊贵的主人、官员、业师、丈夫等，那就罪加一等，列入十恶罪中第九种，其目的在于维护封建社会中严格的尊卑等级关系。

十是内乱。唐律中的内乱特指宗族内部的性关系伦理道德的混乱，如奸污小功以上亲属，强奸及奸父祖之妾。中国古代封建伦理道德观念是万恶淫为首，乱伦更是大逆不道的行为，因此把宗族内部乱伦列入十恶犯罪中第十予以严惩，旨在维护封建伦理道德。

2. 八议。

隋唐刑律中的十恶罪，主要通过加重对十种类型犯罪的惩罚，来维护封建君主的专制统治和君臣、父子、尊卑、上下的封建伦常关系。八议则特别规定在八种情况下对贵族、官僚在法律上的优待和庇护。所谓八议就是议亲、议故、议贤、议能、议功、议贵、议勤、议宾的制度。就是所议的这八种人在犯罪时须经特别审议，并在判决时享受减免刑罚或优待。根据《唐律疏议》卷1《名例》规定，"亲"指一定范围内的皇室成员或外戚。一是皇帝祖免以上亲，包括皇帝的高祖兄弟、曾祖从兄弟、祖再从兄弟、父三从兄弟、自身之四从兄弟；二是太皇太后、皇太后缌麻以上亲，包括曾祖兄弟、祖从兄弟、父再从兄弟、自身之四从兄弟；三是皇后小功以上亲，包括祖之兄弟、父之从兄弟、自身之再从兄弟。"故"指长期侍奉皇帝的故旧。"贤"指"有大德行"的人。"能"指有大才能的人，即封建统治阶级中能够管理国家、领军打仗的杰出人才。"功"指"有大功勋"的人，即为封建国家建立过卓越功勋的人。"贵"指"职事官三品以上、散官二品以上及爵一品"者，即封建贵族和大官僚。"勤"指"有大勤劳"者，即为封建国家服务勤劳的人。"宾"指"承先代之后为国宾者"，即前朝退位者的后裔。这八种人如犯了死罪，地方官府不能直接审判定罪，而必须将他们的犯罪事实和特殊身份报告

朝廷，由负责的官员集体审议，提出审判意见，然后奏请皇帝裁决；若是犯了流以下罪，都可减一等论处；但是如犯了十恶罪，则不能适用上述优待。

（四）对官吏失职、违纪、贪污、擅权的惩罚

在封建国家管理中，皇帝是依靠从中央到地方的各级官吏对全国民众及各种事务进行管理的。因此为了使各级官吏尽职尽责，勤政廉洁，加强君主专制的中央集权和封建国家机器的统治效能，唐律对官吏的失职、违法违纪、贪污受贿、擅权等行为都制订有惩罚的条文。《唐律疏议》卷1《名例》还特别注意区别官吏的"公罪"和"私罪"。官吏犯法，早在秦律中就已经划分为"公罪""私罪"。唐律进一步明确规定，公罪指官吏"缘公事致罪而无私、曲者"，私罪则是官吏"不缘公事，私自犯者"，或"虽缘公事，意涉阿曲"，"受请枉法"者。唐律规定，无论"公罪""私罪"，都可以官当罪，并且"犯公罪者，各加一年当"。[①]此种区分，目的在于庇护在职官吏因执行公务而犯的罪，旨在维护封建统治者的尊严。

1. 惩罚失职行为。

（1）贡举非其人。顾名思义，这就是说被荐举人的品行与荐举文书所说的不符合。唐律规定，凡荐举文书所述与被荐举人情况有出入，及应贡举的人而没有被贡举，有出现1人，就必须处罚有关荐举人徒刑1年，如有2人，就加一等，此罪最高处罚是徒刑3年。如果考核在职官员，省试分科考试不实及选用官员同荐举评语不符，而致官员任职不当的，比较贡举不实减一等处罚。因过失而犯以上各罪的，各减故意而犯的三等。在贡举过程中对别人贡举不实的行为未觉察，只是上报送达不实的结论而不是本人有不实行为的，又比过失犯罪再减一等；若知情不举而听其犯罪的，与犯罪者同样处罚。[②]从这条唐律规定可知，唐王朝十

---

① 本目引文未注出处者，均见于此。
② 《唐律疏议》卷9《职制》。

分重视对官员的选拔，对举荐不实、有优秀人才而不举荐、举荐人才不当、对举荐不实知情不报等各种过失均要处以各种不同处罚，以此来保证这项工作的真实、公正、公平，从而优化官吏队伍，澄清吏治。

（2）稽缓制书及官文书，或贻误公事。唐王朝非常重视官府的办事效率，唐律明确规定官文书传送及处理公事的时间限制，如超过限定时间，就要受到处罚。如唐律规定，凡稽缓制书送达的，稽缓1天笞50，每增加1天加一等，10天处徒刑1年。誊写制书、敕令、符移之类稽缓的，均按此处罚。至于稽缓官文书，则处罚略轻：稽缓1天笞10下，3天加一等，最高处罚是杖80。① 凡公事应处理而稽留以及事情须按时汇集而违期的，迟缓1日笞责30，3日加一等，超过杖责100则10日加一等，罪止徒刑1.5年。若公事有程期，而主管官员下符违期的，也照规定处罚。②

（3）违背制书。在封建君主专制统治下，皇帝的命令必须不折不扣执行。唐律规定，凡是违背皇帝制书要求而执行公务的，处徒刑2年，因过失而执行有差错的，杖100。③

（4）受制书忘误。一般来说，违背制书是有意为之，故处罚严厉，而受制书忘误，是无意为之，故处罚相对较轻。唐律规定，凡接受皇帝制命后，因遗忘而稽缓执行及书写制书有误，尚未使公事有很大失错的，笞50，已经使事造成失错的，杖70。不是亲自承接制命而是从别处转后而发生遗忘或写错的，比亲自承接而失错的，减一等处罚。④

（5）制书有误擅改。在封建社会，君主的权威神圣不可侵犯，即使皇帝的制书有误，也不能擅自改动，必须请示后才能改动。如是官文书有误而擅自改动，则处罚相对轻。如果知道制书或官文书有误而继续执行，那要受到同样的处罚。唐律规定，凡是发现制书有误，不立即奏请

① 《唐律疏议》卷9《职制》。
② 《唐律疏议》卷10《职制》。
③ 《唐律疏议》卷9《职制》。
④ 《唐律疏议》卷9《职制》。

就擅自改动的，杖 80；如果官文书有误，不请示有关官员而擅自改动的，杖 40。知道制书或官文书有错而不覆奏、不请示就执行，也得按以上规定处罚。擅自对制书或官文书作文字上修饰的，减二等处罚。①

（6）上书奏事有误。凡是给皇帝上书或奏事文书有误的，杖 60；口误的，减二等处罚。呈报给尚书省的文书有误，笞 40，处罚就轻得多。其他文书有误的，笞 30。所谓"误"，包括脱漏、增加文字以及差错等情况。②

（7）事应奏不奏。凡事情应当奏请而不奏请，不该奏请而奏请的，杖责 80。应该向上呈报而不呈报，不该向上呈报反而呈报，以及不属于自己所管而越权呈报，应该对下发文而不发和不应发下反而发下的，各杖责 60。③

2. 惩罚违纪行为。

（1）泄露机密。唐律泄露机密特指官吏泄露国家机密的犯罪行为。这类泄露往往会对国家造成严重的后果，因此不论是故意或无意为之，也无论是否造成严重后果，都得处以绞刑。如泄露应该保守的"非大事"机密，处徒刑 1.5 年。如果泄露给外国使节的，加一等处罚。此项罪犯，以最初泄密的人为主犯，以泄露给谋叛者或外国使节的人为从犯。④

（2）私发官文书。为了保守国家机密，官府中有封印的制书、官文书是要特定的官员打开观看的，禁止其他人开拆偷看。唐律规定，如私自开拆有封印的官文书且偷看的，杖责 60；开拆并偷看制书的，杖责 80。如果内容属于机密的，分别按泄露机密大事罪减二等论处。如因过误而开拆：看了内容的，比上项刑罚减二等惩处；未看内容的，无罪。⑤

（3）旷职。唐朝要求官吏必须各尽其职其责，不得无故旷职。唐律

---

① 《唐律疏议》卷 10《职制》。
② 《唐律疏议》卷 10《职制》。
③ 《唐律疏议》卷 10《职制》。
④ 《唐律疏议》卷 9《职制》。
⑤ 《唐律疏议》卷 27《杂律》。

规定，凡在职官员应值班而不值、应值宿而不宿、无故不上班、赴任限满不赴、从驾稽违及从而先还者，都必须处以笞刑，其笞数视情节轻重而不同。①

（4）出界。唐律规定，凡是刺史、县令、折冲果毅等官员，私自出边界的，杖责100。只要在界外过一夜的，就按出界罪惩罚。②

（5）逃亡。唐律规定，凡在职官员无故逃亡的，逃离1天笞责50，3天加一等。超过杖责100的，5天加一等。边防紧要地区的官员逃亡，加一等处罚。③

（6）弃毁符节制书。凡抛弃、毁损符节、印信及城门钥匙的，分别处以盗窃各该物品的刑罚；遗失或因过失损毁的，分别依弃毁各该物品罪减二等处罚。④

3. 惩罚与防范贪污受贿行为。

（1）惩罚贪污受贿行为。

唐朝继承秦汉以来定律的传统，把官吏贪污受贿与盗窃视为同一性质的犯罪，名之曰"赃"。《唐六典》卷6《刑部》把赃罪分为六种：一曰强盗赃，谓以威力取人财，并与药酒及食使狂乱取财；二曰枉法赃，谓受人财为曲法处分事者；三曰不枉法赃，谓虽受财依法处分者；四曰窃盗赃，谓私窃人财；五曰受所监临赃，谓不因公事受部人财物者；六曰坐赃，谓非监临主司而因事受财者。

结合《唐律疏议》其他条文，我们可以看出《唐律》把官吏受贿罪分为两大类四种：一类是根据官吏接受财物后违法的性质分为"受财枉法"和"受财不枉法"。两者都为坐赃，但是在处刑上"受财枉法"重于"受财不枉法"。前者受赃额值满一尺绢帛的就杖一百，满一匹（四十尺）的罪加一等，满十五匹处绞刑；而后者是一尺杖九十，二匹加一等，三

---

① 《唐律疏议》卷9《职制》。
② 《唐律疏议》卷9《职制》。
③ 《唐律疏议》卷28《捕亡》。
④ 《唐律疏议》卷27《杂律》。

十匹加役流。^① 另一类是根据犯赃罪官吏职责的性质分为"诸监临主司受财"和"非监临主司而因事受财"。《唐律疏议》对律文中"诸监临主司受财而枉法"的解释是"监临主司，谓统摄案验及行案主典之类，受有事人财而为曲法处断者"^② 可见，所谓"监临主司"主要就是指负有司法和监督职责的官吏。对于这些人受财枉法，往往要处以重刑。如《职制》规定：监临主司受财后即使不枉法，一尺杖九十，三十匹就要处以加役流的特重流刑。而如果是非监临主司因事受财的，一尺笞二十，一匹加一等；十匹徒一年，十匹加一等，罪止徒三年。^③

唐朝时已能十分准确地计算赃物的价值以定罪之大小。《唐六典》卷6《刑部》规定"凡计赃者，以绢平之"。这就是说衡量赃罪的轻重，以绢为标准来计算赃物的价值。以绢平之，在具体实行中还存在着三个方面的问题。一是绢的价格有地区上的差价。如"开元十六年五月三日，御史中丞李林甫奏：天下定赃估，互有高下，如山南绢贱，河南绢贵，贱处计赃，不至三百，即入死刑，贵处至七百以上，方至死刑，即轻重不侔，刑典安寄？"^④ 二是绢的价格有时间上的差价，从犯赃罪到事发被审、结案之间总有一段时间，而物价随时可以变动。三是绢本身因质量好坏可分为上、中、下三等，其价格也不同。对于如何解决这三方面的问题，唐代历朝做法不一，归纳起来，主要有两种。一种是唐玄宗时采取一刀切的办法来统一定赃估上的这三方面差异。"开元十六年（728）敕：其以赃定罪者，并以五百五十为定估。其征收、平赃，并如律也。"^⑤ 但是这种定赃方法并没有实行多久，到肃宗时就被废除。"至上元二年（761）正月二十八日敕，先准格例，每例五百五十价，估当绢一匹。自

① 《唐律疏议》卷 11《职制》。
② 《唐律疏议》卷 11《职制》。
③ 《唐律疏议》卷 26《杂律》。
④ 《唐会要》卷 40《定赃估》。
⑤ 《唐六典》卷 6，中华书局，2014 年。

今以后，应定赃数，宜约当时绢估，并准实钱，庶叶从宽，俾在不易。"①另一种定赃估办法是唐历朝普遍采用的，即《名例》所规定的"诸平赃者，皆据犯处当时物价及上绢估"。这条律文只短短 16 个字，却全面概括了定赃估的准则，较合理地解决了上述三个方面的问题。各地物价不尽相同，难以一地作标准，故取"犯处"；物价随时可以变动，有时差价很大，确定为"当时"，可以不受审断时物价影响；绢有好坏，皆以上绢之价估之。至于"当时"，《名例》疏议曰："依令：'每月，旬别三等估。'其赃平所犯旬估，定罪取所犯旬上绢之价。"可见是十天定绢价一次。到了懿宗时，把十天定绢价一次改为一月定绢价一次："大中六年闰七月敕，应犯赃人，其平赃定估等，议取所犯处及所犯月上绢之价。"②

（2）防范贪污受贿行为。

为了严防官吏以各种狡猾隐蔽的手段受财枉法，唐律中制定了许多条款禁止官吏在各种情况下收受财物。③

唐律规定，官吏在办公事时事前不受财而在事后受财，无论枉法不枉法都算犯罪："诸有事先不许财，事过之后而受财者，事若枉，准枉法论；事不枉者，以受所监临财物论。"如果某一个官员因事接受贿赂之后，因有求于他官，又把财物转分给其他官员的，那么，原初的受贿者以接受财物的总数论赃处罪，分得钱财的那些官员各依分得的数目论罪："若官人以所受之财，分求余官，元受者并赃论，余各依己分法。"

唐律规定，负有司法监督责任的官吏，即使在同公事交涉无关的情况下接受下属的财物，也要受到处罚："监临之官，不因公事而受监临内财物者，计赃一尺以上笞四十，一匹加一等；八匹徒一年，八匹加一等；五十匹流二千里。"而且连送财物的人，也要受处罚："与财之人，减监临罪五等，罪止杖一百。"如果这些官吏接受下属馈赠的猪羊、酒食、瓜

---

① 《唐会要》卷 40《定赃估》。
② 《唐会要》卷 40《定赃估》。
③ 以下引文，未注明出处者均见于《唐律疏议》卷 11《职制》。

果之类的东西，要依贪赃罪处罚："诸监临之官，受猪羊供馈，坐赃论。"疏议曰："举猪羊为例，自余禽兽之类皆是，各计其所值，坐赃论……其有酒食、瓜果之类而受者，亦同供馈之例，见在物征还主。"唐律甚至规定官员就是调任或去职之后接受属下的财物、饮食，或向属下借贷也要受处罚，只是比在职官员处罚稍轻一点罢了："诸去官而受旧官属、士庶馈与，若乞取、借贷之属，各减在官时三等。"为防止官吏巧立名目，变相贪赃，唐政府禁止官吏于所部买卖，私役借使人畜等："官人于所部卖物及买物，计时估有剩利者，计利，以乞取监临财物论"；"诸监临之官，私役使所监临，及借奴婢、牛马驼骡驴、车船、碾硙、邸店之类，各计庸、赁，以受所监临财物论。"

唐政府为了有效地制止行贿受贿事情的发生，严禁私下嘱请曲法，"凡是公事，各依正理"。按唐朝法律，有所请求者（即嘱请之人）和主司许者（即接受嘱请的官员）都同样论罪："诸有所请求者，笞五十；主司许者，与同罪。已施行，各杖一百。"唐律还规定替别人请求的人也要处刑："为人请者，与自请同"，"即为人请求，虽非己事，与自请同，亦笞五十"。如果接受别人财物而替其请托的以及用财物行贿求托的，那要加重处罚："诸受人财而为请求者，从赃论加二等……与财者，坐赃论减三等"。甚至那些监临之官和"势要"官员，只要有替别人向官员请求曲法行私的行为，不管事情成与不成，或官员是否承诺，均要打一百杖："为人嘱请曲法者，无问行与不行，许与不许，但嘱即合杖一百"。如果枉法严重的就同受贿官员一样处罚："所枉重者，罪与主司同，至死者减一等。"

唐政府为了防止官吏通过家人接受别人财物，进行买卖得利等，唐律规定："诸监临之官家人，于所部有受乞、借贷、役使、卖买有剩利之属，各减官人罪二等；官人知情与同罪，不知情者各减家人罪五等。""其在官非监临及家人有犯者，各减监临及监临家人一等。"如《大唐新语》卷7《容恕第十五》载："苏良嗣为洛州长史，坐妻犯赃，左迁冀州刺史。"

唐政府为了使官吏能受到各方面严密的监督，有效地检举揭发他们在经济上犯罪，法律规定上级官员有责任揭发下级犯赃罪。如大中二年规定："县令有赃犯，录事参军不举者，请减县令二等结罪。其录事参军有罪，刺史不举者，刺史有罪，观察使不举者，并所司奏听。"① 勾检之官职在勾检稽失、纠正非违，如连署之官犯公坐，勾检之官有所失职，也要受到一定的处罚："诸同职犯公坐者……检、勾之官，同下从之罪。疏议曰：检者，谓发辰检稽失，诸司录事之类。勾者，署名勾讫，录事参军之类。皆同下从：若有四等官，同四等从；有三等官，同三等从；有二等官，同二等从"。②

唐朝对于国家财物收支，均有明细的账籍可供审核稽查，如账籍丢失，物数乖错者，主管人员也要受到处罚："诸主守官物，而亡失簿书，致数有乖错者，计所错数，以主守不觉盗论。"③《厩库》规定："主守不觉盗者，五匹笞二十，十匹加一等；过杖一百，二十匹加一等，罪止徒二年。"唐律还规定："诸出纳官物，给受有违者，计所欠剩坐赃论。"④ "给受有违"指财物出纳或重受轻出，或当出陈而出新，或应受上物而受下物，造成剩余亏欠者，则剩余或亏欠部分一律按现行价格计算，其金额均作为坐赃之罪论处。

唐律规定一定规模的建筑工程在动工前必须申报上级审查批准，方可动工。从史籍零星记载分析，可能州或州级以上主持兴建的要上报中央，县或县以下的要申报州。如不申报，未经上级事先审核而动工，就犯擅兴律。"诸有所兴造，应言上而不言上，应待报而不待报，各计庸，坐赃论减一等。"疏议曰："修城郭，筑堤防，兴起人功，有所营造，依《营缮令》：'计人功多少，申尚书省听报，始合役功。'"⑤ 如申报的财物

---

① 《唐会要》卷69《县令》。
② 《唐律疏议》卷5《名例》。
③ 《唐律疏议》卷27《杂律》。
④ 《唐律疏议》卷15《厩库》。
⑤ 《唐律疏议》卷16《擅兴》。

和人功不实，则要受到处罚："即料请财物及人功多少违实者，答五十；若事已损费，各并计所违赃庸重者，坐赃论减一等。"①

4. 惩罚擅权行为。

（1）署置过限。唐朝从中央到地方各级官府中官吏人员数额都有一定的限制，类似于今天各政府机关的员额编制。唐律规定，凡官员编制员额擅自超过规定，或设置不该设置的职位，就必须处以杖责 100；如擅自设置超过 10 人，处徒刑 2 年；后任官吏知情而听任的，减一等论处。谋求通过超编得官的人以超编罪的从犯论处，被征召补官者无罪。若是因军情紧急而临时任命代理官职，则不能视为署置过限。

（2）非法聚敛。唐朝为了避免因横征暴敛引起社会矛盾激化，甚至引起农民起义，威胁唐政权的统治，对征派赋税徭役予以严格控制，禁止地方官吏擅自加派加征。唐律规定，凡征派赋税徭役违反规定及不均平者，杖责 60。若不按规定而擅自征收赋税及在应征赋税中擅自额外加征，非法所征财物归公的，计算其擅自征收的额数依赃罪处罚；不归公的，以受财枉法罪处罚。唐朝将官吏擅自征收赋税按赃罪与受财枉法罪论处，其惩罚是相当严厉的，由此可知统治者对征收赋税工作的重视。②

（3）擅自奏改律、令、式。唐律规定，律、令、式中有不适用之处的，都必须先呈报尚书省议定修改方案后再上奏。如不申报尚书省拟定后上奏，而擅自就奏请改变的，处以徒刑 2 年。若直接向朝廷上表论说要改变的理由，则不予以处罚。③

（4）出使辄干他事。唐律规定，凡奉制命出使，不及时返回复命，擅自干预其他事务的，处徒刑 1.5 年；因此而对政事有损害的，处徒刑 3 年。其他派出官吏妄自干预其他事务的，杖责 90，因而有损于政事的，处徒刑 1 年。如官吏越权侵犯其他官署权限的，杖责 70。④

----

① 《唐律疏议》卷 16《擅兴》。
② 《唐律疏议》卷 13《户婚》。
③ 《唐律疏议》卷 11《职制》。
④ 《唐律疏议》卷 10《职制》。

（5）代署代判。唐律规定，凡是官文书有指令根据、事情明确，却由其他官吏代为主管官员签署的，代署者杖责 80；代为主管官员审判的，处徒刑 1 年。如果丢失指令而代为签署或审判的，各加一等处罚。①

（6）擅自兴建与非法兴建。唐律规定，凡有工程兴建，应当上报而不报告，应当等待批准而不等待批准就动工，分别计算工程价值按坐赃罪减一等处罚。凡非法兴建或役使人夫，计值在 10 个工以上的，按坐赃罪处罚。②

（五）加强控制编户

租赋徭役是封建国家的主要财政来源以及征发民众服劳役兵役的依据，丁户则是征收租赋和征发徭役、兵役的对象，因此历代封建王朝都严格管理编户，竭力防止民户隐瞒户口、逃避征收租赋和征发徭役兵役，从而维护封建统治。

1. 禁止漏报户口。

在户籍管理中，对户籍的准确、完整登记是最重要、最基础的一项工作，因为征收赋税、征发徭役兵役都要以此作为依据。因此唐王朝高度重视这项工作，对此制定严密的法律予以规范。唐律规定，凡是整户脱漏户籍登记的，家长处徒刑 3 年；其中属于无赋税徭役负担的户头，减二等处罚；属于纯女性户，又再减三等处罚。脱漏户籍登记的人和登记时通过增减年龄以逃避赋税徭役的，脱漏 1 口处徒刑 1 年，2 口加一等，罪止徒刑 3 年。若增减年龄并不产生逃避赋税徭役的后果，以及无赋税徭役负担的人脱漏户口登记的，每 4 口折算为 1 口来处罚，判处徒刑 1.5 年。如果脱漏不满 4 口，则只要杖责 60。里正没有察觉有脱漏户口或增减年龄等情况，按 1 口笞责 40，满 3 口加一等处罚；如果超过杖 100 处罚的，满 10 口加一等，最高处罚是徒刑 3 年。州县整户脱漏的也可依照人口脱漏的办法处罚失职的州县官吏。凡里正和官吏，非法通过脱漏户口及增减人口年龄来逃避赋

---

① 《唐律疏议》卷 10《职制》。
② 《唐律疏议》卷 16《擅兴》。

税徭役的，按 1 口处徒刑 1 年，2 口加一等。①

2. 禁止逃避赋役。

唐代，民众不堪沉重的赋税徭役，通过种种方式予以逃避，其中主要有 3 种方法：一是私入僧道，利用僧道不必交纳赋税服徭役的政策进行逃避；二是利用疏亲关系将户口报入免役户中；三是析户分居，化整为零，将大户变为若干小户，来逃避赋税徭役。对此，唐王朝制定了若干法规，予以禁止。唐律规定，一是禁止私入僧道。民众出家当僧道者，必须通过官府批准。如非法私自出家及其促使者，杖责 100；如已经注销户口的，处徒刑 1 年；如果户籍所属州县的主管官吏和道观寺院的主持人知情，与非法出家人同罪。若僧道犯罪，则应该还俗。而判决不还俗的，依非法私度人出家罪处罚。如果负有监督管辖责任的官吏非法擅自度人出家的，按 1 人即杖责 100，2 人加一等的规定处罚。二是禁止相冒合户。唐律规定课丁不得利用疏亲关系把户口报入免役户中，以逃避赋税，犯者处徒刑 2 年。三是严格限制析户分居。由于唐朝人丁、财产的多少是决定户等高低的依据，而户等的高低又决定负担赋役的轻重，因此人们就用分户异居的办法来分散财产和丁口以降低户等来减轻逃避赋役负担。唐律对分户有明确的限制，禁止祖父母、父母健在，而子孙分户异居。违者，处以"徒三年"。这表面上是为了维护孝道和大家庭和睦，敦厚风俗，实际上更主要的目的是为了在经济方面多征赋税。因此，唐律规定如要求分户自愿不降低户等的可以允许。②

三、隋唐五代司法审判思想

（一）司法审判机关设置思想

1. 大理寺及其职权。

---

① 《唐律疏议》卷 12《户婚》。
② 《唐律疏议》卷 12《户婚》。

　　隋朝沿北齐之制置大理寺，为中央审判机关，以卿和少卿为正副长官，掌依法审理判决狱讼。如赵绰在隋文帝时为大理寺少卿，在审理案件中执法不阿。赵绰"迁大理少卿。故陈将萧摩诃，其子世略在江南作乱。摩诃当从坐。上曰：'世略年未二十，亦何能为！以其名将之子，为人所逼耳。'因赦摩诃。绰固谏不可，上不能夺，欲绰去而赦之，因命绰退食。绰曰：'臣奏狱未决，不敢退朝。'上曰：'大理其为朕特赦摩诃也。'因命左右释之。刑部侍郎辛亶，尝衣绯裈，俗云利于官，上以为厌蛊，将斩之。绰曰：'据法不当死，臣不敢奉诏。'上怒甚，谓绰曰：'卿惜辛亶而不自惜也？'命左仆射高颎将绰杀之，绰曰：'陛下宁可杀臣，不得杀辛亶。'至朝堂，解衣当斩，上使人谓绰曰：'竟何如？'对曰：'执法一心，不敢惜死。'上拂衣而入，良久乃释之。明日，谢绰，劳勉之，赐物三百段"。[1]《隋书》卷56《杨汪传》载："炀帝即位，守大理卿。（杨）汪视事二日，帝将亲省囚徒。其时系囚二百余人，汪通宵究审，诘朝而奏，曲尽事情，一无遗误，帝甚嘉之。"

　　唐朝沿隋制，仍在中央设大理寺。大理寺之职，主要负责对中央百官犯罪及京师徒刑以上案件的审理。根据唐《狱官令》的规定，大理寺及京兆府判决的徒刑案件，要申报尚书省刑部覆核批准，发现有不当之处可以驳正。大理寺及各州所判流刑以上的罪，或者要对官员附加撤去官职处分的，也要申报尚书省覆核。其中死刑判决还要奏报皇帝最后裁决。大理寺还得覆审诸州府上报的疑案及刑部转来的死刑案件。

　　唐制大理寺仍设卿1人，秩从三品，少卿2人，秩从五品下。凡是重大疑狱，一般都由大理寺卿或少卿亲自审讯；凡中外官吏犯罪判决后仍然喊冤者，也由卿或少卿亲自审理。如唐太宗时大理寺少卿戴胄执法公正，很好地履行了应有的职责：戴胄"性坚正……大理少卿缺，太宗曰：'大理，人命所系，胄清直，其人哉！'即日命胄。长孙无忌被召，不解佩刀入东上阁。尚书右仆射封德彝论监门校尉不觉，罪当死；无忌赎。

---

　　① 《隋书》卷62《赵绰传》。

胄曰：'校尉与无忌罪均，臣子于尊极不称误。法著：御汤剂、饮食、舟船，虽误皆死。陛下录无忌功，原之可也。若罚无忌，杀校尉，不可谓刑。'帝曰：'法为天下公，朕安得阿亲戚！'诏复议，德彝固执，帝将可。胄曰：'不然。校尉缘无忌以致罪，法当轻；若皆误，不得独死。'由是与校尉皆免"。①

唐大理事卿与少卿之下有正、丞、司直、评事等，号称法官。大理寺正 2 人，秩从五品下，地位在丞之上，掌参议刑辟，详正科条之事，凡六丞断罪不当，则以法正之。由外官及爵五品以上犯当斩首者，由大理寺正监决。大理寺丞 6 人，秩从六品上，掌分判寺事，一般分别受理尚书省六部所领诸司及州府案件，其中判刑部丞兼掌押狱。每 1 丞断案定罪后，由其余 5 丞同署，有不同意见的，可以写上。判处徒以上罪则须通知罪犯家属，不服判决者还可以上诉。司直 6 人，秩从六品上；评事 12 人，秩从八品下。他们均职掌出使推按，受理府州疑狱。不出使时，大理寺评事可以参议寺内疑狱。狱丞 2 人，秩从九品下，掌率狱史，管理监狱。此外还有问事 100 人，为杂任职，掌执行刑罚。唐律对大理寺所属的监狱还制订有管理规定：凡监禁的囚徒，分别贵贱，男女异狱，五品以上犯人每月沐浴一次，暑天给饮料；囚犯生病的给医药治疗，病重者脱械锁，允许家人入狱照料。唐朝还有所谓录囚之制，即向囚犯讯察决狱情况，以了解是否有冤情发生。"若禁囚有推决未尽、留系未结者，五日一虑。"② 唐朝大理寺除审判案件外，还监督州县狱讼是否稽滞拖延。如"贞元四年十月，大理卿于颀奏：'……（狱案）每失程期，稽滞既多，冤滥难息……许本寺差官累路勘覆，如所稽迟，处分州县本判官，请书下考；诸司使本推官，夺一季俸料。'敕旨依奏"。③

五代沿置唐朝大理寺机构。据《旧五代史》卷 149 "增减"条记载，后唐同光元年（923）十一月，大理寺置大卿 1 人，丞 1 人。后唐还继承

---

① 《新唐书》卷 99《戴胄传》。

② 《唐六典》卷 18《大理寺》。

③ 《唐会要》卷 66《大理寺》。

唐懿宗咸通年间的制度，在大理寺设置"议狱堂"，通过集大理寺各级官吏于议狱堂，共同讨论判定刑狱，以辨明申雪其中的一些冤狱，从而使执法更加清明公平。如："（长兴）四年（933）二月，大理正张瑑奏曰：'臣伏见咸通十年（869）二月二十九日，大理少卿刘庆初奏，请于法寺置议狱堂。每寺丞详断刑狱毕，集大卿、二少卿、二正、六丞、四司直、八评事、十司，于议狱堂参详，令依典式。其法官中能辨雪冤狱、迹状尤异者，二人以上者请书上下考，三人、四人以上者超资与官。今欲望依庆初所奏，法寺置议狱堂，凡断公事，并集法官详议，然后连署奏闻。'……敕：'法寺议狱，宜且于寺卿厅内；法官赏罚，宜依所奏。'"①

2. 唐朝三司会审思想。

唐朝三司会审，有两种不同的含义，一是指"三司推事"，二是指三司受事，都具有临时法院的性质。《通典》卷24《侍御史》记述唐侍御史之职时说，侍御史"与给事中、中书舍人，同受表理冤讼，迭知一日，谓之三司受事。其事有大者，则诏下尚书刑部、御史台、大理寺同案之，亦谓此为三司推事"。三司受事又称为三司理事，《唐六典》卷13《御史台》"侍御史"条云："凡三司理事，则与给事中、中书舍人更直于朝堂受表。"原注曰："三司更直，每日一司正受，两司副押，更递如此。其鞫狱亦同。"以下对三司会审中三司受事（三司理事）与三事推事做一简要介绍：

《五代会要》卷16记载的后晋大理寺审理案件条例云："晋天福五年（940）六月二十七日，大理寺申：'当寺自前每月公案一道，除断状外须全写三本：内一本申奏，一本送刑部，一本下本道者。伏缘近年诸处公案并多，寺司常虑淹延，况所行断遣案文，此谓举明条法，况本道已有元推公案，固不烦备录施行。今欲只录断状，连敕颁宣，亦不碍于规矩。况刑部、大理寺亦是已有具案。元只以断覆词降敕归司，其诸道元推司，今欲乞准刑部例，只降断状，连敕施行，所贵将来免滞刑狱。'从之。"

---

① 《五代会要》卷16《大理寺》。

从这一记载可以了解到，后晋时期大理寺对地方刑狱判决后，必须誊写 3 份，一份申奏皇帝裁决，一份报送刑部，一份送还原上报的地方道。当时由于案件很多，大理寺人手有限，如果每个案件都完完全全地誊写 3 份，常常会造成案件审理的拖延稽滞。为了使每个案件都能得到及时的审理，大理寺做出简化判决"断状"的改革，即抄送原上报地方道只要判决结论的"断状"和敕，就能使地方道准确无误地实施刑罚，而不影响法律的规定。这一改革提高了当时审理判决刑狱的效率，并确保了执法的严谨。

三司受事（三司理事）是指御史台、中书、门下三方组成的临时法庭，对刑狱进行审理判决。其组成人员为御史台的侍御史、门下省的给事中、中书省的中书舍人。理事的内容是在朝堂接受民众向皇帝呈递的诉状并且审理其中一部分较次要的案件。因其组成人员不是三省的长官，审理的案件不如"三司推事"的重要，所以称为"小三司"。如唐代宗大历十四年（779）六月三日，"敕御史中丞董晋、中书舍人薛蕃、给事中刘迺，宜充三司使，仍取右金吾厅一所充使院，并于西朝堂置幕屋，收词讼"①。

三司推事则指大理寺、刑部和御史台共同派官员审理判决刑狱。其中大理寺为审判机关；刑部为司法行政机关，负责覆核大理寺及府州上报的案件；御史台为监察机关而兼有部分司法职能，在司法职能方面主要负责监督大理寺和刑部的司法审判活动，遇有重大疑案，也参与审判或受理有关行政诉讼的案件。唐朝对于重大案件和上诉要案，由大理寺卿会同刑部尚书（或侍郎）、御史中丞共同审理判决，称为"三司推事"，其组成人员称三司使，作为一种特别法庭，负责审理大案要案，故又称大三司。如于頔子敏"诱（梁）正言家奴肢解之弃溷中，家童上诉，诏捕頔吏沈璧及他奴送御史狱，命中丞薛存诚、刑部侍郎王播、大理卿武

---

① 《唐会要》卷 78《诸使杂录上》。

少仪杂问之。颍贬为恩王傅，子敏窜雷州".① 对于一些地方未解至中央的重大案件，朝廷有时则派监察御史、刑部员外郎、大理评事充三司使，前去审理。如德宗时信州员外司马卢南史买铅烧黄丹，为刺史姚骥劾奏。德宗即要派监察御史、刑部员外郎与大理寺评事担任三司使前去鞠审，但因刑部员外郎裴澥进谏不要缘此小事使远处闻之各怀忧惧，而停止了原来派遣三司使前去地方鞠审的决定。②

3.唐朝地方兼理司法审判官吏设置思想。

中国古代地方行政体制，是行政与司法合一，即地方行政长官也是司法长官，负责审理判决本辖区内的刑狱，司法工作的好坏是考核地方行政长官政绩的重要内容之一。

（1）唐代前期诸道司法特遣使。唐高宗咸亨二年（671），朝廷以州县诸囚未断，甚废田作，特遣邵师德充关内道覆囚使。唐玄宗开元十年（722）十月，朝廷又以殿中侍御史宇文融充覆囚使。"覆"有审察之意，顾名思义，覆囚使就是审决囚犯，审察各道下属诸州刑狱。其后又有疏决囚徒使。如唐文宗太和四年（830）五月敕置，以御史清强者二人为之，使疏决处分京城诸司现禁囚徒，并分别轻重情况奏闻。

（2）府尹、都督、州刺史及其司法僚佐。府为州的特例，始置于唐。唐有三京府及援三京府而置的六府，均置尹及少尹（在隋朝则唯于京兆、河南置尹）；都督府（在隋为总管府）以都督（隋为总管）为主官；州以刺史（改州为郡时为太守）为主官。这些地方长官都兼理本辖区的司法审判。如《唐六典》卷30载："京兆、河南、太原牧（府尹同）及都督、刺史……每岁一巡属县……录囚徒……有不孝悌、悖礼乱常，不率法令者，纠而绳之……若狱讼之枉疑……亦以上闻。"

唐代在这些地方长官之下都有负责司法工作的佐属。府尹、都督之下有法曹参军事和户曹参军事；刺史之下有司法参军事与司户参军事，

---

① 《续通志》卷257《于颍传》，台湾商务印书馆影印文渊阁四库全书本。
② 《唐会要》卷59《刑部员外郎》。

共同参与地方司法审判事务。"户曹、司户参军……剖断人之诉竞。凡男女婚姻之合，必辨其族姓，以举其违。凡井田利害之宜，必止其争讼，以从其顺……法曹、司法参军掌律令格式，鞫狱定刑，督捕盗贼，纠逖奸非之事，以究其情伪，而制其文法。赦从重而罚从轻，使人知所避而迁善远罪。"① 从上述记载可以看出，户曹、司户参军所负责的司法审判工作为民事诉讼方面的"断人之诉竞""井田利害"的争讼等，颇类似于当代的民事法庭；法曹、司法参军所负责的司法审判工作为刑事诉讼方面的"鞫狱定刑，督捕盗贼，纠逖奸非之事"，颇类似当代的刑事法庭，对徒刑的初审判决基本上有决定权。府州设置的监狱，由参军事主管，以拘系该管辖地方的一切刑事诉讼人犯。

（3）都护及其司法佐属。唐代在少数民族地区设立都护府，以都护与副都护为地方正副主官。"都护、副都护之职，掌……觇候奸谲……诸曹如州府之职。"② 都护府之下的司法佐属，与都督府相同。

（4）县令长及其司法佐属。中国古代自战国实行郡县制度起，县的行政长官就兼理辖区内的司法审判。隋唐时期县的行政长官为令，"京畿及天下诸县令之职……审察冤屈，躬亲狱讼，务知百姓之疾苦……诉讼之曲直，必尽其情理"③。县令之下的司法佐属有司户佐、司法佐。司户佐佐理民事案件，司法佐佐理刑事案件。县设有监狱，为拘系县辖境内一切诉讼案件的人犯。

此外，唐代地方执行司法事务的杂任职有典狱和问事。典狱掌防守囚系。其员额三京府各18人，大都督府16人，中都督府、上州、京县各14人，下都督府、中州各12人，下州、中县各8人，中下县、下县各6人。郡县典狱一般由白丁充任。问事掌执行刑罚。其员额三京府各12人，大都督府各10人，中都督府、上州各8人，下都督府、中州各6人，下州4人。

---

① 《唐六典》卷30《州县官吏》。

② 《唐六典》卷30《三府督护州县官吏》。

③ 《唐六典》卷30《三府督护州县官吏》。

五代时期兼理司法审判的地方官员及其佐属设置与唐后期基本相同。其中不同的是五代时诸州一般设置马步狱，以牙校充任"马步都虞候"，掌刑法，其机构称马步院。实质上马步院是地方割据军阀侵夺各州司法参军职权而特别设立的一种私人衙门。

（二）隋唐诉讼程序思想

隋代诉讼程序与行政层级相一致，即以县为第一审，州为第二审，死刑再送大理寺覆审，然后送尚书省奏请皇帝裁决。如隋文帝时曾诏令全国"有枉屈县不理者，令以次经郡及州，至省仍不理，乃诣阙申诉。有所未惬，听挝登闻鼓，有司录状奏之"。①

唐承隋制，从地方到中央朝廷，诉讼仍然是县、州郡、尚书省、皇帝逐级制，但在细节上则有所政进。唐代地方诉讼第一审为县，杖以下罪，县司即为终审；徒以上罪，则为初审。第二审是州（或郡），徒以下即为终审；流刑与死刑，须报尚书省覆核；死刑还须覆奏三次，皇帝批准后，再经过 3 天才能执行。诸州遇有疑案，须申报大理寺覆审，再上报尚书省。京师的诉讼程序，凡杖以下罪，长安、万年两县及中央政府各衙门都可以决定执行，徒刑以上须由大理寺或京府审理，对于徒刑，虽可判决，但须经刑部覆核，流刑与死刑须报尚书省覆核，死刑还须经皇帝批准，并于执行前须覆奏 5 次。"凡有冤滞不申欲诉理者，先由本司、本贯；或路远而踬碍者，随近官司断决之。即不服，当请给不理状，至尚书省，左右丞为申详之。又不服，复给不理状，经三司陈诉。又不服者，上表。受表者又不达，听挝登闻鼓。若惸、独、老、幼不能自申者，乃立肺石之下（原注：若身在禁系者，亲、识代立焉。立于石者，左监门卫奏闻。挝于鼓者，右监门卫奏闻）。"

五代十国时期诉讼程序，基本上还是继承隋唐。据史籍记载，以后周的规定最为明确系统："周广顺二年（952）十月敕，今后凡有百姓诉论及言灾沴，先诉于县。县如不治，即诉于州。州治不平，诉于观察使。

---

① 《隋书》卷 25 《刑法志》。

观察使断遣不当，即可诣台省申诉。如或越次诉论，所司不得承接。如有诋犯，准律科惩。"①

（三）**起诉**

唐代的起诉，如依原告人的身份划分，大约可分为告诉、首告、自首、纠弹、纠问 5 种，兹分别缕述如下。

1. 告诉。

由被害人方面提出的诉讼。《唐律疏议》卷 24《斗讼》规定："诸强盗及杀人贼发，被害之家及同伍即告其主司。若家人、同伍单弱，比伍为告。当告而不告，一日杖六十。主司不即言上，一日杖八十，三日杖一百。官司不即检校、捕逐及有所推避者，一日徒一年。窃盗，各减二等。"由此可知，唐朝对强盗、杀人等恶性案件强制被害人、主管的官司、负责审理判决的官员，必须提起诉讼和予以侦查、审判，如被害之家当告诉而不告诉，主管的官司不即据告诉而开始侦查、审判，必须受到法律的制裁。如果是期亲以上的亲属被杀而不告诉，则其罪更大："诸祖父母、父母及夫为人所杀，私和者，流二千里；期亲，徒二年半；大功以下，递减一等。受财重者，各准盗论。虽不私和，知杀期以上亲，经三十日不告者，各减二等。"②

被害人提出的告诉，一般情况下并不能明确指出被告，审理机关也得受理，并根据线索予以侦查、搜捕。如"唐张鷟为河阳尉，有客驴缰断，并鞍失之，三日访不获，诣县告。鷟推穷甚急，乃夜放驴出而藏其鞍，鷟曰：'此可知也。'遂令不秣饲驴，去辔放之，驴寻向昨夜喂处，乃搜索其家，于草积下得之。人服其智"。③

2. 首告。

即指陈别人的犯罪事实提起诉讼，也称为告发或举劾。唐律规定，

---

① 《五代会要》卷 17《御史台》。
② 《唐律疏议》卷 17《贼盗》。
③ 《折狱龟鉴》卷 7《迹盗》，台湾商务印书馆影印文渊阁四库全书本。

凡监临主司及同户之人知道别人有犯罪行为，必须告发；如知而不告，必须受到惩罚。"诸监临主司知所部有犯法，不举劾者，减罪人罪三等。纠弹之官，减二等。"《疏议》注释云："监临，谓统摄之官。主司，谓掌领之事及里正、村正、坊正以上。知所部之人，有违犯法令格式之事，不举劾者，减罪人罪三等，假有人犯徒一年，不举劾者，得杖八十之类。纠弹之官，唯减二等，谓职当纠弹者。其金吾当检校之处，知有犯法不举劾者，亦同减罪人罪二等。"如果是属于同户之人，"即同伍保内，在家有犯，知而不纠者，死罪，徒一年；流罪，杖一百；徒罪，杖七十。其家唯有妇女及男年十五以下者，皆勿论"。《疏议》注释云："即同伍保内，谓依令伍家相保之内，在家有犯，知死罪不纠，得徒一年；知流罪不纠，杖一百；知徒罪不纠，杖七十；犯百杖以下，保人不纠，无罪。其伍保之家，唯有妇女及男年十五以下，不堪告事，虽知不纠，亦皆勿论。虽是伍保之内，所犯不在家中，知而不纠，不合科罪。"① 而对于谋反大逆，尤有告发的义务。"诸知谋反及大逆者，密告随近官司，不告者，绞。知谋大逆、谋叛不告者，流二千里。知指斥乘舆及妖言不告者，各减本罪五等。官司承告，不即掩捕，经半日者，各与不告罪同；若事须经略，而违时限者，不坐。"②

另一方面，由于封建伦理道德观念的制约，唐律对于告发别人犯罪也有一定的限制，约有以下 5 种情况是禁止告发的：（1）五服之内亲属是禁止相告的。封建统治者由于要维护封建宗族血缘关系，因此在唐律中规定，亲属之间按人之常情可相互容隐，若有告言者，反而将受到处罚；被告者则同自首之法。唯谋反、大逆、谋叛罪，嫡、继、慈母杀其父，养父母杀其本生父母，侵害财物、身体而自理诉者，则不在此限。（2）奴婢、部曲禁止告发主人及五服内亲属。如发生此种情况，被告人同自首法。唯谋反、大逆、谋叛、主已放其为良而仍压为贱者，则不在

---

① 《唐律疏议》卷 24《斗讼》。
② 《唐律疏议》卷 23《斗讼》。

此限。（3）囚犯不得告举他事。但如受到狱官虐待者，不在此限。（4）年龄80岁以上、10岁以下及笃疾者，不得告人。但谋反、大逆、子孙不孝及同居人为他人侵犯者，不在此限。（5）不得以赦前之事相告言，违者反坐。此外，唐律还禁止以匿名的方式告发他人："诸投匿名书告人罪者，减二千里（原注：谓绝匿姓名及假人姓名，以避己作者。弃置、悬之俱是）……得书者，皆即焚之，若将送官司者，徒一年，官司受而为理者，加二等。被告者，不坐。辄上闻者，徒三年。"唐朝为了防止诬告，不仅禁止匿名告发他人，而且为了防止滥诉，对于告发他人，唐律规定告发人得对其所告事实负责。告人罪，皆须明注年月，指陈实事，不得称疑。① 被告应羁押者，告发人也应同样羁押，辨定事实之后才能放免。被告拷问限满时仍不招供，那就得拷问告发人。② 如是诬告，那必须反坐。③

3. 自首。

即犯人向官府自告犯罪的事实，汉律称为自告，魏晋以后称为自首。唐律对自首的规定是："诸犯罪未发而自首者，原其罪（原注：正赃犹征如法）。""其轻罪虽发，因首重罪者，免其重罪。""即因问所劾之事而别言余罪者，亦如之……即遣人代首，若于法得相容隐者为首及相告言者，各听如罪人身自首法（原注：缘坐之罪及谋叛以上本服期，虽捕告，俱同自首例）……其闻首告，被追不赴者，不得原罪（原注：谓止坐不赴者身）。"④ 由此可见，唐律规定，自首原则上可免其刑，但有时只能减刑。如自首不实或不尽者，仍然要予以处罚；共犯罪人中如没有自首的，仍予处罚；遣人代首，相容隐者为罪人首罪或告官，而犯人不赴官受审，则不予免刑或减刑。

① 《唐律疏议》卷24《斗讼》。
② 《唐律疏议》卷29《断狱》。
③ 《唐律疏议》卷23《斗讼》。
④ 《唐律疏议》卷5《名例》。

4. 纠弹。

即由监察官员对不法官员提出的公诉。在古代封建社会中，御史是最主要的监察官，负责对不法官员进行纠弹。御史的纠弹，往往直接对皇帝负责。如果需要对御史纠弹之事进行落实处理，皇帝一般指定官员组成临时审判机关予以调查审理，并对被纠弹官员进行审问。此类机关通常便是由御史台和其他机关组成的三司。

5. 纠问。

即是审判机关不待被害人或其他人控告而自动进行的传讯。如"唐吕元膺镇岳阳，因出游览，有丧舆驻道左，男子五人，衰服随之。元膺曰：'远葬则汰，近葬则简，此必诈也。'亟令左右搜索棺中，皆兵刃，乃擒之。诘其情，对曰：'欲过江劫掠，故假为丧舆，使渡者不疑。又有同党数辈，已在彼岸期集。'悉捕获以付法"①。这是岳阳地方长官吕元膺在外出游览时，发现一支可疑的送葬队伍，不待其他人的告发，主动出击，传讯送葬人，搜索棺中，侦破审判了一起未遂抢劫案件。

（四）审讯与判决

1. 诉状的受理。

唐代各级司法机关，通常按照事务管辖与地域管辖的规定受理各种案件。而对于起诉人来说，无论是告诉或自首，一般均到第一审的审判机关起诉。如果当事人对判决不服，可逐级向上一级审判机关提出上诉。凡告言别人犯罪者，非谋叛以上者，均须三审。受理的官府必须告知原告，凡告人之罪不实，则要反坐。

如果原告的诉状被官府受理，经过一段时间的初步调查，官府就安排时间进行审讯。若案情重大，如杀人、强盗、逃亡、放火、强奸良人以及其他须迅速处理的刑狱，官府就会在接到报告后立即予以审理。唐律也规定，对于以下数种情况的起诉不得受理，违者要受到惩罚：一是投匿名信告人罪者，二是因禁之人告举他事及老小笃疾之人告人罪者，

---

① 《折狱龟鉴》卷7《察贼》。

三是告发赦前事者，四是告人罪称疑者（但如告被杀、被盗及水火损败，虽虚亦不反坐），五是越诉案件。此外，关于债务、田宅、婚姻等民事案件，一般只在每年十月一日至来年二月三十日农闲时才予以受理，其目的是防止因诉讼影响农业生产。但如先前有文案与别的案件牵连的，不在此限制之内。审判机关对应受理的案件而不予受理的，必须受到处罚。

2. 审讯。

唐律规定，审讯必须按原告的诉状内容进行，诉状内容之外的事不得追究，即采取"不告不理"的原则。"诸鞫狱者，皆须依所告状鞫之。若于本状之外，别求他罪者，以故入人罪论。"① 《疏议》对此注释云："若因其告状，或应掩捕搜检，因而检得别罪者，亦得推之。"这就是说，如在办案中，发现案中有案而追究诉状内容之外的事，那另当别论，必须予以追究。还有，唐朝规定，有些案件虽无告状，但仍可依访闻而推鞫。所以，唐朝在实际审判工作中，并非完全贯彻不告不理的原则。

唐朝在审讯中采取两造审理原则，即对被告和原告两造都要进行审问。对被告人的审问，目的在于发现实情，并不在于先入为主，迫使被告招供。而且原告与被告在审讯上处于平等的地位，原告人也须接受审判机关的审问，以明其所告是否虚诬。"诸拷囚限满而不首者，反拷告人。其被杀、被盗家人及亲属告者，不反拷。拷满不首，取保并放。"《疏议》注释云："囚拷经三度，杖数满二百而不首，'反拷告人'，谓还准前人（被告）拷数，反拷告人。拷满复不首（诬告），取保释放。"② 至于被杀、被盗人及亲属告者不拷，其理由据《疏议》所说是"以杀、盗事重，例多隐匿，反拷告者，或不敢言。"

唐朝在审问中，通常多采用周代的五听之法："以五声听狱讼，求民情。一曰辞听（观其出言，不直则烦）；二曰色听（观其颜色，不直则赧然）；三曰气听（观其气息，不直则喘）；四曰耳听（观其听聆，不直则

① 《唐律疏议》卷 29 《断狱》。
② 《唐律疏议》卷 29 《断狱》。

惑);五曰目听(观其眸子视,不直则眊然)。"① 《唐律疏议》卷29《断狱》明确规定审讯应遵循周代"五听"的原则:"诸应讯囚者,必先以情,审察辞理,反覆参验,犹未能决,事须讯问者,立案同判,然后拷讯。违者,杖六十。"《疏议》注释云:"依《狱官令》:案狱之官,先备五听,又验诸证信,事状疑似,犹不首实者,然后考掠。"

在审讯中,口供是判决的重要依据。唐律规定,为取得口供,在被告人拒绝招供的情况下,适当利用拷讯是合法的。在以"五听"审察辞理,反覆参验以及所谓"立案同判"(就是疑案由承审官会同现任长官同判)之后,如仍不明确案情,则允许拷讯犯人。不过唐律规定不能对犯人无限制地用刑:"诸拷囚不得过三度,数总不得过二百,杖罪以下不得过所犯之数。拷满不承,取保放之。"《疏议》注释云:"依《狱官令》,拷囚'每讯相去二十日。若讯未毕,更移他司,仍须拷鞫,即通计前讯以充三度。'故此条拷囚不得过三度,杖数总不得过二百。"②

拷囚适用于一般身体健康的平民犯人,如有特殊的情况则要另外灵活处理。一是属于"议、请、减"身份特殊的贵族与官员,以及年纪70岁以上、15岁以下及废疾者,均不得拷讯,对其审讯只能凭自愿招供;二是病囚未愈前、孕妇产后100天之内,各缓行拷讯。

3. 判决。

唐朝对犯罪人员的判决是依据被告和原告两造的口供,以及人证、物证,然后依据法律条文的量刑标准,对罪犯作出判决。唐律规定,官吏必须依法定罪、判刑:"诸断罪皆须具引律令格式正文,违者笞三十","诸制敕断罪,临时处分,不为永格者,不得引为后比"。③ 这就是说,判决只能依据正式的律令格式条文,即使是皇帝的制敕,也只能作为临时的判决依据。这是唐朝审判制度中的一条很重要的原则,说明唐朝基本

---

① 《周礼》卷9《秋官·小司寇》,括号中文字系郑玄注,中华书局影印《十三经注疏》本,1980年。

② 《唐律疏议》卷29《断狱》。

③ 《唐律疏议》卷30《断狱》。

上是严格依法办案，是古代封建社会中法制比较完善的王朝。

唐朝为了使判决公平，防止出现冤案，在依法判决后，还要经过"服辩"这道程序，询问犯人对判决服不服，如果有不服者，允许其上诉。"诸狱结竟，徒以上，各呼囚及其家属，具告罪名，仍取囚服辩。若不服者，听其自理，更为审详。"《疏议》注释云："'狱结竟'，谓徒以上刑名，长官同断案已判讫，徒、流及死罪，各呼囚及其家属，具告所断之罪名，仍取囚服辩。其家人、亲属，唯止告示罪名，不须问其服否。囚若不服，听其自理，依不服之状，更为审详。"[1]

五代后唐时，诸府州审问完毕后，又有录问之制，犯人若有不服，即移司别勘，与唐代由被告自己上诉之制不同。后唐这种对不服判决的罪犯转移到另一个审判机关重新覆审的做法，更彰显朝廷维护司法公正的主动性。《宋刑统》卷29《断狱》引后唐天成三年（928）七月十七日敕节文曰："诸道州府凡有推鞫囚狱，案成后，逐处委观察、防御、团练军事判官，引所勘囚人面前录问，如有异同，即移司别勘。若见本情，前推勘官吏，量罪科责。如无异同，即于案后别连一状，云所录问囚人与案款同，转上本处观察团练使、刺史。如有案牍未经录问过，不得便令详断。"宋代审判制度中"翻异别勘"之制，即源于后唐。

（五）上诉

唐朝司法审判中的上诉又分为通常程序与非常程序两种。唐制，依据罪行的轻重，下级审判机关对于轻案可以自行判决，重案则需申解于上级审判机关覆审。下级审判机关自行判决的案件，犯人如果不服，须再予审详。仍不服者，则给予"不理状"，不服者可持此"不理状"，再向上级审判机关提出上诉。地方审判机关如果不受理，可依同一程序，再上诉于京师审判机关。由尚书左右丞而转三司（由中书省、门下省、御史台的官员组成的临时法庭）。以上属于通常程序的上诉。

与通常程序不同的是非常程序的上诉，即直接向皇帝上诉，称为直

---

[1] 《唐律疏议》卷30《断狱》。

诉。直诉源于《周礼》记载的路鼓及肺石制度。汉代以来，历代都有类似的制度。至唐代，直诉的方式有邀车驾、挝登闻鼓与上书言事（通过瓯函）3 种。"诸邀车驾及挝登闻鼓，若上表，以身事自理诉，而不实者，杖八十（原注：即故增减情状，有所隐避诈妄者，从上书诈不实论）。"《疏议》注释云："车驾行幸，在路邀驾申诉，及于魏阙之下，挝鼓以求上闻；及上表披陈身事。此三等，如有不实者，各合杖八十。注云'即故增减情状，有所隐避诈妄者，从上书诈不实论'，谓上文以理诉不实，得杖八十；若其不实之中，有故增减情状，有所隐避诈妄者，即从'上书诈不实'论，处徒二年。"但是，另一方面，唐朝不允许民众越级上诉："诸越诉及受者，各笞四十。若应合为受，推抑而不受者笞五十，三条加一等，十条杖九十。即邀车驾及挝登闻鼓，若上表诉，而主司不即受者，加罪一等。其邀车驾诉，而入部伍内，杖六十（原注：部伍，谓入导驾仪仗中者）。"[1] 其不允许越诉的原因是在于防止诉讼人对下级审判机关蔑视。因为一个案件，未经初审，何由知其判决之不公正？而且越诉还会造成审判工作的混乱和易被讼棍钻空子。所以通常情况下只允许被告人在请得"不理状"之后，才允许向上一级审判机关上诉，否则均被认为是非法的。但所谓直诉实际上就更是一种越级直接向皇帝上诉，其之所以被允许，原因在于皇帝通过这种直诉形式来表示其对民瘼的关切，以此来收买民心，并对司法机关起一定的警戒作用，从而缓和社会矛盾，巩固自己的统治。

（六）覆审与覆核

唐制，覆审为第二审级以上的审判机关的审判，其中又可以分为两种类型。第一种是由下级审判机关申报来的徒以上判决的覆审，按照审级的规定，有的覆审即为终审，有的判决覆审后还必须再申报上级覆核。如州一级审判机关——州衙门，如覆审由县申解来的徒罪及流罪而应加杖或应赎者，由州衙门自行审决后执行发配、征赎。但如果是更重的流、

---

[1] 《唐律疏议》卷 24《斗讼》。

死罪的判决及应除免官当者，则州衙门判定后还得申报刑部覆核。第二种是对前一审判决不服的覆审，是属于上诉的案件。此类覆审上诉者必须持有下级审判机关的"不理状"，上级审判机关才能受理。如果是属于越级上报的案件，则不得受理。如果接受了越诉的案件，则越诉人和受理的审判官都要受到惩罚。但是上级审判机关所做出的判决还是有效的。

唐代对于审判机关判决的覆核权，主要由中央刑部、尚书左右丞和皇帝行使。刑部主要负责覆核诸州及大理寺、京兆府、河南府申报的案件判决。因案件判决的轻重不同，其处理方法亦不同。如"大理及京兆、河南断徒及官人罪，并后有雪减，并申省司审详无失，乃覆下之；如有不当者，亦随事驳正"①。这是对大理寺及京兆、河南两府所申报的判决徒刑案件及官员犯罪后又雪减的案件的覆核，其处理办法是如果判决正确，即予以批准；如果判决不当，则予以驳正。又如《唐六典》卷6《尚书刑部》另举了一种处理办法："若大理及诸州断流以上若除免官当者，皆连写案状申省按覆，理尽申奏；若按覆事有不尽，在外者遣使就覆，在京者追就刑部覆以定之。"这是对于大理寺和诸州所申报的流刑以上案件及享有除免官当特权的官员案件的覆核。由于其案件判决较重或比较重要，申报的方式也较慎重，要连名上报。覆核结果，如果案件判决妥当公正，即可奏报皇帝；如果发现案件判决不妥，有失公正，如是外地案件，派使臣赴当地覆审，如是在京案件，则由刑部追传案件的当事人重审定案。

尚书左右丞是尚书省的实际长官，尚书省对审判案件的覆核，具体由尚书省属下的刑部执行，左右丞对刑部覆核的结果行使勾检稽察权，如勾检中发现判决不妥，可以驳正。

皇帝作为全国最高统治者也是最高审判官，对于审判结果有最高的覆核权。唐制，流罪与死罪由刑部覆核后申奏，听候皇帝裁决。死刑在执行之前，还需覆奏，必须得到皇帝批准。唐《狱官令》规定："决大辟

---

① 《唐六典》卷6《尚书刑部》本注。

罪，在京者，行决之司五覆奏；在外者，刑部三覆奏。若犯恶逆以上及部曲、奴婢杀主者，唯一覆奏。"① 奏讫报下，符到 3 日后行刑，以示皇帝的慎刑。

唐朝审判机关在案件审理判决中，非常重视证据的决定作用。当时判决证据主要有证人、物证以及司法机关的检验。兹缕述如下。

1. 证人。

在审理案件中，为了使案情清楚，知情人都可作为证人。但唐律也规定，某些具有特殊原因的人不得作为证人：一是凡属于相隐容的大功以上亲及母党、妻党亲属，年纪 80 岁以上、10 岁以下之人及笃疾者。相隐容者因封建伦理道德观念所限，互相之间有罪允许隐容不告发，故不能作证人。唐律规定对于证人的证词亦得拷讯以求之，老幼笃疾之人不堪拷打加刑，故也不能作证人。证人在作证时如证词不实要受到处罚。

2. 物证。

唐朝审判机关在案件中也十分重视物证的作用，如在审判债务案件中重视契约的物证作用，在审判盗窃案件重视赃物的物证作用，在审判命案中重视血衣和凶器的物证作用。《唐律疏议》卷 26《杂律》规定：在审判"负债违契"和"负债强牵财物"案件中，"诸负债违契不偿，一匹以上，违二十日笞二十……各令备偿"；"诸负债不告官司，而强牵财物，过本契者，坐赃论"。从"违契不偿"和"过本契者坐赃论"可知，当时的审判机关是以契约作为审判债务案件的重要物证依据。

审判机关在审理案件中，对所获取的物证必须加以鉴定，以确保物证的真实无误。如"唐垂拱年，罗织事起。湖州佐史江琛，取刺史裴光书，割取其字，辏合成文，以为与徐敬业反书，告之。则天差御史往推。光款云：'书是光书，语非光语。'前后三使，皆不能决。或荐张楚金能推事，乃令再劾，又不移前款。楚金忧闷，偃卧窗边，日光穿透，因取反书向日看之，乃见书字补葺而成，平看则不觉，向日则皆见。遂集州

---

① 《唐六典》卷 6《尚书刑部》。

县官吏,索水一盆,令琛以书投于水中,字字解散。琛叩头服罪。敕决一百,然后斩之"①。

3. 检验。

唐朝审判机关在审理案件中重视通过检验来获取重要的证据。如在命案、斗殴案件中对尸体、受伤人员伤势的检验来作为判决的依据。如在《疑狱集·韩滉听哭》中记述了唐代司法机关通过对受害者尸体的检验,查出了死者被人以铁钉钉入头部,从而破获了一起杀人案件。

(七) 判决的执行与诉讼的注销

唐律依据所判刑罚轻重的不同,对判决采取不同的执行方式。如对于徒、流罪犯应送往发配之所,如果稽留拖延不予送达,一日笞30,3日加一等。② 对于死刑的执行,须在覆奏皇帝后,待符到达3日后才能行刑。"凡京城决囚之日,尚食蔬食,内教坊及太常皆撤乐。"③ 由此可见唐朝对执行死刑的慎重程度。如不待覆奏批复的下达而行刑者,必须处以流2000里的惩罚。死刑执行的时间规定在每年的秋分以后至立春之前,如在立春至秋分这段万物孕育生长期间执行死刑,被认为有伤天和,违背自然规律,执行者得处以徒1年的惩罚(但对于犯恶逆以上及奴婢、部曲杀主者,便不拘此限)。此外,对孕妇犯死罪者的执行,应在产后100天。若在未产而行刑,执行者处以徒2年;产后未满100天而行刑,执行者处以徒1年。执行死刑时,如应绞而斩,或应斩而绞,执行者处以徒1年。④

判决的执行是案件处理的终了。有些案件不待判决而自行和解,其诉讼即予注销。自西汉武帝独尊儒术以来,历代封建统治者以儒家思想作为管理国家的指导思想,在处理民间诉讼时,主张"息讼",以和为贵。《唐律疏议》除了禁止亲属被杀私和外,其他性质的案件则无禁止私

---

① 《折狱龟鉴》卷3《辨诬·张楚金》。
② 《唐律疏议》卷30《断狱》。
③ 《唐六典》卷6《尚书刑部》。
④ 《唐律疏议》卷30《断狱》。

和的条文。审判机关对于民间诉讼往往都倾向于主动为诉讼两造进行和解而注销案件。如"开元中(韦景骏)为贵乡令,有母子相讼者。景骏曰:'令少孤,常自痛,尔幸有亲,何得如此!教之不孚,令之罪也。'因呜咽流涕,付授《孝经》,使习大义。于是母子感悟,请自新,遂称慈孝"①。

第三节 中央机构和决策思想

一、三省六部二十四司思想

隋代在中央政府管理机构上的一个突出成就是三省制的厘正与六部制的确立,并对后世产生深远的影响。三省指尚书省、中书省和门下省,原为君主用以制约相权而次第出现的,至南北朝演变成联合的宰相机构。尚书省在东汉时期称为尚书台,是当时决策和号令的机关。三国时又成立了中书省,执掌机要,于是以尚书省的长官尚书令及左右仆射与中书省的监或令共同负责最高政务。晋代仍以中书省执掌机要,因中书称省,尚书台也改称尚书省。虽然尚书省是政务机关,但当时人们已经把中书省看作是比尚书省权位更高的权力机关。由于中书省权势日大,君主不放心,所以南北朝时,又产生了门下省来牵制中书省,终于形成了三省制。尚书、中书、门下三省,都同为宰相机构,其长官,只要事实上为君主所倚重,都可以算是宰相。南朝之政多出于中书,北朝之政多出于门下。这是三省分工不够明确的表现。

隋朝建立后,文帝首先确立了内史省(中书省的改名)取旨、门下

---

① 《续通志》卷 530《循吏·韦景骏传》。

省审核，尚书省执行的三省分权制度。这标志着中国古代中央最高政权机构从三公到三省的演变最终定型。秦汉三公制，最高统治者皇帝是通过丞相承天子之命，督率百官，执行政务；太尉协助皇帝掌管军事；御史大夫掌监察百官、图籍章奏等，分管不同事务的分工来达到互相制约的目的，便于皇帝集权于一身。隋朝确立的三省制则是通过同一件军国大事必须经过中书省的决策提出，门下省的审议，最后提交尚书省具体执行处理这样既分工制约，又互相合作的机制来达到皇帝集权于一身。显然，秦汉通过丞相、太尉、御史大夫三公分掌行政、军事、监察不同事务的制约不如隋唐通过中书、门下、尚书三省分掌决策、审议、执行的制约严密科学。这是中国古代加强中央集权的封建君主专制制度的重大发展，对后世影响深远。

隋初，隋文帝在调整确定三省分权制度的同时，对尚书省下的曹司也进行了调整。魏晋时期，尚书省下的度支、金部、库部、仓部、民曹等逐渐分曹理财。南朝时尚书省有吏部、祠部、度支、左民、都官、五兵、起部七曹，北朝尚书省有殿中、吏部、祠部、度支、都官、五兵六曹。隋朝尚书省六部就是在北齐尚书分曹与北周六部大夫的分部基础上进行调整的：取消北齐殿中尚书，其职掌分别并入礼部、兵部与都官；取消北齐祠部，其职掌分别并入礼部与工部；吏部之职与北齐同，为北齐吏部的沿设；度支为北齐度支的沿设，唯将其部分职掌并入兵部；都官为北齐都官的沿设，唯将其部分职掌分别并入礼部与工部，另将北齐殿中尚书的部分职掌并入；改北齐五兵为兵部，并将北齐殿中和度支一部分职掌并入；新设的部有礼部和工部。礼部为取北齐殿中、祠部、都官三曹的部分职掌组建而成，工部为取北齐祠部与都官二曹的部分职掌组建而成。调整后计有吏部、礼部、兵部、都官、度支、工部六部。不久又依北周之制，改度支为民部，都官为刑部。

隋朝还就部下的各司作了调整：魏初有二十三曹，后增为二十五曹。晋初有三十四曹，后又增为三十五曹。东晋时有所省并，后定为二十曹。每曹也并不是都有一个尚书郎主管，例如西晋时分尚书郎曹为三十五曹，

而尚书郎只设23人。一人或统一曹，或兼统二曹，并且时有更改。魏晋南北朝时期，各尚书分管哪些曹，也无记载，可能如东汉的"合署"制度。至南齐才明确规定每一尚书分辖若干曹，行"分领"之制，每曹也有固定的郎办事。据《南齐书·百官志》载，南齐尚书令总领尚书省二十曹（包括不分曹的二尚书）：左仆射领殿中、主客二曹，吏部尚书领吏部、删定、三公、比部四曹，度支尚书领度支、金部、仓部、起部四曹，左民尚书领左民、驾部二曹，都官尚书领都官、水部、库部、功论四曹，五兵尚书领中兵、外兵二曹。祠部尚书与右仆射通职，不分曹，起部尚书兴建宫庙时权置，不分曹。以后南朝的梁朝陈朝，北朝的北齐等尚书分领数曹办事，基本上与南齐大同小异，兹不赘述。隋朝建立后，隋文帝也对魏晋南北朝纷繁复杂多变的诸曹作了厘正：尚书省共设二十四司，每部分领四司。部司的设官，又经隋炀帝的整理，各部均设尚书1人，以侍郎为尚书的副职，各司设郎中、员外郎、主事以分领其职。总之，尚书省之下的六部二十四司具体办事机构经过魏晋南北朝的废置分合，在职责、机构的划分上，上下级机构的隶属上，人员的配置上，从原来的层次、条理不清，频繁多变，至隋朝时才基本厘正、定型。这标志着尚书省下的具体办事机构六部二十四司制至隋代已基本成熟定型，并且为后世唐宋元明清各朝所沿袭，一直至封建社会的终结，由此可见其影响之深远！

唐承隋制，尚书省仍然是中央最高行政机关。中书门下发出的制敕，均由尚书省转发到中央各官署及地方州县衙门，或根据制敕精神写成具体政令措施，交有关官署执行。中央卿监百司下达给地方州县的符、移、关、牒等各种公文，均由尚书省转发；地方给朝廷的章奏文表也要经过尚书省转呈。尚书省还要根据制敕制订具体的施政方案，其工作主要有3种类型：一是根据中书门下通过的诏令拟具实施细节、措施等；二是对于中书门下难于作出具体判断而交由尚书省有关部门商议的军国政事，尚书省商议后将具体意见写成"商量状"，附于原敕后进呈；三是对于中央各官署及地方府州有所奏请并获得敕准施行的事项进行"评定"，也就

是论证皇帝敕准交办给中央各官署及地方府州事项实施的可行性和必要性等。如尚书省认为有不妥当的地方，可提出修改建议，奏报皇帝批准后再施行。尚书省还可以根据行政法规管理监督中央各官署和地方州县的日常一般行政事务。

唐朝尚书省下与隋朝一样，设六部。六部名称与顺序，在唐初不大一致，至武后光宅元年（684），才确定六部的名称为吏、户、礼、兵、刑、工，此后一直至清代，相沿不改。六部中，吏部掌文官的铨选、考课、封爵、勋级之事；户部掌全国户口、田赋、仓储等民政、财政方面的政令；礼部掌全国礼仪、祭祀、教育、科举等政令；兵部掌全国军事政令，管理军籍、武官铨选、军训讲武等；刑部掌全国刑法及徒隶、勾覆、关禁的政令，其长官还与大理寺及御史台长官共同参加"三司"推鞫；工部掌水土、水利工程及国家农、林、牧（军马除外）、渔业的政令。

唐朝六部之下各部设四司，分掌本部政务。各部的第一司，其名称与部名同，称为子司，又称头司或本司。吏部四司：（1）以吏部司为子司，掌文官阶品、朝集、禄赐，给其告身假使；（2）司封司，主封爵之事；（3）司勋司，掌文官勋级之事；（4）考功司，掌考核文武百官的功过善恶及其行状。户部四司：（1）以户部司为子司，掌全国计账、户籍及公私田宅租调；（2）度支司，掌会计、课役及粮库等事务，为会计核算的主管单位；（3）金部司，掌度量衡和诸库（主要储存钱帛等）财物出入以及会计核算之事；（4）仓部司，掌诸仓（主要储存粮食）财物出入以及会计核算之事。礼部四司：（1）以礼部司为子司，助理尚书、侍郎掌礼乐、学校、衣冠、符印、表疏、图书、册命、祥瑞、铺设及百官、宫人丧葬、赠赙之数；（2）祠部司，掌祠祀、享祭、天文、漏刻、国忌、庙讳、卜筮、医药、僧尼之政令；（3）膳部司，掌陵庙祭品、祭具规格制度与诸王以下常食、小食及蕃客在馆者食料的供给制度；（4）主客司，掌前朝后裔及各藩属国朝聘、接待、给赐之政令。兵部四司：（1）以兵部司为子司，掌兵马名籍、武官阶品及选授，军戎调遣，武举；（2）职

方司，掌地图、城隍、镇戍、烽候、防人道路远近及周边少数民族归化之事；（3）驾部司，掌舆辇、驿传、马牛、杂畜等簿籍及政令；（4）库部司，掌兵器、卤簿、仪仗之政令。刑部四司：（1）以刑部司为子司，辅佐尚书、侍郎掌律法及按覆大理寺和全国各地判决案；（2）都官司，掌俘隶簿录，给衣粮医药，理其诉免；（3）比部司，为中央审计机关，掌勾会内外赋敛、经费、俸禄、公廨、勋赐、赃赎、徒役、课程、逋欠之物，及军资、械器、和籴、屯牧所入；（4）司门司，掌门关出入之籍及阑遗之物。工部四司：（1）以工部司为子司，辅佐尚书、侍郎掌城池土木的工役程式；（2）屯田司，掌全国屯田及在京文武官的职田及公廨田；（3）虞部司，掌京都衢巷、苑囿、山泽、草木及百官、蕃客时蔬薪炭供顿、畋猎之事；（4）水部司，掌渡口、船舻、桥梁、堤堰、沟洫、渔捕、运漕、碾硙之事。唐中叶以后，六部诸司的权力往往被朝廷特别加设的使职所侵夺。如运补使掌江淮以南、岭南、黔中诸地官吏的补选之事，监选使掌监督南选之事，监考使掌审核官吏考核之事，从而侵夺了吏部诸司的职权。而户部的职权则几乎完全被度支、户部与盐铁转运使所代替，从而成为北宋元丰改制前三司的嚆矢。

二、唐朝中央决策思想

（一）御前决策会议

唐承隋制，中央最高权力机构仍为三省制度，中书出诏令，门下掌封驳，尚书掌执行。三省长官并列为宰相，并以他官掺杂其间，形成了一个以皇帝为中心的决策集团。中央决策集团的成员，按其不同的作用，可以分为4个层次：皇帝拥有最高的统治权力，在决策集团中自然居于首脑地位，属于第一个层次；皇帝以发布诏令的形式，指挥国家机器的运行，诏令的制定和颁布过程，就是中央政权的决策活动，所以那些以中书省为主的直接参与诏令的提出、讨论和颁布的人员，就属于第二个层次；而参与诏令的审定和封驳的门下省人员构成第三个层次；那些在

整个决策过程中参与诏令的记录、传达和颁布的人员，则构成第四个层次。由于在决策集团中各种成员的地位不同，因此，决策活动也形成不同的几个层次：中央最高层次的决策是御前决策会议，这是由皇帝亲自主持的决策活动；其次是政事堂会议，这是宰相集体决策活动，其议定结果须报请皇帝批准，属于第二层次；中书、门下两省的活动分别是发布诏令和审查、封驳，属于第三层次。

唐太宗以史为鉴，认识到靠皇帝一个人的智力和精力是无法把国家治理好的，必须发挥决策集团中每个大臣的作用，集思广益，然后由皇帝识别选择其中最佳的意见加以采用，才能取得决策的最好效果。唐朝前期之所以能出现贞观之治和开元盛世，其一个重要的因素就是皇帝能把一批德才兼备的精英选拔到决策集团中，充分发挥他们管理国家的卓越才干，并善于采纳集中那些正确的决策意见，将其付诸实施。唐朝能维持近300年的统治，也跟唐朝中期以后的君主大体上能够正常发挥决策集团的积极作用有很大关系。

唐制：每月"朔望日，御宣政殿见群臣，谓之大朝"。所谓朔望，指每月的初一和十五，朝廷要举行较大的朝会，凡九品以上在京文武职事官均赴朝参。唐玄宗之前，在朝会上群臣可以向皇帝奏事，至唐玄宗时，规定朔望日百官朝参不奏事，于是朔望朝参便成为礼仪性的朝会了。但是到了宪宗元和九年（814）以后，一度在朔望朝参时，皇帝召开"刑部侍郎、郎中、员外，大理卿、少卿及中丞一人时对。其日，宰臣并次对"[1]。文宗太和初，朔望朝参时，又允许宰相在百官退出后奏事。凡"紫宸坐朝，众僚既退，宰臣复进奏事"[2]。可见，朔望朝参有时亦有部分决策会议的功能。五代继承唐朝的朔望朝参之制，如后晋仍有"凡京百司文武职事，九品以上每朔望朝参"的规定。

隋唐时期正式的御前决策会议称为正衙朝参，亦称常参。史载，隋

---

① 《唐会要》卷 24《朔望朝参》。
② 《唐会要》卷 53《杂录》。

文帝、唐高祖、唐太宗前期和唐玄宗时大致每日上朝外，其余皇帝往往是隔日或数日一朝。唐制，常参的地点在宣政殿和含元殿，参加的官员为文武五品以上职事官，以及两省供奉官（两省供奉官包括起居舍人、起舍郎和左右补阙、左右拾遗）、监察御史、员外郎、太常博士，称为常参官。在常参会上，参加者主要对军国政事和百官奏议发表意见，进行决策。举凡施政方针、重大政策措施、皇帝行止及太子废立等事，均可涉及。如唐前期并州大总管府长史窦静屡次上书请求在太原设置屯田，朝廷"征静入朝，与裴寂、萧瑀、封德彝等争论于殿庭，寂等不能屈，竟从静议"①。为了提高常参会的决策效率，避免可能出现的拖沓冗长等现象，唐代采取了两个方面的措施，一是在会议前做好准备工作。如臣下若准备上奏的事务头绪较多，应事先把上奏的内容写成书面奏状，送入宫中，以便皇帝预先对所要讨论的内容有所了解，节省在会议上再加以说明的时间。二是在常参会议进行过程中，大臣陈奏情况的发言须简明扼要。《唐六典》卷13《御史台》本注曰："每日，侍御史一人承制，诸奏事者并监而进退之。若所论繁细，不宜奏陈，则随事奏而罢之。"

唐常参会议虽然只限于五品以上的官员参加，但人数仍然很多，尽管有殿中侍御史安排奏事的先后并维持会议的秩序，不遵守秩序者得受到纠弹，但还是经常出现纪律松弛的现象。而且常参会议人员多，人多嘴杂，泄露决策秘密也是难免的。因此，朝廷为了提高最高决策会议的效率，并保持其秘密性，唐朝在常参会议外，又产生了一种新的御前决策会议——仗下后会议。唐制，在常参会议百官奏事完毕，陈列于朝堂的仪仗队即先行撤走，随后百官鱼贯退出殿庭。待仪仗队、百官退出殿庭后，皇帝再与宰相及有关大臣议决军国大事，记注官作为记录人员亦得参加，这就是所谓的"每仗下，议政事"②，即仗下后会议。正因为仗下后会议的参加者限于宰相及有关大臣，人数较少，比常参会议精悍灵

---

① 《旧唐书》卷 61《窦静传》。

② 《新唐书》卷 47《百官志二》。

活得多，决策效率和保密性也比常参会议提高。因此在高宗以后，逐渐取代了常参会议，成为御前最高的决策会议。但是，这种以宰相和有关大臣单独会见皇帝的方式，也存在弊端，如某官员利用单独向皇帝奏事的机会，趁皇帝不了解情况，攻击他人或提出一些非分的要求。于是睿宗时就对仗下后会议的方式作了一些改进，规定奏事时宰相必须参加，取消了大臣单独奏事的方式。① 玄宗时进一步规定，除非确有机密事务需要在仗下后奏陈之外，其余事务均仍然在常参会议中上奏。② 不过由于常参会议存在的决策方式的弱点，这一规定未能完全实施。还有仗下会议要在常参会议后举行，如遇有需要立即议决的军国大事，可能会被拖延耽误。于是，又有一种新的适应需要的御前会议——延英殿决策会议应运而生。

延英殿决策会议产生在唐代宗大历以后，由皇帝与宰相在延英殿进行决策的会议。"唐制，内中有公事商量，即降宣头付阁门开延英，阁门翻宣申中书，并榜正衙门。如中书有公事敷奏，即宰臣入榜子，奏请开延英，只是宰臣赴对。"③ 可见延英殿决策会议的召开，可以由皇帝召对宰相，也可以由宰相奏开，灵活性较强，初期是根据需要不定期召开，后来逐渐向常设性的会议发展。昭宗天祐二年（905）十二月敕文规定："今后每月只许一、五、九日开延英，计九度，其入阁日，仍于延英日一度指挥。如有大段公事，中书门下具榜子奏请开延英，不拘日数。"④ 可见延英殿决策会议在唐后期已经发展到定期召开与不定期临时有事召开相结合，并有取代仗下后会议的趋势。延英殿会议的参加者，主要是皇帝和宰相。为了避免仗下后会议中允许大臣单独向皇帝奏事而产生的弊端，规定举行延英会议时，宰相必须集体面见皇帝而不能单独奏事。有时因决策的需要，也允许决策集团中的其他人员参加会议。大历时已有

---

① 《唐大诏令集》卷110《不许群臣干请诏》，中华书局，2000年。
② 《唐会要》卷25《百官奏事》。
③ 《资治通鉴》卷233注。
④ 《唐会要》卷24《朔望朝参》。

中书舍人入延英殿论事，代宗时则在延英殿分批会见中书舍人和谏官。此后朝廷其他高级官员也逐渐被吸收参加。宰相以外的其他高级官员，一般是在皇帝与宰相议政结束以后，才得以进入延英殿会见皇帝，所以又被称为次对官。他们只能各自奏陈自己职责范围内的公事，未经皇帝许可，一般不能主动讨论政事。次对官参与延英殿会议，在唐代中叶以后复杂多变的政治形势下，能够使皇帝直接接触更多的大臣，更加广泛了解情况，集思广益，有利于加强决策的正确性和可行性。另外，随着宦官势力的膨胀，文宗太和九年（835）甘露事变以后，宦官就已一度参加延英殿议政。僖宗时，观军容使等宦官首领也经常参加延英殿会议。这为唐中后期宦官把持朝政开了方便之门。昭宗时，枢密使出席延英会议已成为惯例，加强了朝廷对军事的控制。

延英会议由皇帝亲自主持，部分议题也由皇帝提出。但是，在多数情况下，一般由宰相提出议案，经过讨论得到皇帝口头批准后，再由宰相拟出具体执行方案进状，由皇帝最后书面批准，即成为确定的决策。延英会议与常参会议相比，有三个优点：一是保密性高。如德宗时，"韩太保皋为御史中丞、京兆尹。常有所陈，必于紫宸殿对百僚而请，未尝诣便殿。上谓之曰：'我与卿言于此不尽，可来延英，访及大政，多所匡益。'或谓皋曰：'自乾元以来，群臣启事，皆诣延英得尽。公何独于外庭对众官以陈之，无乃失于慎密乎？'"① 二是延英会议讨论议题广泛，论辩深入。除主要讨论军国大事之外，对其他议题也不加限制。宪宗时，"延英奏对，公事毕，辄言私情"②。而且讨论时气氛比较随意，君臣之礼没有那么森严。如讨论时宰相可就讨论的事与皇帝辩论。德宗时，宰相杨炎、崔佑甫等，经常在延英会议上与德宗辩论军国大事，有时甚至到了"无复君臣之礼"③ 的地步。而对于不能就军国大事提出自己见解进行

---

① 《唐语林》卷3《方正》，中华书局，2007年。
② 《全唐文》卷512《让平章事第二表》。
③ 《资治通鉴》卷233。

辩论的宰相，反而会被责难，甚至还会被认为"循默"① 而遭免职。三是延英会议灵活性强。在参与人员上，延英会议可根据议题需要，指定一些特定人员参会，并且可以分批进延英殿直接向皇帝上奏。在召开会议时间上，既有定期的每月"一、五、九日"召开，又有"不拘日数"的根据需要随时决定召开。总之，延英会议具有这三个方面的优点，因此成为唐中期以后最重要的御前决策会议。

五代时期，仍然以延英会议作为朝廷的最高决策会议。《五代会要》卷6《开延英仪》便是对当时延英会议的会议顺序的记录。

唐代中叶以后，除延英会议之外，皇帝还不定期地在偏殿召见翰林学士商议、咨询政事，可称之为学士召对会议，也属于一种重要的御前会议。如《资治通鉴》卷238《唐纪五十四》"宪宗元和五年六月"条载："是时，上每有军国大事，必与诸学士谋之。尝逾月不见学士，李绛等上言：'臣等饱食不言，其自为计则得矣，如陛下何！陛下询访理道，开纳直言，实天下之幸，岂臣等之幸！'上遽令：'明日三殿对来。'"（胡三省注："三殿，麟德殿也。殿有三面，故曰三殿。三殿之西即翰林院。"）唐代皇帝召对学士多在偏殿，因当时翰林学士本是内官，翰林学士院在宫中的缘故。

翰林学士由于居于禁中，与皇帝的关系十分密切，除起草诏敕之外，还参与了核心决策的全部过程，与外朝的宰相渐有分庭抗礼之势。如"（陆）贽初入翰林，特承德宗异顾，歌诗戏狎，朝夕陪游。及出居艰阻之中，虽有宰臣，而谋猷参决，多出于贽，故当时目为'内相'"②。翰林学士在唐中期以后，凡"大诰令，大废置，丞相之密画，内外之密奏，上之所甚注意者，莫不专对，他人无得而参"③，已成为中央最高决策集团的一个独立系统。在某些特定情况下，翰林学士的决策权力甚至超过

---

① 《册府元龟》卷335《宰辅部·窃位》。
② 《旧唐书》卷139《陆贽传》。
③ 《元氏长庆集》卷51《翰林承旨学士记》。

宰相。如顺宗即位后，因病不能处理政事，翰林学士王叔文实际掌握了最高决策权，"每事先下翰林，使叔文可否，然后宣于中书，（宰相）韦执宜承而行之"①。

五代十国时，沿唐制置翰林学士。后梁的翰林学士制度与唐相比，略有变化：一是将翰林承旨改为翰林奉旨，以避太祖朱温父的名讳；二是特许宰相亲属入翰林，而不避嫌。贞明四年（918），末帝以宰相萧顷的女婿窦专为翰林学士，曾向中书省征询意见。中书奏请曰："宰相亲情，不居清显，避嫌之道，虽著旧规，若蒙特恩，亦有近例，固不妨事。"② 后唐明宗即位，以冯道、赵凤两翰林学士充任端明殿学士，其职责是备顾问应对，与翰林学士的部分职责相同。从而形成端明殿学士与宰相、翰林学士等臣僚组成中央决策系统中的文士集团，成为皇帝不可或缺的统治力量。后周显德时，学士不再与常参官一起五日一起居，而是逐日起居，"其当直学士仍赴晚朝"，③ 加强了翰林学士的顾问作用。

总之，在五代时期，翰林学士的地位提高，除草诏之外，还能参与机要，备顾问，握有实权，在中央决策过程中发挥着特殊作用。特别是翰林学士承旨，是由皇帝点选的，其重要性更不待言。与翰林学士职任相近的诸殿学士，如后唐的端明殿学士，其任职者赵凤、冯道稍后并加同平章事，成为实际上的宰相。明代朱元璋取消宰相后，以殿阁大学士组成内阁代行宰相之职，其源盖出于此。④

总之，唐朝御前决策会议有 5 种，其中常参会议、朔望朝参会议是诸代共有，一般是定期举行，参与人员较多，规模较大，比较固定，保密性差，议题较窄。除此之外，唐朝前期有仗下后会议，到中叶发展为延英会议，一般是定期与不定期举行相结合，参与人员较少，规模较小，比较灵活，保密性强，议题广泛。还有翰林学士作为内官，并且作为饱

---

① 《资治通鉴》卷 236。
② 《旧五代史》卷 9《末帝纪中》。
③ 《五代会要》卷 13《翰林院》。
④ 《中国政治制度通史》第五卷，第 135—136 页。

学之士，往往要接受皇帝的召对咨询，因此学士召对会议成为唐后期重要的御前决策会议。唐朝皇帝通过诸多层次的御前决策会议，来保证军国大事决策的正确性，从而达到长治久安的目的。

（二）政事堂会议

唐承隋制，中书、门下两省仍然分掌草拟诏令和审议、封驳的决策机构，两省的长官同是"佐天子而统大政"①的宰相，其间虽有非两省系统的其他高级官员被任命为宰相，以及政事堂的设立有合中书、门下两省为一的趋势，但是中书的草拟诏令和门下省的审议、封驳职能始终分别存在，成为中央决策过程中不可或缺的环节。所以中书、门下两省不但仍有其独立存在的理由，而且在中央决策系统中居于重要的地位。

唐代除了中书、门下两省参与决策外，两省谏官亦参与朝廷决策，其方式有两种：一是廷议，即当面直言得失；二是上封事，即书面陈述为政得失。谏官可以就某些具体问题向皇帝提意见，也可以就时政指陈宰相的过失。魏征任谏议大夫时善于直谏，为防止朝廷决策失误起过重要作用。唐制规定宰相之子不得为谏官。因为"父为宰相，而子为谏官，若政有得失，不可使子论父"②。唐制还规定，谏官不得由宰相推荐，以防止宰相对于谏官的控制。为了让谏官之间独立行使职权，防止谏官之间结党之弊，贞元元年（785）三月，"宰相召谏官、御史宣谕帝旨曰：自今上封与弹劾，宜人人自陈论，不得群署章奏，若涉朋党"③。但是，这个规定后来并没有得到切实的执行，因此到了会昌四年（844）六月，武宗又重申："谏官论事，所见不同，连状署名，事同纠率。此后凡论公事，各随己见，不得连署姓名。如有大政奏论，即可连署。"④另外，唐朝为督促谏官积极建言献策、指陈时政得失，又规定谏官必须经常上封

---

① 《唐六典》卷8《门下省》、卷9《中书省》。

② 《唐会要》卷56《左右补阙拾遗》。

③ 《册府元龟》卷64《帝王部·发号令三》。

④ 《旧唐书》卷18上《武宗纪》。

事。乾元二年（759）规定："两省谏官十日一上封事，直论得失。"① 其后朝廷又屡次予以重申。如上元二年（761）规定："谏官令每月一上封事，指陈时政得失，若不举职事，当别有处分。"② 广德元年（763）又规定："谏官每月一上封事，无所回避。"③ 乾元二年（759）规定十日一上封事要求过高，所以到了上元二年（761）规定每月一上封事则比较适当。正因为谏官的设置能在一定程度上发挥对决策的审议、批评和纠偏的作用，使朝廷得以避免许多决策的失误，因此朝廷每隔两年连续3次重申谏官上封事规定，由此可见对谏官作用的重视。

隋唐五代的宰相都是由若干人组成的一个班子，他们需要在一起商议参决。宰相们参议国事的地方，在隋朝未见定名，至唐初则定名为政事堂。李华在《中书政事堂记》中称："自武德以来，常于门下省议事，即以议事之所，谓之政事堂"。④ 唐初宰相会议的职能在于参议国事，所谓"天下事皆先平章，谓之平章事"⑤。中央的决策往往是由皇帝自己或御前决策会议决定的。从唐朝建立至唐太宗初年，中书、门下两省对皇帝的诏令主要起检勘违失和宣行的作用。其后唐太宗鉴于隋炀帝专断独行而亡的教训，认识到君主不责成臣下，事事亲决，"虽复劳神苦形，岂能一一中理"，于是提出"百司商量，宰相筹画，于事稳便，方可奏行"的处理国家政事的思想。贞观十一年（637）以后，在朝廷决策中，把宰相参议朝政改为由宰相议定朝政，然后奏闻，皇帝行使批准权。建立起"皇帝专制—三省分权—政事堂集议"三者相结合的新的中央集权的体制。

隋代以他官与三省长官共同参议政事，即为宰相会议。唐初建立政事堂，自此以迄五代，宰相会议形成制度化的决策方式。宰相会议的内

---

① 《通典》卷 21《职官三》本注。
② 《全唐文》卷 42《去上元年号大赦文》。
③ 《册府元龟》卷 102《帝王部·招谏》。
④ 《全唐文》卷 316。
⑤ 《旧唐书》卷 173《李珏传》。

容十分广泛，举凡军国大事直至大臣婚事，都可以在会上进行讨论。会中讨论的内容，从其来源划分，大致可以分为3类。第一类是皇帝下达的旨令。如唐代宗大历十二年（777）四月下诏："自顷军严未解，政或随时，多逐权宜，未归理本。宜委中书门下郎与诸司长官，各举所司内外遗阙，商量厘革处置，作条件闻奏。"① 这是皇帝在诏令中要求宰相会议商讨对政事的改革方案。宰相会议对于皇帝的错误指令，也可拒绝执行。如唐宪宗元和初，"河东节度使王锷用钱数千万赂遗权幸，求兼宰相。（李）藩与权德舆在中书，有密旨曰：'王锷可兼宰相，宜即拟来。'藩遂以笔涂'兼相'字，却奏上云：'不可。'"第二类是臣下的奏疏。这类奏疏由皇帝付交宰相会议讨论决策。如"唐玄宗先天元年九月，谏议大夫杨虚受以京中用钱恶，货物踊贵，上疏曰：'……臣望官为博取（恶钱），纳铸钱州，京城并以好钱为用。'书奏，付中书门下详议，以为扰政，不行"②。中央各机构向皇帝所上奏状中也可以主动请求转发宰相会议讨论通过。尚书省诸司的某些奏状也可以径直上报宰相会议处理。第三类是宰相自己认为有必要讨论的政事。如唐武宗时，回鹘余部逼近河套天德军一带，西北边境军事形势骤然紧张，宰相会议迅速就此商讨对策，拟定了11条边防措施。宰相会议对于各种政事在讨论后作出的决策，一般以中书门下奏状的方式上报皇帝批准后，作为与诏令具有同等法律效力的文件颁布，或交中书舍人或翰林学士起草正式诏令颁发。如果皇帝不予批准中书门下的奏状，则宰相会议讨论的决策就无法生效。还有另一种情况是，皇帝的诏令，如果中书门下认为不妥当，不加盖"中书门下之印"的话，也无法生效。当然，这种情况极少，在一般情况下不会发生。但这就说明，在唐代封建君主专制下，皇权与相权还是在最高决策层面上存在着某种程度的互相制约，尤其是相权对皇权的制约，以防止重大军国事务决策的失误，这是很难能可贵的。

---

① 《册府元龟》卷64《帝王部·发号令三》。

② 《册府元龟》卷501《邦计部·钱币三》。

政事堂集议也就是宰相决策会议，成了御前决策会议之外的另一个次高层次的决策会议。此种宰相决策会议既以"议定朝政"为职任，显然与武德年间宰相们在门下省"参议朝政"的情况不同，它可以充分发挥作为皇帝幕僚的集体宰相的作用，并对三省分权制具有协调的功能，克服了前此存在的由于中书省与门下省分掌草拟诏令与审议、封驳以致造成各持己见争论不休或者相互依违知非不举的弊端。政事堂从"参议朝政"到"议定朝政"的转变，说明在唐朝中央高层决策机制中，宰相的决策作用在加强，从侧重建言献策到可通过政事堂自行集体讨论决策，最后上报皇帝批准即可，说明政事堂的地位和作用明显提高。而且这种决策更强调中书省与门下省的互相协调配合，使决策机制更科学合理，效率更高。

在唐五代中央决策系统中，宰相会议是低于御前会议的一个决策层次。两者既互相关联而又有所分工。在对军国大事作出决策时，御前会议一般只讨论其处理的原则，而宰相会议则是根据御前会议所确定的处理原则再进一步讨论其具体实施的方案。如御前会议上所作出的决策不适当，宰相会议还可以提出修正的意见，以使决策更加正确完善。而且一般说来，御前会议所讨论的是最重要的军国大事，而其余较次要的日常政事，通常是在宰相会议上讨论决定，皇帝只是对宰相会议的奏状进行最后的批准。因此，宰相会议必须每天举行，以处理国家日常繁杂的政事，而御前会议则可以隔日举行一次，或有必要时再举行。总之，宰相会议是对御前会议决策的具体化、细化以及修正、补充与完善。

唐五代时，宰相会议实行集体决策的制度。在政事的讨论中如出现不同的处理意见，不是以少数服从多数的方式决定，而是要采取协商一致后决定的方式。因此对于议定的决策向皇帝上奏时，必须是全体宰相的联合署名，而原则上不能有的宰相因意见不同而拒绝署名或另上奏状。如果宰相意见未取得一致，各以己见上奏，则属于违反联署制度，往往有可能被解除职务。如"（宰相）李元纮、杜暹议事多异同，遂有隙，更相奏列。上不悦，六月甲戌，贬黄门侍郎、同平章事杜暹荆州刺史，中

书侍郎、同平章事李元纮曹州刺史"。正因为联署制度不允许违反，所以即使权相当政，独断专行，但在形式上所有决策都是集体讨论决定的，在奏状上也是由全体宰相联署的。如李林甫专权时，"文书填凑，坐家裁决。既成，敕吏持案诣左相陈希烈联署，左相不敢诘，署惟谨"[①]。

参加宰相会议的人数，与决策效率有一定的关系。一方面，如果人数太少，不利于集思广益，深入讨论，发挥集体决策的优势；另一方面，如果人数太多，也容易引起因人数太多，导致意见太多，不易统一，出现议而不决的局面，而且人数多，也不利于保密。唐朝一般情况下，同时担任宰相的，大致在 2～4 人之间。只有在武则天到中宗、睿宗时期，宰相人数过多，例如中宗景龙年间达 10 余人，致使当时"政出多门，滥官充溢，人以为三无坐处，谓宰相、御史及员外官也"[②]。唐代中期以后，宰相人数才逐渐定制，保持在 4 人比较合理的标准。"唐制，宰相四人，首相为太清宫使，次三相皆带馆职：弘文馆大学士、监修国史、集贤殿大学士，以此为次序。"[③] 五代时宰相人数大体沿袭唐后期旧制，如后梁、后唐均以中书门下两侍郎及同中书门下平章事为宰相，员额数名而已。

唐朝的宰相联署制度，也只能适应于平时稳定的环境，如果遇到动荡不安的战争环境，有时要做出紧急决策，宰相联署制度必须全体宰相在奏状上署名才能生效，就容易出现拖延耽误的情况。因此，为了提高在特殊紧急情况下的办事效率，唐朝又出现了值班宰相代署制，来弥补宰相联署制的不足。如唐肃宗和代宗时，"天下事殷，而宰相不减三四员，更直掌事。若休沐各在第，有诏旨出入，非大事不欲历抵诸第，许令直事者一人假署同列之名以进，遂为故事"[④]。这种值班宰相代署制度，虽然只限于"非大事"（即一般政事），却恰当地弥补了联署制的不足。因为正是这些一般政事最为繁杂，而且也没必要全体宰相联署，值班宰

---

① 《新唐书》卷 206《外戚·杨国忠传》。
② 《资治通鉴》卷 209。
③ 宋敏求：《春明退朝录》卷上，上海古籍出版社，2012 年。
④ 《旧唐书》卷 119《崔祐甫传》。

相代署制提高了办事效率。同时，规定大事不能代署，又坚持了全体宰相联署的制衡作用，但是即使如此，仍然容易引起宰相弄权，专断独行，弊端甚多，威胁皇权。所以在德宗时期值班宰相代署制被废止，还是不管军国政事之大小，一概实行联署。只是规定在特殊的紧急情况下，如果某一宰相必须马上作出决定而来不及与其他宰相商议时，也可不联署，但必须在奏状中说明原因。如唐武宗时，宰相李德裕在《太原状》中称："以前件，臣缘假日，兵机切速，不暇与李绅参议，谨密状奏闻。"①

唐五代宰相会议采取集体决策制度，从理论上看，宰相之间是平等的，但在现实中，由于各个宰相能力、个性的不同，特别是受到皇帝的信任和重视的程度不同，各个宰相在集体决策中的作用会有很大差别，宰相之中容易形成由某一权相专断，其余宰相唯唯诺诺的局面，其实际上的集体决策制度遭到不同程度的破坏，甚至是名存实亡。如果专权的宰相品质好、才干卓越，宰相会议就会做出许多好的决策，使整个国家欣欣向荣，出现太平盛世，或使国家转危为安，如唐代名相姚崇、宋璟和李德裕等；反之，如果专权的宰相人品差、昏庸无能，宰相会议就会做出许多错误的决策，使整个国家陷入危亡、分裂的境地，如李林甫、杨国忠等。此外，唐中期以后，宰相会议的决策权力，由于翰林学士和宦官进入中央决策系统，而有所削弱，并使中央高层决策机制更加趋于复杂化和不稳定化。

（三）百官会议

唐五代在遇到特别重大和复杂的军国大事，并且御前会议和宰相会议意见不一，或都难以做出正确决策时，为了广泛听取和集中各级官员的不同意见，集思广益，进行综合判断，常由皇帝指令或由宰相请求召开百官决策会议。会议的场所一般安排在尚书省，出席会议的官员，一般都是根据会议的内容和需要，临时指定，其人数可多可少。如是较少数人参加的百官会议，通常仅由部分高中级官员参加。如唐贞观十四年

---

① 《全唐文》卷702《太原状》。

（640），太史令傅仁均更改历法，这是专业性很强的天文学方面的议题，诏下公卿八座详议，实际参会者仅为"国子祭酒孔颖达等一十一人、尚书八座"①。较多人数参加的百官会议可以包括中央九品以上的官员。如唐肃宗乾元三年（760），因铸大钱引起物价上涨，当时朝廷对于是否继续使用新钱，"令文武百官九品以上并于尚书省集议"②。

百官会议是低于宰相会议的又一中央决策会议。它通常受到宰相的控制。会议从是否召开、开会时间、议题、议程一直到对其议状的分析评价，宰相都拥有较大的决定权。即使由皇帝直接下达诏敕，命令召开百官会议，也是由宰相具体执行相关程序。百官会议虽然可以由中央其他高级官员担任主持者和讨论记录的整理汇报者，但绝大多数情况下还是以宰相为主。唐制，百官会议讨论的结果，用书面议状的方式向宰相和皇帝上报。其议状的递进，依据具体情况又分别采取会议参加者联署进状或者独立进状的方式。之所以会出现百官分别进状，是因为百官会议讨论的一些议题往往内容复杂，难以决策，不是一两次百官会议就能取得一致意见的。于是就产生了百官会议刚结束时有集体的联署进状，而后又有独立的进状。这样，既能表达大多数人统一的意见，又能使少数持不同意见的人各抒己见，从而使皇帝与宰相们更全面具体了解百官对某一决策的见解，从而做出更科学合理的决策。总的说来，宰相是百官会议的组织者与总结评价者，而皇帝是批准者和决议的最后决定者。

百官会议的作用如何，往往要依据具体情况而定。第一种情况是，如果皇帝和宰相对某一重大军国事务在决策过程中没有确定的意见，百官会议的意见很可能就会成为朝廷的最后决策。相反，第二种情况是，如果皇帝和宰相已经有了比较明确统一的决策意见，百官会议的意见又与皇帝、宰相相左，这时百官会议的决策意见往往很难得到采纳，基本上发挥不了作用。因为百官会议在中央决策会议中低于御前决策会议和

---

① 《唐会要》卷 42《历》。
② 《唐会要》卷 89《泉货》。

宰相决策会议，理所当然层次低的决策会议必须听命于层次高的决策会议。第三种情况是，如果皇帝与宰相们意见不同、举棋不定而召开百官会议讨论，这时百官会议就成为重要的砝码。在这种情况下召开的百官会议，与其说是寻求决策的参考意见，不如说是皇帝与宰相们在难以决策时分别寻找支持自己决定的依据，从而对自己摇摆不定的决策作出决断。此外，皇帝与宰相势力的消长、性格等因素也会影响百官会议的作用。如果当朝皇帝十分强势，专断独行、唯我独尊，那么百官只能唯皇帝马首是瞻，百官会议只能唯唯诺诺，随意附和皇帝的决策；如果当朝皇帝虽然强势，但较为开明，善于纳谏，那么百官就敢于发表不同意见，百官会议就会对皇帝决策进行修正完善，甚至反对皇帝的错误决策；如果当朝皇帝暗弱无能，某一权相的权势高出皇帝，一手遮天时，百官为了自保，只能对权相俯首帖耳，违心附和宰相会议的决策。总之，许多复杂的情况会使百官会议失去其应有的作用，虽然有极少数刚正不阿的忠臣拒死力谏，提出与众不同的意见，但往往无力与大多数人的意见相抗衡，最终使百官会议所形成的多数人的意见是不真实、不正确的。所以总的看来，百官会议这个决策层次，经常会被皇帝或权相操纵，并且不经常举行，所以其作用是很有限的。

五代时基本上仍然沿袭唐代的百官会议。如后晋天福二年（937）正月，中书门下奏请立宗庙。二月，太常博士段颙、左仆射刘昫、御史中丞张昭远等均有奏议，遂"敕：宜令尚书省集百官，将前议状与张昭远所陈，速定夺闻奏"①。

三、三司理财思想的产生与初步发展

所谓三司，是度支、盐铁转运、户部三个财政部门的合称。这三个部门于唐中叶分别出现，唐末时合三为一，五代时逐渐定型，北宋时完

---

① 《旧五代史》卷142《礼志上》。

善。唐初，尚书省户部为中央财政机关，下设户部、度支、金部、仓部四司，"掌天下土地、人民、钱谷之政、贡赋之差"①，"于时封疆甚广，经费尤多，亦不闻别分利权，改创使额，而军须取足"②。但自玄宗朝，使职官开始大量涌现，"设官以经之，置使以纬之"③。而财政使职的设置，破坏了原来的财政体制，尤其是盐铁、度支、户部等三使职的出现，并随着地位的日渐突出，逐步从临时使职固定为常设机构，最终三司合一，并置专使，标志着三司新的财政体制的确立。三司新的财政体制的建立也是三司理财思想产生与初步发展的过程，在古代财政史、官制史以及管理思想史中占有较重要的地位。以下就唐中叶至五代三司理财思想的产生与初步发展做一简要分析。

在中国古代官制中，各种使职最早是作为一种皇帝临时的委任派遣而出现的官职。在封建专制主义中央集权制度下，皇帝对于一些突发的事件或一些重要的事务，往往临时指派重臣或亲信前往处理，以便加强皇帝对这些突发事件或重要事务的直接控制，并提高工作效率。如"至德元年十月，第五琦除监察御史，充江淮租庸使。中书侍郎房琯谏曰：'……琦，聚敛臣也，今复宠之，是国家斩一国忠而用一国忠矣……'上曰：'天下方急，六军之命若倒悬，无轻货则人散矣！卿恶琦可也，何所取财！'"④ 盖当时军兴兵费，急在轻货，且利其运输，赏赐便利，所以德宗为了尽快弄到经费以维持人心，不得不任命聚敛之臣第五琦为江淮租庸使，而不必在乎第五琦的品德。德宗任命第五琦为江淮租庸使的措施最终证实是对的，第五琦不负重托，"吴盐、蜀麻、铜冶皆有税，市轻货由江陵、襄阳、上津路，转至凤翔"⑤，从而稳定了军心，使朝廷转危为安。

---

① 《新唐书》卷 46《百官一》。
② 《长编》卷 45。
③ 《通典》卷 19《职官一》。
④ 《唐会要》卷 84《租庸使》。
⑤ 《新唐书》卷 51《食货一》。

财政管理上设置使职效果的直接性与高效性使其逐渐成为一种新的财政机构体系,早在玄宗天宝年间,唐国家财政就已分为度支、户部及租庸三职体系,其中度支与户部并立,租庸与度支关系密切。在这三职体系中,另一些较少的寺监财职,如木炭、铸钱、出纳、苑总监、栽接、内外作等也纷纷从司农、太府、少府、将作等寺监独立,因职务关联情况重新列入度支、户部、租庸三体系中,所谓"百司有利权者,稍稍别置使以领之,旧官充位而已"①,指的就是这种调整分职、各种名目使职比比皆是的情况。

建中三年(782)五月,赵赞代替杜佑判度支,建立起了度支一体化财政。同年"八月丁未,初分置汴东西水陆运两税盐铁事,从户部侍郎、判度支赵赞奏也……戊辰,以江淮盐铁使、太常少卿包佶为汴东水陆运两税盐铁使……甲戌,以大理少卿崔纵为汴西水陆运两税盐铁使"②。《新唐书》卷53《食货三》作"分置汴州东西水陆运两税盐铁使,以度支总大纲",表明汴东西水陆运等使隶于度支,度支通过东西二使,成为全国水陆运、两税、盐铁的最高领导者。唐代自安史之乱"肃宗回马杨妃死"后,东西分掌制作为筹措军费的战时财政政策出现于历史舞台,在刘晏的改革下,东西分掌制的格局得以确立。其后虽有短时期的合并,但度支、盐铁分理成为唐后期财政机构演变的主流。哀帝时,朱全忠任"三司都制置使",东西合一,唐朝也走到了它的尽头。③ 由此可见,唐后期国家最重要的财政事务是通过分设度支、盐铁两使来进行管理的。

自唐中期,在诸多的理财使职中,专理钱谷收支的度支使、专理盐铁之利的盐铁使、专理赋税征调的户部使地位逐渐凸显,使其在朝廷理财体系中自成系统,各有职司,又相互关系。三司之名,最早见于元和七年(812)五月。《唐会要》卷89《泉货》云:"(元和)七年五月,兵

---

① 《资治通鉴》卷215。

② 《旧唐书》卷12《德宗上》。

③ 李锦绣:《唐代财政史稿》(下卷)第一分册,北京大学出版社,2001年,第236页。

部尚书判户部事王绍、户部侍郎判度支卢坦、盐铁使王播等奏：'伏以京都时用，多重现钱……臣等今商量，伏请许令商人于户部、度支、盐铁三司，任便换现钱，一切依旧禁约……'从之。"但李锦绣认为，元和二年（807），"户部司的真正独立标志着三司的最终确立"①。

元和初，三司从原来临时性的使职最终成为国家财政正式机构，中书门下对三司的领导权得以确立，财务行政趋于正轨，年终勾账制也得以恢复。如：

> （元和）十三年十月，中书门下奏："户部、度支、盐铁三司钱物，皆系国用，至于给纳，事合分明。比来因循，都不剖析，岁终会计，无以准绳。盖缘根本未有纲条，所以名数易为盈缩。伏请起自今以后，每年终，各令具本司每年正月一日至十二月三十日所入钱数及所用数，分为两状入，来年二月内闻奏，并牒中书门下。其钱如用不尽，须具言用外余若干见在，如用尽及侵用来年钱并收阙，并须一一具言。其盐铁使所收，议列具一年都收数，并已支用及送到左藏库欠钱数，其所欠亦具监院额，缘某事欠未送到。户部出纳，亦约此为例。条制既定，亦绝隐欺，如可施行，望为常典。"从之。②

这里，中书门下奏文要求对三司收支立制立账，从根本上杜绝财务无有准绳、使司自掌没有监督之弊。奏文要求三司账簿必须收支明确，一一具言，杜绝欺隐。这种年终勾账闻奏的同时，还要"牒中书门下"，在制度上确立了宰相对三司财务的最高领导权。

正由于从制度上，三司使属于宰相，而不是直接属于皇帝，因此，元和年初、中期，三司使中的度支、盐铁一般由宰相选任，为宰相之亲信，而判户部由皇帝选派委任，并成为可与宰相相抗衡的预备宰相。如元和年间，判度支郑元、李元素、李夷简、卢坦、潘孟阳与宰相裴垍、李吉甫、李绛、武元衡密切合作，成为宰相指挥下财务行政领导者，听

---

① 《唐代财政史稿》（下卷）第一分册，第143页。
② 《唐会要》卷58《户部侍郎》。

命于宰相决策。直到元和末，宪宗倾全部国力用于削藩，财政成为国家行政之急，用钱谷之臣皇甫镈、程异判度支、盐铁，更可见二司在国务中之重，朝野上下，以敛财为急务。

而后，皇甫镈、程异分别以钱谷吏入相，开财臣入相之先。此后，判三司者入相不断出现，使财使入相成为定制。宋代洪迈在《容斋随笔》续笔卷14《用计臣为相》中云：

> 宪宗季年，皇甫镈由判度支、程异由卫尉卿盐铁使，并命为相，公论沸腾，不恤也。逮于宣宗，率由此途大用，马植、裴休、夏侯孜以盐铁，卢商、崔元式、周墀、崔龟从、萧邺、刘瑑以度支，魏扶、魏謩、崔谨由、蒋伸以户部，自是计相不可胜书矣。

唐朝后期战火连绵，军费成为国家重大的财政负担，供给军队成为国家财政最重要的事务，从某种程度上决定战争的胜负和国家的生死存亡。当时三司收入减少，因此亟须元老重臣镇之，以期增强中央财政的全盘统筹，增加收入。唐懿宗前，度支、盐铁使因政治局势变化，由元老重臣兼领的情况有，但不普遍，懿宗、僖宗后，仆射、司空等领使逐渐增多，尤其由宰相判度支、盐铁使的骤然增多。据统计：僖宗朝宰相判度支占46%，判盐铁占44%，接近一半；到了昭、哀帝时，宰相判三司比例近于100%，三司使职除个别特例外，几乎全由宰相兼判。[1]

僖宗之时，内制于宦官，外困于强藩，国力浸弱。由于连年战乱，汴路阻绝，漕运不继，国家财政几陷于瘫痪。当时统一财权的措施除由宰相兼判三司使职外，唐中央财政组织亦出现向一体化发展的趋势。从昭宗乾宁二年（895）开始，盐运、度支频繁由一人兼三司使，真正开始了向一体化迈进的历程。据严耕望《唐仆尚丞郎表》考证，除天祐元年（904）正月至二年三月判度支的独孤损外，乾宁二年（895）六月从李知柔开始，王抟、孙偓、崔胤、韦贻范、张文蔚或在判度支同时，或在判度支后数月或第二年，均兼盐运使，判度支盐运使的宰相或兼监修国史，

---

① 《唐代财政史稿》（下卷）第一分册，第208页。

或兼太清宫使、弘文馆学士，据此，似可以推测宰相兼判度支盐运时，是以度支为主兼盐运或是以盐运使为主兼判度支。由于度支、盐运使合而为一尚停留在一人兼判上，未形成完全的一使统领，二使各自的体系并未统一起来，因此，二使合一虽频繁出现，但并未成为定制，故而兼判宰臣或由首相、或由次相判，尚未固定。

《新唐书》卷 63《宰相表》载：天复元年（901）十一月辛酉，"兵部侍郎卢光启权句当中书事，兼判三司"。这是三司合为一使的开始。《旧唐书》卷 20 下《哀帝纪》云：天祐二年（905）五月己未朔，"以星变不视朝。敕曰：'天文变见，合事祈禳，宜于太清宫置黄箓道场，三司支给斋料。'"由三司共同支给斋料费，不再区分户部、度支、盐铁之钱，表明这时国家在实际经费收支中，虽有三司使之分设，但诸使协力维持国计，三司各自独立的收支体系已被打破，三司共同应付接济国家收支。

天祐三年（906）三月戊寅，"制元帅梁王可兼领诸道盐铁转运等使，判度支、户部事，充三司都制置使"①。"三司都制置使"表明，三司已从名义上合而为一。朱全忠在充三司都制置使时，仍兼领盐运、判户部、度支，这表明三司各使并未完全取消独立性，各使只是隶属于总使"三司都制置使"而已。

唐中后期由于三司均自成系统，因此各自拥有使下机构和官吏，各有独立的收入和支出。三司使下属官包括副使、判官、推官、巡官 4 类，胥吏种类复杂，包括官充吏职、杂职等多种。

度支、盐运、户部使下，地位最高者为副使，其次是判官。见于记载，度支判案郎官分掌簿书，即分判检查账簿违失。如《洛阳出土历代墓志辑绳》卷 651《王衮墓志》云：

> （王衮）未几迁度支郎中，急召赴阙。时窦司空初领计务，先是亟易大吏，吏缘为蠹，泉货散落，浩无端涯。公即尽阅簿书，心计笔扶，不旬月得钱八十万贯，黠胥老吏，相顾失色。

---

① 《旧唐书》卷 20 下《哀帝纪》。

据李锦绣研究，三司使之下只有度支、盐运二使下置有推官，户部无。① 所谓推官，即推鞫狱讼者，度支、盐运使下推官，亦掌推鞫财务狱案。如《册府元龟》卷469《台省部封驳》云：

> 开成四年，以盐铁推官、检校礼部员外郎姚勖为盐铁推官。河阴县有黠吏诈欺，久系狴牢，莫得其情，至勖鞫问得实，故有是命。

户部、度支、盐铁三司使下，皆置有巡官。三司巡司佐三司使领众务，位卑权重。据史籍记载，度支巡官掌出使检覆：

> 洎兰陵公邺总司邦计，辟兄为计巡，素仰洁廉，奉公立事，历边鄙，覆军储，果以精专无私为边人所伏。时河东公相国琢镇抚北门，礼遇极厚。②

卢知宗在萧邺判度支（大中十年秋至十一年十二月）期间被辟为度支巡官，其"历边鄙，覆军储"，即检查振武、天德、河东军费供给、营田和籴贮备等，这是度支巡官的一项重要职掌。

盐铁巡官一般也职掌勾勘钱物，如王棨被高骈奏为"摄盐铁出使巡官，句勘当司钱物"。扬州院官兼榷梟使吴尧卿"盗用盐铁钱六十万缗，时王棨知两使句务，下尧卿狱"③。王棨为盐铁出使巡官，勾勘两使钱物，此盐铁出使巡官兼职之一例。

三司巡官职掌出使检覆、具体司掌财政事务，比分掌簿籍的判案郎官更贴近财务行政，因此可以说三司巡官更直接维系着三司财政机关的运转。

总之，副使、判官、推官、巡官是三司机构下的基本官员构成，如宰相判三司时，三司官员之上要另置一官厅机构，以辅助宰相处理日常繁杂的财政事务：

> （元和）十三年九月，宰臣皇甫镈奏："旧例，平章事判度支，

---

① 《唐代财政史稿》（下卷）第一分册，第262页。

② 陈长安：《隋唐五代墓志汇编》洛阳卷（第14册），天津古籍出版社，1991年，第165页。

③ 李昉等：《太平广记》卷252《吴尧卿》，中华书局，1961年。

并中书省借阙官厅置院。臣以为事体非便，今请权借外命妇院内舍十数间，隔截置官典院。又旧例，置郎官二人，于中书判案人中差定，并量抽官典七人，随官勾检文案。伏以臣职在中书，务兼司计，钱谷事重，须自躬亲。臣今酌量简要，并自判抽，其余寻常公事，各有本判郎官。今依条流勾当处置，臣仍请每月三度，候中书事简入南省。"从之。①

可见，如宰相判度支后，由于宰相日理万机、公务繁忙，因此必须另外设立一机构，由郎官2人、官典7人组成，辅助宰相司钱谷、勾检文案。寻常公事由度支使下机构处置，事重者则由宰相之下勾判机构躬亲处理。据此推测，宰相判盐运、户部者应该也设立类似勾判机构。

唐后期三司理财机构中有官职的胥吏的大量存在构成了财政机关的一大特色。这种现象的出现应归因于刘晏的改革。《新唐书》卷149《刘晏传》云：

尝言："士有爵禄，则名重于利；吏无荣进，则利重于名。"故检劾出纳，一委士人，吏惟奉行文书而已。

刘晏认为读书的士人为官，相对于没有读书的胥吏来说会更加注意自己的名声，因此，以官掌吏职会使理财工作相对廉洁富有效率。刘晏的这一改革在财政领域影响甚大，开启了唐后期财政领域官领吏职之制。当时三司领域8种吏职中，有4种（且占绝大多数）是由有官职的人充任的，有官职的吏成为唐后期财政机构的主要构成部分。他们负责检勘出纳，如孔目、勾检、勾覆（巡覆）、支对、勾押、权遣、指引进库官、门官、通引官、驱使官等均属此类。

三司使一职的最终确定，应在五代后唐统治时期。后梁曾先后设立过建昌宫使、国计使、租庸使、内勾史等财政主要官员。

建昌宫使，后梁开平元年（907）四月，始置建昌宫。"以太祖在藩

---

① 《唐会要》卷53《杂录》。

时，四镇所管兵车赋税、诸色课利，按旧簿籍而主之"①。四镇系宣武、宣义、天平、护国，地处黄河中下游，为后梁赋税收入的主要来源地。乾化二年（912）六月，朱友珪"废建昌宫，以河南尹、魏王张宗奭为国计使，凡天下金谷兵戎旧隶建昌宫者悉主之"②。由此可见，国计使与建昌宫使一样，仍然只负责河南四镇赋税、课利等钱谷，而不是起总治作用的全国性财政机构。

后梁在以国计使取代建昌宫使的同时，恢复了唐后期的租庸使。《五代会要》卷24《建昌宫使》条援引窦专奏文云："伪梁不知故事，将四镇节制征输，置宫使名目管系，既废宫后，改置租庸，杂以掊敛相兼，加之出放生利。"租庸使"总天下征赋"③，主管两税征催。后梁租庸使已不是唐后期那种只负责租庸征收的临时性差遣的使职④，而成为国家常设的最高税务官。

后梁开平年间在设置建昌宫使的同时，宰相分判三司制仍然在运行。末帝废建昌宫使而设国计使、租庸使之后，也继续实行宰相分判三司制。如贞明二年（916）十月丁酉，"以开府仪同三司、中书侍郎兼吏部尚书、同平章事、集贤殿大学士、判户部敬翔为右仆射兼门下侍郎、平章事、监修国史，判度支。以光禄大夫、中书侍郎、同平章事郑珏为特进、兼刑部尚书、平章事、集贤殿大学士，判户部"⑤。贞明六年（920）四月"乙巳，以右仆射兼门下侍郎、同平章事、监修国史、判度支、开国公敬翔为弘文馆大学士、延资库使、诸道盐铁转运等使，余如故。以中书侍郎兼刑部尚书、平章事、集贤殿大学士、判户部事郑珏为监修国史、判

---

① 《旧五代史》卷149《职官志》。

② 《旧五代史》卷149《职官志》。

③ 《五代会要》卷24《建昌宫使》。

④ 《旧五代史·职官志》云：唐"乾符后，天下兵兴，随处置租庸使以主调发，兵罢则停。"唐末的租庸使只是唐廷在战乱加剧、中央财政收入匮乏的情况下设置的负责"总三司追科"（《五代会要》卷24《建昌宫使》），特别是催征江淮赋税的权宜性财政使职。

⑤ 《旧五代史》卷8《梁书·末帝纪上》。

度支。以中书侍郎、平章事萧顷为集贤殿大学士、判户部事"①。可见，贞明年间实行的仍然是唐僖宗以来以二或三名宰相分判三司的格局，并没有指定一位"重臣"总判三司事。

后唐时期，租庸使的权力进一步发展。同光二年（924）正月，"诏盐铁、度支、户部并委租庸使管辖"②。这就是租庸使"主掌三司"③ 的新财政中枢管理体制。据陈明光研究，后唐庄宗时租庸使的财权确实很大，其职掌已不限于"总三司追科"，而是包括管理诸道兵账、户口文账，修改百官俸料发放标准，支付少府监铸造官印的原料工钱，制定招募百姓转运粮食入京并与官行赏的具体方案，等等④。

后唐明宗即位后，于天成元年（926）四月庚子诛杀孔谦，"敕停租庸名额，依旧为盐铁、户部、度支三司，委宰臣豆卢革专判"⑤。长兴元年（930）八月，"以前许州节度使张延朗为检校太傅、行兵部尚书，充三司使"，"班在宣徽使之下"⑥。据说，张延朗"自许州入再掌国计，白于枢密使，请置三司名"，中书门下商议之后，建议明宗授予张延朗"诸道盐铁、转运等使"的职衔，"兼判户部、度支事"，理由是"从旧制也"。但是明宗不从，"以三司使为名"⑦，说："会计之司，国朝重事，将总成其事额，俾专委于近臣，贵便一时，何循往例，兼移内职，可示新规。"⑧ 五代是一个"兴亡以兵"⑨，"国

---

① 《旧五代史》卷 10《梁书·末帝纪下》。

② 《旧五代史》卷 31《唐书·庄宗纪五》。

③ 《旧五代史》卷 31《唐书·庄宗纪五》。三月"癸丑，左谏议大夫窦专上言：'请废租庸使名目，事归三司。'疏奏不报"。

④ 陈明光：《五代财政中枢管理体制演变考证》，《中华文史论丛》2010 年第 3 期。

⑤ 《旧五代史》卷 35《唐书·明宗纪一》。

⑥ 《旧五代史》卷 41《唐书·明宗纪七》。

⑦ 《旧五代史》卷 149《职官志》。

⑧ 《旧五代史》卷 41《唐书·明宗纪七》。

⑨ 《新五代史》卷 27《康思立·康义诚传评论》，中华书局，1974 年。

计之重，军食为先"①，而财源相当有限的战乱时期，财力筹措和财政调度的需求与困难都很大，朝廷亟须集中财权，统一调度，提高财政管理中枢的行政效率。明宗以一人专判三司充三司使体制显示了比宰相分判三司体制更高的行政效率。

三司使正式成为主管中央财政的官员后，在后晋初年出现过短暂的反复。"晋高祖分户部、度支、盐铁为三使"。但"岁余，三司益烦弊，乃复合为一，拜（刘）审交三司使。"② 这表明财权分立不利于朝廷对经济的统筹管理，只有实行财政集权，才能有效地调配当时十分有限的财力，进而巩固王朝的统治。

五代时期，随着中央三司财政体制的形成，对财政财务的审计监督当由三司之下的判官或三司都勾官负责。如《旧五代史·刘昫传》载："初，唐末帝自凤翔至，切于军用。时王玫判三司，诏问钱谷，玫具奏其数，乃命赏军，甚愆于素。（按《通鉴》云：帝问王玫以府库之实，对有数百万在。既而阅实，金帛不过三万两匹。《旧五代史考异》）末帝怒，用（刘）昫代玫。昫乃搜索簿书，命判官高延赏计穷诘勾，及积年残租，或场务贩负，皆虚系账籍。条奏其事，请可征者急督之，无以偿官者蠲除之。"

后唐同光元年（923），朝廷设置内勾使，"令天下钱谷簿书，悉委裁遣"③；"置内勾使，应三司财赋，皆令勾覆"④。据此推测，内勾使是负责财政审计的职官。

① 《册府元龟》卷 154《帝王部·明罚第三》。
② 《新五代史》卷 48《刘审交传》。
③ 《旧五代史》卷 72《马绍宏传》。
④ 《旧五代史》卷 57《郭崇韬传》。

第四节　削除藩镇割据和反对宦官专权思想

一、削除藩镇割据思想

安史之乱及后来的长期藩镇割据，给唐朝社会及民众生活带来严重的灾难。对此，时人都有切身的深刻认识。首先，安史之乱及后来的藩镇割据使唐王朝统一集权的局面被打破，藩镇或联兵对抗朝廷，或相互间为争夺地盘而彼此攻伐，以致战乱连绵不断，生灵涂炭，经济遭到惨重破坏。如安史之乱中负责平乱的统帅之一郭子仪，目睹当时的惨况说："东周之地，久陷贼中，宫室焚烧，十不存一，百曹荒废，曾无尺椽，中间畿内，不满千户，井邑榛棘，豺狼所嗥，既乏军储，又鲜人力。东至郑、汴，达于徐方，北自覃怀，经于相土，人烟断绝，千里萧条。"① 代宗时，刘晏写给元载的信中也说："函、陕凋残，东周尤甚，过宜阳、熊耳至武牢、成皋，五百里中，编户千余而已。居无尺椽，人无烟爨。"② 其次，不少的藩镇统治者在其地盘内实行残暴统治，横征暴敛，烧杀抢掠，致使民不聊生。由于藩镇割据战争不断，使广大民众的赋役和兵役负担十分沉重。如田承嗣在魏博，"重加税率，修缮兵甲，计户口之众寡，而老弱事耕稼，丁壮从征役"③。淮西节度使吴少阳，"随日赋敛于人……劫商贾，招四方亡命"④。李正己占有淄、青、齐、海、登、莱等十

---

① 《旧唐书》卷 120《郭子仪传》。
② 《旧唐书》卷 123《刘晏传》。
③ 《旧唐书》卷 141《田承嗣传》。
④ 《新唐书》卷 214《吴少阳传》。

五州之地，"为政严酷，所在不敢偶语"①。这些藩镇割据者，如遇战争中，更是乘机纵兵四处烧杀抢掠。如宪宗元和九年（814），吴元济"悉兵四出，焚舞阳及叶，掠襄城、阳翟……剽系千余里"②。彰义节度使李希烈"性惨毒酷，每对战阵杀人，流血盈前，而言笑饮馔自若……其攻汴州，驱百姓，令运木土筑垒道，又怒其未就，乃驱以填之，谓之湿梢"③。田神功率军"至扬州，大掠百姓商人资产，郡内比屋发掘略遍，商胡波斯被杀者数千人"④。汴州刺史李忠臣，"军无纪纲，所至纵暴，人不堪命"⑤。

对当时藩镇割据者的所作所为及其所造成的无穷无尽的灾难，唐朝廷上下均有切身的认识。因此，绝大多数人都主张削除藩镇割据势力，恢复唐中央政权的统一领导，以保障社会安定有序，百姓安居乐业。有识之士纷纷献策，其主要措施有以下5个方面：

其一，反对对藩镇采取姑息政策，主张出兵平叛。如杜牧在《守论》中指出：

> 往年两河盗起，屠囚大臣，劫戮二千石，国家不议诛，乃束兵自守，反修大历、贞元故事，而行姑息之政，是使逆辈益横，终倡患祸……自河以北，蟠城数百，金坚蔓织，角奔为寇，伺吾人之憔悴，天时之不利，则将与其朋伍罗络，郡国将骇，乱吾民于掌股之上耳。今者及吾之壮，不图擒取，而乃偷处恬逸，第第相付，以为后世子孙背胁疽根，此复何也？今之议者咸曰："夫倔强之徒，吾以良将劲兵以为衔策，高位美爵充饱其肠，安而不挠，外而不拘，亦犹豢扰虎狼而不拂其心，则忿气不萌，此大历、贞元所以守邦也，亦何必疾战焚煎吾民，然后以为快也！"愚曰：大历、贞元之间，适

---

① 《旧唐书》卷124《李正己传》。
② 《新唐书》卷214《吴少阳传》。
③ 《旧唐书》卷145《李希烈传》。
④ 《旧唐书》卷124《田神功传》。
⑤ 《旧唐书》卷145《李忠臣传》。

以此为祸也。当是之时，有城数十、千百卒夫，则朝廷待之贷以法，故于是乎阔视大言，自树一家，破制削法，角为尊奢，天子养威而不问，有司守恬而不呵。王侯通爵，越录受之；觐聘不来，几杖扶之。逆息虏胤，皇子嫔之；装缘采饰，无不备之。是以地益广、兵益强、僭拟益甚、侈心益昌，于是土田名器分划殆尽，而贼夫贪心未及畔岸，遂有淫名越号，或帝或王，盟诅自立，恬淡不畏，走兵四略，以饱其志者也。是以赵、魏、燕、齐，卓起大倡；梁、蔡、吴、蜀，蹑而和之。其余混颎轩嚣，欲相效者，往往而是。运遭孝武，宵旰不忘；前英后杰，夕思朝议。故能大者诛锄，小者惠来，不然周秦之郊，几为犯猎哉！大抵生人油然多欲，欲而不得则怒，怒则争乱随之。是以教笞于家，刑罚于国，征伐于天下，此所以裁其欲而塞其争也。①

杜牧在此认为，大历、贞元年间，由于朝廷对藩镇割据实行姑息养奸政策，致使割据者坐而势大，愈有实力与朝廷对抗，僭越称帝称王，互相结成联盟，共同对抗朝廷。因此他认为这些割据者贪得无厌，再多的赏赐、再高的爵位，也无法满足他们的欲望，只会使他们更加狂妄猖獗，更加争斗纷乱不已，势力更为强大，野心更为膨胀，成为后世子孙的祸根。唯一的办法就是改变大历、贞元时的姑息养奸之策，坚决派大军平叛，才能彻底削除藩镇割据之患。

元稹在《论讨贼表》中亦义愤填膺地表达了反对姑息、坚决派军实行平叛的思想：

臣伏见贼辟有不庭之罪，陛下尚覆露以待之，此诚陛下罪己泣辜之仁也……今陛下法天之德，与物为春，凡在生成，孰不柔茂，而蕞尔微丑，天将弃之。置蟊贼于其心，假蝼蚁以为聚，忠臣孝子思得食其肉而快其心久矣。陛下犹耸之以名爵，导之以训诰，崇之以宠章而不至，假之以旄钺而益骄，戕贼我忠贞，损污我仁义。人

---

① 杜牧：《樊川文集》卷 2《守论》，上海古籍出版社，1978 年。

人不胜其愤，有司不忍其威，是以违陛下匿瑕含垢之仁，顺皇天震曜杀戮之用，此诚天下人人快愤激忠之日也。陛下犹思因垒以降之，舞干以化之，善则善矣，其如天下之愤何，其如天下之愤何？臣愿陛下可有司之奏，法皇天之威，与公卿大臣议斩叛吊伐之师，以快天下人人之愤，实天下幸甚！①

元稹反对姑息，主张对藩镇割据势力坚决予以平叛的理由主要有两个方面：一是与杜牧观点相同，即通过赏赐名爵、训诰，安抚不了这些贪得无厌的人；二是派军平定藩镇割据是顺应民意、大快人心之事。

其二，采用先弱后强、各个击破的策略。唐宪宗在削除藩镇割据势力中，一方面吸取了德宗朝在削除藩镇割据势力中不分强弱和先后、轻举妄动的教训，另一方面也从河朔"内则胶固岁深，外则蔓连势广"②的形势下两次兴兵成德失败中吸取教训，所以重新制定先弱后强、各个击破的策略，采纳李逢吉等"宜并力先取淮西"的主张③。当时，真正割据一方与朝廷分庭抗礼的是成德、魏博、卢龙等河朔诸镇。他们擅地自专、拥兵自重、桀骜不驯，制服他们才是解决藩镇割据问题的关键。但是，河朔诸镇势力强大，并采取攻守同盟策略，朝廷一时难以取胜。因此，唐宪宗首先不是把矛头指向祸中之首——河朔诸镇，而是先进攻西川、夏绥、浙西和淮西，这些藩镇虽然也割据一方，但势力较弱，朝廷取胜的把握较大。如西川、浙西周围各镇都服从唐朝廷号令，而且这两镇割据者刘辟、李锜还未形成根深蒂固的统治基础，因此，正如李绛所分析的："西川、浙西皆非反侧之地，其四邻皆国家臂指之臣。刘辟、李锜独生狂谋，其下皆莫之与，辟、锜徒以货财啖之，大军一临，则涣然离耳。"④淮西镇则"处四战之地，旁无应援"，李师道"殚力以为之谋，为

①　《元氏长庆集》卷33《论讨贼表》。
②　《资治通鉴》卷238。
③　《资治通鉴》卷240。
④　《资治通鉴》卷238。

盗而已"①，所以这些藩镇内部皆势单力薄，或通过财物收买一些乌合之众，或通过掠夺维持军队；外部则"四无党援"②，处于孤立无助的地位，因此，他们是众多藩镇割据势力中较薄弱的环节。唐宪宗的先弱后强、各个击破的策略就是先讨伐势单力薄、孤立无助的弱镇，而且在讨伐过程中集中兵力逐个攻破。如元和元年（806），为了集中力量进攻西川刘辟，宪宗不惜对别的藩镇采取暂时忍辱退让的安抚缓和策略，分别加卢龙节度使刘济兼侍中，加平卢节度使李师古兼侍中，以稳定当时对朝廷不满的卢龙、平卢两镇。不久，李师古死，李师道擅自继位，"遣使相继奉表诣京师，杜黄裳请乘其未定而分之"③，但由于当时平定西川战事未结束，宪宗没有采纳杜黄裳的意见，却任命李师道为平卢留后、知郓州事。

其三，采取以藩制藩、不战自降的策略。唐中央对西川、夏绥、浙西、淮西的征伐，都是以归附朝廷的藩镇为基础，依靠周围藩镇对被征伐藩镇的联合包围而取胜的。如：在讨伐西川刘辟时，朝廷命长城使高崇文为帅，山南西道节度使严砺、剑南东川节度使李康助战；在讨伐成德王承宗时，朝廷也是命河东、幽州、义武、横海、昭义等六道共同进讨。特别是幽州刘聪、义武浑镐与成德王承宗矛盾很深，他们巴不得通过削弱消灭成德王承宗来泄愤和扩充自己的力量，因此在征讨成德王承宗的战争中，幽州、义武最积极，而且出力甚多。

唐宪宗在削除藩镇割据势力中，还善于利用藩镇之间的重重矛盾，使他们相继归服朝廷，不战自降。在众多藩镇割据形势下，各藩镇都企图通过侵占别镇的土地、民众来扩充自己的势力和地盘，因此，各藩镇之间必然存在着各种矛盾和利害冲突。宪宗就利用有些藩镇如果"不倚朝廷之援以自存，则立为邻道所齑粉矣"④ 的形势，使一些藩镇为求自保

---

① 王夫之：《读通鉴论》卷 25，中华书局，1975 年。
② 《资治通鉴》卷 239。
③ 《资治通鉴》卷 237。
④ 《资治通鉴》卷 238。

而相继归服朝廷，其中最为典型的就是河朔三镇的不战自降，相继归服。起初，"地狭人贫，军资半在度支"的义武镇处在河朔诸镇之间，不断受到成德、卢龙两强镇的威胁。在宪宗平定西川、浙西和用兵成德后，义武镇张茂昭深感处境危难，因此，在元和五年（810）不顾邻镇的阻挠，"举族入朝"。宪宗随即任命迪简任行军司马，赴义武镇接管了张茂昭所交出的易、定二州。迪简又先后平定了杨伯玉、佑元的叛乱，真正控制了义武，使朝廷在河朔三镇中打入了一个锲子。元和七年（812），魏博镇的田怀谏11岁继承父职为节度使。由于年幼，大权旁落，诸将怨起，魏博发生内讧，田弘正自任留后。他"四顾而无有可托之强援，念唯归命朝廷为足以自固"①，于是表示守天子法，"举六州版籍请吏于朝"②。宪宗乘此果断采取措施，任命田弘正为节度使，并派裴度前往宣慰。裴度奉命"遍至属州，布扬天子德泽，魏人由是欢服"③。唐宗宪的"坐待魏博之自归"④，不战而屈人之兵，遂告成功。魏博的归顺打破了河朔地区"终无有持朝廷为奥援"的局面，唐中央又进一步在此心脏地区插入一把尖刀。正如明末清初学者王夫之所言："刳河朔之腹心，倾叛乱之巢穴"⑤。魏博镇在河朔诸镇中举足轻重，唐朝廷控制魏博之后，在与藩镇割据势力斗争中遂渐取得主动权。淮西平定后，藩镇割据者更是闻风丧胆，河朔跋扈之风大大收敛，正是"彼瑕易脆，而国威可伸，申、蔡平而河北震惊"⑥，致使各地节度使"奔走道路，惧承命之不暇"⑦。河朔镇之首成德王承宗哀求田弘正，请以二子为质，并献德、棣二州，输租税，请官吏；卢龙刘聪也吓得主动让出帅地，请求削发为僧，宪宗即派张弘靖前往镇守，河朔诸镇不战自降。

---

① 《新唐书》卷148《田弘正传》。
② 《读通鉴论》卷25。
③ 《新唐书》卷173《裴度传》。
④ 《资治通鉴》卷238。
⑤ 《资治通鉴》卷239。
⑥ 《读通鉴论》卷25。
⑦ 《白氏长庆集》卷58《于顿裴均欲入朝事宜》。

其四，易藩镇之地。唐德宗以来，"姑息藩镇，有终身不易地者"，这是节度使在各地盘根错节，肆意割据的重要条件之一。对此，在唐宪宗时期"（李）吉甫为相岁余，凡易三十六镇"①。按他亲撰的《元和国计簿》统计，当时全国"方镇四十八"②，在一年多的时间内调换藩帅达70％以上。易藩镇之地的措施，使节度使割据势力的根基遭到分化瓦解，那些节度使到新的镇守之地失去了盘根错节的人事基础、社会基础，难以再呼风唤雨，一呼百应。这的确是抑制藩镇的釜底抽薪之策。

其五，重赏藩镇，使其恭顺。唐宪宗在对藩镇采取派兵平叛、以藩制藩、易藩镇之地等策略，对藩镇形成高压态势的同时，另一方面也采取软硬兼施、威胁利诱的手段，通过和亲、重赏爵禄、钱物等，使其归顺朝廷。大多数藩镇割据者拥兵自重的目的就是广占土地、民众，横征暴敛，抢掠财物，以满足其骄奢淫逸的生活，而牙兵杀大帅、肆抄劫，也都是贪图钱财，所以宪宗一遇到适当的时机，就不惜以爵禄赏赐藩镇割据者，以使"其麾下效之以取朝廷之赏""争为恭顺矣"③。如元和二年（807），山南东道节度使于頔为了密切和朝廷的关系，为其子求尚公主，宪宗不顾朝臣反对，以晋宁公主嫁给頔子季友为妻，且"恩礼甚厚"。宪宗的和亲政策很快起到了示范的作用。元和五年（810），义武张茂昭举族入朝，宪宗赏赐其绫织 15 匹，并命张茂昭为汉中、慈隰、晋绛节度使。同年，成德王承宗上表自首，朝廷随即以王承宗为成德节度使，又"以德、棣二州与之"，诸道行营将士，共赐财物 280430 端匹。元和七年（812），魏博归顺，宪宗即封田弘正为魏博节度使，并出内府 150 万缗犒军，六州百姓给复一年，当"诏书到魏博，钱帛随路而至，军中踊跃叫，向阙拜泣"，朝廷达到了"收此一道人心"的目的，致使成德、兖郓人也

---

① 《新唐书》卷 146《李吉甫传》。

② 《资治通鉴》卷 237。

③ 《资治通鉴》卷 238。

相顾失色，叹曰："恩泽如此之厚，反叛有何益！"① 后来的成德、卢龙相继归顺臣服，除慑于当时的形势外，朝廷许诺各赐钱100万贯的利诱也起了重要的作用。

二、反对宦官专权思想

唐朝"自元和末，阉寺权盛，握兵宫闱，横制天下。天子废立，由其可否，干挠庶政"②。"权纲弛迁，神策中尉王守澄负弑逆罪，更二帝不能讨，天下愤之。文宗即位，思洗元和宿耻，将翦落支党。方宦人握兵，横制海内，号曰'北司'，凶丑朋挺，外胁群臣，内掣侮天子。"③ 唐文宗即位后，太和二年（828），举贤良方正能直言极谏，草泽刘蕡上书，切论黄门太横，将危宗社：

> 臣以为陛下宜先忧者，宫闱将变，社稷将危，天下将倾，海内将乱。此四者，国家已然之兆，故臣谓圣虑宜先及之。……其疏远贤士，昵近刑人，有不君之道矣……奈何以亵近五六人，总天下大政，外专陛下之命，内窃陛下之权，威慑朝廷，势倾海内，群臣莫敢指其状，天子不得制其心。祸稔萧墙，奸生帷幄，臣恐曹节、侯览，复生于今日，此宫闱之所以将变也！……今忠贤无腹心之寄，阉寺持废立之权，陷先君不得正其终，致陛下不得正其始。况皇储未建，郊祀未修，将相之职不归，名分之宜不定，此社稷之所以将危也。④

刘蕡在此大胆明确地指出：当时宦官权势膨胀到已使国家社稷处于崩溃的边缘，宦官专权，不仅把持朝廷内外一切大权，甚至能随心所欲

① 李绛：《李相国论事集》卷5《论魏博》，台湾商务印书馆影印文渊阁四库全书本。

② 《旧唐书》卷190下《文苑下》。

③ 《新唐书》卷178《刘蕡传》。

④ 《旧唐书》卷190下《文苑下》。

废立皇帝。对此，朝廷上下敢怒不敢言，连皇帝也无可奈何。针对当时
宦官专权将危及唐王朝的严重局面，刘蕡提出了应对之策：

> 伏惟陛下思祖宗开国之勤，念《春秋》继故之诫。将明法度之
> 端，则发正言而履正道；将杜篡弑之渐，则居正位而近正人。远刀
> 锯之贱，亲骨鲠之直，辅相得以专其任，庶职得以守其官……诚能
> 揭国权以归其相，持兵柄以归其将，去贪臣聚敛之政，除奸吏因缘
> 之害，惟忠贤是近，惟正直是用，内宠便僻，无所听焉。选清慎之
> 官，择仁惠之长，敏之以利，煦之以仁，教之以孝慈，导之以德义，
> 去耳目之塞，通上下之情，俾万国欢康，兆民苏息，则心无不达，
> 行无不孚矣。①

刘蕡的应对之策主要是针对当时造成宦官专权的原因而提出的：其
一，宦官专权的根本原因其实在于皇帝亲近、重用宦官，而疏远、不用
朝中正直、清廉的大臣。对此，刘蕡提出皇帝应该疏远"刀锯之贱"的
宦官，不要听信内宠的谄媚逢迎之语，应"亲骨鲠之直"，"惟正直是
用"，"选清慎之官，择仁惠之长"，这样才能使政治清明，孝慈德义之风
得到弘扬，百姓安居乐业。其二，刘蕡主张应赋予丞相应有的权力，使
各级官吏恪守其职，从而削夺宦官恶性膨胀的权力，改变因此所造成的
宦官"总天下大政，外专陛下之命，内窃陛下之权，威慑朝廷，势倾海
内"的严峻局面。刘蕡主张恢复丞相权力，以丞相牵制宦官权力的想法
为后来的李德裕所实践，并取得一定的效果。其三，当时宦官之所以权
力恶性膨胀，肆无忌惮，其中一个重要原因就是宦官在中央掌握禁军、
在地方充当监军使。对此，刘蕡主张"持兵柄以归其将"，改变原来"将
相之职不归"的异常局面。这是釜底抽薪之策，一矢中的，击中宦官专
权之要害。如果宦官的兵权被削夺，就失去了在朝中专横跋扈、胡作非
为的支撑，宦官专权之祸就会迎刃而解。刘蕡削夺宦官兵权的思想也为
后来的李德裕所实践，并同样取得了一定的效果。

---

① 《旧唐书》卷190下《文苑下》。

唐武宗开成五年（840）九月，著名政治家李德裕入相执政。他吸取了在文宗朝同宦官集团斗争失败的教训，在反对以仇士良为首的宦官集团的过程中，深谋远虑，巧妙地推行了两项有远见的重要措施，取得了武宗的全力支持，挫败了仇士良为首的宦官势力，改变了宦官专权的局面，取得了令人瞩目的成绩。

当时的宦官势力，以仇士良集团为最盛。仇士良是镇压"甘露事变"的罪魁祸首，文宗实际上是在他的挟持下忧愤而死的。武宗即位后，他又因拥立有功，以左神策护军都尉充观军容使，知天下军事，权力震天下。因此，李德裕反对宦官专权，首先把矛头对准了仇士良。李德裕反对仇士良为首的宦官集团的措施有二。其一通过加强相权，政出中书，来加强自己的权力，削弱宦官的权势。

> 武宗立，召（李德裕）为门下侍郎、同中书门下平章事。既入谢，即进戒帝："辨邪正，专委任，而后朝廷治。臣尝为先帝言之，不见用……"又谓："治乱系信任……太、玄、德、宪四宗皆盛朝，其始临御，自视若尧、舜，浸久则不及初，陛下知其然乎？始一委辅相，故贤者得尽心。久则小人并进，造党与，乱视听，故上疑而不专。政去宰相则不治矣……夫辅相有欺罔不忠，当亟免，忠而材者属任之，政无它门，天下安有不治？……是知亟进罢宰相，使政在中书，诚治本也。"①

显然，李德裕在此向武宗进言，唐太宗、玄宗、德宗、宪宗四朝所以出现盛世的局面，一个很重要的原因是皇帝任命贤者为辅相，并用之不疑，使贤者能尽忠竭力。但遗憾的是有的皇帝任用贤者为辅相时间久了，由于左右小人的挑拨离间，混淆视听，皇帝罢免了贤者，夺去其相权，使国家失去了治理。所以李德裕劝谏武宗应选任忠而有才干的人为宰相，并长期用之不疑，使国家庶政出自中书，这就是治理国家的根本。

主张权在宰相，政出中门，显然意在削除仇士良为首的宦官集团的

---

① 《新唐书》卷180《李德裕传》。

势力，使仇士良等的权力受到制约，不能再随意干预朝廷大事。自此之后，武宗朝"筹度机宜，选用将帅，军中书诏，奏请云合，起草指纵，皆独决于德裕"①。朝廷号令，"自非中书进诏意，更无它诏自中出者"②，宦官势力难以插手朝政，改变了自甘露事变以来"天下事皆决于北司，宰相行文书而已"③ 的宦官专权局面。

其二实行监军宦官不得干军要。

> 先是，韩全义败于蔡，杜叔良败于深，皆监军宦人制其权，将不得专进退，诏书一日三四下，宰相不豫。又诸道锐兵票十，皆监军取以自随，每督战，乘高建旗自表，师小不胜，辄卷旗去，大兵随以北。由是王师所向多负。至讨回鹘、泽潞，德裕建请诏书付宰司乃下，监军不得干军要，率兵百人取一以为卫。自是，号令明壹，将乃有功。④

从表象上看，李德裕奏请宦官监军不得干军要的措施，是因为朝廷军队在蔡、深两次战役中失败。其原因主要是监军宦官干预军机、掌控军权，使领兵将领无法有效指挥军队。在对回鹘、泽潞用兵时，朝廷吸取了这一教训，限制了宦官监军之权，大大提高了军队的战斗力，取得了平定回鹘、泽潞的军事胜利。从深层次的政治斗争看，李德裕是借朝廷对回鹘、泽潞的用兵，乘机削夺以仇士良为首的宦官集团的兵权。仇士良之所以能长期左右朝政，除因掌握了护卫天子的禁军之外，还得到各地监军宦官的支持。现在各地藩镇中的监军被削夺了干预军政的权力，那些效忠于朝廷的军事将领势必对仇士良统领的中央禁军形成一种强大的威慑力量。"监军失权，而中尉不保神策之军"⑤，这无疑是对掌握中央神策军的仇士良一个沉重的打击。

---

① 《旧唐书》卷174《李德裕传》。
② 《资治通鉴》卷248。
③ 《资治通鉴》卷245。
④ 《新唐书》卷180《李德裕传》。
⑤ 《读通鉴论》卷26《宣宗一》。

在仇士良失去各地监军宦官军权支撑的情况下，李德裕决定乘胜追击，会昌三年（843）四月，李德裕以身体多病为由上表武宗，请辞相位。李德裕当时确实多病，但还没有病到不能工作的程度。他向以"竭诚报国，必不愧于明神，尽礼事君，志实贯于冰雪"① 自诩，如今奋斗了大半生，终至相位，而且取得了令人瞩目的政绩，正可进一步大展宏图，实现平生抱负，不可能就此退休赋闲。他的辞相其实是一种以守为攻的策略，意让武宗在他与仇士良之间做出选择，促使武宗为了留住他而下定决心，解除仇士良的兵权。当时适逢对回鹘的战争取得胜利，讨伐泽潞即将开始的关键时刻，正是武宗最需要他的时候。李德裕抓住这一机会向武宗摊牌，使武宗十分惊慌。武宗说："卿每辞位，使我旬日不得所。今大事皆未就，卿岂得求去！"② 因此，德裕四月请求辞相，五月武宗就罢去仇士良左神策护军中尉的职务，贬为左卫上将军兼内侍监，知省事。仇士良被解除兵权，只得请求致仕。六月三日他被迫退休，不久就死去。六月二十五日，武宗"敕斩仇军容孔目官郑中丞、张端公等四人，及男女奴婢等，尽敛破家"③。以仇士良为首的宦官集团基本被消灭。

但是，以仇士良为首的宦官集团的消失并不意味着唐朝宦官势力的衰亡，其他宦官集团继仇士良之后仍然把持着左、右神策军的指挥权。李德裕要彻底解决宦官专权问题，就必须把神策军从宦官手中夺过来，置于宰相的管辖之下。他在会昌五年（845）四月又采取了行动：

> 左、右神策军者，天子护军也。每年有十万军。自古君王频有臣叛之难，仍置此军以来，无人敢夺国位。敕赐印，每中尉初上时，准敕出兵马迎印。别行公事，不属南司。今年四有初，有敕索两军印，中尉不肯纳印。有敕再三索。敕意索护军印，付中书门下，合宰相管两军事，一切拟令取宰相处分也。左军中尉即许纳印，而右

① 李德裕：《会昌一品集》卷18《为星变陈乞状》，台湾商务印书馆影印文渊阁四库全书本。

② 《资治通鉴》卷247。

③ 〔日〕圆仁：《入唐求法巡礼行记》卷4，广西师范大学出版社，2007年。

军中尉不肯纳印，遂奏云："迎印之日，出兵马迎之；纳迎之日，亦须动兵马纳之。"中尉意，敕若许，即因此便动兵马，起异事也。便仰所司，暗排比兵马。人君怕，且纵不索。①

这里，李德裕决心改变宦官统领禁军的制度，把禁军置于宰相管辖之下的思想是正确的，这的确是彻底解决宦官专权之祸的根本。但是却低估了仇士良之后的宦官势力，其结果是遭到右军中尉的坚决抵制，并以兵变相威胁，迫使武宗做了让步，使此事不了了之。宦官最终未交出统领禁军之权。另外，李德裕想把禁军置于宰相管辖之下，其实也触犯了唐皇帝之大忌，"自古君王频有臣叛之难，仍置此军以来，无人敢夺国位"，皇帝以宦官统率神策军，就是用来制约宰相的权力，防止其有"臣叛之难"。李德裕企图将神策军置于宰相管辖之下，无形中必然会引起皇帝和朝臣的猜疑，使自己蒙上有"臣叛之难"的嫌疑。

但是，总的说来，李德裕在武宗朝反对宦官专权的思想和实践，显示了其较高超的政治智慧和谋略。李德裕醉翁之意不在酒，他的两项反宦官专权的措施，其表面上，都不是针对以仇士良为首的宦官集团，而是顺势而为，选好适当的时机和巧妙的理由，达到一箭双雕的目的。第一项措施的理由是为了加强中央集权，使皇权和相权有个适当的分工，从而加强相权，政出中书，改变宦官干政的局面；第二项措施的理由是为了取得对回鹘、泽潞战争的胜利，削除监军宦官的军权，使统军将领全权指挥军队，从而摧毁了以仇士良为首的宦官集团掌控军队的基础。这两项措施的理由冠冕堂皇，正正当当，使宦官势力不好也不敢当面反对，从而达到了对宦官势力予以沉重打击的目的。这正是李德裕反对宦官势力的思想与策略的高明之处，正如王夫之所说的："德裕之为社稷谋，至深远矣。"②

综观李德裕在武宗朝为相时反对宦官专权的思想与实践，其态度之

① 《入唐求法巡礼行记》卷4。
② 《读通鉴论》卷26《武宗》。

坚决，策略之高明，成效之卓著，确实是唐中叶以来所仅见的。王夫之说，宦官专权，"极重之弊，反之一朝，如此其易者，盖实有以制之也。唐之相臣能大有为者，狄仁杰而外，德裕而已"[①]，诚为不刊之论也。当然，德裕也只是暂时革除了宦官专权之弊，并没能从根本上铲除产生宦官专权的权力支撑——宦官统领禁兵。宦官统领禁兵是唐王朝皇帝制约宰相权力的一个重要砝码，身为宰相的李德裕根本无法解决这一问题。相反，只能在武宗去世后，被宦官拥立的宣宗一贬再贬，最后病死在崖州。

第五节　户口和土地管理思想

一、户口管理思想

（一）隋代户口管理思想

南北朝时期，由于战乱不已，民众流离失所，脱离户籍，还有一些佃客户口为豪强隐瞒。隋朝实行均田制，计丁受田，所以户籍管理是否成功，关系到均田制度的推行和国家赋税征收与徭役的摊派。隋朝采取貌阅、析籍、检察之制以核实户口。其中貌阅、析籍之制见于《隋书》卷24《食货志》："开皇三年（583）正月……是时山东尚承齐俗，机巧奸伪，避役惰游者十六七，四方疲人，或诈老诈小，规免租赋。高祖令州县大索貌阅，户口不实者，正长远配，而又开相纠之科。大功以下，兼令析籍，各为户头，以防容隐。于是计账进四十四万三千丁，新附一百六十四万一千五百口。"《通考》卷12《职役考一·历代乡党版籍职役》

---

①　《读通鉴论》卷26《武宗》。

载："隋文帝受禅，颁新令，五家为保，保五为闾，闾四为族，皆有正。畿外置里正，比闾正，党长比族正，以相检察。"时宰相高颎建议，"以人间课税，虽有定分，年常征纳，除注恒多，长吏肆情，文账出没，既无定簿，难以推校，乃为输籍之样，请遍下诸州。每年正月五日，县令巡人，各随近五党三党共为一团，依样定户上下"[①]。以上所引中的"大索貌阅"就是隋代地方州县官府依照户籍簿上登记的年龄体貌进行核对，以清查户口。"检察"也就是核对、清查户口。所谓"析籍"就是同祖父母的堂兄弟必须分家，另立门户，各为户头。"输籍定样"则为确定划分户等的标准。总之，这些记载反映了隋朝整顿户籍的三个步骤：一是根据户籍簿上登记的年龄、体貌核对、清查户口；二是在户口清查的基础上，对同祖父母的堂兄弟强行分家，各立门户；三是确定划分户等的标准，每年正月五日，县令派人到农村，依定样划分户等。显然，这三个步骤的目的十分明确，就是作为征收赋税和摊派徭役的根据。清查户口和强行分户大大增加了国家征调赋税和徭役的对象，如开皇三年（583）通过"大索貌阅"和"析籍"，山东共整顿出"四十四万三千丁，新附一百六十四万一千五百口"。另外，由于当时国家规定的赋税和力役数量低于豪强地主对佃户的剥削量，许多原来依附豪强地主的农民纷纷脱离地主，向官府申报户口，纳税服役，成为国家的编户。总之，隋初对户籍的整顿，大大增加了国家所辖的户口和财政收入，扩大了征派徭役的对象，同时有效地限制了自魏晋南北朝以来一直膨胀的豪强地主势力。

隋初地方基层管理民众组织是以五家为保，五保为闾；四闾为族，均置"正"。畿外置里正，比闾正；党长比族正，以相检察。开皇九年（589）准苏威之奏，改定百家为里，设长1人，500家为乡，设正1人，处理本乡诉讼争议。后来因为乡正专理词讼，不便于民，且有党与爱憎、公行货贿的弊端，遂罢此制。除了乡里组织外，隋朝在城中还有坊的组织。坊在北魏始成为城市中居民聚居区域之名。隋代每坊设置坊主1人，

---

① 《通典》卷7《食货七·历代盛衰户口》。

佐 3 人，与乡里的行政组织不相混杂。至隋炀帝大业三年（607），京都的坊均改为里，由尚书省任命里司官以管理之。

（二）唐代户籍管理思想

唐代，户籍管理制度更加严密，有一系列配套的措施。"开元十八年（730）十一月敕：诸户籍三年一造。起正月上旬，县司责手实、计账，赴州依式勘造。乡别为卷，总写三通，其缝皆注某州某县（某乡）某年籍。州名用州印，县名用县印。三月三十日纳讫，并装潢。一通送尚书省，州县各留一通。"① 从这一敕令可以看出，唐代开元年间，户籍的编造是每三年一次，负责编定的官府是州级政府，户籍的编排是以县以下的乡为基层单位。户籍编好以后，缮写成一式三份，地方州、县各保留一份，报送中央尚书省一份。编制户籍时是以手实和计账作为原始资料依据的。在州政府编定户籍之前，各县在每年年底，命里中的居民自报年龄及田地面积，编成籍册，名为计账。

计账每年编造一次，其编造程序是"诸户口计年将入丁、老疾、应免课役及给侍者，皆县亲貌形状，以为定簿。一定以后，不得更貌。疑有奸欺者，听随事貌定，以付手实"②。这里所说的"团貌"，就是每年将所普查的应负担赋役的人丁以及免除赋役的老人、残疾人和法定优免课役的人，由县里亲自派人来一一画出相貌，编成簿册。簿册编定之后，就不能随便改变原来所画的相貌。但是，县官府如有怀疑其中有不实欺诈等行为，则可随时重新更改画定。唐代所谓"手实"，则是民户申报户口时牒状一类的文书。唐朝对于编造手实也有一些规定：一是民户在申报手实时要注明户主，并且都要以户主的名义呈报；二是手实记载的主要内容为家中人口、年龄、田地；三是户主在手实上要保证所报内容属实。因为人口数量、年龄大小、田地多少都关系到每家所分到的国家分配的土地和民户所应承担的赋税和徭役。这既关系到每家每户的切身利

---

① 《唐会要》卷 85《籍账》。
② 《唐会要》卷 85《团貌》。

益，也关系到国家对民众征收的赋税和摊派的徭役。

正由于手实是唐代政府征收赋税、摊派徭役的主要依据，因此十分重视其编造的真实性，要求编造者和当事人做出郑重承诺。据目前出土的贞观、载初年间的手实来看，末尾大都写有保证词，如"若后虚妄，求受重罪""如后有人纠告，隐漏一口，求受违敕之罪"等。手实在团貌之后编成，然后政府再依据手实，编造成计账。唐朝规定，户籍中须注明户等，其目的除了定差科先后之外，还作为担负某些税额高低的依据。唐代评定户等是一项重要而且繁杂艰巨的工作。因为关系到各家各户定差科先后、承担税额的高低，因此必须做十分过细的评定工作。唐代的户等共分上上、上中、上下、中上、中中、中下、下上、下中、下下九等，由县令与城乡父老一起评定，再由县司制成九等定簿，上报于州，经州司覆准认定，注明在翌年编造的一式三份的户籍上。

评定户等的时间，唐朝规定："每定户以仲年（子、卯、午、酉），造籍以季年（丑、辰、未、戌）。"① 与编造户籍的间隔时间一样，也是三年一次。因为户籍是根据手实、计账和户等定簿而制定的，所以定户等要比编造户籍早一年。评定户等的依据有两方面，一是资财，二是丁口，土地仅是作为资财的一部分内容。户籍的内容是首列户主姓名，次列男女人口、姓名、年龄，与户主关系。各男口下须注明是丁还是中、小、黄。女口上注明是丁妻还是寡妻妾。在户主名下注明户等，是否课户及现时是否在负担课役。丁口之后还要载明应受田若干，已受田若干，其中口分、永业、园宅各若干。均田制瓦解后，唐政府仍然允许自耕农向国家请田，国家通常以逃户田及荒田等，以永业名义授给农民。但此时授给农民土地的性质已与实行均田制时不同，所以户籍中已没有黄、中、丁、老、课户与不课户之分了。

（三）五代时户籍管理

五代时户籍管理大体上沿用唐朝制度，但也有一些变化："梁太祖开

---

① 《唐六典》卷3《尚书户部》。

平三年（909），中书侍郎同平章事判户部事于兢奏，伏乞降诏，天下州府各准旧章，申送户口籍账，允之。晋少帝开运元年（944）八月敕，夏秋征科为账籍，一季一奏。周世宗显德五年（958）……又诏诸道州府，令团并乡村。大率以百户为团，每团选三大户为耆老。凡夫家之有奸盗者，三大户察之；民田之有耗登者，三大户均之。仍每及三载即一如是。"① 从以上简要记载我们可以看出，后梁时基本上全部承袭了唐朝的户籍制度，即"各准旧章"。后晋时，特别强调了账籍的征收赋税作用，并加强管理，规定"一季一奏"。后周时，在传统乡村基层组织之上出现"团"的组织，将一些乡村合并，大约以一百户为一团。每团选三大户为耆老，负责社会治安、赈济等事务。

（四）韩愈的六民论人口思想

韩愈的所谓六民是指士、农、工、商、僧、道，"古之为民者四"，指的是士、农、工、商四民；"今之为民者六"，则指韩愈在原来四民基础上又增加僧、道二民。而且，其中农、工、商三民彼此之间是相生相养的，因而都是社会生活所必需的。士虽然不能同农、工、商相生相养，但他们在封建社会中是"治人者"，即统治别人的人，按照儒家的"治人者食于人"的思想，他们由别人供给是天经地义的，当然是不会多余、无用的。既然分工不同的人们之间是一种相生相养的关系，如果有一种人不能以自己的劳动为别人的需要提供产品或服务，不能在相生相养方面发挥自己的作用，这种人就是对社会无益的。他们的存在，就不会有助于富国富民，而只会造成社会的贫穷。这种人越多，社会就会越贫穷，越不安定。韩愈进一步指出，古有四民，但社会却富裕、昌盛，说明四民都是对社会有益的，不是多余的人；而今之社会之所以不如古，所以"穷且盗"，就是在四民之外，又大量存在着无益的、多余的僧、道。僧、道不农，但却要食粟；不工，但却要使用器物；不贾，但却要由贾人供给。这样，生产者没有增加而消费者却大量增加了两种人，生之者寡而

---

① 《册府元龟》卷486《邦计部·户籍》。

用之者众，社会自然就会贫困动荡，就"穷且盗"了。

韩愈在六民论中虽然把士和僧、道都列为"教者"，即认为他们都不从事生产或服务，是教育别人的人，但是，士不是多余的，而僧、道则是多余的。他的理由是，士教人的是圣人之道、先王之道，而僧、道教人的则是"灭其天常"、无父无君的异端邪说。因此，士的存在不会使社会穷且盗，而僧、道的存在就必然会使社会穷且盗。

既然"古有四民"是社会所必需的，"今有六民"则多出僧、道二民是社会所不需要的，而且非但无益于人们之间的相生相养，还会导致社会的"穷且盗"。对此，韩愈主张，必须从总人口中消除僧、道二民，通过"人其人，火其书，庐其居"①的办法，把他们改造为其他四民。换言之，就是要把他们还俗为普通的人，烧掉佛教、道教的书籍，把寺庙道观给民众居住。

韩愈的六民论是一种独特的人口论，具有强烈的尊崇儒家反对佛教、道教的色彩，并且与当时的社会现实密切相关。自唐中叶以来，均田制逐渐遭到破坏，使土地兼并日益发展，大量农民失去土地，成为游民。安史之乱以及继之而来的藩镇割据，军阀混战，对社会经济造成严重的破坏，更使游民大量增加。这些从社会生产、流通领域中游离出来的游民，成为社会上的无业人口。无业人口无以为生，或者无稳定的职业和生活来源，他们的存在和不断增多，使社会经济日趋贫困，并加剧了社会的动荡不安。中唐时期，这个问题日益明确与尖锐，引起了一些有识之士的关注与担忧，韩愈就是其中一位比较关注这一社会问题，并试图寻找出解决办法的人士。

韩愈的六民论在前人士农工商四民划分的基础上，提出了六民的划分，反映了唐代前中期佛教、道教兴盛，僧、道人口数量大量增加，并对社会造成较大影响的事实。当时僧、道非生产性人口数量的大量增加，使整个人口结构发生了变化，在当时生产力十分有限的历史条件下，的

---

① 《昌黎先生集》卷 11《原道》。

确会对社会生活资料和生产资料的供给造成一定程度的负面影响。韩愈的这一人口思想，对宋代早期王禹偁、王济、宋祁、张方平的沙汰僧尼道士，裁减冗费思想，有着直接的影响，使人们关注到人口结构与社会经济的关系。这就是非生产性人口的大量存在，会使社会生活资料和生产资料短缺，从而影响社会经济发展，使许多人陷入贫困，并导致社会的动乱。

韩愈的六民论，以现代的眼光看，虽然不一定很科学严密，但从当时的历史条件考察，主要有 3 个方面的积极意义：一是韩愈较早认识到当时僧、道作为非生产性人口的膨胀，已对社会经济的发展带来了负面影响，因而提出必须让大量的僧、道人员还俗，重新成为生产性人口。这对当时减少非生产性人口，增加生产性人口起了一定的作用，至少限制了僧、道人口的进一步无限制的膨胀。大量僧、道还俗并限制其人数从某种意义上说不仅在做"减法"，减少限制了非生产性人员，而且同时又是在做"加法"，还俗者为了谋生，必然要加入农工商生产或服务行业，从而增加了生产性人员。这样一减一加，的确对减轻国家和社会的负担，增加生产性人员，发展生产，从而化害为利，使社会财富增加，发挥了较大的积极作用。二是韩愈在历史上较早将之前的士、农、工、商四民根据唐朝中叶僧、道数量大增的现实，把其增加为六民，并且创造性地将农、工、商划分为生产性人员，而将士、僧、道划分为非生产性人员，标志着其初步有了人口结构思想。他将农、工、商作为同一类的生产性人员，也有其独到之处。在他之前，传统的重农抑商思想通常将农民、手工业者作为生产性人员，因为农民、手工业才真正生产农产品和手工业品，而商人则作为非生产性人员，因为商人不生产农产品和手工业品，而只是贩运、买卖农产品和手工业品，并不增加社会产品和财富。基于这一基本认识，所以重农抑商者提出重视农业生产、抑制商业的主张。韩愈一反重农抑商思想，把商人也列入生产性人员。他从相生相养的理论出发，认为商人虽然不亲自生产农产品和手工业品，但通过服务性的贩运、买卖，满足人们对各种产品的需求，因此也属于生产

性人员。换言之，韩愈的生产性人员，不仅包括具体生产农产品和手工业品的农民、手工业者，也包括提供服务性劳动的商人。这一思想的提出，使人们在传统重农抑商思想占主导地位的封建社会中，改变对商人的看法，有深远的影响。三是韩愈已认识到人口结构与社会经济发展的关系。韩愈首先以行业为标准将当时的总人口划分为士、农、工、商、僧、道六民，然后再以生产性和非生产性标准将六民归为两大类，即具有"相生相养"关系的农、工、商生产性人口和不具有"相生相养"关系的"教者"士、僧、道非生产性人口。他的这种划分显然是一种从社会生产的角度对社会总人口的划分，而且进一步揭示了这种人口结构与社会经济发展的直接关系。即在治理国家中如果农、工、商生产性人口数量增加的话，人们的生产资料和生活资料就会增多，社会富裕安定；相反，如果僧、道非生产性人口数量增加的话，人们的生产资料和生活资料就会减少，社会贫困动乱。因此，必须沙汰僧、道，使他们还俗，增加生产性人口数量，保持人口结构的平衡，增加生产资料和生活资料的生产，促进社会经济的发展。

当然另一方面，由于时代的局限性，韩愈的六民论也存在着明显的不足，主要有以下 3 个方面：一是韩愈的六民论具有明显的宗教门户之见。既然士与僧、道同样为"教者"，属于非生产性人口，但是士则不是多余的，不会使社会"穷且盗"，那么僧、道为何是多余的，会使社会"穷且盗"？他的理由是士教人圣人之道、先王之道；僧、道教人为何是"灭其天常"、无父无君的异端邪说。这种理由是没有说服力的，显得牵强附会。黑格尔说，存在就是合理。从古至今，宗教一直存在于人类社会中。宗教之所以存在，其主要原因是人类对死亡、不可知未来、现实生活中的诸多苦难无法克服，心怀恐惧，因此需要寻求精神上的慰藉。唐代中期安史之乱后，藩镇割据，军阀混乱，社会动荡不安，人民生活痛苦，因此必然在现实生活走投无路的情况下只好寻求宗教的精神慰藉，因此，从这个角度上看，僧、道并不像韩愈所说的是多余的，恰恰也是民众所需要的。二是韩愈所说的僧、道都是非生产性的多余人口，这种

判断也不符合当时的历史客观事实。当时，僧、道中的确存在着大量的非生产性的多余人口，但是其中仍然存在着部分生产性人口。当时的众多寺庙道观，拥有大量的地产和货币，它们出租土地，经营高利贷、商业等，这些寺庙道观的主持者，本身就是大地主、大商人。相反，寺庙道观中的绝大部分僧、道，还得靠自己的劳动、募化、乞讨为生。如耕种寺庙道观所拥有的田地，或从事某种手工业制作，或从事某种贩鬻，或行医卖药。他们的经济地位，同自耕农、手工业者、小商贩一样，虽然身穿袈裟或道袍，但与世俗的农、工、商三民一样参与人们之间的相生相养活动，也是属于生产性人口，并不是非生产性的多余人口。另一方面我们还必须看到，非生产性多余人口也并非仅存在于僧、道中。当时一些破产的农民、手工业者、商人，丧失了土地、资金等，没有了职业，或无稳定的职业，失去生活来源，收入不足养家糊口。他们或出家为僧、道，或仍然艰难挣扎于农、工、商中，成为非生产性或半非生产性的多余人口。正如与韩愈同时期的元稹就指出，当时的吏、农、工、商、军中，都有相当一部分的多余人口。这比韩愈只把僧、道看作多余的人口，更接近于历史事实。三是韩愈只看到僧、道非生产性人口数量的膨胀使社会贫困动乱，但是没有看到当时土地兼并、军阀混战使大量农民、手工业者、小商人等破产而无以为生，纷纷出家为僧、道，以逃避国家赋税和徭役，求得生存，从而使僧、道人口数量大量增加。其实当时僧、道人口数量大量增加和社会贫困动乱两者之间互为因果关系，形成恶性循环，最终成为很严重的社会问题，从而引起当时有识之士的担忧，提出各种解决的途径，韩愈就是其中之一。以现代的眼光来看，当时这一严重的社会问题其更根本的原因应是土地兼并的日益严重和军阀的混战对社会经济的摧残，导致民不聊生，纷纷出家为僧、道，求得苟延残喘，使僧、道人口数量膨胀，反过来导致社会更加贫困动乱。韩愈对此社会问题认识不足，并在宗教门户之见的影响下，提出了令僧、道还俗，增加生产性农、工、商人口数量的主张。

（五）白居易的农业劳动力思想

唐朝中后期，由于均田制的逐渐破坏和军阀混乱的动乱，许多农民失去土地，纷纷流离失所，脱离农业生产而从事工商业，出家当僧、道等谋求生存，使农业生产缺乏劳动力。对此，白居易看到了这一社会问题，认为当时的农业生产，存在着劳动力不足而使农业荒废凋敝的问题，其原因是当时大量的人口"舍本业，趋末作"，"游惰者逸而利，农桑者劳而伤"。他主张通过赋税政策工具，使从事农业生产者有较好的经济收入，引导百姓返回农村从事农业生产。这样，"游手于道途市肆者，可易业于西成；托迹事军籍释流者，可返躬于东作"。①

白居易还对当时佛教盛行、僧尼数量大量增加，使农业生产凋敝，百姓缺衣少食状况表示担忧："古人云，一夫不田，有受其馁者；一妇不织，有受其寒者。今天下僧尼，不可胜数，皆待农而食，待蚕而衣。臣窃思之，晋、宋、齐、梁以来，天下凋敝，未必不由此矣。"② 白居易把当时大量僧尼的存在作为百姓遭受饥寒、社会经济凋敝的一个重要原因，同韩愈的把僧、道作为非生产性多余人口导致社会生活资料和生产资料供给不足的观点，十分相似，但是白居易是纯粹从经济角度来看问题，而不像韩愈那样不仅从经济角度，还出于强烈的宗教门户之见。

（六）元稹减少"不农而食"人口数量思想

元稹（779—831），字微之，河南河内人。幼孤，母郑贤而文，亲授书传。举明经书判入仕，补校书郎。元和初，应制策第一。除左拾遗，历监察御史。坐事贬江陵士曹参军，徙通州司马。自虢州长史征为膳部员外郎，拜祠部郎中、知制诰。召入翰林为中书舍人、承旨学士，进工部侍郎同平章事。未几罢相，出为同州刺史。改越州刺史、兼御史大夫、浙东观察使。太和初，入为尚书左丞、检校户部尚书，兼鄂州刺史、武昌军节度使。卒后赠尚书右仆射。稹自少与白居易倡和，当时言诗者称

---

① 《白氏长庆集》卷46《策林二·十九》。
② 《白氏长庆集》卷48《策林四·六十七》。

"元白"，号为"元和体"。今有《元氏长庆集》传世。

元稹指出，当时社会经济衰敝，民不聊生，其主要原因是当时"不农而食"① 的人口数量太多，使农民的赋税负担日益加重，迫使更多的农民放弃农业生产，从而形成一种恶性循环，使"不农而食"的人口愈来愈多，导致社会经济愈来愈凋敝。针对这种状况，他主张一个国家的绝大多数人口应由农民构成，非农业人口不能没有，但应该尽量少。他的这种人口结构思想同战国时期荀子"士大夫众则国贫""工商众则国贫"的思想是一脉相承的，即强调在一个国家的人口结构中，应当有尽可能多的从事农业生产的人口，而尽可能少的非农业人口，这样，国家就会富足；否则，如果非农业人口增多，从事农业生产人口减少，国家就会贫困。

战国时期的荀况提到"士大夫众"和"工商众"时并没有具体涉及"众"的界限，元稹则比较明确地给出"众"的界限，这就是说，非农人口数量应限制在为农服务所需的数量，而且只有有能力为农服务的人员，才可以不农而食。他认为，古时候非农人口都是有自己的专业能力为农服务的，而在他所处的时代却不是这样了。"古之不农而食之者四而已：吏有断狱之明则食之，军有临敌之勇则食之，工有便人之巧则食之，商有通物之智则食之。"这四种不农而食的人，具有"断狱""临敌""便人""通物"的能力。他们所从事的是"明者、勇者、巧者、智者之事"，是社会所需要的。他们不农而食是理所当然的。并且这四种人在社会上是不多的。"百天下之人，无一二焉。"如果没有"断狱""临敌""便人""通物"的四种能力之一，那么"不农则不得食，不织则不得衣。人之情，衣食迫于中，则作业兴于外，是以游食者恒寡，而务本者恒多"。但是到了元稹所处的当世，情况却大不相同了。由于从事农业生产"劳而难处"，从事非农行业的"逸而易安"，所以使许多农民纷纷脱离农业生产。"吏理无考课之明，卒伍

---

① 《元氏长庆集》卷28《才识兼茂明于体用策一道》，本目引文未注出处者，均见于此。

废简稽之实，百货极淫巧之工，列肆尽兼并之贾"，缺乏四种能力之人，却成为吏、军、工、商了。除此四种人之外，再加上"依浮图者，无去华绝俗之贞，而有抗役逃刑之宠；戎服者，无超乘挽强之勇，而有横击诟吏之骄"。于是，社会上不农而食的人大量增加，"十天下之人，九为游食"。这样，在人口结构上形成了恶性循环，不农而食之人愈多，农民愈少，所负担的赋税就愈重，逃离农业生产的人就愈多，民众生活就愈贫困。"是以惰游之户藏富，而耕桑之赋愈重，曩时之十室共耕而犹不给者，今且聚之于一夫矣"。在这种情况下，"耕桑之赋重，则恋本之心薄；惰游之户众，则富庶之道废。此必然之理也"。

针对这种社会弊端，元稹提出了两点解决办法：一是国家采取行政强制手段，减少非农业性人口。"明考课之法，减冗食之徒，绝雕虫不急之工，罢商贾兼并之业，洁浮图之行，峻简稽之书。"通过考核，大量裁减没有一技之长能力的士、工、商、僧尼等非农业性人口。二是通过降低农业税、奖励耕战引导民众积极从事农业生产，从军保家卫国。"薄农桑之谣（征），兴耕战之术"，这样，就可使"惰游之户尽归，而恋本之心固矣。恋本之心固，则富庶之教兴矣，而贞观、开元之盛复矣"。元稹的减少不农而食人口的思想，同韩愈的"六民"论相似，触及唐中期的过剩人口问题。他不把过剩人口的存在归于人口同生活资料相比的更高增长速度，而归于农业性人口与非农业性人口结构比例的不合理，这同韩愈六民论是一致的。但是，元稹在人口结构划分的标准上与韩愈不同：他的农业性人口与非农业性人口的划分标准，更直观地将工商业者也归入不直接生产谷帛的不农而食者；与此不同，韩愈的生产性和非生产性人口的划分标准，则将农、工、商归入生产性人口，而将士、僧、道归入非生产性人口。在中国古代农业社会中，农业是最主要的生产部门，对手工业、商业等部门起决定性的作用，因此，元稹的农业性人口与非农业性人口的划分思想，有一定的合理性，更符合当时的社会现实情况。还有，韩愈从宗教门户之见来看问题，所以主张彻底禁佛；而元稹则从社会经济视角来看问题，从加强农业生产的现实要求出发，虽然把"依

浮图者"也看作过剩人口的一个组成部分,但并不把一切佛教徒都看作是过剩人口,不像韩愈那样主张彻底禁佛,而是采取较客观、宽容的措施,主张"洁浮图之行",即在僧尼中留下那些真诚信仰者,而只裁汰那些混迹佛门的游堕不农而食之人。

最后值得一提的是,元稹将当时人口划分为农、吏、军、工、商五类,这种划分也客观反映了唐中期人口结构变化的现实。唐前期在军事上实行兵农合一的府兵制,兵农不分,所有的士兵均由均田制下的农民征调,所以所有的士兵也都是未脱离生产的农民,都不是非农而食者,也就是说并不存在独立的"军"这类人口。只是在府兵制与均田制瓦解之后,在募兵制下,才出现了脱离农业生产、不农而食的职业兵"军"。还有战国时期的荀子早就把"士"作为一种类型的非生产性人口,提出"士大夫众则国贫"的观点,但战国时期"士大夫"的成分相当复杂。至唐中期,元稹则把"吏"也作为独立的一类不农而食者,则比较明确地指向官吏,这与当时封建官僚机构越来越臃肿膨胀,冗官冗吏众多不无关系。总之,元稹在传统士、农、工、商四民划分的基础上,增加"军"这一类型人口,改"士"为"吏",从某种意义上说,符合唐中期人口结构变化的一个侧面。

中国古代传统上一直沿袭士、农、工、商四民说,元稹则一改传统说法,重新划分为农、吏、军、工、商五民,这与近代的"工、农、兵、学、商"五民说相似。所以可以说,唐中期元稹的五民说是近代五民说的滥觞。①

二、土地管理思想

(一)隋代土地制度

隋朝建立后,继续推行北魏以来的均田制。开皇二年(582),杨坚

---

① 《中国经济思想通史》第3卷。

下令推行均田制，"及颁新令……自诸王以下，至于都督，皆给永业田，各有差。多者至一百顷，少者至四十亩。其丁男、中男永业露田，皆遵后齐之制。并课树以桑榆及枣。其园宅，率三口给一亩，奴婢则五口给一亩……京官又给职分田。一品者给田五顷。每品以五十亩为差，至五品，则为田三顷，六品二顷五十亩。其下每品以五十亩为差，至九品为一顷。外官亦各有职分田。又给公廨田，以供公用"①。虽然官僚权贵的受田数与一般农民、奴婢的受田数相差达千万倍，许多农民受田不足额，但隋代继续推行北魏的均田制，毕竟使无地或少地的农民、奴婢也分到了一点土地，在一定程度上抑制了土地兼并，提高了农民、奴婢的生产积极性，对当时农业生产的恢复和发展起了积极的促进作用。

（二）唐代均田制思想

唐高祖李渊建立唐朝后，恢复北魏时期建立的土地制度和赋役制度。武德七年（624），唐朝颁布了均田令，规定："唐之始时，授人以口分、世业田……唐制：度田以步，其阔一步，其长二百四十步为亩，百亩为顷。凡民始生为黄，四岁为小，十六为中，二十一为丁，六十为老。授田之制，丁及男年十八以上者，人一顷，其八十亩为口分，二十亩为永业；老及笃疾、废疾者，人四十亩，寡妻妾三十亩，当户者增二十亩，皆以二十亩为永业，其余为口分。永业之田，树以榆、枣、桑及所宜之木，皆有数。田多可以足其人者为宽乡，少者为狭乡。狭乡授田，减宽乡之半。其地有薄厚，岁一易者，倍授之。宽乡三易者，不倍授。工商者，宽乡减半，狭乡不给。凡庶人徙乡及贫无以葬者，得卖世业田。自狭乡而徙宽乡者，得并卖口分田。已卖者，不复授。死者收之，以授无田者。凡收授皆以岁十月。授田先贫及有课役者。凡田，乡有余以给比乡，县有余以给比县，州有余以给近州。"② 唐代实行的均田制，是封建土地国家有制，是建在隋末战乱之后，国家控制着大量无主荒地的基础

---

① 《隋书》卷 24 《食货志》。
② 《新唐书》卷 51 《食货一》。

上的。唐制规定，18岁以上的男子，每人可分得100亩田地，其中80亩为口分田，田地主人死后归还国家，再分给无地人家；20亩为永业田，田地主人死后可由子孙继承。老人以及残疾人，每人可分到40亩，寡妇以及妾，可分到30亩，如果是户主，还可多分20亩，都以20亩为永业田，其余为口分田。永业田，可以栽种榆树、枣树、桑树以及其他适宜的树木。唐制在实施均田制时还区分按上述规定足够分到田地的为宽乡，无法全部分到田地的为狭乡，狭乡授田，按上述宽乡授田的一半授给。如果土地贫瘠需要轮耕的，加倍授给。工商业者，宽乡按一半授给田地，狭乡不授给。口分田和永业田一般不能买卖，永业田如遇到受田者迁徙或贫无以埋葬亲人的情况，可以买卖。口分田如遇到狭乡迁往宽乡，可以买卖。但是，卖田者国家不再授给田地了。凡是收回或授予田地，均在每年十月份进行。授田时如田地不够，贫困户和承担劳役的民户，可优先授给田地。授田时，田地多余的乡可调剂给附近田地不够的乡，田地多余的县可调剂给附近田地不够的县，田地多余的州可调剂给附近田地不够的州。国家尽可能满足广大民众对土地的要求，做到地无遗利，人无遗力，使土地与劳动力配置合理，充分发挥土地和劳动力潜力，从而促进农业生产的发展。

唐代均田制还规定了贵族与官员的授田：从亲王到公侯伯子男，授田数从100顷到5顷不等；在职的官员，从一品至九品，授田从30顷至2顷不等。此外，各级的官员还有职分田，用地租补充，作为俸禄的一部分。贵族和官员的永业田、赐田可以买卖。

初唐实行均田制，使土地与劳动力得到较好的配置，提高了农民的生产积极性和土地的利用率，推动了社会经济的发展。武则天时期，由于经济不断发展，人口数量持续增加，导致狭乡民众无田可授，只得往宽乡迁移，但是宽乡的田地也是有限的，不足以满足日益增多的人口对土地的需求。因此，国家必须增加垦田面积来解决人口持续增加情况下坚持推行均田制的问题。在当时这种情况下，唐政府鼓励民众从狭乡迁往宽乡，并动员民众开垦荒地，尤其重视在地广人稀的边疆开荒屯田。

在各级官吏的切实推行下，武周时期均田制的受田率超过 26%，与贞观年间基本相等，但武周时期全国人口要比贞观时期更多，① 这说明武周时期增加可耕之田以解决均田制田地不足授给问题取得明显的成效。

初唐的均田制虽然继承了北魏以来的均田制，但由于历史条件的不同，特别是土地私有制的发展和国家占有土地的减少，以及社会阶级状况的变化，产生了一个新的发展，使整个授田制度更加精细化。土地占有的等级规定更加层次分明和多种多样，以民户而论，年龄、职业、家庭、身份、性别、健康状况以及区域（宽乡、狭乡）之别，都成为占有不同数量土地的根据。

（三）裴耀卿"自营"田思想

唐玄宗时期，均田制已逐渐开始废坏，出现越来越多的没有耕地、寄居他乡的"浮户"。唐王朝为了保证国家对民众的赋役征发，不断实行"简括"浮户的做法，命令各地查出本地的"浮户"，或者强制浮户返回本乡，或者"所在编附"，即在查出的地区编入当地的户籍。但是，浮户编入当地户籍后，如果不能分到相应的土地，无法进行农业生产，实现自给自足，仍然难免重新沦为浮户，国家对其赋役的征发也无法得到保证。

唐玄宗开元十八年（730），裴耀卿任宣州刺史，对浮户问题提出了一个解决办法。他针对浮户在编附所在地分不到土地的问题，把浮户编入地广人稀的宽乡，10 丁居住在一坊，每丁给田 50 亩，每户给宅 5 亩，"任其自营"。另外，在自营田附近保留一部分"公田"，每 10 丁耕种 1 顷公田，按每丁月出工 3 日计算，10 丁一年共出工 360 日。耕种自营田的农民除耕种公田的劳役外，"更无租税"②。裴耀卿估计，公田 1 顷每年收获谷物不少于 100 石，国家可从浮户耕作公田中积存大量租谷。而且，分到自营田 50 亩的农民每月 30 天服 3 天劳役，其从天数来计算，也仅是

---

① 王怀双：《论武则天当政时期的经济形势》，《唐都学刊》2005 年第 6 期。

② 《册府元龟》卷 495《邦计部·田制》。

什之税一，如从亩数来计算，每丁自营田 50 亩，必须无偿为国家耕作 10 亩，其税率是什之税二，但免除其他一切租税。所以，分到自营田的浮户租税负担不重，自给自足当不成问题，因此不再流散。

裴耀卿分给浮户每丁 50 亩"任其自营"的土地，究竟是否属于浮户私有土地，是否可以买卖，由于史籍记载简略，现在还无法了解。但是由于当时唐朝正在实行均田制，在受田有明确的还田规定的情况下，裴耀卿所实行的自营田，并没有提及还田，而且还明确地把这种"自营"田与当时均田制下的"公田"区分开来。这至少可以说，自营田已不属于均田的范围了。在唐代均田制逐渐废坏，许多国有土地日益私有化的背景下，裴耀卿不是把浮户迁移到宽乡后按均田制的规定分土地给浮户，而是采取明显与均田制不同的办法重新分田给浮户，这显然对均田制的瓦解有推波助澜的作用。当然，裴耀卿以助耕公田的劳役地租形式来代替租庸制的实物地租，则是类似于恢复先秦时期孟子的"助而不税"的井田制下劳役地租形式，显然有开历史倒车之嫌。

唐朝中后期均田制和租庸调制的瓦解，是一个比较漫长的过程。最先察觉到这种趋势的就是裴耀卿。裴耀卿开始对怎样处理流散他乡的客户，提出了一部分"令所在编附"的主张。半个世纪后杨炎推行两税法所实行的"户无主客，以见居为簿"，与裴耀卿"令所在编附"，在原则上是一致的。裴耀卿提出的对编附户给予自营田并使其助耕公田以代纳税的办法，虽然没有得到实施，但却表明他已模糊地认识到，田制是赋税制的基础，因此在改革赋税制的同时必须对田制也实行改革。裴耀卿这一主张的提出，比杨炎两税制的改革早 50 年，它是均田制和租庸调制瓦解在思想领域中的早期反映。

（四）陆贽的田制思想

在中国古代土地制度史中，以安史之乱为界，我国土地制度经历了一个较大的历史转变。在安史之乱前，唐王朝的土地制度，除了地主和个体农民的土地私有制之外，封建国家还掌握着大量生产用地的所有权，并按均田制的规定，定期向农民授、收土地。农民作为国家的编氓，租

种国家的土地，并承担着国家规定的租庸调。此时，土地买卖、土地兼并虽然不断出现在日常社会生活之中，但总的来说，均田制下的土地国有制对社会经济的发展还是起着主导的作用。安史之乱后，均田制逐渐瓦解，国家拥有的大量生产用地逐渐转化为地主的私有财产。国家虽然还掌握着一部分公共用地，但所掌握的国有生产用地已经是很小的一部分。封建土地所有制的性质至此发生了质的变化，土地私有制得到更充分更普遍的发展，对社会经济的发展起着主导的作用。这种发展不仅表现在数量以及在社会经济中所起的作用，而且表现在经营形式方面：安史之乱前豪强地主依靠门阀势力以"部曲""宾客"等形式对农民进行直接人身的奴役，而安史之乱后，代之而起的是庶族地主利用契约关系租佃形式对农民进行地租剥削的经营方式。陆贽正是身处这样一个土地制度变革的历史时代，提出了自己对土地制度问题的观察和思考。

首先，陆贽认识到土地制度问题对治理国家的重要性。他指出，土地制度是国家所有的规章制度、礼义教化得以建立和贯彻实施的基础。在中国古代封建社会里，国家要立制度，治理教化百姓，首要的条件就是使人们附着在土地上。"夫欲施教化，立度程，必先域人，使之地著。"① 其次，陆贽认为，要使百姓固着在土地上，先决条件就是要解决土地所有权问题。他意识到，社会经济的动荡，民众的流离失所，社会秩序的混乱，往往起因于土地所有权的变动。"其理也，必谨于堤防；其乱也，必慢于经界……理人之要莫急于兹。"再次，陆贽对于土地所有权的归属问题，最推崇前代的国有土地所有权的均田制，反对当时的土地兼并。他认为在土地国有制下，均田制有两个方面的优点：一是人力和土地资源得到很好的配置。"人无废业，田无旷耕，人力田畴，二者适足"。二是贫富差距不大，社会安定均平。"贫弱不至竭涸，富厚不至奢淫，法立事均"。同时，他对当时的土地兼并行为，予以激烈的抨击和批判。他揭露了土地兼并所造成的诸多恶果：一是扩大了社会成员之间的

---

① 《陆宣公翰苑集》卷 22《均节赋税恤百姓》，本目引文均见于此。

贫富差距。"富者兼地数万亩，贫者无容足之居……贫富悬绝，乃至于斯"。二是加重了农民的负担。农民向地主交纳的地租，比原来租庸调制下国家向民征收的租额高得多。这是造成农民食不果腹的主要原因。"每田一亩，官税五升，而私家收租，殆有亩至一石者，是二十倍于官税也。降及中等，租犹半之，是十倍于官税也……官取其一，私取其十，稿人安得足食?"三是使国家赋税收入减少。随着均田制的破坏，土地兼并日趋严重，大量原来是均田制下向国家承担租税的"编氓"变成了地主的佃户。他们失去了国家分配的土地，耕种地主的土地，不再直接向国家缴纳租税，而改向地主缴纳地租，再由地主向国家缴纳税赋。这样，大量地租收入被截留在地主手中，使地主财富日增，而国家租税收入大量减少。地主"厚敛促征，皆甚公赋……官取其一，私取其十……公廪安得广储"。

对于当时的土地兼并问题，陆贽提出了两种解决方案：一是从土地制度这一根本性的问题上予以解决。他指出，"国之纪纲在于制度"，"昔之为理者，所以明制度而谨经界，岂虚设哉"。在陆贽心目中，最理想的土地制度是以前的均田制，但是他清醒地意识到，在国有生产土地丧失殆尽的情况下，要恢复均田制已经相当困难，"斯道浸亡，为日已久，顿欲修整，行之实难"。既然从土地制度上彻底解决土地兼并问题已很困难，陆贽只好立足于现实，提出第二种解决方案，即一方面采取限田的措施，由国家规定地主占田的限额以限制土地兼并的规模。另一方面采取减租的措施，迫使地主减少向农民征收的地租数额，"凡所占田，约为条限；裁减租价，务利贫人"。陆贽的限田主张，唐以前历史上早已有之，如西汉武帝时董仲舒已经提出，西汉末年师丹、孔光等更拟定了具体的实施方案。在这方面，陆贽只是重复了前人的主张。但是，陆贽有关减租的主张，则在其之前未有人明确提出。在中国封建社会土地私有制占主要地位的历史条件下，减租是减轻地主对农民的剥削，缓解两者矛盾的切实可行的有效措施。因此，陆贽的减租思想对后代影响较大，不断有人结合各自时代的具体情况，提出自己的减租主张。

（五）白居易的土地制度思想

白居易十分重视土地制度问题，认为这是农业生产的基本条件问题。社会上的大部分财富，是由土地产生的。"王者之富，生于地焉。"[①] 他认为，先秦时期的井田制是最理想的土地制度，它完满地实现了土地与劳动力的合理配置，使土地没有遗利，老百姓没有剩余的劳动力，广大民众都被固定在所分配的土地上，不得随意迁移逃避，社会安定。井田制"使地利足以食人，人力足以辟土；邑居足以处众，人力足以安家。野无余田，以启专利；邑无余室，以容游人。逃刑避役者，往无所之；败业迁居者，来无所处。于是生业相固，食力相济"。但是，井田制崩溃后，社会就出现了一系列的问题："井田废，则游惰之路启；阡陌作，则兼并之门开。至使贫苦者无容足立锥之居，富强者专笼山络野之利。"即失去土地的农民流离失所，兼并土地愈演愈烈，使社会贫富分化加剧，贫困的人没有立锥之地，而地主豪强则占有大片的田地和山林资源。

白居易通过井田制存在和崩溃后两种截然不同情况的对比告诉世人，井田制是一种理想的土地制度，因此应当恢复这种土地制度。但是，他又清醒地认识到："井田者废之颇久，复之稍难，未可尽行，且宜渐制。"因此，必须"斟酌时宜，参详古制：大抵人稀土旷者，且修其阡陌；户繁乡狭者，则复以井田"。

白居易这种解决当时土地兼并的主张新奇而大胆，一反唐之前传统的思维方式。如汉代荀悦、仲长统等人都认为，地狭人稠的地区，土地多为私人占有，如果要恢复井田制，必然遭到私人土地所有者，尤其是兼并了大量土地的贵族官僚、豪强地主的强烈反对，而很难实施。只有在地广人稀、存在大量无主荒地的地区恢复井田制，才能可能实施。而在地狭人稠的地区则采取限田、均赋税之类的权宜措施，才有可能实施。这种思路应该说来是比较符合实际情况，不会引起贵族官僚、豪强地主的强烈反对，保持社会的稳定。但是，白居易的思路不是从什么样的地

---

① 《白氏长庆集》卷 47《策林三·五十二》，本目引文均见于此。

区土地情况易于实施井田制来考虑，而是什么样的地区土地制度急需改变来考虑。地狭人稠地区，土地兼并和土地集中程度最为严重，矛盾最为尖锐，如要实行井田制，把土地地主私有制变土地封建国有制，势必触犯大地主（即占有大片土地的贵族官僚、豪强地主）的既得利益，必定遭到贵族官僚、豪强地主的强烈反对，甚至反抗。而这些贵族官僚和豪强地主是封建统治者中最为强有力的势力，是封建统治政权的主要社会基础，因此，白居易的"户繁乡狭者，则复以井田"的主张，是根本无法实行的。即使要在这些地狭人稠地区实行一些稍能缓解土地兼并的措施，都是难以做到的。另一方面，更何况井田制本身其实只是先秦时期人们理想中的一种土地制度，即使在地广人稀的地方也难以实施。因此可以说，白居易的土地制度思想根本无法解决唐朝中后期的均田制崩溃之后的土地兼并问题，他的恢复井田制的土地制度思想，只能是一种幻想。

（六）周太祖、周世宗的改革田制思想

1. 周太祖改革营田制思想。

周太祖郭威（904—954），字文仲，邢州尧山（今河北隆尧）人。后周开国皇帝（951—954年在位）。郭威出仕后汉，累有大功，拜邺都留守、枢密使。乾祐三年（950）冬，郭威发动兵变，向南攻破开封，推翻后汉。次年，郭威建立后周，年号广顺。在位期间，崇尚节俭、虚心纳谏、改革弊政，促进北方地区的政治经济形势趋向好转。显德元年（954年），因病驾崩，谥号圣神恭肃文武孝皇帝，庙号太祖。

营田是隋朝开始实行的一种土地制度，唐和五代一直沿袭。营田制是国家把一些国有土地分给流民耕种，耕种者成为国家的佃户，每年向国家缴纳田租并承担封建徭役义务，受国家特设机构的严密控制，被牢牢地束缚在土地上。这种佃户，实质上是一种由国家直接支配的人身依附性很强的农奴。

由此可见，营田制是一种建立在封建土地国有制基础上的非常落后的农业经营制度。佃户不仅在人身上受到类似于农奴的束缚，而且在经

济上受到苛重的剥削，没有农业生产积极性，其劳动生产率比建立在土地私有制基础上的个体农户要低得多，严重阻碍社会生产力的发展。在均田制瓦解后土地私有制广泛发展的情况下，营田制的落后性日益显现，越来越被人们所认识，尤其受到营田佃户日益强烈的反对。

郭威对营田制的改革是：把专供营田的国有土地"系官庄田"分给原佃户作为"永业"，原来谁种就归谁有。同时，裁撤管理营田的机构及官吏。这些佃户有了自己的土地，摆脱了类似农奴的地位，从营田制束缚下解放出来，成为国家的"编户齐民"，对国家承担的赋税徭役，远比营田制下所受的剥削轻。郭威对营田制改革的这些措施，自然大大提高了他们的生产主动性与积极性，使劳动力与土地得到较好的配置，促进了社会经济的发展。史称：郭威"以天下系官庄田仅（近）万计，悉以分赐见佃户充永业……百姓既得为己业，比户欣然，于是茸屋植树，敢致功力"[1]。这次改革涉及的人数有三万多户农民，而在后周世宗时，辖区中户口仅有二百余万），如果一户按 5 人计算，3 万户约有 15 万人，约占总人口的 13％。这是一个不少的数字，对当时农业生产的恢复和发展是一支不小的力量。

郭威之所以在建立后周王朝后，在掌权仅仅两年之后即在后周整个统治区域内着手推行对营田制的改革，是有其思想基础的。他出身贫寒微贱，"帝在民间，素知营田之弊"。因此在处理"系官庄田"的政策制定时，有些朝臣不同意无偿分配给佃农，主张出售，"若遣货之，当得三十万缗，亦可资国用"。但是，周太祖拒绝了这种建议，认为"苟利于民，与资国何异？"由于对营田制弊端甚为了解，所以其改革措施能对症下药，并且很快就取得了成效。

后周太祖郭威的营田制改革，客观上确实使 3 万多户的佃户获得了利益，有利于农业生产的恢复与增长。如果当时采纳了朝臣出售"系官庄田"的建议，这些庄田的绝大部分只会被大地主、大商人之类的兼并

---

① 《旧五代史》卷 112《周太祖纪三》，本目引文均见于此。

之家买去，那些佃户是根本买不起的。由于兼并之家"利广占，不利广耕"，这些田在他们手中对生产所起的作用，是远不能同分给佃户相比的。出售这些土地虽可为政府增加30万缗的财政收入，但3万多户农民在生产增长的基础上却每年能为国家提供大量的赋税收入，并且增产粮食供军国之需。从长远看，这对国家财政和军事力量所带来的益处，远比直接出售土地的所得大。后周太祖拒绝出售而坚持无偿分给佃户土地，应该说是富有远见的。

2. 周世宗柴荣有关承佃逃户庄田的思想。

周世宗柴荣（921—959），邢州尧山（今河北隆尧）人。后周第二位皇帝（954—959）。

从小在郭威家长大，谨慎笃厚，善骑射，成为郭威养子。显德元年（954），郭威驾崩，柴荣登基为帝。在位期间，整军练卒、裁汰冗弱、招抚流亡、减少赋税，中原经济开始复苏。南征北战，西败后蜀，夺取秦、凤、成、阶等四州；南摧南唐，尽得江北淮南十四州；北破契丹，连克二州三关。显德六年（959）去世，庙号世宗，谥号睿武孝文皇帝。

五代王朝频繁更迭，加上北方邻近契丹的广大地区，受契丹的不断侵扰劫掠，战乱不断，迫使大批农户抛弃家园，流离失所。

为了解决逃亡户土地荒废、农事无收的问题，周世宗制定了"逃户庄田并许人请射承佃，供纳租税"的政策。其内容是：为了及时使逃户土地有人耕种，使土地与劳动力得到配置，充分利用荒地进行农业生产，政府规定逃户土地允许别人申请承租，向国家缴纳地租。如果在承租3周年内，土地原主人还乡，其原有土地的一半应还给原主人，其余一半由承佃户继续租种；如果5周年内原主人还乡，其原有土地的1/3应还给原主人，其余由承佃户继续租种；如果5周年外原主人还乡，其原有土地只能还其坟茔地，其余全由承佃人继续租种。

对北方邻近契丹地区被迫流亡契丹的农户，则更放宽土地发还政策：5周年内回归者发还2/3，10周年内回归者发还1/2，15周年内回归者发还 1/3，15 周年之外回归者"不在交还之限"。[1]

从表面上看，周世宗柴荣的这一土地政策是把逃户原来的私有土地改由国家出面招佃承租，如果超过规定年限，就变为国有土地。这与后周太祖郭威变国有土地为私有土地的改革营田制在土地所有制上恰恰相反。但其在实质上，周世宗将原主逃亡的荒地由国家出面招佃承租，它的实际意义不是在于将土地私有改变为土地国有，而是在于通过国家招佃承租，变荒地为耕地，从而使耕地与劳动力得到配置，有利于战乱中大片荒地得到利用，有利于农业生产的恢复。这一政策规定了按逃亡时间长短而归还原主人不同数量的土地，可以在一定程度上照顾到承佃户的利益，稳定承佃户的生产积极性。如果不采取这种措施，禁止在土地原主人归乡前任人耕种，听其抛荒，使大片耕地白白浪费，这就严重阻碍战乱地区农业生产的恢复和发展。但是如果是逃亡户土地任人占垦，不加任何限制，这将会在原土地主人归来后引起无休止的产权纠纷，对农业生产和社会安定也均不利。这一政策限定逃亡户还乡期限，超过某个规定期限就少归还某些部分土地，将其收归国有，这也会督促逃亡户尽快归来，恢复当地战乱后的农业生产。尤其在邻近契丹的北方地区，放宽土地原主人归来期限和发还土地办法，有利于鼓励和引导流入契丹的农户归来。这有利于同契丹争夺劳动力和稳定边境局势。

第六节　赋税和商业、货币管理思想

一、赋税思想

（一）隋代赋税制度

隋文帝实行轻徭薄赋政策，减轻租调力役。开皇二年（582）的"新

---

① 《旧五代史》卷 115《周世宗纪二》。

令"规定："男女三岁以下为黄，十岁以下为小，十七以下为中，十八以上为丁。丁从课役，六十为老，乃免。"即规定男子 18 岁为丁，开始交纳赋税服力役，一直到 60 岁为老年，才能免除赋税和力役。隋朝还规定一夫一妇为一床，每年交租粟 3 石，其中如是受桑田者交调绢 1 匹（4 丈）、绵 3 两，受麻田者交调布 1 端（6 丈）、麻 3 斤。无妻室的单丁及奴婢纳一半租调。丁男每年服力役 1 个月。开皇三年（583）规定成丁年龄由 18 岁提高到 21 岁，受田年龄仍然为 18 岁；受田者刚受田的三年不纳租调不服力役，调绢由每年 1 匹减为 2 丈，力役由每年 1 个月减为 20 天。[①] 开皇十年（590）又规定，50 岁以上者，可"免役收庸"，即纳布帛以代替力役。[②] 总之，隋文帝在位时，通过逐步减轻农民的赋税和力役负担，保障农民的生产时间，进一步提高了农民的生产积极性，促进了农业生产的发展。

（二）唐代租庸调制思想

初唐在赋役制度方面实行租庸调法和减免赋役之法。武德二年（619），朝廷初定租庸调法，规定每年每丁租二石，绢二丈，绵三两，"自兹以外，不得横有调敛"。[③] 武德七年（624）又颁布了更为详细全面的规定："每丁岁入租粟二石。调则随乡土所产，绫、绢、绝各二丈，布加五分之一。输绫、绢、绝者，兼调绵三两；输布者，麻三斤。凡丁，岁役二旬。若不役，则收其庸，每日三尺。有事而加役者，旬有五日免其调，三旬则租调俱免。通正役，并不过五十日。若岭南诸州则税米，上户一石二斗，次户八斗，下户六斗。若夷獠之户，皆从半输。蕃胡内附者，上户丁税钱十文，次户五文，下户免之。附经二年者，上户丁输羊二口，次户一口，下三户共一口。凡水旱虫霜为灾，十分损四以上免租，损六以上免调，损七以上课役俱免。"[④]

---

① 《隋书》卷 24《食货志》。
② 《隋书》卷 2《高祖纪下》。
③ 《唐会要》卷 83《租税上》。
④ 《旧唐书》卷 48《食货上》。

唐初租庸调制最大的进步是受田农民可以输庸代役，即不愿服役的农民可以交绢、布代替徭役，每日徭役可以交纳三尺绢代替。这使农民可以支配自己的劳动时间，并使自己对封建国家的人身依附关系减弱。

武德年间，高祖李渊还几次宣布减免赋役，颁布了《罢差科徭役诏》《申禁差科诏》等诏书。这对于经过隋末战乱流离失所、贫困潦倒的农民来说，是十分必要的，民众可以休养生息，也有利于促进农业的恢复与发展。如高祖在《罢差科徭役诏》中宣布："念此黎庶，凋弊日久，新获安堵，衣食未丰。所以每给优复，蠲减徭赋，不许差科，辄有劳役，义行简静，使务农桑。至如大河南北，离乱永久，师旅荐兴，加之饥馑，百姓劳弊，此焉特甚。江淮之间，爰及岭外，涂路悬阻，土旷民稀，流寓者多，尤宜存恤。"[1]《申禁差科诏》则称："新附之民，特蠲徭赋。欲其休息，更无烦扰，使获安静，自修产业"，"道路迎送，廨宇营筑，率意征求，擅相呼召。诸如此例，悉宜禁断，非有别敕，不得差科。不如诏者，重加推罚"。[2]

高祖李渊在唐初实行的"义行简静""使获安静"，"蠲减徭赋""特蠲徭赋"，其目的就是使农民"欲其休息，更无烦扰"，从而"使务农桑""自修产业"。这与西汉初期实行的"清静无为"，让民众休养生息政策，如出一辙，从而为后来的贞观之治、开元盛世奠定了基础。

（三）杨炎两税法思想

杨炎（727—781），字公南，凤翔府天兴县（今陕西凤翔）人。唐朝宰相、财政改革家、诗人，两税法的创造和推行者。唐代宗时，历任礼部郎中、知制诰、中书舍人。因与宰相元载有戚谊，而受其提拔。元载被杀后，贬为道州司马。唐德宗李适即位后，受宰相崔佑甫举荐入朝，官至门下侍郎、检校左仆射、同平章事。建中二年（781），为卢杞陷害，贬为崖州司马，旋即赐死。后来昭雪复官，追谥"平厉"。

---

① 《全唐文》卷2《罢差科徭役诏》。

② 《全唐文》卷2《申禁差科诏》。

唐中叶以后，均田制度的瓦解，农民的大量逃亡，使唐政府系之于丁身的租庸调制再也无法维持了。为了弥补财政的亏空，唐朝廷先后添置了许多新的税目，使赋税制度越来越混乱。正如杨炎所说："科敛之名凡数百，废者不削，重者不去，新旧仍积，不知其涯。"[1] 在各种新旧税目中，户税和地税的发展为两税法的推行准备了条件。

户税，即根据资产分天下户为9等，按户等税钱。这一税制，在唐初就已实行。大历四年（769年），唐代宗下令重新规定了户税钱的9等比额：上上户税4000文，每低一等减500文，第八等下中户税700文，下下户500文。现任官也得纳税，一品准上上户，九品准下下户。如一户数处做官或数处有田庄，得按官品、资产所应定的户等在各处纳税。百姓有邸店、行铺及炉冶，按本户等加二等征税。寄居在异乡的卸任官吏，寄庄户从七等户税，寄住户从八等户税。其他诸色浮客及暂时寄住户等，一概在居住地依八、九等纳税。[2] 此后，户税在政府收入中的比重日益加大。

地税，由唐初的义仓税发展而来。贞观二年（628），唐政府令天下州县建置义仓，规定王公以下的土地亩税2升，以备凶年。唐中宗以后，国家财政日益拮据，义仓税逐渐被挪作填补政府亏空。这样，义仓税成了国家的一项正式税收，并改名称为地税。地税仍然是亩收2升，一直维持到广德元年（763），此后税额不断增加，并开始一年两征。如大历五年（770）三月唐政府下令："定京兆府百姓税，夏税上田亩税六升，下田亩税四升，秋税上田亩税五升，下田亩税三升；荒田开佃者亩率二升。"[3] 不言而喻，随着地税额的增加，地税在唐政府收入中的比重也不断增加。

建中元年（780），宰相杨炎建议推行两税法：

（其年）八月，宰相杨炎上疏奏曰："国家初定令式，有租赋庸

---

① 《唐会要》卷83《租税上》。

② 《唐会要》卷83《租税上》。

③ 《册府元龟》卷487《赋税》。

调之法，至开元中，玄宗修道德，以宽仁为治本，故不为版籍之书，人户浸溢，堤防不禁。丁口转死，非旧名矣，田亩移换，非旧额矣，贫富升降，非旧第矣。户部徒以空文，总其故书，盖非得当时之实……。则租庸之法，弊久矣。迨至德之后，天下兵起，始以兵役，因之饥疠，征求运输，百役并作。人户凋耗，版图空虚，军国之用，仰给于度支、转运二使，四方大镇，又自给于节度团练使，赋敛之司，增数而莫相统摄。于是纲目大坏，朝廷不能覆诸使，诸使不能覆诸州。四方贡献，悉入内库。权臣猾吏，缘以为奸，或公托进献，私为赃盗者，动以万计。有重兵处，皆厚自奉养，正赋所入无几。吏之职名，随人署置，俸给厚薄，由其增损。故科敛之名凡数百，废者不削，重者不去，新旧仍积，不知其涯。百姓受命而供之，旬输月送，无有休息，吏困其苛，蚕食于人。凡富人多丁，率为官为僧，以色役免。贫人无所入，则丁存，故课免于上而赋增于下，是以天下残瘁，荡为浮人，乡居地著者，百不四五，如是者迫三十年。炎遂请作两税法，以一其名。曰：凡百役之费，一钱之敛，先度其数，而赋于人，量出以制入。户无土客，以见居为簿，人无丁中，以贫富为差，不居处而行商者，在所州县税三十之一，度所取与居者均，使无侥幸。居人之税，秋夏两征之，俗有不便者，正之。其租庸杂徭悉省，而丁额不废，申报出入如旧式。其田亩之税，率以大历十四年垦田之数为准，而均征之。夏税无过六月，秋税无过十一月，逾岁之后，有户增而税减轻及人散而失均者，进退长吏。而以度支总统之。"德宗善而行之。①

杨炎的有关两税法的奏疏，又见于《旧唐书》卷 118《杨炎传》和《新唐书》卷 145《杨炎传》，此是历史上有关杨炎两税法比较详实的记载。这里，笔者以此为主要依据，再结合其他一些史料，对杨炎两税法所包含的思想做一简要分析。

---

① 《唐会要》卷 83《租税上》。

其一，两税法所提出的税收总原则是"量出以制入"。中国古代至迟从西周开始，国家的税收总原则是"冢宰制国用，必于岁之杪，五谷皆入，然后制国用。用地小大，视年之丰耗，以三十年之通制国用，量入以为出"①。"量入以为出"成为西周至唐代两千多年来历代政府税收政策的圭臬。杨炎的两税法则提出了与"量入以为出"相反的税收总原则，这就是政府先预算开支以确定赋税总额，然后再把这一数额分配到各州县进行征收。这里的"度"就是预算，预算出每年需要支出的数额。具体而言，当时唐中央政府是以大历十四年（779）各项税收所得钱、谷数，作为户税、地税的总额分摊于各州；各州再以大历年间收入钱、谷最多的一年，作为两税的总额分摊于各地，这就是上引奏文中所说的"其田亩之税，率以大历十四年垦田之数为准，而均征之"。杨炎两税法中提到的"量出以制之"税收总原则虽然不能与现代财政中的量出而入原则同日而语，但其一反传统"量入以为出"的思维路径却是大胆而新颖的，并对于解决当时税收中的弊端"四方贡献，悉入内库。权臣狎吏，缘以为奸，或公托进献，私为赃盗者，动以万计。有重兵处，皆厚自奉养，正赋所入无几。吏之职名，随人署置，俸给厚薄，由其增损"等，起了一定的作用，即以国家的法令，明确将征敛总数，限定在一个额定的数目之内，从而既保证朝廷的收益，又能约束地方的肆意征敛和支出。

其二，以土地、资产多少作为纳税数量的依据，使税额负担趋于公平合理。杨炎两税法针对当时"凡富人多丁，率为官为僧，以色役免。贫人无所入，则丁存，故课免于上而赋增于下，是以天下残瘁，荡为浮人，乡居地著者，百不四五"的税负不合理造成大量民众逃离家园成为流民的现象，提出改变原来租庸调制下"以丁身为本"的纳税依据。在唐朝前期，租庸调制下"以丁身为本"的纳税依据是以均田制为基础的，所以其依据虽为丁身，其实也就是以每丁分到的国家田地数量作为纳税的依据。但是随着均田制日益遭到破坏后，土地占有情况愈来愈不平均，

---

① 《礼记·王制》，中华书局影印《十三经注疏》本，1980年。

再以丁身为纳税依据越来越显出其不合理性，即许多人失去了土地却仍然还要交纳繁重的税收，而少数大地主地广丁多，但却通过为官为僧逃避税收。对此，两税法规定："户无土客，以见居为簿，人无丁中，以贫富为差，不居处而行商者，在所州县税三十之一，度所取与居者均，使无侥幸……有户增而税减轻及人散而失均者，进退长吏。"换言之，两税法"唯以资产为宗，不以丁身为本，资产少者则其税少，资产多者则其税多"①。这就是地税按亩征收谷物；户税按户等高低征钱，户等高的出钱多，户等低的出钱少。如果没有土地而租种地主土地的人，就只交户税，不交地税。对不定居的商贾征税 1/30（后改为 1/10），使与定居的人负担均等。两税法"以资产为宗"纳税，不管主户、客户，只要略有资产，就一律得纳税。尤其是贵族官僚原来也得负担户税和地税，两税法主要是由户税、地税发展来的，所以贵族、官僚也得交纳。这多少改变了贫富负担不均的现象。同时由于富人资产多、土地多要多交税，贵族、官僚也要交税，无形中开辟了税源，扩大了纳税面，即使国家不增税，也会大大增加财政收入。

其三，两税法简化了税制。两税法实施前，为应对财政危机，唐朝的苛捐杂税逐渐增多，"科敛之名凡数百，废者不削，重者不去，新旧仍积，不知其涯"。对此，两税法规定："其租庸杂徭悉省，而丁额不废，申报出入如旧式。"两税法是合各种赋税为一体的税收制度，它以户税、地税为基础，把其他各种杂税吸收进来，统统以两税的形式来征收，所以王夫之称"两税之法，乃取暂时法外之法，收入于法之中"②。初行两税法时，规定"其比来征科色目，一切停罢"，"此外敛者，以枉法论"③；"今后除两税外，辄率一钱，以枉法论"④。经过这一改革，原先的租、庸、杂徭及各项杂税等全部省并，不再另行征收，纳税项目比以前减少。

---

① 《陆宣公翰苑集》卷 22《均节赋税恤百姓》。
② 《读通鉴论》卷 24。
③ 《唐会要》卷 83《租税上》。
④ 《旧唐书》卷 12《德宗上》。

　　两税法还规定了纳税的时间与期限:"居人之税,秋夏两征之,俗有不便者,正之";"夏税无过六月,秋税无过十一月"。由此可见,两税法每年分两次征税,夏税征收不得超过六月份,秋税征收不得超过十一月。两税法征税时间十分明确集中,纳税手续简便易行,改变了过去征税时间过长,征税手续繁琐而影响工作效率的状况。因此,当时人说,实行两税法,"天下便之"。

　　但是,两税法在实施过程中也产生了一些弊端。其一,税外加征,使人民负担逐渐加重。如前所述,按两税法最初规定,各项赋税均已纳入两税之中,如额外再征敛者以枉法论处。但是两税法行之未久,政府财力匮乏,便又巧立名目,加征税课。如建中二年(781)五月,"以军兴,增商税为什一"①。三年(782),淮南节度使陈少游请在本道两税之上,每千钱附加二百文,得到唐德宗批准,并下令各道一体实行。② 贞元八年(792),剑南西川节度使韦皋又奏请加征十分之二的税额。其二,两税法折钱纳物,使人民的税负随币值的波动而波动,负担不稳定。两税法之前,作为正税的租庸调完全交纳实物,仅作为其补充的户税交纳铜钱。两税法则实行以钱来作预算,用钱计定后,再折纳成实物。这就是"定税计钱,折钱纳物";"定税之数,皆计缗钱,纳税之时,多配绫绢"③。由于当时商品经济发展水平的限制,大多数农民手上缺乏货币,"所征非所业,所业非所征,遂或增价以买其所无,减价以卖其所有。一增一减,耗损已多。且百姓所营,唯在耕织,人力之作为有限,物价之贵贱无恒。而乃定税计钱,折钱纳物,是将有限之产,以奉无恒之输"④。尤其是两税法实行初期,钱轻物重,物价较高,后来由于物价不断下跌,货币岁税不变,造成钱重物轻,人们无形中多承担了税额。正如陆贽所指出的:"往者纳绢一匹,当钱三千二三百文,今者纳绢一匹,当钱一千

---

① 《资治通鉴》卷 226。
② 《旧唐书》卷 48 《食货上》。
③ 《陆宣公翰苑集》卷 22 《均节赋税恤百姓》。
④ 《陆宣公翰苑集》卷 22 《均节赋税恤百姓》。

五六百文，往输其一者今过于二矣。虽官非增赋，而私已倍输，此则人益困穷。"① 正是在各方面的压力之下，两税法在实行 20 余年之后，以钱计税的做法渐渐被取消了，还原为过去的实物计税。其三，在全国各地区配赋不均。两税法以大历十四年的垦田数为准，各州各道按照所掌握的旧有数额进行摊派，但由于唐中叶以来的战乱频仍，田亩数变化很大，而当时各地区仍以旧额摊派赋税，显然会导致各地区配赋不均。其四，资产难以估算。两税法是按户等纳税，唐朝三年一定户等，三年之中，户等升降很大，户等却不能随时调整，而户等依据资产而定，资产有动产和不动产之分，而动产的数额就很难准确估计。

尽管两税法在实行过程中或多或少存在着一些弊端，但是从总体上说，其思想和实践是唐代政治经济发展的必然产物，是适应于当时均田制、租庸调制瓦解，土地集中、商品经济有一定发展的社会现状。杨炎在两税法中提出了与传统"量入以为出"相反的"量出以制入"原则，纳税依据一改"以丁身为本"为"以资产为宗"，使税负更加合理，同时大大简化了税制，提高了工作效率，所有这些对唐后期社会及历代税制产生了深远的影响，成为中国封建社会赋税制度发展中的里程碑。

（四）独孤及、李栖筠按收入、资产纳赋的思想

独孤及（725—777），字至之，洛阳（今河南洛阳）人。唐朝大臣、散文家。唐天宝十三年（754），举高第，补华阴县尉。唐代宗召为左拾遗，改太常博士。迁礼部员外郎，历濠、舒二州刺史，以治课加检校司封郎中，赐金紫。徙常州刺史，谥号为宪。著有《毗陵集》30 卷。

1. 独孤及的"辨其等差，量入为赋"思想。

唐代宗时期，独孤及任舒州刺史时，深感当地不承担赋税的人口远超过承担赋税的人口，以致"百姓并浮寄户共有三万三千，比来应差科者唯有三千五百"，② 每岁三十一万贯之税，悉钟于三千五百人之家"。于

---

① 《陆宣公翰苑集》卷 22《均节赋税恤百姓》。

② 《文苑英华》卷 693《答杨贲处士书》，台湾商务印书馆影印文渊阁四库全书本，本目引文未注出处者，均见于此。

是，他主张在当地实行"口赋法"，把只由三千五百人承担的赋税，分摊到十几倍人口的身上承担，"以五万一千人之力，分三千五百家之税"。

独孤及的赋税改革虽名曰"算口为赋"，但其纳税原则却是"辨其等差，量入为赋"，即按各户人口多寡、资产厚薄以及收入多少，将州内民户分为不同户等，再把朝廷分配给本州的赋税总额按户等均摊到各户。其性质已不是租庸调制度下的纯粹按丁纳税，更不是按人口征课的人头税，而是按人口、资产、收入综合评定的户等纳税。其赋税改革的指导思想是使纳税人的纳税数量同其赋税负担能力相一致，因为各户人口数量、资产厚薄与收入多少决定其赋税负担能力的大小。这种做法使民众赋税负担更加合理、公平，与后来杨炎两税法的理念也是一致的。独孤及的赋税改革在时间上距两税制改革更近，而且在舒州一地范围内得到实施，并取得成效。史称："岁饥旱，邻郡庸亡什四以上，舒人独安。"①因此，其对两税法的改革，比裴耀卿的"自营"田思想有更直接的影响。

独孤及的赋税改革虽然提出了"量入为赋"的思想，但同时仍把各户人口数量作为计算赋税负担的一个重要指标，因而还是一种保留着租庸调制某些特点的过渡性的赋税改革。

2. 李栖筠的"量产为赋"思想。

李栖筠（719－776），字贞一。赵郡赞皇县（今河北赞皇县）人。唐朝中期名臣，中书侍郎李吉甫之父、太尉李德裕之祖父。天宝七年（748），李栖筠进士及第，调冠氏主簿。安史之乱时，选精兵七千赴灵武，擢殿中侍御史。累官给事中、工部侍郎。因得罪宰相元载，被外调常州刺史，封赞皇县子。大历三年（768），改为苏州刺史。大历七年（772），入朝任御史大夫，有"赞皇公""李西台"之称。病逝后册赠吏部尚书，谥号"文献"，后加赠司徒。有文集，今已佚。《全唐诗》存其诗。

在两税法实行之前，提出完全以资产多寡纳赋主张的人是唐代宗时

---

① 《新唐书》卷 163《独孤及传》。

期的浙西都团练观察使李栖筠。他针对当时豪门富室钻国家户籍管理上的漏洞，借迁徙之名逃避赋役的现象，奏请唐代宗改按资产缴纳赋税："奏部豪姓多徙贯京兆、河南，规脱徭科，请量产出赋，以杜奸谋。"①

李栖筠的这一赋税改革思想已较独孤及的"算口为赋"思想又更前进了一步，它不再以人口与资产双重指标为征税依据，而纯粹依资产的多少来计算民众的赋税负担，这与两税法改革的思想更是完全一致的。

唐代宗批准了李栖筠的奏请。虽然李栖筠按资产征收赋税的具体措施及实施情况均未见史籍记载，但唐代宗批准李栖筠奏请这件事本身说明，按资产纳税的思想观念，在两税法实施之前许多年，已经为唐王朝君臣所接受。杨炎的两税法主张之所以在实施时得到君主的支持和赢得朝臣百姓很高的"时望"，其原因是杨炎两税法经过数十年的酝酿，已经瓜熟蒂落、水到渠成，是历史发展的必然，而绝不是偶然的。

（五）崔融反对"税关市"思想

崔融（653—706），字安成。唐代齐州全节（今山东济南市章丘区）人，初唐"文章四友"之一。初应八科制举，皆及第，累补宫门丞、崇文馆学士。中宗李显为太子时，崔融为侍读，兼侍属文，东宫表疏多出其手。圣历元年（698），由魏州司功参军擢授著作佐郎，转右史。随后授著作郎，兼右史内供奉。长安二年（702），迁凤阁舍人。翌年，兼修国史。此时有司正议税关市。崔融上疏反对。武则天从其议。长安四年（704），任司理少卿，仍知制诰。张易之、张昌宗兄弟广招文学之士，崔融屈节佞附。张易之被诛后，崔融贬为袁州刺史。不久召拜国子司业，兼修国史。中宗神龙二年（706），以预修《则天实录》功劳，封清河县子。崔融病卒后中宗以其有侍读之恩，追赠为卫州刺史，谥号"文"。

武周长安三年（703），负责财政的朝臣提出"税关市"，建议对坐商及过关商旅普遍征税。崔融上书反对税关市，其内容有以下6个方面。

其一，崔融指出，历史上所谓"关市之税"，从来只是对工商业者征

---

① 《新唐书》卷146《李栖筠传》。

收的赋税,而现今朝臣提出的"税关市"却"不限工商,但是行人尽税者"①。这是毫无根据的"任情"之法,只会贻笑当世,垂弊后人。

其二,崔融认为,工商业是社会分工的必要部分,如征关市之税,使工商者不能安于其业,无法谋生,"久且为乱",必将影响社会秩序安定。

其三,崔融进一步指出,关市均为关隘、交通要道之地,"关必据险路,市必凭要津",而过往商人,尤其是那些富商大贾,多是有组织、有行帮的外出经商,具有一定的势力。如政府实行关市征税,影响他们的贩卖,触犯他们的利益,可能会引起他们的反抗。如在边境地区征收关税,还有可能引起民族矛盾纠纷,影响边境安定,不但增加不了多少关税收入,反而招致"军国益扰"。

其四,同时,崔融认为,关津征税,必然阻碍交通,影响车船来往,妨碍商品交流,对国民经济和民众日常生活带来不利影响。他指出,当时唐朝南北贸易已经十分繁荣,尤其是贯穿南北大运河的修建,使全国水运相连,"天下诸津,舟航所聚,旁通巴、汉,前指闽、越,七泽十数,三江五湖,控引河洛,兼包淮海,弘舸巨舰,千轴(舳)万艘,交贸往还,昧旦永日"。如果政府在各江津河口,设置机构查验征税,必然阻滞舟船通行,再加上官吏索贿留难,更会造成河道堵塞,使"万商废业,则人不聊生",甚至连商人之外的各种人也受到不利的影响。

其五,崔融还援引历史上不征关市之税之例来为自己反对关市之税提供依据。他指出,关市之税,秦汉以来向不实行,秦皇"不用",汉武"勿取","魏、晋眇小,齐、隋龌龊,亦所不行斯道者也"。人们对不征关市之税已经习以为常,积久相安,政府如果强行征收这种千年未行的关市之税,实是"变法为难",必然引起不必要的纷扰。

其六,崔融还认为,当时唐朝处于太平盛世,"广轮一万余里,城堡清夷,亭堠静谧",并无大量增加财政收入的需要。这时的国家政策应是

---

① 《旧唐书》卷 94《崔融传》,本目引文未注出处者,均见于此。

轻徭薄赋，藏富于民，等到有军国急需时再加增关市之税。

另一方面，我们也必须看到，崔融由于受封建社会传统的"重本抑末"思想的影响，并不完全否定征收商税，认为"依本者恒科，占末者增税"是"先王之道"。只是当时人们建议的关市之税不可行，而且如果要实行起来，应当是"唯敛出入之商贾，不税来往之行人"。他之所以反对当时关市之税，主要是认为实行关市之税在当时是弊大于利。简言之，当时唐朝处于太平盛世，没必要增加财政收入，而且如真的实行关市之税，对国家也没多大益处，反而影响工商业者的生存，影响社会安定，妨碍商业贸易，阻塞交通，影响国民经济发展和广大民众的生活。总之，崔融的反关市之税思想符合盛唐时期经济发展的实际需要，对促进工商业的发展，促进社会经济的进一步繁荣，是有积极作用的。

（六）刘彤收山泽之利思想

刘彤生卒年不详，唐玄宗时期曾任左拾遗，向朝廷提出"收山泽之利"的主张。唐玄宗时，国家财政支出较唐初已大大增加，各种增加财政收入的主张纷纷出现。而当时唐王朝与之前历代封建王朝一样，虽然把农看作本业，而视工商为末业，但在赋税征收方面，却是本重末轻。到了唐玄宗开元之治时期，随着唐代商品经济更加兴盛，这种矛盾日益突出。刘彤敏锐地察觉到这一矛盾，因此提出"收山泽之利"的主张来增加财政收入，以解决国家财政亏空的问题。

刘彤以自问自答的方式提出说：西汉武帝时财政支出浩繁，国库却常有盈余；而现世国用已减而国库常空，原因何在？他认为这主要是汉武帝时财政收入多数取自山泽，而现世则取之贫人。他指出，"取山泽"有两利，一可使府库充裕，二可驱民归农；"取贫人"则有两弊，一弊在国用不足，二驱农逐末。这就是"取山泽，则公利厚而人归于农；取贫人，则公利薄而人去其业"[①]。刘彤在此所说的"取山泽"就是国家应当向富裕的工商业主增加税收，而不应该向贫穷的广大农民增加税收。我

---

① 《通典》卷 10《食货十·盐铁》，本目引文未注出处者，均见于此。

们通过他对"取山泽"与"取贫人"利弊的分析，可以看出当时他已察觉到朝廷在重农思想与赋税政策之间的矛盾，清楚地认识到农业赋税负担过重是农民弃本逐末的根源所在，而且国家必须通过向富裕的工商业主增加税收来解决财政困难。

刘彤除了从"取山泽"和"取贫人"截然相反的两利两弊来说明自己"收山泽之利"增加工商业征税的主张外，还进一步从工商业与农业在收入水平上的悬殊来说明必须增加工商业的税负。他指出，从事工商各业者，尤其是那些从事盐业、矿冶业、木材业的人，其收入比农民多，是丰足之人，而农民的收入甚少，是穷苦之人。"夫煮海为盐，采山铸钱，伐木为室，丰余之辈也。寒而无衣，饥而无食，佣赁自资者，穷苦之流也。"不言而喻，由于工商业与农业在收入水平上的巨大反差，导致两者在生活上的丰歉悬殊，所以他主张应遵循传统儒家损有余益不足的思想，增加工商各行各业的税负，同时减轻农民的赋役负担。"若能收山海厚利，夺农余之人，调敛重徭，免穷苦之子。所谓损有余而益不足，帝王之道，可不谓然乎。"刘彤在此将调整农业与工商各业的赋税负担看作是行帝王之道，意味着赋税政策是一项基本国策，可见其在管理国家中对赋税征收的重视。

在此基础上，刘彤还进一步对如何调整农业与工商业之间的赋税负担提出了自己的主张："臣愿陛下诏盐铁木等官收兴利，贸迁于人。则不及数年，府有余储矣。然后下宽贷之令，蠲穷独之徭，可以惠群生，可以柔荒服。"① 由此可见，刘彤的"收山泽之利"思想有 3 个方面的特点：一是他所谓收山泽之利不是一般地主张笼统增加所有工商业税负，而只是主张只对若干通过自然资源垄断获得高利润收入的行业增加税收，具体而言，就是制盐业、矿冶业和木材业。二是他主张赋税政策改革分两步走：先对制盐、矿冶和木材业提高税收，过几年后，待国家财政好转，国库储备充裕后，再下令宽免农业上的赋税和徭役，从而改善贫穷农民

---

① 《旧唐书》卷 48《食货上》。

的生活。三是刘彤的"收山泽之利"主张，其实在西汉时轻重论者早已提出并实行过。但是自西汉以后，长期没有什么发展。直至唐代，则不论在理论上或实践上则有了一定的发展。唐人谈论理财问题，普遍推崇轻重论，并且经常援引《管子》中的有关论述。刘彤上书把"轻重有术"称为"先王做法"，[①] 并称颂汉武帝的一系列经济上轻重政策是成功的，从而使国家财政"费多而货有余"。盛唐朝野这种称引推崇《管子》、好谈轻重的风尚，对唐中后期刘晏等人在轻重论方面的进一步探索与实践，自然有较大的直接影响。

（七）陆贽的赋税思想

陆贽赋税思想的出发点是他的"养民"思想，他根据《周易》"何以聚人曰财"的论述，认为财是民之所赖。他指出："人者，邦之本也；财者，人之心也"，"其心伤则其本伤"[②]。如果治国不能以财聚人，必致伤人心而动摇国本。为了防止伤人心而动摇国本，即"心伤""民伤"以至"根柢蹶拔"，他主张必须"养民"。这是管理国家之首务，"建官立国，所以养人也"[③]，"立国而不先养人，国固不立矣"。陆贽在赋税、财政问题上的议论，即围绕他的"养民"这个思想核心展开。他着重阐明了"养民"和"资国"（财政税收）之间的关系，对当时赋税制度中有害于"养民"的诸多弊端予以批评，同时提出许多"养民"的改革措施。

在"养民"与"资国"的关系上，陆贽做了较透彻的分析："建官立国，所以养人也；赋人取财，所以资国也。明君不厚其所资，而害其所养。故必先人事，而借其暇力；先家给，而敛其余财。"在此，他认为，"资国"须以"养民"为先，"资国"为后，"资国"不能有害于"养民"。国家的赋税征收必须以养民所需生活资料之外的剩余部分作为来源，换言之，即先要保证人民生活的需求，然后再根据其剩余数量进行征收。

---

① 《通典》卷 10《食货十·盐铁》。

② 《陆宣公翰苑集》卷 11《论两河及淮西利害状》。

③ 《陆宣公翰苑集》卷 22《均节赋税恤百姓》，本目以下引文未注出处者，均见于此。

国家的徭役征发也是如此，先要保证人民的生产时间，然后再根据其剩余的时间进行征派徭役。在此，陆贽精辟地揭示了如何正确处理保障民众基本生活条件与国家赋税征收、徭役征发的关系，用今天的话来说，即社会总产品初次分配与财政再分配之间的关系，其所言的"暇力""余财"则涉及财政分配的对象问题。如果在初次分配中，不能为简单再生产提供足够的生产资料和生活资料，则意味着简单再生产的进行将遭到破坏。社会产品初次分配对简单再生产的这种影响决定了它在整个社会产品分配中的地位。包括财政分配在内的社会产品再分配必须首先保证社会产品初次分配的顺利进行，不得妨碍初次分配。陆贽的先"养人"后"资国"和"不厚其所资而害其所养"等思想理念，与社会产品初次分配和再分配之间的规律性是一致的。社会产品的初次分配是解决社会简单再生产的条件和需要问题，其中包括解决劳动力再生产的"养人"问题，而社会产品的再分配则包含满足国家财政需要，即"资国"的问题。社会产品再分配中的财政分配其绝对、最高的限界是不能超过社会剩余产品，即陆贽所说的"余财"，赋税的征收只能低于这个限界。否则，社会简单再生产就无法维持，不但民众维持不了基本生存和生产条件，而且国家财政也失去了基础，国家的统治秩序也无法维持下去。

在陆贽之前，中国古代早在先秦时期就有人思考过民生与国家财政的关系，其中最著名的就是"百姓足，君孰于不足"的论点，已经明确指出百姓的财富决定国家的财政状况，实际上已经暗含着民生经济是国家财政的基础的认识。从先秦以来，儒家传统的轻税思想，正是建立在这种认识的基础之上。即国家减轻税收，百姓富足了，国家税源充足，何患财政会不富足。但是，儒家的轻税思想，却从来没有为轻税确定一个合理的量化标准。先秦儒家把周朝的什一之税作为轻税标准，这虽然在当时可称为轻税，但在理论上却是没有根据的。汉代文景之治时实行三十税一，打破了先秦儒家什一之税的轻税标准。在陆贽之前，只有《管子·揆度》提出征税时要以保证农民"三其本"为限度，即要在保证农民补偿生产资料耗费和获得必要的生活资料的前提下进行征税。这才

开始触及只应对剩余产品征税的问题。但"三其本"概念本身非常模糊、不确切，它只是模糊地触及对剩余产品征税的问题，远未能从理论上把财政税收标准问题讲清楚。陆贽在民生与财政税收关系上提出先养人，后资国的原则，并具体主张"先家给，而敛其余财"，已经明确地把民生经济与财政税收的关系、社会产品初次分配和再分配的关系，以及财政分配的对象和财政税收的绝对界限，从理论上揭示出来了。在一千多年前的封建社会时代，能够达到如此合乎科学的理论表述，是相当难能可贵的。

陆贽的"先人事而借其暇力，先家给而敛其余财"的思想，在当时的历史条件下，不仅具有理论上的创新价值，而且具有实践上的意义。在古代封建社会农业经济条件下，由于科学技术条件的限制，社会生产力水平很低，社会剩余产品的数量十分有限。但是，另一方面，封建国家政权机构又十分庞大，再加上以皇帝为首的统治集团穷奢极欲、穷兵黩武等，仅靠对民众剩余产品的征收往往难以满足封建国家财政支出的需要。事实上，封建国家的赋税征收通常已包括一部分社会必要劳动产品。有时，税收中这部分社会必要劳动产品的比例还较大。民众因赋税负担过重而难以生存，倾家荡产，卖儿鬻女，甚至在灾荒之年因饥寒而死亡。正因为如此，陆贽在理论上将国家财政税收、征发徭役的最高限界限制在征收"余财"征发"暇力"之内，其现实意义是非常巨大的。

陆贽在此认识的基础上，进一步指出，如果按"先人事而借其暇力，先家给而敛其余财"的原则征收赋税征发徭役，不仅不会造成国家财力、物力和人力的不足，而且反而使国家和人民兼足。"先人事而借其暇力，先家给而敛其余财；遂人所营，恤人所乏。是以官事无阙，人力不殚；公私相全，上下交爱"。在此，他认为，能使民众"家给"，他们从事生产的积极性就会提高，社会经济就会得到快速的发展，社会财富就会大量增加，不仅民众社会必要产品需求得到满足，而且还会有充足的剩余产品，作为国家的赋税收入。不论民众还是国家，都很富足，社会和谐安定。

　　陆贽不仅以"余财""暇力"为限界来论述自己的财政收入主张，而且对财政支出提出"量入以为出"的原则。"量入以为出"是自先秦周朝以来历代王朝所奉行的财政支出原则，尤其是被具有传统的儒家思想的政治家、思想家奉为圭臬。陆贽之所以反对杨炎实施两税法时提出的量出制入的财政原则，而重申传统的"量入以为出"原则，主要是针对当时朝廷庞大的军费开支和封建统治者的纵欲无度、苛敛日增的事实而发的。陆贽重申"量入以为出"原则时，唐德宗在位已经十余年，两税制也已实施十余年，在这十余年间，百姓赋税负担日增。唐德宗建中初年，以（代宗）大历中一年科率钱谷数最多者，"便为两税定额"，正税的税额已达到历史最高水平，而不断加码的苛捐杂税又使百姓的赋税负担在十几年中"再益其倍"。尽管百姓的负担已经十分沉重，但国家财政却仍然感到"用常不足"。陆贽认为，出现这种财政入不敷出的原因在于统治集团的不顾社会经济条件的限制，纵欲无度。"事逐情生，费从事广，物有剂而用无节，夫安得不乏乎！"他指出，国家财政收入源于百姓的辛勤劳动。"绮丽之饰，纨素之饶，非从地生，非自天降，若不出编户之筋力膏髓，将安所取哉！"而百姓劳动所创造的物质财富受地力、人力的制约，是很有限的。"地力之生物有大数，人力之成物有大限。"国家如"取之有度，用之有节，则常足；取之无度，用之无节，则常不足。"在当时科技条件的限制下，社会生产的有限性是很难通过人力在短时期内改变的，而国家的财政支出多少却完全可以由人控制。因此，陆贽认为，解决财政经费不足的路径在于坚持"量入为出"原则。"生物之丰败由天，用物之多少由人，是以圣王量入为出"，无量出以为入。他清醒意识到，如果朝廷不顾社会经济的客观条件限制，横征暴敛，强取豪夺民财，必将使国家陷入危险的境地。他告诫皇帝，切莫"但忧财利之不足，罔虑安危之不持"。

　　陆贽从其"养民"的核心思想作为出发点，重申传统的"量入以为出"的国家财政原则，反映了他对当时封建统治者纵欲无度、聚敛无已的大胆揭露、批判以及对这种行为加以限制的企图，他的这种关心民生

疾苦的民本主义思想在当时是符合客观实际的，是很有必要的，对于限制统治者的纵欲无度、肆意挥霍，横征暴敛有一定的制约作用，因此具有积极的历史意义。如果在当时的社会经济条件下，按照杨炎量出制入的财政原则，那更为封建统治者的肆意挥霍、聚敛无已找到了借口，他们可以出多而入少为理由，多方罗掘收入，任意搜刮人民，而不受任何法律、制度乃至舆论的限制和约束。而当时的藩镇割据战乱、庞大的军费开支以及官吏的诛求无厌已经使民众不堪沉重的赋税负担，如再按量出以制入的原则进行征敛，将会使民不聊生，激起民众的反抗，唐王朝将会陷入岌岌可危的境地。因此，只有重申"量入以为出"的财政收支原则，才能在一定程度上约束挥霍无度、横征暴敛，使财政收支趋于平衡，使唐王朝转危为安。

陆贽在此认识的基础上，对租庸调制持完全肯定的态度，而否定两税法。他认为，租庸调制是理想的税制，"其取法也远，其立意也深，其敛财也均，其域人也固。其裁规也简，其备虑也周"。在这种赋税制度下，"天下为家，法制均一。虽欲转徙，莫容其奸。故人无摇心，而事有定制"。他将租庸调制的瓦解归因于"时弊"，而租庸调制本身是无可指摘的，当时是战乱、庞大的军费开支以及官吏的诛求无厌使之被废止。"天宝季岁，羯胡乱华……版图隳于避地，赋法坏于奉军"，"兵兴之后，供亿不恒，乘急诛求，渐隳经制。此所谓时之弊，非法弊也"。

另一方面，陆贽对两税法则持否定的态度，针对两税法实行之初，确定赋税征收总额时，"取大历中一年科率钱谷数最多者，便为两税定额"，指责这种做法是"采非法之权令，以为经制；总无名之暴赋，以立恒规"。陆贽的这种指责是事出有因的。因为，在通常情况下，封建王朝如要对某一赋税征收确定额数时，往往是取某一赋税征收近3至5年数额的平均数，这样所定额数比较客观公正，不致于偏高偏低。而两税法实行之初，则取代宗大历年间最高额数作为定额，这个定额比几十年前唐代租庸调正常实行时增加了许多，可以说是正税的税额已达到历史的最高水平。这难免被陆贽严厉指责为"采非法之权令"，"总无名之暴赋"。

另一方面我们也必须看到，两税制明令宣布在此定额之外，其他一切杂征均一律停罢，而且以后永远不许再有其他杂征。这意味着两税法企图把混乱的、任意的赋税征敛制度化、固定化。但令人遗憾的是，既然两税法的基本财政税收原则是"量出以制入"，国家可以根据财政支出的需要确定收入，但朝廷在事实上并没能真正做到永远不许再有其他的杂征。

自北魏孝文帝改革以来，我国历史上出现了一种新的土地制度和建立在其上的租税制，即均田制及租调制。租调制（后变为租庸调制）成为一种比较稳定、完善的租税制，一直延续到唐朝中期。由于它是建立在均田制基础上的，所以当唐中后期均田制逐渐遭到破坏时，租庸调制失去了继续存在和实行的基础，也逐渐瓦解。其实，从某种意义上说，当时人们并不认为租庸调制有什么不合理的地方。因此，陆贽认为，当时租庸调的废罢，不是其本身的"法弊"，而是"时弊"，即时代造成的，具体而言，就是均田制遭到破坏和因战争朝廷的横征暴敛。

与此同时，陆贽对两税法持有不同看法，其对两税法的批评主要集中在两个方面，一是反对两税法按财产多少征税，二是不赞成征收货币税或以货币为计税标准。

对于两税法按资产多寡征税，陆贽提出 3 点反对意见：其一，他认为，人们的财产是劳动创造的。而人与人在能力、勤惰、工拙方面有很大的差别。勤快而聪明的人，财产必然较多；相反，懒惰而笨拙的人，财产必然较少。如果国家按财产多寡征收不同的税收，财产多者多收，财产少者少收，那岂不是奖励懒惰笨拙之人，而惩罚勤快聪明之人？因此，陆贽认为，还是租庸调制下的按人丁纳税的办法有利于奖励勤快聪明惩罚懒惰笨拙，并使百姓附着于土地上。"夫财之所生，必因人力。工而能勤则丰富，拙而兼惰则窭空。是以先王之制赋入也，必以丁夫为本。无求于力分之外，无贷于力分之内。故不以务穑增其税，不以辍稼减其租，则播种多；不以殖产厚其征，不以流寓免其调，则地著固；不以饬励重其役，不以窳怠蠲其庸，则功力勤。如是，然后能使人安其居，尽其力……虽有惰游不率之人，亦已惩矣。"其二，他指出，财产的种类十

分复杂，不同种类的财产其使用价值形态各不相同，其价值也有很大差异。有些财产，如金玉珠宝等奢侈品，价值很高，但易于藏匿，难以计征；有些财产，如粮食等农副产品，价值不高，但却很显眼，不易逃税。有些财产是死物，不会增殖；而有些财产，则很容易带来价值的增殖。如对不同种类的财产按照同一标准纳税，则会造成在实际征税中税负的不公平，从而使人们为逃避税收而弄虚作假，隐匿财产。"曾不悟资产之中，事情不一。有藏于襟怀囊箧，物虽贵而人莫能窥；有积于场圃困仓，直虽轻而众以为富；有流通蓄息之货，数虽寡而计日收赢；有庐舍器用之资，价虽高而终岁无利。如此之比，其流实繁。一概计估算缗，宜其失平长伪。由是务轻费而乐转徙者，恒脱于徭税；敦本业而树居产者，每困于征求。此乃诱之为奸，驱之避役。力用不得不弛，风俗不得不讹，间井不得不残，赋入不得不阙。"其三，陆贽指出，两税法实施之初，不是以人们的实际财产负担能力为标准来分配各地区税负的，而是根据租庸调制下的最高赋税额定税的。这就造成赋税重的地区人口流向赋税轻的地区，使过去赋税重的地区税负更重，过去税轻的地区税负愈轻的不合理、不公平的现象。"创制之首，不务齐平……轻重相悬。""不量物力所堪，唯以旧额为准。旧重之处，流亡益多；旧轻之乡，归附益众。有流亡，则已重者摊征转重；有归附，则已轻者散出转轻。高下相倾，势何能止？"

　　陆贽的反对按资产多少征税的3点理由，如细加分析，有的是似是而非，有的是有一定道理，但总的说来，不能作为推翻按资产多少征税的充分理由。其一，他说按资产征税会奖懒罚勤，打击生产者的积极性，这种情况只会在人人平均占有生产资料，而且其质量也完全相同的条件下才是正确的。在封建社会土地兼并严重、贫富分化悬殊的普遍情况下，拥有大量财产的富户主要不是靠勤劳聪明而发家致富的，而且靠拥有大量的土地或大量的商业资本等生产资料、剥削广大农民、佣工等而积聚了巨额的财富。因此，按财产多少征税相对比较公平，而且不会打击勤劳聪明者的生产积极性，反而会鼓励那些贫穷的勤劳聪明者积极生产，

因为他们因贫困而少交税而增加自己的劳动所得。

均田制下的租庸调制按人丁交纳赋税，由于均田制按人丁平均分配土地，所以其实按人丁交税也就是按土地交税。因此，陆贽的按财产多少交税，实质上正是适应了均田制破坏过程中土地兼并迅速发展的历史趋势，以使朝廷重新制定的税负更加公平合理。其二，陆贽认为按财产多少交税会出现因不同财产的价值不易准确估算以及有的财产易于隐匿逃税的情况，因而反对按财产多少征税。这的确是实施财产税操作上的问题，但是，我们不能因此而否定实施财产税，历史证明从人头税发展到财产税再到收入税是一个历史的趋势。另一方面，有的财产税容易隐匿逃税，但人头税也有类似的问题，历史上历朝都有出现通过隐匿人丁而逃避税收的现象，只是两者相比，隐瞒财产逃税更难以被发现罢了。

另外，陆贽所谓按均田制下的旧额确定各地赋税总额，旧额过重处仍然过重，旧额过轻处仍然过轻的问题，其实更不能作为一个反对实施按财产交税的理由。因为各地区税负不均问题与按人丁还是按财产征税孰优孰劣，是没有必然联系的。而且各地区税负不均问题可以通过重新评估确定各地区税负而得到解决。

两税法实施之初规定，户税纳钱，地税纳粟。但在实际征收时，户税可按时价折合成粟帛等实物交纳。对于这种以货币纳税或以货币为计税标准的做法，陆贽提出了反对的意见。其理由是：一是百姓劳动生产出的是各种物品，而不是货币，"谷帛者，人之所为也"；而货币则是"官之所为"。但是在现实社会生活中，官府一方面"以钱为赋"，要求人们以货币纳税，另一方面又"禁人铸钱"，即禁止民众私铸钱币。这种"所征非所业，所业非所征"的做法，迫使百姓"增价以买其所无，减价以卖其所有，一增一减，耗损已多"，无形中加重了百姓的赋税负担。隋唐时期，虽然商品经济有较快的发展，但是在自然经济占统治地位的封建社会里，绝大部分民众仍然过着自给自足的生活，即使较为富裕的人，家里有一些生产或生活资料剩余，但也缺乏货币。如果政府要求以货币纳税，民众只好贱价出卖自己的农产品，遭受商人的盘剥，承担更沉重

的赋税负担。

陆贽不仅反对征收货币税，而且也不赞成以货币作为计税标准。他认为："人力之作为有限，物价之贵贱无恒"，也就是说，人们在一定时期内生产的物品有限，而物价的贵贱变化则是无常的。在物价不稳定的情况下，以货币作为计税标准，会使百姓的税收负担失去稳定性。当物价低时，百姓就要多卖生产品交税，这时百姓的税收负担就要加重而无法承受；当物价高时，百姓就可少卖生产品交税，这时国家税收实际上就少收了，势必使费用不够。总之，如以货币作为计税标准，物价的涨跌，都会对公私中的一方造成不利的影响。这就是"纳物贱，则供税之所出渐多，多则人力不给；纳物贵，则收税之所入渐少，少则国用不充。公私二途，常不兼济"。因此，陆贽批评这种做法是"将有限之产，以奉无恒之输"。

从历史的发展的大趋势来考察，从理论上讲，以货币税取代实物税是历史的一大进步。但是，如将陆贽反对以货币作为计税标准的思想放在具体的历史背景中加以分析，不难看出其主张又是符合历史的客观需要和民众利益的，以货币作为计税标准的思想超越了当时的社会现实，大大加重了民众的赋税负担。隋朝时期，商品经济发展速度较快。尤其是安史之乱后，土地买卖的禁令被打破，均田制逐渐瓦解，土地兼并活动对商品经济的发展起了推波助澜的作用。随着商品经济的迅速发展，流通领域对货币的需求量大为增加。但是，当时的钱币由于受到铜开采量的限制，难以一时满足市场的需要。加上一部分钱币被官僚、豪绅和富商大贾等作为财富窖藏，遂使市场流通钱币出现短缺，即历史上所谓的"钱荒"。从中唐至北宋，社会上的"钱荒"愈演愈烈，使货币不断升值，而物价持续走低。在两税法实施后的十几年中，货币升值幅度之大，令社会经济难以承受，并加重了民众的赋税负担。据李贽所述，德宗建中元年（780）初定两税之时，一匹绢折钱三千二三百文，而到了德宗贞元十年（794），一匹绢仅值一千五六百文。15年间，物价下跌了约50%。假定国家税额为1000文的话，建中元年，百姓只需织3匹绢就可

完税，而仅过了 15 年，则需织 6 匹绢才够供赋。在以货币作为计税标准的两税法下，15 年间，假定百姓的收入没有大的提高，财产也没增加，但税负却加重了 1 倍！

陆贽所揭露的当时因征货币税以及以货币为计税标准而使民众税负加重 1 倍的情况，在陆贽之后 20 多年的李翱也有类似的记述："初定两税，至今四十年矣。当时为绢一匹钱四千，米一斗为钱二百。税户之输十千者，为绢二匹半而足矣。今税额如故，而粟帛日贱，钱益加重。绢一匹价不过八百，米一斗不过五十。税户之输十千者，为绢十有二匹然后可。"[①] 晚唐著名现实主义诗人白居易也在《赠友诗》中吟道："私家无钱炉，平地无铜山。胡为秋夏税，岁岁输铜钱。钱力日已重，农力日已殚。贱粜粟与麦，贱贸丝与棉。岁暮衣食尽，焉得无饥寒。"[②] 可见当时的有识之士，均清醒地看到钱币贬值使征货币税以及以货币作为计税标准使百姓税负在 15 至 40 年之内增加至 1～5 倍，从而造成广大劳动人民陷入贫困甚至饱受饥寒的境地。因此，征收货币税和以货币作为计税标准的税制遭到当时关心民生疾苦人士的一致反对。尤其是其中的陆贽，对货币税的反对，显然出自其"养民"的民本思想。

另一方面，我们也必须指出，从理论上说，陆贽以货币非百姓生产作为反对货币税的论据，是不能成立的。事实上，在任何时代，都不可能存在任何纳税人都自己制造货币用于纳税的情况。当时出现广大民众缺乏货币纳税的主要原因是商品经济还不够发达，市场上钱币缺乏，在纳税期限迫促的情况下，广大百姓只得遭受奸商的压价盘剥，被迫贱价出售自己的农产品，从而无形中大大增加了自己的赋税负担，最终处于无法维持生存的境地。对此，陆贽提出要尽快稳定百姓的赋税负担："令所司勘会诸州府初纳两税，年绢布定估，比类当今时价。加贱减贵，酌取其中，总计合税之钱，折为布帛之数。"[③] 这就是将钱币与布帛比价固

---

① 《全唐文》卷 634《论事疏表》。
② 《白氏长庆集》卷 2。
③ 《陆宣公翰苑集》卷 22《请两税以布帛为额，不计钱数》。

定在一个比例上，使其不受日常物价波动的影响，然后以固定价格折实征纳。实质上，这与当时实行的以钱计税，折征实物的办法并不矛盾，所不同的是以往是按不断变化的价格折征实物交纳，现在陆贽主张以不变的固定价格折征实物交纳。其目的在于使百姓在币值不稳的情况下能以固定的价格稳定百姓的税收负担。"如此则土有常制，人有常输……物甚贱而人之所出不加，物甚贵而官之所入不减。是以家给而国足，事均而法行。"① 这一建议当时如能付诸实施的话，的确能有效地避免因钱币增值而加重百姓的赋税负担，或因钱币贬值而减少国家财政收入的问题。但是，当时由于正处于"钱荒"而钱币大幅增值物价下跌的时期，封建王朝正好趁机通过征税加强对百姓财物的搜刮，所以当陆贽提出这一建议时，遭到唐德宗的拒绝采纳。

最后，我们必须说明的是，陆贽虽然对两税法提出反对意见，但这种反对意见并不是要全盘否定两税法，使唐朝税制恢复到原来的租庸调制。陆贽反对两税制的奏议《均节赋税恤百姓》是在贞元十年（794），即两税制颁布 14 年之后提出的。当时，两税制在实施过程中出现了一些问题，陆贽针对这些问题，提出了补偏救弊的意见和建议。因此，他的出发点并不是要完全废除两税法，而是要进一步改进完善两税法。正如他一再强调的："伏知贵欲因循，不敢尽求厘革，且去其太甚，亦足小休"，② "今欲不甚改法而粗救灾害者，在乎约循典制，而以时变损益之"。③ 如陆贽在建中元年开始实行两税法之时，也曾经提出改革赋税制度的建议，主张"阅稼以奠税，度产以衰征"④，这与杨炎实行的两税法，都倾向于按资产多少征税，其理念是一致的。陆贽反对按资产征税，不在建中元年（780）提出反对意见，而在两税法实施 14 年之后提出，也正说明他的初衷也是主张按资产征税，只是在实施 14 年之后，他发现了

① 《陆宣公翰苑集》卷 22《请两税以布帛为额，不计钱数》。
② 《陆宣公翰苑集》卷 22《论两税之弊须有厘革》。
③ 《陆宣公翰苑集》卷 22《请两税以布帛为额，不计钱数》。
④ 《旧唐书》卷 157《陆贽传》。

按资产征税的弊端，才提出改进的意见。此外，他反对两税法以货币为标准计税的规定，也是在两税法实施 14 年后，钱币大幅增值，物价下跌，百姓税负加重 1 倍的情况下提出的。他的救弊主张也并非从根本上取消以货币计税，而只不过把货币折实率以一个特定时期为标准固定下来，使百姓税负和国家税收不因物价波动而加重税负或减少收入，从而使国家赋税制度在实施中能正常合理地运行。陆贽反对两税法的主要意见就是上述按资产多少征税和以货币为标准计税这两个方面，由此可见他的本意是对两税法的具体措施进行改进和完善，而不是要完全废除它。

总之，如果我们现在简单根据陆贽反对两税法的思想而批评他怀旧、保守，那是有失公允的。但是，另一方面，从他将均田制和租庸调制说成是完美无缺的制度，认为它的崩坏只是由于"时弊"而非"法弊"来看，他对当时从租庸调制到两税法的变革，又怀有矛盾的心情，显然又不是像刘晏、杨炎那样锐意改革的人物。

（八）韩愈的财政赋税思想

在中国古代封建社会中，财政赋税是治理国家的重要内容。韩愈就财政收入、征收赋税的依据，征收形式以及赋税负担轻重 3 个方面阐述了自己的观点，兹简要介绍如下：

1. 财政收入、征收赋税的依据。

韩愈认为，由于人类及人类社会是由"圣人"创造的，人类之所以能成为人类以及能够从事相生相养的活动，能够组成人类社会，都是圣人创造的功绩。因此，圣人理所当然地拥有统治广大黎民百姓的权利，于是，圣人就成为君临天下的君主。君主在统治天下时，需要有一批人执行他的命令，行使统治百姓的各项活动，这些人就成了君主的臣属，而对平民百姓来说，这些人就是统治他们的官吏。这样，在农、工、商相生相养分工之外，又有了君、臣和民之间的统治者与被统治者之间的"分工"。"君者，出令者也；臣者，行君之令而致之民者也。"[①] 由于君、

---

① 《昌黎先生集》卷 11《原道》。

臣负责治理国家，他们就无法同百姓一样从事农业、手工业、商业活动而相生相养，而且不能自养，因而就必须由黎民百姓供养他们。百姓承担这种供养义务的方式就是缴纳赋税，"民者，出粟米麻丝、作器皿、通货财，以事其上者也"①。换言之，国家向百姓征收赋税，从百姓那里取得财政收入，是天经地义的事，百姓有提供物质财富以"事上"的义务。国家的征税权来自其统治权，而且是其统治权的必然体现。这就是国家从百姓取得财政收入、向百姓征收赋税的依据。

由于圣人（君主）与黎民百姓的关系是创造者与被创造者之间的关系，因此，在君与民之间，就只能是统治与被统治、支配与服从的关系，而绝对谈不上平等。征税权既然是统治权的一部分，它也必然是强制性的、非履行不可的。那就是说，如果黎民百姓拒绝纳税，就意味着背叛了"圣人"（君主）的生成之德，是大逆不道的。对此，韩愈声色俱厉警告说："民不出粟米麻丝、作器皿、通货财，以事其上，则诛！"②

韩愈的农、工、商等黎民百姓是"治于人者"，必须供养君主、官吏等"治人者"，君主、官吏有权强制百姓供养自己。这种思想其实就是战国时期孟子"治人者食于人"③ 思想的进一步延伸。他给"治人者"又加上了创造者的一重身份，使孟子的"食于人"的权利，更加具有神圣性与道义性的色彩。

2. 赋税征收对象和形式。

韩愈认为农、工、商等黎民百姓及其经济活动，都是圣人创造的，他们在圣人面前的地位是平等的，因此，他们之间的相生相养的关系，也是一种相互的、平等的关系。基于这种观念，韩愈主张在赋税征收对象上，应当兼征农、工、商税而不是征收单一的农业税。他所说的"出粟米麻丝、作器皿、通货财，以事其上"一语，其中的"出粟米麻丝"就是指农业，"作器皿"就是指手工业，"通货财"就是指商业，即农、

---

① 《昌黎先生集》卷11《原道》。

② 《昌黎先生集》卷11《原道》。

③ 《孟子·滕文公上》。

工、商业的黎民百姓都有义务供养君主、官吏等，向国家缴纳赋税，也就是说，国家除征收农业税外，也有权征收工、商税。

唐之前传统儒家在赋税征收上原本是主张征收单一的农业税或接近于单一的农业税论。盛唐时期，人们开始批评单一的农业税，主张对工商征税。如武周长安三年（703），负责财政的朝臣要求"税关市"，即对坐商和过关商旅普遍征税。但是却遭到知制诰崔融的反对，上文列举了6条反对理由。① 唐德宗时期，工商税在财政中已占相当比例。韩愈的"事上"论，又为这种趋势作了理论说明和论证，使国家征收工商税蒙上了神圣性和道义性的色彩。唐代工商业的发展以及唐中叶财政上的困难，必然在财政、赋税制度上引起一些改变，并且会在思想理论上有所反映，韩愈的"事上"论就是这一反映的代表。

韩愈针对当时物轻钱重、百姓税负加重的状况，主张国家赋税征收实物而不应征钱，并且实行"物土贡"的原则，百姓各以其生产的物品纳税，如生产谷物粮食地区的农民就纳粟于官，"出布之乡租赋悉以布，出绵丝百货之乡租赋悉以绵丝百货"。他的理由是百姓生产什么产品就缴纳什么产品比较合理，如要强迫百姓缴纳自己缺乏的钱币，百姓自然就要低价贱卖自己的产品换取钱币纳税，这就导致物价愈低而钱币愈重，百姓赋税负担愈重。"夫五谷布帛，农人之所能出也，工人之所能为也。人不能铸钱，而使之卖布帛谷米以输钱于官，是以物愈贱而钱愈贵也。"② 由此可见，韩愈不赞成当时两税法的赋税征钱的做法。

韩愈主张征收工商税增加国家财政收入，而反对国家通过工商业禁榷专卖而增加国家财政收入。唐穆宗长庆二年（822），张平叔建议改变刘晏以来官粜盐于商，而由商自运销的方式，实行由官吏直接售卖，并以销售量多少考评有关官吏的政绩。张平叔认为朝廷除了坚持实行重本抑末、夺商人之利外，还应当恢复食盐的官府垄断经营，这样可以增加

---

① 《旧唐书》卷94《崔融传》。

② 《钱重物轻状》，此篇四部丛刊本缺，见《韩昌黎全集》卷37，《历代全集丛刊》，河南人民出版社，2018年。

国家的财政收入。因为盐是广大民众的生活必需品，任何人都必须食盐，如果国家对食盐实行专卖，提高盐价，任何人都无法逃避。这其实就是古代轻重论者所宣扬的"无不服籍"①。

韩愈反对张平叔食盐由国家专卖的建议，认为私商经营优于官府垄断经营，因为私商售盐，"利归于己"，因而有较大的经营积极性，经营方式灵活，服务周到，穷乡僻壤，无处不在；相反，官吏售盐，"利不关己"，缺乏经营积极性，不主动开展销售业务，更不会走乡串巷，送货上门。韩愈从经营者的积极性和便利消费者及有利于扩大销路的角度论证了私商经营优于官府垄断经营，指出了官府专卖食盐价格高而销路萎缩，从而倒不利于财政收入增加这样一个早为人知的道理。他还分析了张平叔关于官府直接专卖盐则百姓人人输钱于官，无法逃避的观点，指出："国家榷盐，粜与商人，商人纳榷，粜与百姓，则是天下百姓无贫富贵贱皆已输钱于官矣。不必与国家交手付钱，然后为输钱于官也。"② 也就是说，官府售盐于商人，商人转而售于百姓，官府的盐利仍然是由百姓负担的。

轻重论者关于官府垄断经营食盐则民"无不服籍"的思想，多少认识到食盐这种百姓日常生活必需品，人人都要食用，需求弹性小，因而在提高价格后销售量不会有太大的减少。这就是一种所谓的刚性需求。但是，他们还不知道，要实现这种加价增收的目的，不必由官府直接零售，可通过官府加价售于商人，商人再在官府加价的基础上加上商人利润的价格卖给广大百姓。这样，百姓就间接承担了官府加价的负担。刘晏懂得了这一商品税能够巧妙转嫁的道理，所以把官府直接垄断售盐改为官粜于商，商售于民的办法。但是，刘晏虽然在实践方面这样做了，但未能从理论上予以阐述。韩愈以上对张平叔恢复官府榷盐的批评，对此作了初步的理论分析，使人们对商品税转嫁问题的认识，前进了一步。

---

① 《管子·海王》。
② 《昌黎先生集》卷40《论变盐法事宜状》。

韩愈一方面认为百姓向国家缴纳赋税是"事其上"的绝对义务，但另一方面又认为在纳税数额方面，主张应考虑百姓的实际负担能力，反对"财已竭而敛不休，人已穷而赋愈急"[①] 的横征暴敛。为了使国家征税额数与百姓负担能力相平衡，他主张国家征收赋税应当"有恒"，即有稳定的制度和税率，不可以任意向百姓征敛。但是，他又认为百姓的负担能力也不是一成不变的，不同时期贫富状况会发生变化，丰年、荒年收入也不一样，"赋有常而民产无恒"[②]，因此，国家不仅要有稳定的制度和税率，而且还要根据不同时期百姓的贫富状况和收入多少的变化，进行适当的调整变化。特别是在遇到严重的灾荒时，国家对灾区赋税应减免则减免，应延期则延期，不能不顾百姓死活，一味催征，使百姓不堪重负而流离失所。

唐德宗贞元十九年（803），京畿大旱，百姓"弃子逐妻，以求口食；拆屋伐树，以纳税钱"[③] 韩愈目睹路旁饿死的饥民，于是上书朝廷，提出京师是国家的根本，朝廷对京师百姓应特别优恤，在这样灾荒的情况下，贫民逋欠赋税不应催征。灾荒只是一时的，灾荒之后可能继之以丰年；灾年催征，破坏了百姓的生产和生活条件，必然损伤了他们以后的赋税负担能力，这是得不偿失的。灾年缓征，则可保护百姓的纳税能力，灾年少收的赋税，可在丰年时补回。所以，韩愈在奏书中劝谏皇帝说："今瑞雪频降，来年必丰，急之则得少而人伤，缓之则事存而利远。"[④]

韩愈关于国家征收赋税额数应当与百姓负担能力平衡，反对横征暴敛的思想，源于先秦以来儒家的轻徭薄赋思想。儒家的轻徭薄赋思想，其理论依据是民本思想，即主张统治者在治理国家中，必须施仁政，"爱民""恤民"。韩愈在此基础上，从更现实的百姓实际负担赋税能力出发，来考虑国家征税的额数，并且比较明确提出不要只顾一时的财政收入而

---

① 《昌黎先生集》卷 19《送许郢州序》。
② 《昌黎先生集》卷 20《赠崔复州序》。
③ 《昌黎先生集》卷 37《御史台上论天旱人饥状》。
④ 《昌黎先生集》卷 37《御史台上论天旱人饥状》。

损害百姓以后的纳税能力，已具有较清晰的保护税源的思想。这比儒家"施仁政"的传统思想更切实，更符合现实中的征税原则，是轻徭薄赋思想的进一步丰富。

（九）白居易"利出一孔"的赋税论

先秦的商君学派及《管子》的轻重诸篇都提出了"利出一空"的观点。商君学派的"利出一空"说是主张国家应当堵塞除农、战之外的其他得利的途径，这样迫使百姓只能从农业生产和对外战争中获取财富和社会地位，从而符合秦国发展农业、向外扩张的富国强兵战略。《管子》轻重诸篇则是主张控制住百姓可以自行求利的一切途径，只允许百姓在国家许可的方式和范围中，并且在国家的严格监管下得到物质利益。其目的是达到国家对广大民众的严密监控，从而以巩固自己的统治。总之，无论是商君学派还是《管子》轻重论者提出的"利出一空"，都是指国家将百姓求利活动（尤其是经济活动）限制在一个很小的范围之内，进行严密的管控，以此加强对民众的统治。

白居易的"利出一孔"提法，显然其出处是由商君学派和《管子》轻重论者的"利出一空"而来，但是其内容却与他们根本不同。白居易的"利出一孔"主张，不是控制限制百姓的求利活动，而是控制、限制国家的征税活动。具体而言，他所说的"利出一孔"，是指国家的财税收入，只有一个来源，即只能从"农桑之税"而来。他进一步指出："善为国者，不求非农桑之产。"[1] 意思是说，善于治理国家的人，征收"农桑之税"，只能征收农桑产品。而且在征收"农桑之税"时，要薄征，而不能厚敛。白居易之所以提出国家财政税收只征"农桑之税"，其用意是告诉朝廷，国家在征税时，应重视农业税，而贱视从工商"末利"取得财政收入。所以他的"贵本业而贱末利"这句话，单从文字本身来看，似乎同传统的重本抑末论并无区别，但如前所述，其本意同重本抑末论大相径庭：它不是说国家应贱视工商业，推行抑商、贱商政策，而是说国

---

① 《白氏长庆集》卷 37《策林二·二十二》。

家在征税时应重视农业税，轻视工商业税。

基于这个认识基础，白居易认为，盐铁之利、榷酤之法，都是理财者所应轻视的。他称赞"唐尧、夏禹、汉文之代"，"薄农桑之税，除关市之征，弃山海之饶，散盐铁之利"的轻农业税免工商业税的赋税制度，而反对"秦皇、汉武、隋炀之时"，"入太半之赋，征逆折之租，建榷酤之法，出舟车之算"①的横征暴敛。白居易这样的"贱末利"主张，不但不意味着抑商，其实是减免了工商税，对工商业者是非常有利的。

白居易在国家赋税征收上主张"利出一孔"，实际上就是实行单一农业税。他的这一主张的提出，除了其本人对农业在当时社会生产中的地位看法外，还与唐朝赋税制度的变革关系密切。唐朝从开国之初至盛唐，国家的财政税收主要来源于租调，即农业税，无关市之征、山海之租和盐铁、榷酤之利。安史之乱后，出现藩镇割据，军阀混战，朝廷为了平定各地藩镇叛乱，不断派兵镇压，或通过赏赐大量财物收买藩镇，财政入不敷出，陷入危机。这种财政困难使得朝廷陆续出台政策，对工商业加征税收，以解决财政危机。这使得有些人感到，实行这些办法增加财政收入，属于秦始皇、汉武帝、隋炀帝之类的横征暴敛，应该予以反对。白居易就是这种思潮的代表人物，其提出的国家应征收单一农业税的主张，就是想恢复初唐至盛唐时均田制下的租庸调制。其实当时唐朝加征工商税，也是出于无奈，只能通过加征工商税以克服当时财政困难。

当时，白居易对国家征收赋税的主张是既要"利出一孔"，不征工商末利，又要"薄农桑之税"，这难免会使国家财政收入减少，无法解决当时国家用度不足问题。对此，白居易以先秦传统儒家的藏富于民，"百姓足君孰与不足"的理财思想进行辩解。他认为国家减轻了百姓的负担，可使"人逸而富"，"人富则君孰与不足"。而且他还把君主比作"人之父母"，强调"未有子富而父贫者也"②。百姓富了，国家财政收入自然随之

① 《白氏长庆集》卷46《策林二·二十二》。
② 《白氏长庆集》卷46《策林二·二十二》。

增加。另一方面，为了克服国家财政用度不足的困难，白居易还提出"欲节而用省"的主张，这样才能真正做到"上无乏用"和"国足而人富"①。但是，白居易在主张"欲节而用省"的同时，却还强调要对内外官吏"厚其禄，均其俸"。他认为，只有使官吏"温饱充于内"，才能"清廉形于外"。②但为官吏增俸，必然增加财政开支，这似乎同解决财政困难又背道而驰。对此，白居易建议在提高官俸的同时，精简官僚机构中的冗员，做到"事简""人安""吏清""俗阜""事理"。否则，如只单方面"厚其禄而不知省其官，则财费而不足矣"③。

白居易从征收农业税"不求非农桑之产"的观点出发，反对国家赋税征钱币，而主张恢复均田制下"计谷帛为租庸"的制度。他认为当时存在着"舍本业，趋末作"的现象，是由于"钱刀重而谷帛轻"造成的，由于谷帛等农产品价格太低了，农民无利可图，无法生存，只得舍弃农业，改为从事工商业。而引起"钱刀重而谷帛轻"的问题，其原因则又是"由赋敛失其本"，因为国家要求百姓以钱币缴纳赋税，所以百姓只得贱价出卖谷帛等农产品以换取钱币，致使谷帛价格太低而钱币价值提高。白居易指出，唐初实行均田制时，"赋敛之本者，量桑地以出租，计夫家以出庸。租庸者，谷帛而已"。但是，"今（实行两税制后）则谷帛之外，又责以钱"。农民手中缺钱，为了取得钱交税，只能贱价出卖农产品。"当丰岁，则贱籴半价，不足以充缗钱；遇凶年，则息利倍称，不足以偿逋债"。在这种窘境下，"为农者何所望焉？"所以，白居易主张说："今若量夫家之桑地，计谷帛为租庸，以石斗登降为差，以匹夫多少为等，但书估价，并免税钱。则任土之利载兴，易货之弊自革。弊革，则务本者致力；利兴，则趋末者回心。"④这就是国家征收租税恢复租庸制，征收谷物、布帛，使农民不必贱卖谷帛换取钱币。这样，谷帛价格就会提

---

①《白氏长庆集》卷46《策林二·二十二》。

②《白氏长庆集》卷47《策林三·三十九》。

③《白氏长庆集》卷47《策林三·四十》。

④《白氏长庆集》卷46《策林二·二十二》。

高，农民从事农业生产就有利可图，弃农经营工商业者就会回归农业。

历史上舍本逐末现象，并非在唐中后期实行两税法之后，实行以钱币形式征收赋税后才发生。据历史记载，这一现象最迟已在战国时期就出现，这是中国封建社会的特点所带有的现象，所以尽管历代王朝采取了各种措施，包括严厉的重本抑末政策，但都未能解决这个问题。两税法中赋税征钱，只是对舍本逐末起了推波助澜的作用，并非是舍本逐末的根本原因，更非是唯一原因。赋税征钱，从理论上说，的确比实物征税前进了一步。但是，在商品货币经济不够发达的唐代，以货币纳税的条件尚不具备，所以货币纳税形式显然太超前了。农民手头缺乏货币，只有被迫出卖自己的农产品换得货币才能完税。这就不能不受制于市场和商人。他们往往只能低价出售农产品，这就是白居易所说的"钱刀重而谷帛轻"。因此，赋税征钱，的确加重了农民的负担，所以在当时遭到不少人的反对。白居易反对赋税征税，是当时反对两税制思潮的一部分，虽然在理论上是保守的，但是却比较符合当时的现实情况，并非毫无道理。历史证明，正由于赋税征钱加重了农民负担，遭到许多人的反对，难以实行，所以到唐穆宗时，唐王朝不得不在实际困难面前对两税法进行调整："以货轻钱重，民困而用不充"，"由是两税、上供、留州，皆易以布帛、丝纩，租、庸、课、调不计钱而纳布帛。"[1]

（十）元稹的征税思想

唐朝中期的经济问题，除了钱重货轻问题之外，还有一个重要问题就是赋税问题，即征税是以货币交纳还是以实物交纳。对此，当时朝廷议论纷纷，多数人认为这两个问题造成"当今百姓之困"。元稹则提出了不同的见解，认为"当今百姓之困，其弊数十，不独在于钱货征税之谓也"[2]。以下介绍其改革征收赋税方面的主张。

元稹在赋税征收上，赞同杨于陵提出的两税"输以布帛谷粟"的主

---

① 《新唐书》卷52《食货二》。

② 《元氏长庆集》卷34《钱货议状》。

张，认为"两税不纳见钱，百姓诚为稳便"。但是，元稹提出的征收赋税的具体措施，与他解决钱重货轻的主张一样，视野比较开阔，思路比较灵活，政策上不做一刀切，根据各地不同情况以及个人的意愿，有条件地自愿选择缴纳实物或钱币。他认为"或虑土宜不等，恐须更有商量"。[①]他在此认识的基础上，主张一般情况下以实物征税，但对可以而且愿意以货币纳税的税户"亦任稳便"。其具体措施有以下 3 个方面：一是"请令天下州县，有山野溪洞无布帛丝绵之处，得以九谷百货，一物以上，但堪本处交易用度者，并许折纳"。二是"令请天下州县有贫下户两税数少，情愿输纳见钱者，亦任稳便"。三是"令请天下州府榷酒钱，一切据贯配入两税，仍取两贯以上户均配，两贯以下户，不在配限。先有置店沽酒处，并请勒停"。[②]

从理论上说，以货币征税代替实物征税，是历史发展的趋势，符合社会经济的发展。但是，实践证明，在当时的历史条件下，各地的经济发展情况千差万别，很不平衡，许多地区完全不具备以货币纳税的条件，如全国统一以货币纳税，那么实行起来是困难重重，并且会对贫穷百姓造成严重伤害。因此，元稹提出因地因人制宜，具体问题具体分析，根据各种不同情况，以缴纳实物税为主，兼以自愿缴纳钱币税。这种主张灵活兼容，不强行统一，是比较实事求是，符合客观实际的。

元稹在罢相后任同州（今陕西关中东南部大荔、韩城一带）刺史任内，曾建议在本州所辖各县实行"均田"。他了解到当时上距确定各县两税额数已经 36 年，各县情况变化很大，"人户逃移，田地荒废"，而靠近黄河的各县，由于河水泛滥，许多耕地因河侵、沙掩已经荒芜不可耕，甚至流失殆尽。如按 36 年前原定的两税额数，已有相当一部分土地因无法耕种而不能纳税了，但是，地方官为了完成原定的税额，就按原额数分摊给现存农户。他们负担不起增加的分摊额数，于是纷纷逃亡，使所

---

① 《元氏长庆集》卷 36《中书省议赋税及铸钱等状》。
② 《元氏长庆集》卷 36《中书省议赋税及铸钱等状》。

剩农户更无法负担，引起更多农户的逃亡。这使早就存在的欠缴赋税现象更加严重，形成了"赋税不办，州县转破"①的局面。

针对这种情况，元稹提出了"均田"的主张：令各县百姓自报占有土地的实际数量，然后官府按照百姓自报情况，核实应该纳税的田地数量，"悉与除去逃户荒地及河侵、沙掩等地"。这样，使征税额数与农民所占有的可耕田地数量相一致，农民赋税负担趋于合理，国家的赋税收入也更有保证。"自此贫富强弱，一切均平；征敛赋税，庶无逋欠。"②

元稹的此种均税措施，名为"均田"，实则与北魏至盛唐时期的均田制名同而实异，所谓均田其实是均税。它不是一项土地制度方面的改革，而是一项平均赋税的改革。他的这项改革对五代时后周世宗所仿效，将其平均赋税思想制成《均田图》颁发给广大地区推行，产生了很大的影响。

（十一）李翱的实物征税和轻税"得财愈多"思想

李翱在经济方面议论较多的是赋税问题，其主要观点有两个方面：一是反对赋税征钱，要求向农民征收粟、帛等实物作为赋税；二是主张轻税，认为轻税不仅能减轻农民赋税负担，而且从长远来看，会增加国家的赋税收入。

1. 实物征税。

李翱反对两税法中向农民征收钱币作为赋税，主张恢复租调制中征收谷、帛等实物税。他认为农民本是百姓中最困苦的，"四人（士、农、工、商）之苦者，莫甚于农人"，③而赋税征钱，又从两个方面大大加重了农民的困苦。一是农民所生产的是粟帛，并不生产钱币，在两税法规定中，国家向农民征收钱币作为赋税，农民只能在纳税时期，遭受商人的盘剥，纷纷被迫低价贱卖粟帛以换取钱币，用以纳税。这样，用钱币纳税比实物纳税，农民无形中多缴纳了粟帛实物，不言而喻，钱币纳税

---

① 《元氏长庆集》卷38《同州奏均田》。
② 《元氏长庆集》卷38《同州奏均田》。
③ 《李文公集》卷3《平赋书》。

加重了农民贫困。他指出："钱者，官司所铸；粟帛者，农之所出。今乃使农人贱卖粟、帛易钱入官，是岂非颠倒而取其无者邪？由是豪家大商皆多积钱以逐轻重，故农人日困，末业日增。"[1] 二是当时实行两税法已经 40 年了，钱重物轻的现象愈来愈严重，农民必须卖掉比 40 年前多四五倍的粟、帛，才能完纳税额。李翱指出，实行两税法 40 年来，物价不断下跌，"粟、帛日贱，钱益加重"[2]。40 年前，原来一匹绢值 4000 钱，现在却跌至 800 钱；米 1 斗原值 200 钱，现在跌至 50 钱。这就意味着如按照 40 年前两税征钱的数额和 40 年后的物价折算，农民必须多卖掉四五倍的粟、帛，才能换取到够交纳赋税钱币的数额。换言之，也就是说，由于 40 年来物价下跌四五倍，农民如果继续以钱币纳税，其赋税负担等于加重了四五倍。基于这两点理由，所以李翱主张改革两税征钱的规定，一律"不督钱而纳布帛"[3]。由于赋税收入为布帛，政府支出也应做相应的改变，使收支统统"以布帛为准"[4]。

2. 轻税"得财愈多"。

自陆贽以来，唐朝反对两税征钱的人，多数都以两税征钱使农民贱卖谷帛和物价持续下跌导致农民必须多卖数倍谷帛才能完税为理由，李翱主张实物征税，其理由也是这两个方面，所以在理论和实践上并没有什么明显的创新。但是，他关于轻税能够增加财政收入的观点，在理论上却对传统的轻税思想有所突破。

自先秦以来，轻徭薄赋一直是儒家传统的经济思想。儒家把轻徭薄赋作为在经济上实行"仁政"的重要内容，认为轻徭薄赋减轻了百姓的赋税徭役负担，有利于百姓改善生活和社会生产的发展，从而能够得到百姓的拥护，有利于巩固政权。但是，先前儒家学者通常把轻徭薄赋称

---

① 《李文公集》卷 9《疏改税法》。

② 《李文公集》卷 9《疏改税法》。

③ 《李文公集》卷 9《论事疏表》。

④ 《李文公集》卷 9《疏改税法》。

之为"损上益下"或"损上而归之于下"，① 也就是说，轻徭薄赋会造成国家财政收入的减少和国用的不足，但是对百姓是有利的，能使百姓减轻赋税徭役负担，能使生活改善，生产发展，最终也符合封建王朝的长远利益，使政权巩固，长治久安。

李翱是韩愈的学生，师生俩都以正统儒家的继承人自居，他的轻税思想，也是在继承传统儒家轻徭薄赋思想基础上有所发展。他认为，轻税并不会"损上益下"，而是不仅"益下"，也会"益上"，即增加国家的财政收入，而不致"损上"。"人皆知重敛之为可以得财，而不知轻敛之得财愈多也。"② 这就是说一般人认为重税会增加财政收入，但他却认为轻税会比重税带来更多的财政收入。其理由是：当时的农业社会里，国家的主要税源是农业，而农业负担赋税的能力主要取决于耕地的状况。耕地数量多，耕作质量好，则税源充足，国家赋税收入提高，就"得财愈多"；反之，土地抛荒多，耕作质量差，则税源萎缩，国家赋税收入就会减少，"得财愈少"。农民赋税负担的轻重，会影响其再生产能力，从而成为影响耕地数量及耕作质量的重要因素。轻税能使耕地数量增多，耕作质量改善；重税则使耕地数量减少，耕作质量恶化。因此，轻税就能比重税"得财愈多"。"重敛则人贫，人贫则流者不归，而天下之人不来。由是，土地虽大，有荒而不耕者，虽耕之而地力有所遗。人日益困，财日益匮，是谓弃天之时，遗地之利，竭人之财……轻欲（敛）则人乐其生，人乐其生而居者不流，而流者日来。居者不流，而流者日来，则土地无荒，桑柘日繁，尽力耕之，地有余利，人日益富，兵日益强，四邻之人归之如父母。虽欲驱而去之，其可得耶？"③

李翱在此提出，重敛会使农民贫困，农民贫困就容易流离失所，即使土地再广大，也会因无人耕种而荒废，即使耕种了，也不会有好的收

---

① 《新语·辨惑》，新编诸子集成本，中华书局，2018 年。
② 《李文公集》卷 3 《平赋书》。
③ 《李文公集》卷 3 《平赋书》。

成。相反，轻税则使农民安居乐业，就会长期安心在此勤于农业生产，即使流亡在外的人也会一天天归来，土地日益得到开垦，庄稼生长繁茂，年年获得好收成，百姓富足，军队强大，四周之人都来投奔，要将其赶走都难以做到。他的这一观点，是针对当时唐德宗以来赋税加重、农民无以为生、逃亡日益增多的现实而说的。

赋税负担的加重，除了钱重物轻的因素外，还由于当时税额和税种的增加。两税法刚制定时，曾有除了两税外禁止加征其他税收的规定，但是这种规定很快就为唐政府及其官吏自身所违反。唐德宗建中三年（782），也就是在两税法刚颁行两年之后，朝廷就从淮南开始，两税征钱每千文增收 200 文，并且很快推行于其他各道。贞元八年（792），剑南地区两税又增加 20％。盐税则从 100 文逐渐增加至 370 文。在税额增加的同时，税种也在增多。在两税法开始后的当年，唐政府就背弃禁止税外加征的规定，对竹、木、茶、漆等商品，按什一税率征税。后来又开始开征间架税（房产税）、除陌钱（每千钱的交易额征收 20 税，后渐增至 50 钱）。除此之外，朝廷还巧出名目，实行所谓的"借商"，即对有万贯以上资产的大商贾，强制借其超过万贯之数的资产。

李翱在轻税的量化标准方面，主张实行先秦儒家所提出的什一税。他用了一系列的数据来证明：在当时的生产力条件下，一个州农民所生产的粟、帛，官府征收 1/10 作为赋税，足够满足全州财政开支方面的需要。"以贡于天子，以给州县凡执事者之禄，以供宾客，以输四方，以御水旱之灾，皆足于是矣。"[①] 如将一州估算推行于全国，什一税完全能够保证全国财政支出的需要。

西汉文景之治时期，把田赋减到三十税一，此后，主张轻徭薄赋的人，就很少再把什一之税作为轻税的标准了。东汉末仲长统重新主张什一之税，但是他这时主张的什一税，相比于三十税一来说，不是减税，而是加税了。当时仲长统主张增吏禄而要求加税以满足财政支出，因此

---

① 《李文公集》卷 3《平赋书》。

与传统的主张什一税轻徭薄赋思想出发点根本不同。到了唐中后期，李翱主张轻税，将千年之前的儒家什一税作为轻税量化标准，显然是针对唐德宗以来赋税不断增加的现实情况。李翱之所以将什一税作为轻税量化标准，是因为当时百姓纳税负担已经大大超过了古代传统什一税的标准。

（十二）李珏赋税与物价关系思想

李珏（784—853），字待价，唐朝宰相，其先为赵郡赞皇（今河北赞皇县）人，后客居淮阴（今江苏淮安）。开成中，任同中书门下平章事，与李固言皆善。后迁门下侍郎，为文宗山陵使。又贬江西观察使，再贬昭州刺史。宣宗立，内徙郴、舒二州，以太子宾客分司东都。迁河阳节度使。不久任检校尚书右仆射、淮南节度使。江淮旱，发仓廪赈流民，以军羡储杀半价与人。卒后赠司空，谥曰贞穆。

唐穆宗时，因宫中要建百尺楼耗资巨大，盐铁使王播迎合穆宗旨意，主张将茶税一下子提高50%，以满足建百尺楼的经费需要。作为朝中大臣的李珏，上书反对增加茶税，其主要理由有以下3个方面：

其一，李珏认为当时并无大的战争，全国局势比较平稳，没有大的军费开支，不应增加茶税。他指出："榷率救弊，起自干戈，天下无事，即宜蠲省……今四海镜清，八方砥平，厚敛于人，殊伤国体。其不可一也。"[1] 唐王朝建立前期，朝廷都未实行盐、铁、酒专卖制度。安史之乱后，由于不断发生平叛战争，军费开支巨大，所以使财政入不敷出，朝廷通过榷盐来增加财政收入。唐德宗时期，由于朝廷同一些叛乱的藩镇发生战争，财政开支剧增，又通过榷茶来解决财政困难。这正如李珏所说的"榷率救弊，起自干戈"。因此，按唐王朝不成文惯例，在没有战事发生时，就应该停罢榷政。现在"四海镜清，八方砥平"，朝廷不但不停罢榷茶，反而要大大增加榷茶收入，这是很不合理、违反惯例的。李珏以唐代实行榷盐、榷茶的历史惯例作为一个理由来否定王播为满足君主

---

① 《旧唐书》卷173《李珏传》。

奢欲而增加茶税的建议。

其二，李珏认为茶是百姓的生活必需品，增加茶税必然会增加百姓的负担，尤其是贫苦百姓的负担。"茶为食物，无异米盐……田间之间，嗜好尤切。今增税既重，时估必增，流弊于民，先及贫弱，其不可二也。"① 在此，李珏的逻辑推理是：朝廷增加茶税，纳税的是茶商；茶商为避免利润的减少，必将茶税加在茶叶的价格中，"时估必增"。由于茶叶是民众生活的必需品，"无异米盐"，虽然价格提高了，但是不得不买，于是茶税就由购买茶叶的民众负担了，即"流弊于民"。李珏把茶看作同米、盐一样百姓日常生活不可或缺的必需品，这是否符合当时"田间之间，嗜好尤切"的真实情况，我们姑且存疑。但是，如果我们按照他的这一假设条件，那么茶叶就与米和盐一样成为需求弹性很小的百姓生产必需品，即成为一种刚性需求，即使在其"时估"即价格提高后，需求量也不会减少很多，因而茶商因茶税增加而加价的部分就主要由购买茶叶者承担了。李珏这段简短的论述，却涉及两个理论原理：即需求弹性原理和赋税转嫁原理。这里的需求弹性原理就是茶叶同米、盐一样是百姓生活不可缺少的必需品，故其价格提高不会太大影响其销量；赋税转嫁原理则是茶税增加后，茶商会通过增加"时估"即提高价格把茶税负担转嫁给消费者。李珏通过这样的理论逻辑推理，得出增加茶税必然增加百姓的负担，从而作为反对王播提高茶税建议的第二个理由。

其三，李珏认为，朝廷增加茶税，商人提高了茶价，就会引起百姓的怨恨不满，但由于茶价提高，会使销量减少，对增加财政收入作用不大。李珏虽然一方面认为，茶叶作为米、盐一样的百姓生活必需品，茶叶价格提高，需求量减少不会太大，但是另一方面他又看到，茶叶与米、盐相比，刚性需求毕竟差一些，朝廷增加茶税后，商人提高茶价，会使茶叶需求缩减，也将会使茶叶销量有一定程度的减少，从而使茶叶税收相应减少。这就是"量斤论税，所冀售多。价高则市者稀，价贱则市者

---

① 《旧唐书》卷 173《李珏传》。

广，岁终上计，其利几何？未见阜财，徒闻敛怨，其不可三也"①。在此，李珏则提及商品价格与需求的关系：即商品价格提高会引起需求缩减，相反，商品价格下降则会引起需求增加。李珏在此的逻辑推理是如果茶税增加，会引起商人提高茶价，茶价提高则引起茶叶需求缩减，销量减少，那按销量多少征税的茶税就会减少。因此，朝廷提高茶税税率不一定就会增加茶税收入，甚至因销量减少反而减少了茶税收入，并招致怨。李珏从茶叶价格同茶叶需求的关系以及对茶叶税收的影响进行理论阐述推理，得出茶叶税率提高不一定就会增加茶叶税收，反而会招致民怨，作为反对王播提高茶税建议的第三个理由。

　　唐朝时期随着商品经济的发展，征收商税问题日益引起人们的关注。唐前期，由于社会安定，经济繁荣，财政充裕，人们在传统思想的影响下，不注意商税的征收。对于是否征收商税以及商税的作用等问题，虽然被人提及，但是遭到许多人的否定而未付诸实施。安史之乱后，由于战争不断，军费开支巨大，财政入不敷出，朝廷被迫开始征收商税，有关商税的征收及其在国家财政中的作用不断增大，则成为不争的事实。特别是从唐德宗时期开始，为了在财政上支持平定藩镇叛乱的战争，商税在种类和数额上都大为增加，除茶税之外，竹、木、漆也均要征税，借商、间架、除陌等钱，也主要以商人为征课对象。商人在缴纳税收后，为了保持自己的商业利润，就会通过加价等手段向消费者转嫁赋税负担。不同的商品因其需求弹性的不同，对价格提高的反应灵敏度不同。如是百姓日常生活必需品，需求弹性小，价格的提高不会太大影响销售量；相反，如不是百姓日常生活必需品，需求弹性大，价格的提高则会大大影响销售量。因此，如对有需求弹性的商品增大税率而使其价格提高，就会影响其销量从而减少税收。所以增大税率不一定就会增加税收，有时会因销量受影响反而会减少税收。当时人们在现实经济生活中不断地观察征收商税后商品税率、价格、需求弹性、销量等关系的变化，从而

---

　　①　《旧唐书》卷 173《李珏传》。

得出某些带有规律性的认识，总结出若干带有理论性的看法，李珏就是其中一位杰出的代表。

（十三）周太祖、周世宗的改革赋税制度思想

在赋税方面，后周建立后，周太祖、周世宗为了解决五代时百姓赋税负担过重的问题，除了减轻百姓赋税外，还进行了一些较大、带有制度性的改革。其中比较重要的是周太祖的废"牛租"和周世宗的推行的"均田"。

1. 周太祖的废"牛租"思想。

五代时期，军阀割据混战，各个军阀为了支撑庞大的军费开支，都巧立名目征收苛捐杂税，"牛租"就是其中的一种。所谓"牛租"，起源于五代的第一个君主后梁太祖朱温。朱温在渡淮攻打杨行密的吴国时，掠夺了淮南百姓的大批耕牛。班师回朝后，把掠夺来的耕牛租给辖区内的百姓，并向他们收取"牛租"。此后，不仅后梁王朝始终一直向百姓征收"牛租"，后起的唐、晋、汉、周王朝也把"牛租"作为一种正式的税制相沿予以征收。到后周太祖即位后，牛租已经连续征收了60年，不用说朱温当时租给百姓的耕牛早已不在了，就连那些掠夺来的牛的第二代第三代也都已死亡或衰老得不能耕作了。在这种情况下，牛租实际上完全变成一个与租借牛毫无相干的苛捐杂税。当时百姓深感牛租对自己的无理盘剥，深恶痛绝。"自是六十余载，时移代改，牛租犹在，百姓苦之。"[1] 周太祖对这一持续五代的极端不合理的苛捐杂税"特予除放"[2]，这对废除当时的一些苛捐杂税有示范性作用，对减轻百姓的赋税负担，改善农民的生产、生活条件，都是有积极作用的。

2. 周世宗的均田"思想。

五代时期，由于自唐末以来长期的动乱，民户大量逃亡，战乱地区大片土地荒废，农民占有土地的状况与其承担的赋税脱节，同唐中期元

---

① 《旧五代史》卷112《周太祖纪三》。
② 《旧五代史》卷112《周太祖纪三》。

积上《同州奏均田状》时相比，还更为严重和普遍。周世宗柴荣在从南唐手中夺取了淮南、江北的广大地区，扩大了后周疆域，稳定了后方之后，就按唐元积的《均田表》制成《均田图》，颁发到各"藩郡"，为推行"均田"进行动员工作。周世宗颁发《均田图》，并不是幻想恢复均田制，而只是想以之作为改革赋税的蓝本。"时帝将均定天下赋税，故先以此图遍赐之。"① 在颁图两个月后，周世宗就在河南 60 州的广大区域内依据元积的办法，让各州百姓自报占有土地的实际状况，政府按照百姓自报，核实纳税田亩数量。这样使百姓征税额数与实际占有田地状况相一致，赋税负担比较合理。

周世宗的均田，在思想上、方法上都是继承元积的做法，没有什么创新之处。但是，他推行均田的范围，遍及当时河南 60 州，与元积仅在同州一个州推行，范围和作用要大得多。

二、商业、货币管理思想

（一）韩愈的相生相养思想

在中国古代封建社会自给自足自然经济为主的社会生活中，人们虽然过着男耕女织的生活，但却不意味着样样日常生活用品都自给自足，如铁农具、食盐等还是要靠商业贸易获取。韩愈看到了这一点，指出："粟，稼而生者也。若布与帛，必蚕绩而后成者也。其他所以养生之具，皆待人力而后完也。吾皆赖之。然人不可遍为，宜乎各致其能以相生也。"② 由此可见，韩愈认为，人们的日常物质生活，不可能样样都靠自己生产而自给自足，而是要靠人们彼此之间相生相养。如粟米、布帛以及各种器物、用具等，对人们的生活来说，都是不可或缺的。而且这些生活物质资料，都要靠人的劳动进行生产，但又不可能由每个人自己生

---

① 《旧五代史》卷118《周世宗纪五》。
② 《昌黎先生集》卷12《圬者王承福传》。

产所需的一切生活资料，而只能由农、工、商各行各业的人各尽其力，用自己的劳动产品或服务供给别人，同时从别人那里通过交换取得自己的所需。这就是所谓的"相生相养之道"。

基于"相生相养之道"的思想，韩愈是肯定社会分工的。他不仅强调粟米、布帛等食物和衣的重要，而且也认为"工以赡其器用""贾以通其有无"① 工商业不是可有可无的，更不是"病农"、害农的。这是对秦汉以来占封建社会支配地位的"重本抑末"思想的背离。

秦汉以来，人们多把"工商"与"游食"等同起来，认为工商业者是不创造财富、对社会无益的"游食"之人。工商游食之人的存在，是社会贫困的原因，因而要富国、富民，就要禁工商游食。韩愈则把工商与游食区别对待，明确宣称："吾疾惰游者"②，而对商人的作用则说："以有易无，未见其弊。"③

唐代幅员辽阔，国势强盛，对外贸易繁盛，陆路与海上丝绸之路交往频繁，首都长安成为东西方贸易的中心。面对这种商业贸易的空前盛况，韩愈不但对国内的一般商业贸易作用予以肯定，而且还对许多保守人士担心的对外贸易也抱积极的态度。当时的闭关主义者认为，外来商品都是"无用之物"，害怕对外贸易会扰乱国内治安。但是，韩愈却不仅注意到对外贸易可能带来的经济利益，满足贵族官僚、富豪大贾对奢侈品的需求，还认为在政治上可收到安边、睦邻之效，可使"一边尽治，不相寇盗贼杀"。如他对当时岭南地区的海上对外贸易，给予热情的介绍和称赞："其海外杂国，若耽浮罗、流求、毛人、夷亶之州，林邑、扶南、真腊、于陀利之属，东南际天地以万数，或时候风潮朝贡。蛮胡贾人，舶交海中。若岭南帅得其人，则一边尽治，不相寇盗贼杀，无风鱼之灾，水旱疠毒之患；外国之货日至，珠香象犀，玳瑁奇物溢于中国，

---

① 《昌黎先生集》卷11《原道》。
② 《昌黎先生集》卷2《送惠师》。
③ 《昌黎先生集》卷37《论今年权停举选状》。

不可胜用。"①

韩愈虽然肯定社会分工和工商业存在的必要性，但是并没有改变中国古代封建社会占主流地位的农本而工商末的基本思想观念。至今，我们未在其著述中见到他提及重本抑末的言论，也少有见到他有关农本、工商末的言论，但是他对国民经济的各行各业的态度，毕竟还是首先重农的，也可以说仍然是以农为本。如他称赞一些官员的政绩，总是说他们治下的农业生产状况好，"五种俱熟，公私有余"②、连岁"大熟"③等，在他自己担任地方官时，也把"劝以耕桑"④作为自己施政的首要措施，由此可见他对农业生产的重视远超过对工商业的重视。不言而喻，在他的思想观念中，还是深深地打上农业生产是管理国家的根本，而工商业与农业相比，处于次要地位的烙印。

在韩愈心目中，他虽然有重农轻工商的倾向，可以说在重农或重本思想上，他并无异于前人或时人，但却未见到他有抑末的主张，甚至还明确表示反对抑末。如当时有人以"抑末"为依据，主张取消盐商经营食盐的权利，并且多方面对盐商进行打击、排挤。对此，韩愈予以强烈的反对："臣以为盐商纳榷，为官粜盐，子父相承，坐受厚利，比之百姓，实则校优。今既夺其业，又禁不得求觅职事，及为人把钱捉店，看守庄硙，不知何罪，一朝穷蹙之也？若必行此，则富商大贾，必生怨恨，或收市重宝，逃入反侧之地，以资寇盗，此又不可不虑也。"⑤韩愈在此虽然不是从理论上直接驳斥"抑末"论，但他从具体取消盐商的经营食盐权利，会引起富商大贾的怨恨反抗，引起社会动荡不安，威胁唐王朝统治为理由，来反对"抑末"论。其反对"抑末"的思想观念和态度，是显而易见的。

---

① 《昌黎先生集》卷21《送郑尚书序》。
② 《昌黎先生集》卷30《凤翔陇州节度使李公墓志铭》。
③ 《昌黎先生集》卷21《送水陆运使韩侍御归所治序》。
④ 《昌黎先生集》卷39《袁州刺史谢上表》。
⑤ 《昌黎先生集》卷40《论变盐法事宜状》。

韩愈肯定社会分工，主张各行各业"相生相养"，重农而不抑工商，这在一定程度上是对秦汉以来占封建社会主导地位的重农抑商思想的背离，但却不是对儒家传统经济思想的背离和突破。先秦儒家的代表人物，如孟子和荀子，都是重农的，但却没有人把工商业说成是末，并没抑工商的主张。先秦诸子百家中最主张重农抑商的是法家商鞅。韩愈的相生相养思想，总的说来，是对孟子、荀子思想的继承和重申。鉴于秦汉以后儒家大多数人物接受了先秦法家所宣扬的重农抑商（重本抑末）思想，并把它变成儒家信奉的重要经济思想，韩愈的相生相养论也可看作是对先秦儒家分工思想的回归。

先秦时期的孟子、荀子，把社会分工看作是经济发展的必然产物，是经济生活发展到一定程度后的自身需要。韩愈却对社会分工的产生做了另一种解释，认为"圣人"为了使百姓能够生存繁衍下去，用自己的仁心和智慧创造出人类社会，衣、食、住、行，农、工、商业等。人所以能成为不同于虫蛇禽兽的人，人所以能从事生产和各种经济活动，都是"圣人"所赐，都是由"圣人"发明并且教导和安排好的。人类社会的分工即相生相养之道，不是社会经济发展自身所形成，而是"圣人"一手创造的。如果没有圣人创造，就不会有人类及人类社会。他说："古之时人之害多矣。有圣人者立，然后教之以相生（相）养之道：为之君，为之师，驱其虫蛇禽兽而处之中土；寒然后为之衣，饥然后为之食；木处而颠，土处而病也，然后为之宫室；为之工以赡其器用，为之贾以通其有无，为之医药，以济其夭死……如古之无圣人，人之类灭久矣。何也？无羽毛鳞介以居寒热也，无爪牙以争食也。"[①] 在韩愈的文章中，"圣人"简直成了基督教中创造世界的上帝，是人类及人类社会的创造者。因为如果没有"圣人"的话，人就如同虫蛇禽兽一样的生命，甚至变成比虫蛇禽兽更弱、更没有生存能力的动物，而且早已因为无法生存而灭绝了。

---

① 《昌黎先生集》卷 11《原道》。

　　韩愈的这种社会分工起源论，是带有宗教色彩的历史唯心主义的性质，比起千年以前孟子、荀子把社会分工的产生看作社会经济发展到一定程度的产物来说，显然是一种很大的倒退。韩愈之所以编造出这种"创世纪"式的神话，把儒家思想神化，其目的是论证儒家忠君思想的神圣不可动摇性。因为既然"圣人"创造了人类和人类社会，那么"圣人"及他的子孙以及后继者君临天下，对黎民百姓统治、奴役、予取予求，就是理所当然的权利；而黎民百姓对君主俯首帖耳，任其宰割，则也是绝对的义务。由此可见，韩愈的相生相养论，其主要目的不是论证分工对社会经济发展、经济进步的作用，而是为了论证君主专制统治与臣民忠君的神圣性和必要性，而这正是儒家三纲的首要内容。

　　唐朝是中国古代封建社会中最强盛的朝代，社会经济有了较大的发展，工商业繁荣，对外贸易尤其盛于过去任何朝代。韩愈肯定社会分工、肯定工商业作用的相生相养论，正是他对当时唐代工商业状况所持的积极正面的支持态度。他在《送郑尚书序》一文中，称赞当时的岭南对外贸易盛况，尤其表达了对唐朝工商业，特别是对外贸易的肯定和支持。并且，生动真实地反映了唐朝海上贸易、广州设立市舶司后岭南对外贸易的兴旺。

　　韩愈关于圣人创造社会分工的思想，从分工思想的本身理论来说，比起千年前的孟子、荀子的社会分工是经济发展到一定程度的产物来说，是一个倒退。但是，如从当时现实的历史背景来说，这种思想的出现也是有其必然性的。在唐中叶，以门阀称雄的豪强世族的势力已渐趋衰落，而富甲一方的庶族地主势力正在迅速增长。这些没有特殊门阀势力的庶族地主，为了自己的利益，支持中央以君主为代表的集权势力，反对地方割据势力的社会基础——豪强世族的势力。宋代以后中央集权君主专制统治的进一步加强，正是唐中叶以来，这两种势力变化消长的结果。在唐中期，这种消长变化趋势已较明显，并在思想意识形态有所反映。韩愈的圣人创造社会分工思想正是加强中央集权和君主专制统治在思想意识形态上的反映，从这个角度上看，这是符合历史发展趋势的进步思

想。韩愈把社会分工不同领域、国民经济不同部门之间的相生相养，不看作是经济运行、发展的自身需要，而看作是君主行使权力的结果和君主专制的依据，其深层次的原因正在于此。

（二）五代对外贸易思想

唐朝幅员辽阔，又是中国古代最为开放的朝代，因此对外贸易繁荣，出现了闻名于世的陆上和海上丝绸之路。唐朝的对外贸易，由于其对象和方式的复杂性，其范围还很难界定。大体上说，从对象上看，有周边少数民族政权和外国同中央王朝政权官方或民间的贸易，从方式上看，有民间的以赢利为目的的商品贸易和官方间以政治上国与国交往为目的的朝贡贸易。

唐末五代时期，由于军阀割据混战，社会动荡不安，严重妨碍了各地商品的流通，自然也造成了对外贸易的困难和萎缩。但是，无论历史条件如何，在一些相对比较安定的地区，社会经济还是有所发展的，无论是陆上还是海上，对外贸易还是在相当范围中进行着。并且，五代的各个王朝，仍然承袭着唐王朝比较开放的对外政策，对外贸易仍然不绝如缕。

在中国古代封建王朝统治时期，统治中原或全国的中央王朝，出于政治上的目的，准许边疆少数民族政权和外国，以"朝"的名义来中央王朝访问，并在来朝时以"贡"的方式向中央王朝进贡一些礼物。同时，中央王朝准许来朝贡者携带一些商品，与官府机构或官府指定的商人进行交易。中央王朝则以"赐"的名义，回赠给朝贡者礼品。这种所谓的对外贸易通常史称"朝贡贸易"。朝贡贸易一般说来，政治意味浓厚，在经济上无利可图，甚至多数是"亏本的买卖"，经济意义不大。因为中国古代中央封建王朝为在政治上树立自己的"天朝声威"，为了获得"万邦来仪"的体面，对同意以朝贡名义与自己交往的国家，总是厚往薄来，优给赏赐来朝贡者，即从经济上说，"赐"比"贡"在价值上一般要高出许多。五代的各王朝，实际上不过是统治黄河中下游地区的较大的军阀割据政权，而且都是短命的王朝，最长的只存在了 16 年，根本与"君临

天下"的汉唐等统一王朝无法相提并论。但是他们却也要妄自尊大,在对外贸易上坚持朝贡贸易,以经济上的损失换取政治上的"天朝声威",满足封建帝王的虚荣心。

但是,五代时期,一些有识之士已开始认识到朝贡贸易的弊端,清楚地看到其在经济上太不合算,从而曾在一定时期在某种程度上把朝贡贸易改为由民间公开进行的对外贸易。如后唐明宗李嗣源,为了"来远人",曾扩大朝贡贸易,凡边疆少数民族或外国人中如自称来朝贡的,都允许"竞赴都下",而且给价之外,还"赏赐酒食于禁庭"①。所赏赐礼物的价值远高于贡物,而且"馆谷"等吃住招待,均由后唐官府优予供给。当时单是贡马一项,后唐每年耗费就达五六十万贯。对此巨额的朝贡开支,朝臣肖希甫等提出了反对的意见,认为"诸蕃贡马稍多,酬赏价倍""耗蠹中华,无出于此",主张缩小朝贡规模,"于边上置互市,只许首领入贡"。这样,就把原来在首都进行的赔钱买卖的朝贡贸易大部分改变为在边境市场上进行的平等互利的对外贸易或民族贸易,将有严格限制的朝贡同边境市场贸易分离区别开来,从而可节省大量没必要开支的朝贡经费。在此,肖希甫从经济的角度来重新审视朝贡贸易,认为对外贸易应以"价"为基础,反对不讲经济效益的"酬赏价倍""耗蠹中华"的朝贡贸易。这种新的对外贸易观点,不仅符合经济贸易规律,而且使人们认识到对外贸易与对内贸易一样,要讲求平等互利原则的。这比韩愈那种单纯从满足贵族奢侈需求的角度来肯定对外贸易的观点,已经进步了许多。

五代后周的开国君主周太祖郭威,把原来由官府垄断的外来奢侈品贸易,改由民间自由交易。"广顺元年(951)二月,命回纥来者,一听私便交易,官不禁诘。先是回纥间岁入贡,每行李至关,禁民不得于蕃人处市易宝货,犯者有刑。太祖以为不可,至是听之。由是,玉之价值

---

①　《册府元龟》卷 999《外臣部·互市》。

十损七八矣。"① 回纥入贡所携带的宝货，是指贡品之外随带来的用以出售求利的珍宝。官府之所以禁止百姓直接同回纥人交易，主要出于两个目的：一是官府要垄断经营同回纥人的宝货交易，以独占宝货交易的利润。二是为了使宝货这种稀缺的奢侈品，首先满足统治者的需求。因此，当时从回纥进来的主要奢侈品和田玉，价格被人为地抬得很高。周太祖郭威废除了这种官府垄断，除直接贡品外，准许回纥人将随带的其余宝货可以在市场上自由交易。这样既促进了中原地区同边疆回纥人的商品贸易，又使和田玉的价格，在市场供求关系的作用下，下降了百分之七八十。

五代时期的君臣上下之所以能从经济角度来看待对外贸易，能够在一定程度上认识到朝贡贸易的弊端，有其特殊的历史原因，主要有以下 3 个方面：一是五代时期的中原五个王朝，其统治范围很小，又遭受战乱的破坏，社会经济凋敝，国家财政困难。因此，对于这种厚往薄来的朝贡贸易，已经难以承受。从后唐朝臣肖希甫关于"耗蠹中华"之语可知，有识之士已认识到朝贡贸易在经济上对国家的损害。二是从隋唐时期开始，中国古代商品经济有一个较大的发展，并且加上隋唐比较开放的对外贸易政策，使陆上丝绸之路和海上丝绸之路繁荣一时，外国商人来中国进行商贸活动比过去显著增加，"蕃汉"商人之间直接进行贸易的情况比较广泛和频繁。这使民间直接进行对外贸易比朝贡贸易在经济上更有优势也逐渐被人们所认识，而且使人们对对外贸易司空见惯，并不认为其在政治上对封建王朝有什么很大的作用，反而对其在经济上的损害有清醒的认识，故开始提出缩小、改变朝贡贸易，以避免、减少因大规模频繁的朝贡贸易给国家经济带来的损失。三是后周开放宝货的对外贸易，允许民间商人直接同外国商人交易，同后周太祖郭威本人的性格、人品有关。郭威出身贫寒，发迹后仍然性喜俭素，不爱金银珍宝，因此他废除对外贸易中官府对宝货交易的垄断，显然意在不想在朝廷形成聚敛宝

---

① 《册府元龟》卷 999《外臣部·互市》。

货的奢侈贪贿之风。

（三）隋唐统一货币思想

隋统一全国前，由于魏晋南北朝长期的军阀割据，朝代频繁更迭，使货币流通相当混乱。"高祖既受周禅，以天下钱货轻重不等，乃更铸新钱。背面肉好，皆有周郭，文曰五铢，而重如其文。每钱一千重四斤二两。是时钱既新出，百姓或私有熔铸。三年四月，诏四面诸关，各付百钱为样。从关外来，勘样相似，然后得过。样不同者，即坏以为铜，入官。诏行新钱以后，前代旧钱，有五行大布，永通万国及齐常平，所在用以贸易不止。四年，诏仍依旧不禁者，县令夺半年禄。然百姓习用既久，尚犹不绝。五年正月，诏又严其制。自是钱货始一，所在流布，百姓便之。"从《隋书》记载可知，隋文帝统一货币，采取比较切实稳健的措施，即仍然沿用汉武帝以来在市场上流通比较好的"五铢钱"，因为五铢钱币面价值与其钱币本身价值基本相等，既可使盗铸无利可图防止盗铸，又可使镕币为铜也无利可图，同时还可维持钱币的信用度，可长期稳定流通。而且为了改变之前货币使用混乱的局面，朝廷重新铸造高质量的"五铢"新钱，用于市场流通。由于百姓习用旧钱既久，已成习惯，隋文帝在两年多的时间里，三次颁布命令，并采取各种强制手段，终于逐步在全国范围内重新统一了货币，奠定了隋代社会经济发展的基本条件。

（四）钱币纵民铸与禁民铸思想

1. 纵民铸思想。

隋末，私铸钱流行各地，货币贬值严重。唐王朝建立后，严禁私铸，但终不能完全禁止。于是唐玄宗开元时期，就私铸问题展开了一场辩论。以宰相张九龄为代表的大臣主张取消禁令，许民私铸；以宰相裴耀卿、刘秩等为代表的大臣主张禁止民间私铸。

张九龄认为："钱以通贸易"，在商业贸易中钱是不可或缺的，因此，为了维持商品的正常贸易，不铸钱是不行的。但是，"官铸所入无几，而工费多"，官铸钱币成本高，无利可图，所以数量不够。为了使货币流通

数量能满足商品交易的需要，朝廷"宜纵民铸"①，即允许民间私铸。

张九龄的主张及其理由，主要抓住了当时私铸屡禁不止的原因是铜的价格高，铸造货币如果要保证质量，不掺大量铅、铁，则成本太高，与所铸成的钱币价值相近，那么国家铸造钱币无法赢利，不能大量铸造。这就造成国家所铸货币满足不了市场流通需要，因此就会出现私人多掺铅铁"盗铸"的劣质钱币，甚至还会出现浸蚀、销熔官钱而获得铜原材料来私铸劣质钱币的现象。如果国家自己多掺铅铁铸造贬值的劣质钱币，那就会使民间更竞相仿效，私铸劣质钱币将会更加猖獗而难以禁止。因此，张九龄主张国家干脆不再铸钱币，而听任民间私铸钱币。

2. 禁民铸思想。

在禁民铸论者中，刘秩是最具代表性的。刘秩生卒年不详，历仕唐玄宗、肃宗二朝。在张九龄主张"纵民铸"时，他任左监门卫录事参军事，上书反对纵民私铸钱币，其理由主要有以下几点：

其一，刘秩认为，铸币是君主的轻重之权，必须掌握在皇帝手中，"若舍之任人，则上无以御下，下无以事上"②。若朝廷纵民私铸，君主的权力就会削弱，君主专制统治就难以维持。

其二，钱币是"轻重之本"，是朝廷调节市场物价、控制社会经济的主要杠杆，如果听任民间私铸，就等于朝廷把对市场、社会经济的支配、掌控之权拱手"假于人"了。

其三，当时铸钱如不多掺杂铅、铁，则无利可图；如多掺杂铅、铁，则又造成钱币质量下降，严重贬值。现在国家严禁民间私铸，钱币质量尚且如此；如果纵民私铸，那钱币质量更无法得到保障，钱币就会更加贬值。

其四，铸钱币如无利可图，则就无人肯铸，其结果是导致市场流通的钱币数量不足的问题无法得到解决；如果铸币有利可图，则又会使百

---

① 《新唐书》卷54《食货四》。
② 《旧唐书》卷48《食货上》，本目以下引文，未注出处者，均见于此。

姓纷纷弃农，从事铸币，其结果是农田荒废，"邻于寒馁"。

其五，从事铸钱业要有庞大的资本，"贫者必不能为"。如果朝廷纵民铸钱，必然是被富商大贾、官僚大地主垄断。其结果是加剧贫富分化，富者愈富，贫者愈贫，社会矛盾尖锐。而且贫富悬殊，将使国家政令难以实行，"人富溢则不可以赏劝，贫馁则不可以威禁"，政府对民众难以管理。

另一方面，刘秩也看到，如禁止民间私人铸钱，而单靠国家铸钱，又因"公钱重，与铜之价颇等"，铸钱成本太高，无利可图，难以多铸，使钱不足用，又会引发私铸，禁之不止。这既成为顾此失彼的两难之事，又会形成恶性循环。对此，刘秩认为，问题的关键在于币材——铜的价格太贵，应把铜收归国有，降低铜的价格。"夫铸钱用不赡者，在乎铜贵，铜贵，在采用者众。夫铜，以为兵则不如铁，以为器则不如漆，禁之无害，陛下何不禁于人？禁于人，则铜无所用，铜益贱，则钱之用给矣。夫铜不布下，则盗铸者无因而铸，则公钱不破，人不犯死刑，钱又日增，末复利矣。"刘秩在此认为，把铜收归国有，禁止民间拥有使用可一举两得：一是禁止民间拥有使用铜，就会使铜成为无用之物，价格自然就会降下来。如铜的价格降下来，国家铸钱成本就可大大降低，铸钱数量就可大大增加，以满足商品流通对钱币的需求。这样国家铸钱多了，市场流通中钱币太少的矛盾就解决了。二是禁止民间拥有铜，使私人铸钱缺乏铜材料，私铸之事不禁而绝，民众因私铸而被处死的案件也自然消失，国家所铸钱币也会日益增多。

我们今天以现代的眼光来看待当时的纵民铸钱和禁民铸钱这两种思想，其在当时都很难解决"钱少"和私铸猖獗，钱币质量低劣，严重贬值的问题。因为如纵民铸币，民众为谋取暴利，必然在铸币时大量掺杂铅铁，使钱币质量低劣，严重贬值是必然的。另一方面如要通过禁止民间拥有使用铜来使铜的价格低廉，以降低国家铸币成本，增加铸币产量，解决钱少问题，这也是行不通的。因为铜是民间广泛使用的物品，禁止民间拥有铜使用铜器是不可能做到的。即使假定真的做到了禁止民间拥

有铜和使用铜器，铜的价格因禁用而降低了，从而铸钱币的成本降低了，但国家所铸出的钱币价格也会相应降低，国家铸钱币仍然无利可图，钱币仍不可能大量增加，最终达不到"利末"，即钱币数量还是不能满足商品流通的需求。

（五）韩愈的轻钱论

当时韩愈最关心的现实经济问题之一是钱重物轻问题。他提出了两个方面的措施：一是"物土贡"，即国家征收赋税采取实物税的形式，而不用货币征税的形式（这一点已在前文赋税思想中论述）。二是从改革钱币制度入手使钱变轻，物价提高。其主要措施有以下 3 点：

其一是禁铜，即禁止民间用铜铸造各种器物，以便把这些本用于铸造器物的铜原料用于铸造更多的钱币。钱币多了，其价值就轻了。在韩愈之前，禁止用铜材料铸造器物而用于铸造钱币的主张早已有之。韩愈主张的特点是把禁铜铸造器物与他的反佛、道思想结合起来，鲜明提出禁用铜铸"浮屠（佛塔）、佛像、钟磬"[①]。后来的唐武宗及五代的周世宗，都大量地毁铜佛像铸钱，韩愈可谓是开其思想先河。

其二是把钱币限制于五岭以北流通，五岭以南则用银而不用钱币。韩愈认为如使用钱币的地区缩小了，同样数量的钱币限制在较小的地区内流通，钱币就会增多，其价就会因此变轻。"禁钱不得出五岭……盗以钱出岭及违令以买卖者，皆坐死。五岭旧钱，听人载出，如此则钱必轻矣。"[②]

其三是铸大钱以提高货币的名义价值。韩愈认为，禁铜铸造器物以增加铸币材料，缩小钱币的流通地区以增加该地区内的钱币流通量，都可以改变钱币太少的状况，从而解决"钱少而重"的问题。但他觉得这还不够，还要利用已有的铜材料多铸钱币，即把铸一文钱的铜材料铸成一枚面值五文的钱币，就等于使钱的数量增加了五倍，钱少而重的状况

---

① 《昌黎先生集》卷 37《钱重物轻状》。
② 《昌黎先生集》卷 37《钱重物轻状》。

就可一举改变。"更其文贵之,使一当五,而新旧兼用之。凡铸钱千,其费亦千;今铸一而得五,是费钱千,而得钱五千,可立多也"。[①]

上述韩愈的第一条和第二条措施都是想增加钱币的流通量来使物价上涨。他认为钱少则重,增加钱币流通量就可减少其价值,做到钱轻物重。但是,当时的现实中,在铜的生产成本和钱的铸造成本没有什么下降的情况下,增加钱币的数量,虽可在一定程度上缓解因货币流通量不足带来的物价过低,但却不能从根本上改变货币和商品的比价,不能彻底改变当时钱重物轻的状况。韩愈第三条措施是通过铸造不足值的大钱来引起物价上涨。从表面上看,似乎是钱轻物重了,但是实际上,物价的提高是以贬值了钱币来计算的,而不是用原来足值的钱币价值相比较的提高。在这种情况下,表面上看,农民、手工业者出售自己的产品,得到的货币在名义价值方面是提高了,但货币的实际购买力却没有提高,他们的经济状况不会得到改善,甚至反而会更加困难。因为如果以所铸不足值大钱同原来足值钱币同时流通,必然使人们熔足值钱币以铸不足值大钱,从而导致盗铸成风,不足值大钱驱逐足值旧钱,出现钱币流通混乱的局面,影响商品的正常流通。其实这种弊端,汉代的贾谊已经意识到了,在不足值的铸币同足值的铸币同时流通的情况下,必然会出现"奸钱(不足值钱币)日繁,正钱(足值钱币)日亡"[②] 的劣币驱逐良币的现象。

(六) 元稹的货币思想

元稹所处的唐中期,货币方面最多人关注议论的就是钱重货轻问题。元稹对此有独到的见解,认为当时对于钱重货轻问题议论来议论去是没有意义的。"古今言钱币之轻重者熟矣。或更大钱,或放私铸,或龟或贝,或皮或刀,或禁埋藏,或禁销毁,或禁器用,或禁滞积,皆可以救一时之弊也。"[③]"至于业广即山,税征谷帛,发公府之朽贯,禁私室之滞

---

① 《昌黎先生集》卷 37《钱重物轻状》。
② 《新书·铸钱》,新编诸子集成本,中华书局,2018 年。
③ 《元氏长庆集》卷 34《钱货议状》。

藏，使泉流必通，物定恒价，群议所共，指事皆然。"① 这就是说，关于解决货币价值重物价低问题，许多办法都是有用的，并且为众人所熟知，不需要再讨论了。"若使将广引古今，诞饰词辩，有齐画饼，无益国经，恐重空文，不敢轻议。"② 同时，近些年来，关于解决货币问题的法令，也制订颁布了不少。"元和以来，初有公私器用禁铜之令，次有交易钱帛兼行之法，近有积钱不得过数之限，每更守尹，则必有用钱不得加除之榜。"③ 但是，这些法令都形同具文，并无实行，没有发挥其应有的效力。"铜器备列于公私，钱帛不兼于卖鬻，积钱不出于墙垣，欺滥遍行于市井，亦未闻鞭一夫，黜一吏，赏一告讦，坏一蓄藏，岂法不便于时邪？盖行之不至也。"④ 在元稹看来，当时"可以救一时之弊"的货币主张和"便于时"的货币法令都已经不少，不必再提新的主张、颁布新的法令了，关键问题之一在于"采古今救弊之方，施赏罚必行之令"⑤，重在抓落实，把法令政策落到实处，以保证其在实行中不走形式不走样就行了。元稹还认为当时全国各地使用的货币不统一，情况复杂，很难有一个统一的各地都适用的法令政策。"自岭以南，以金银为货币；自巴以外，以盐帛为交易；黔巫溪峡，大抵用水银、朱砂、缯绤、巾帽以相市。然而前人以之理，后人以之扰；东郡以之耗，西郡以之赢，又得人则理之明验也，岂钱重货轻之谓乎？"⑥ 在元稹看来，解决货币的另一个关键问题不是货币本身，货币本身问题不是根本问题，根本问题在于用人是否得当，每个地区只要地方长官用得其人，货币问题就能得到解决。

元稹关于解决钱重货轻的两个方面主张，从更广阔的视野，跳出一般人的思维模式，的确有其独到之处。他的这种见解，不能说毫无根据。

① 《全唐文》卷 652《钱重物轻议》。
② 《全唐文》卷 652《钱重物轻议》。
③ 《元氏长庆集》卷 34《钱货议状》。
④ 《元氏长庆集》卷 34《钱货议状》。
⑤ 《元氏长庆集》卷 34《钱货议状》。
⑥ 《元氏长庆集》卷 34《钱货议状》。

当时的确存在着吏治腐败、有令不行等弊端，即使有再好的解决钱重货轻问题的办法，但在当时的历史条件下，也难以收到预期的效果。唐朝幅员辽阔，各地区经济发展很不平衡，钱币与物价关系问题错综复杂，不是单靠一纸朝廷法令就能解决问题，的确更重要的还是靠地方长官因地制宜，根据各个地区不同情况具体问题具体分析，从而制定出更有针对性更有效的办法予以解决。

（七）周世宗裁汰僧尼，毁佛铸钱

唐晚期寺院"建置渐多，剃度弥广"①，出现"十分天下之财，而佛（寺）有其七八"的现象。到了五代，更有大批成人为逃避封建赋役而剃度为僧尼，甚至连儿童也有不少出家的。僧尼日多，封建国家所控制的劳动力大量缺乏。后汉乾祐二年（949）司勋员外郎李钦明就指出，佛寺精舍"每县不下二十余处"，境内僧尼不下十万人，计其衣食，每僧日食米一升，十万人每日需米二十石，每年耗绢五十万匹，绵五百万两。他认为"聚僧不如聚兵，僧富不如民富"②。周太祖建立后周政权后，就曾废掉开封僧尼寺院 58 所。周世宗即位后，继续实行废寺院、裁汰僧尼的政策，规定"非敕额者悉废之。禁私度僧尼，凡欲出家者，必俟祖父母、父母、伯叔之命。惟两京、大名府、京兆府、青州听设戒坛。禁僧俗舍身、断手足、炼指、挂灯、带钳之类幻惑流俗者"③。据估算，当时保留寺院 2694 所，僧尼 61200 人，废除寺院 30336 所，还俗僧尼达 8 万余人。④

五代时期，铜钱来源逐渐枯竭，社会出现钱荒，大大影响经济的交流与发展。对此，周世宗除"立监采铜铸钱"外，又悉毁天下铜佛像以铸钱。为了毁铜佛像铸钱，周世宗曾对侍臣说："卿辈勿以毁佛为疑。夫佛以善道化人，苟志于善，斯奉佛矣。彼铜像岂所谓佛邪！且吾闻佛在

---

① 《唐会要》卷 48《议释教下》。

② 《全唐文》卷 855，李钦明《请汰僧人疏》。

③ 《资治通鉴》卷 292。

④ 徐明德：《论周世宗的改革及其历史意义》，《杭州大学学报》1983 年第 1 期。

利人，虽头目犹舍以布施。若朕身可以济民，亦非所惜也。"① 对此，北宋的司马光称赞不已，称道周世宗既仁且明。他说："周世宗可谓仁矣，不爱其身而爱民；若周世宗可谓明矣，不以无益废有益"②。据说镇州有一尊大悲（观音）佛像，毁像诏下达后无人敢动，周世宗亲自到寺，用斧斫破佛像。

周世宗是继"三武（北魏太武帝、北周武帝和唐武宗）灭佛"后的又一次大规模抑佛运动，使国家控制的劳动力和土地大量增加，国家赋税收入大为提高。国家毁铜佛像铸钱，缓和了钱荒问题，有利于商品交换，促进了社会经济的发展。

第七节　公共工程和防灾思想

一、公共工程思想

（一）隋朝开凿大运河思想

隋朝大运河的开凿有其多方面的原因：一是隋朝以关中为本位，西京长安为全国的政治、经济、文化中心，人口稠密，但关中粮食短缺，不足以供给，故需要关东漕运供给。于是隋文帝在位时，即开始着手修筑广通渠，便利关中漕运。这是隋朝开凿修建大运河的开始。二是隋朝大运河的大规模全面铺开修建是在隋炀帝时期。隋炀帝开凿永济渠的直接目的是军事运输的需要，是为沟通攻打辽东、征讨高丽的两个军事基地东莱和涿郡服务的。三是隋炀帝早年任扬州总管，当上皇帝后仍然十

---

① 《资治通鉴》卷292。
② 《资治通鉴》卷292。

分怀念江南美景，因此他决定开凿通济渠和江南河，主要是为了能经常坐船巡视江南，省察地方风俗，游山玩水。

隋朝大运河的全面开凿，与隋文帝时期采取了一系列有利于发展社会经济的政策措施，使经济实力空前强大，国力强盛是分不开的。北魏孝文帝就曾提出沟通河、洛、汴、淮的计划，但是该计划由于条件不成熟而未能实施。到了隋炀帝即位时，经过20多年的努力，当时"户口益多，府库盈溢"，[①] 国家经济实力雄厚，具备了开凿大运河所必需的人力、物力、财力基础。在这样的经济、政治背景下，贯通中国南北、沟通五大水系的大运河便应运凿成。

隋炀帝时期，大运河全面开凿。由于运河贯通南北，沟通五大水系，全长2000余公里，工程十分浩大，因此，隋朝采取分段凿通的方式。而且在隋之前的许多朝代，都有断断续续开凿沟通南北运河的部分河道，隋朝开凿时，就尽可能利用旧有的河道。大业元年（605），开凿通济渠和邗沟；大业四年（608），凿通1000公里长的永济渠，这是大运河最长的一段；大业六年（610），凿通江南河，至此，贯通南北的2000余公里的世界最长运河基本竣工了。为了节省人力、物力和财力，提高效率，朝廷在开凿运河时，充分利用前人开凿的故道加以改造、修建或扩建。如大运河的邗沟段，基本上就是在春秋时期吴国邗故道的基础上修建扩大；通济渠段基本上沿袭西汉时期就已开凿的狼汤渠（即东汉的汴渠）的故道；江南河段充分利用曹魏时期开凿的广漕渠和东吴孙权时期校尉陈勋开凿的破岗渎运河的故道；永济渠段利用沁水、淇水、卫河以及天津以北的芦沟。隋朝在开凿运河时，还重视运河河道走向、路线的科学性和合理性。如开凿通济渠时，就改变了距离较远的汴水旧方向，而采取自汴河经商丘直接向南，经今夏邑、永城入淮的捷径。这样，既节省了工程的大量人力、物力、财力，又缩短了以后漕运的途程。还有，在开凿运河施工时，尽可能减轻工程对社会产生的负担和负面影响。如开

---

① 《隋书》卷48《食货志》。

凿永济渠时，征调约百万军队参与，减轻了百姓的徭役负担。在劳动力的征发上，采用就近征发的原则。如开凿通济渠、邗沟时，就调集河南、淮北诸郡民力；开凿永济渠时，就调集河北诸郡民力。同时，分段开凿，还有利于集中人力、物力、财力，一段一段河道分期分批凿通。隋代大运河的凿通，虽然前后历经6个年头，但实际上真正用于开凿的时间总计起来只用了一年半，其效率是很高的，创造了世界开凿人工运河的一个奇迹。其中一个重要原因是工程管理者和指挥者采用了科学、高效的管理思想和方法。

隋朝开凿的大运河，以当时的东都洛阳为中心，全长2000余公里，沟通海河、淮河、黄河、长江、钱塘江五大水系，连接长安、江都、建康等中心城市和中原、江南两大经济区，成为当时我国南北最重要的水上通道，极大地促进了南北经济、文化的交流，为古代封建社会中后期的经济繁荣和社会发展，发挥了难以估量的作用。大运河开通后，南北商旅往返不绝，千帆竞发。唐代文学家皮日休《汴河铭》云："隋之疏淇、汴，凿太行……北通涿郡之渔商，南运江都之转输，其为利也博哉！"①

大运河作为南北水上交通的大动脉，其作用唐代时就已充分显示出来，特别是通济渠、山阳渎和江南河，更是唐王朝的经济生命线。唐代诗人李敬芳在《汴河直进船》一诗中指出："汴水通淮利最多，生人为害亦相和。东南四十三州地，取尽脂膏是此河。"由此可见，唐王朝通过大运河，搜刮长江流域社会财富的事实。大运河的开凿，极大地延伸了以长江干流为枢纽的南北内河航运线，为后世的内河航运，尤其是长江航运的勃兴创造了重要的条件。宋代乐史《太平寰宇记》评价说："隋大业元年，更令开导，名为通济渠。西通河洛，南达江淮……其交、广、荆、扬、益、越等州运漕，即此渠也。"② 李吉甫的《元和郡县图志》记载了

① 《文薮》卷4《汴河铭》。
② 乐史：《太平寰宇记》卷52，台湾商务印书馆影印文渊阁四库全书本。

长江与南北运河的航运盛况："自扬、益、湘南至交、广、闽中等州，公家运漕，私行商旅，舳舻相断。隋氏作之虽劳，后代实受其利焉。"①

（二）周世宗兴修水利，整顿漕渠

五代十国连年混战，原有河渠陂塘等水利灌溉系统失修荒废，有些封建军阀还故意决开黄河大堤，以水当兵，造成人为水患。周世宗即位后，在兴修水利中做的第一件大事，就是修治黄河。显德元年（954）十一月，他派宰相李谷到澶（今河南濮阳县）、郓（今山东郓城县东）、齐等州巡视河堤，发丁夫 6 万，修治了一个月，初步解决了黄河水患。显德六年（959），黄河又决口于原武（今河南原阳县），周世宗立即派宣徽南院使吴延祚调二万民工堵口，及时防止了水患。

汴水是东京开封心脏通向各地的大动脉，对灌溉和漕运均有重大作用。自唐末汴水决口之后，长期失修，造成"自埇桥（今安徽宿州）东南悉为污泽"。周世宗在位期间，连年修治汴水，使它东至泗上，北入五丈河、济水到梁山泊，"由是齐、鲁舟楫，皆达于大梁（开封）"；南下淮河，"于是江、淮舟楫始通"；引导入蔡水，"以通陈（今河南周口市淮阳区）、颍（今安徽阜阳市）之漕"；汴水口设立斗门，调节黄河入汴水的水量。② 这样，便化汴水的水患为水利，促进了农业和漕运的发展，使开封又成为水陆交会的都市，日渐繁荣。

关中平原是后周的重要粮食基地。显德五年（958）十一月，周世宗命尚书司勋郎中何幼冲为关西渠堰使，在雍（今陕西西安）、耀（今陕西铜川市耀州区）两州界疏浚泾水，以灌溉农田。③ 此外，周世宗还于显德二年（955）疏浚了北部边境的胡卢河（今河北景县东北），并垒筑城堡，以限制契丹南侵。于是"敌骑虽至，不敢涉河，边民稍得耕牧焉"④。

---

① 《元和郡县志》卷 6《河南道·河阴县》，台湾商务印书馆影印文渊阁四库全书本。

② 《资治通鉴》卷 292 至卷 294。

③ 《五代会要》卷 27《疏凿利人》。

④ 《旧五代史》卷 115《周书·世宗纪二》。

总之，周世宗在位时连年对黄河、汴水、泾水和胡卢河等进行修治，对后周的农业灌溉、防止水旱之灾和契丹的南侵，保护人民生命财产安全，开展水上交通运输，均有重要的现实意义。

（三）扩建汴京，繁荣经济

五代以后，由于军阀割据混战，切断了江淮财赋的漕运，全国政治、经济中心东移，汴梁（开封）成为代替古都长安而新兴的大都市，变为全国政治、经济和文化的中心。后周时，东京（开封）日渐繁盛。但是，东京城市"多窄狭，百司公署，无处兴修。加以坊市之中，邸店有限，工商外至，络绎无穷"，而且市内"屋宇交连，街衢湫隘，入夏有暑湿之苦，居常多烟火之忧"。因此，周世宗为"将便公私"，下诏"广都邑"①。显德二年（955）四月，开始扩建京城汴梁，到三年正月，又调发开封府和曹、滑、郑等州10万农民大规模地兴建外城。营建工程由政府统一规划，京城四面，别筑外城。京城内，街道阔至50步者，许两边人户，各于5步内取便种树掘井，修盖凉棚；其阔30步以下至25步者，各于3步为便。于是"千门万户，靡存安逸之心；盛暑隆冬，倍减燠寒之苦"②。汴梁迅速成为全国经济、政治、文化中心的大都会。

（四）白居易的自然环境保护思想

纵观中国古代自然环境变迁史，至隋唐时期，黄河中下游地区由于长期的滥垦、滥伐、滥牧，这一地区的植被及动物生存环境已遭到严重的破坏。生活在这个时代的白居易目睹这种生态环境恶化，撰写了《养动植之物》一文，重申了先秦保护自然环境的思想："天育物有时，地生财有限，而人之欲无极。以有时有限，奉无极之欲，而法制不生其间，则必物暴殄而财乏用矣。先王恶其及此，故川泽有禁，山野有官，养之以时，取之以道。"白居易在此认为，天地之间自然资源是有限的，而人的欲望则是无限的，是永远难以得到满足的。以有限的自然资源来满足人们的无限欲望，

---

① 《五代会要》卷26《城郭》。
② 《五代会要》卷26《街巷》。

而不制定法规予以限制，那结果终究是暴殄天物，糟踏自然资源，使财物匮乏不够使用。因此，他主张必须遵循先秦的保护自然环境思想，制定有关保护法规，使保护河流、湖泊、山林、原野、动植物有法律规定，做到动植物繁衍生长有时，人们获取食用有节制限定。

其具体措施是："豺獭未祭，罝网不布于野泽；鹰隼未击，矰弋不施于山林；昆虫未蛰，不以火田；草木未落，不加斤斧；渔不竭泽，畋不合围。至于麛卵蚳蝝，五谷百果，不中杀者，皆有常禁。"这样，"则禽兽鱼鳖，不可胜食矣；财货器用，不可胜用矣"①。白居易所说的这段话，与《孟子》所云几乎是一样的，重申了先秦儒家根据动植物的繁衍生长规律，一年之中必须严格按照规定的时间，进行捕鱼打猎、烧田耕作、砍伐树木。捕鱼打猎不能竭泽而渔、一网打尽，还没长大成熟的动植物，不许捕杀采摘。这样才能保护自然界各种动植物繁衍生长，生生不息，从而使自然资源不会枯竭，人类食用各种动植物、使用各种器物永远充足。

早在先秦时期，古人就十分重视保护自然环境和资源的思想，尤其是儒家经典著作《孟子》《荀子》《周礼》《礼记》以及杂家《吕氏春秋》等书，都有过这方面的论述。但是，秦汉至隋唐时期，历代王朝由于片面强调发展农业增加粮食产量，对自然环境和资源保护不够重视，致使森林、草原植被遭到严重破坏，水土流失严重，填塞河流，各种野生动物失去栖息之所，加上人类的滥伐滥捕，许多动植物已在黄河中下游地区绝迹。在此历史背景下，白居易重申先秦的保护自然环境和资源的思想，是具有重要的现实意义的。

二、防灾思想

（一）隋朝重视设置粮仓，备水旱之灾思想

隋朝建立之初，隋文帝在全国推行均田制，并多次减轻赋税，使农

---

① 《白氏长庆集》卷 46《策林二·二十六》。

民生产积极性提高，促进了农业的发展。隋代以关中为本位，关中粮食短缺，需依赖关东漕运供给。隋文帝于洛州等地兴建大型粮仓，设立常平仓等官仓，储存关东运来的大量粮食。义仓始置于隋，当时民间普遍设立义仓，民众捐纳粮食以防凶年。所谓义仓，就是朝廷"令民间每秋家出粟麦一石以下，贫富差等，储之间巷，以备凶年，名曰义仓"①。据《大事纪续编》卷48记载："隋西京太仓，东京含嘉仓、洛口仓，华州永丰仓，陕州太原仓，储粟多者千万石，少者不减数百石。天下义仓又皆充满，京都及并州库布帛各数千万，亦魏晋以降之未有。"

隋朝重视在全国各地设置粮仓，保障粮食供给，其主要目的是备水旱之灾。而且全国各地的粮仓可根据各地区粮食收成的丰歉，进行粮食的调拨，即"转相灌注"。开皇三年（583）"朝廷以京师仓廪尚虚"，为防水旱之年饥寒，文帝下诏蒲、陕、虢等13州置募运米丁，京师设太仓，"又于卫州置黎阳仓，洛州置河阳仓，陕州置常平仓，华州置广通仓，转相灌注"②。这些粮仓规模巨大，粮食储存数量巨大，达千百万石；各地府库储存的布帛也很多，如京都和并州（今山西太原）府库的布帛就各有数千万匹，有很强的赈灾能力。唐太宗贞观十一年（637），监察御史马周对李世民说："隋家贮洛口仓，而李密因之；东都积布帛，而世充据之；西京府库，亦为国家之用，至今未尽。"③贞观十一年（637）年，距隋朝灭亡已20年，可那时的粮食布帛还未用完，可见隋朝仓库储存粮食、布帛数量之多！又据吴兢《贞观政要·辩兴亡》估算，到开皇末年，"计天下储积，得供五六十年"④。

（二）刘晏备荒救灾思想

安史之乱是唐朝由盛转衰的转折点，对社会经济造成严重的破坏，对人民生活带来深重的苦难。而且历史上常常天灾与人祸相乘，"大军之

---

① 《隋书》卷46《长孙平传》。
② 《隋书》卷24《食货志》。
③ 《旧唐书》卷74《马周传》。
④ 《贞观政要·辩兴亡》。

后，必有凶年"①，这种形势给刘晏的备荒救灾工作造成极大的压力。刘晏对备荒救灾工作一方面继承了前人的规制和思想，另一方面又锐意进行改革与创新。

1. 防重于赈。

刘晏认为，在灾荒已经发生后再进行赈济，人民所受的痛苦会更深，国家的劳费也更大，如能在灾害发生之前或灾情刚露出端倪之时就设法帮助人们防灾、备荒，以阻止或减弱灾害的发展，减轻对民众造成的伤害，就可收到事半功倍的效果。他将这种防重于赈的思想概括为"善治病者，不使至危急；善救灾者，勿使至赈给"。② 汉代耿寿昌创设的常平仓，是中国古代很有成效的防灾赈灾措施，为历代封建王朝所仿效。唐代繁盛时常平仓制也较为健全，各地常平仓储备充足，后来此制逐渐废坏，尤其在安史之乱后，许多地区不但不继续储粮，原来的仓储也多被挪用。刘晏担任理财大臣后即着手大力恢复常平仓，用榷盐收入购买大量粮食，使各地常平仓的储粮多达 300 万斛，为备荒救灾奠定了比较雄厚的粮食储备。

由于刘晏对备荒救灾工作有很充分的准备，加上有组织很好的经济管理机构和信息传递网，在他所管辖的地区内，无论什么地方出现了灾情，他都能及时察觉苗头，并迅速指示各地的财经管理机构——巡院"蠲某物，贷某户"③，即用减免赋税或给予贷款的办法，以增强当地农民的防灾抗灾能力。

2. 组织生产自救。

当灾情已经发生并蔓延的情况下，传统的救灾方法是由国家发放赈济粮、赈济款。刘晏不赞成这种消极的赈灾办法，认为赈济少了解决不了问题，多了国家财政负担不起，不得不向非灾区加征赋税，从而引起

---

① 《老子》第 30 章，新编诸子集成本，中华书局，2018 年。
② 《新唐书》卷 149《刘晏传》。
③ 《新唐书》卷 149《刘晏传》。

新的矛盾。他主张由国家扶助灾民生产自救，这就是"王者爱人，不在赐与，当使之耕耘织纴"①。这是对刘晏扶持灾民生产自救的积极赈灾思想的生动概括。用当今的语言来说，输血式的发放赈济粮、赈济款的救灾只能赈济一时，用造血式的扶助灾民生产自救的救灾才能使灾民消除灾害造成的损害，使灾民恢复正常的生活和生产。积极的生产自救赈灾比起单纯发放赈济粮款的消极赈灾不仅可节省财政开支，而且是一个更有利于帮助灾民摆脱灾荒的办法。单纯的救灾最多只能减轻灾民的燃眉之急，只有帮助灾民自身恢复、发展生产，才能使其从灾荒中彻底摆脱出来。

扶助灾民生产自救从精神层面上看能够增强灾民自立、自救，与自然灾害抗争的坚强意志，并在社会上形成众志成城、团结一心共渡难关的氛围；相反单纯的赈济却会助长一些人不作为的依赖思想，并且还会因僧多粥少分配不均引起灾民之间的矛盾甚至对政府的抱怨。刘晏扶助灾民生产自救的这种积极意义，即使对我们当代的救灾工作也有较重要的历史借鉴价值。

3. 以副补农。

农业生产从广义上说不限于粮食生产，还包括牲畜、家禽养殖业、捕鱼狩猎、林业等以及作为农业补充的家庭手工业。所谓凶荒之年主要是指粮食生产受灾减产，而其他农作物及养殖、渔、猎、林等农村副业及手工业等并不一定受到影响，甚至还有可能增长。因此，早在先秦时期，人们就知道在凶荒之年实行某种以副补农的政策。如《周礼》荒政中的"舍禁"，就是主张在荒年暂停或放宽山泽之禁，使人们可以进入山区或江河湖海从事采伐狩猎捕捞等副业，来补充农业上的歉收，从而减轻受灾的程度。

刘晏在继承前人传统赈灾的思想基础上，更自觉地将其加以改进和发展，在"以副补农"的做法中更积极地发挥政府的作用。他运用自己

---

① 《新唐书》卷149《刘晏传》。

所控制的粮食管理机构和商业管理机构，在受灾之年广泛收购农村副业产品，运往非灾区销售，同时购回粮食。这既可活跃农村经济，促进粮食从非受灾区流向受灾区，又可使受灾地区的民众能够卖掉自己的农副产品，买到粮食，减轻灾区民众缺粮的问题。同时，也可减少国家赈灾的财政支出，甚至政府在收购受灾地区农副产品运往非灾区销售时，还有一定的商品利润收入。由于灾民在受灾时的最大困难是缺乏粮食，刘晏除依靠常平仓平价粜粮外，还灵活地实行以常平粮交换灾民的各种非粮产品，这既方便了灾民能便捷地换到粮食，同时也使政府获得必需的农副产品。

4. 以商助官。

在刘晏之前，传统的赈灾工作通常由政府包揽，是政府行政职能中重要的一个方面，因此，赈灾工作又称为"荒政"。但是，仅靠政府单方面赈灾，有很大的局限性：一是如果单靠国家发放赈济粮、赈济款，如灾情严重，涉及人口数量多，国家的财政难以承受，就无法满足赈灾的需要。二是官府机构设置的限制。官府机构、人员往往集中在城市，而受灾地区则通常是广大农村。例如，古代受交通工具的限制，常平仓在粜粮时，就很难把粮食广泛运到穷乡僻壤销售，而农民要奔走几十里乃至上百里进城买粮，困难也是很大的。三是封建官府机构作风拖沓，办事效率低下，甚至贪官污吏借赈灾之名营私舞弊，中饱私囊，使荒政历来成为封建社会最易产生腐败的地方。

针对官府在赈灾中的这些弊端，刘晏采取了两个方面的措施：一是发挥私商的积极性，以协助政府赈灾；二是对政府的理财机构进行改革，提高其办事效率。在救灾中，刘晏以国家掌握的粮食同商人交换农副产品，并且在价格方面给予商人一定优惠。这样，商人就积极先到农村收购农副产品，然后到城里与政府交换粮食，接着再把粮食运到广大农村，与农民交换农副产品，从而获得双重利益。从而使商人"不待令驱"[1]，

———————————

① 《全唐文》卷 684 《刘晏传》。

积极主动地往返于城乡之间收购农副产品和销售粮食，成为政府救灾工作的重要助手，克服了政府广泛运粮下乡赈灾的难题，也避免了贪官污吏从中营私舞弊。

刘晏在赈灾中以商助官的做法，对减轻灾情，促进灾区经济的恢复和发展起了重要的作用，以致使"（水旱）二害灾渗之乡"出现了水旱灾害均能克服的"二胜"的局面。① 在刘晏理财的辖区内，户口有了很大的增长，表明包括荒政在内的他的全部理财工作，取得了促进经济恢复与发展的显著效果。

5. 平准。

平准，简而言之，就是封建政府通过调节供求关系稳定物价，是西汉武帝时期桑弘羊创立的封建国家经营和管理商业的制度。汉代平准通过轻重政策，除了控制物价、为国家取得财政收入的目的外，还具有强烈的排挤、打击富商大贾的性质。桑弘羊的平准是其轻重政策的重要组成部分，因此桑弘羊在解释"平准"含义时说："县官不失实，商贾无所贸利，故曰平准。"② 刘晏对商业的经营管理，继承发展了桑弘羊的轻重政策，其平准规模超过桑弘羊，制度设计更加周密、完善。史称刘晏"因平准法……制万物低昂，常操天下赢赀"③。

刘晏的平准政策能取得较好的成效，在很大程度上是由于他有一系列准确、及时的掌握市场动态和各种经济信息的机构和方法。他在理财辖区内各道设巡院作为市场管理机构，要求巡院把各地区商品供求、价格高低变化情况以及其他经济信息及时上报。他还改造原来的驿站，把靠征派徭役传送的"捉驿"制改为招募骑手传送，以重金招募善于快速奔驰的"疾足"（也称作"驶足"），以保证信息传送的及时。由于这套信息搜集与传送制度的高效率，对各地的市场动态和经济情况"虽极远

---

① 《全唐文》卷 684《刘晏传》。

② 《盐铁论·本议》。

③ 《新唐书》卷 149《刘晏传》。

不四五日知"①。刘晏就是凭借及时全面地掌握市场动态和各种经济信息，指挥各地巡院及时吞吐物资，调剂供求，"权万货轻重"，控制物价涨跌，以保持物价的稳定和市场商品交易的正常秩序。

刘晏的平准政策，与汉代相比，保留了其控制物价、增加财政收入的目的，但并无汉代平准的抑商性质。刘晏在许多理财工作中都借助私商，并且总是多方面照顾私商的利益以调动他们的积极性。他的平准政策，要达到"朝廷获美利"，并且"使天下无甚贵贱而物常平"②，但却不主张使"商贾无所贸利"。总之，刘晏的平准政策取得了调剂市场供求、稳定物价，而且官府和私商双方均能互惠互利的成效。

（三）陆贽的备荒、救灾思想

陆贽国家管理思想的一个重要方面是治国首先务在养民，养民又首在足食，而足食的基本要求是使百姓"丰歉无虞"。在当时经济、技术落后的条件下，农业生产主要还是"丰歉由天"，所以要使百姓"丰歉无虞"，主要还是在平时重视广储蓄以备灾歉。

陆贽在广储蓄思想方面较有特色的是，把储蓄分为公储和私储。他在解释先秦关于立国要有九年之蓄最低要有三年之蓄的主张时说，"古称九年、六年之蓄者，盖率土臣庶通为之计耳。固非独丰公庾，不及编氓"③。这里陆贽所说的"丰公庾"是指使国家粮仓中的粮食储备充足，而所谓"及编氓"则是同时要重视"率土臣庶""编氓"，即臣下平民的私储粮食也要充足。陆贽之前的人，在谈到储粮备荒时，往往只涉及国家储粮，而忽略臣民的私人储粮，陆贽在此则注意到了臣民的私人储粮。

陆贽私储中的所谓"率土臣庶""编氓"是既包括农民、其他贫民，也包括大小地主、富农的。对于农民、贫民来说，平时如有一些私储粮食，灾荒之年是能对度荒、保命起作用的。但是，问题是他们平时受国

---

① 《旧唐书》卷123《刘晏传》。
② 《新唐书》卷149《刘晏传》。
③ 《陆宣公翰苑集》卷22《请以税茶钱置义仓以备水旱》。

家赋役和地主、高利贷者的盘剥，即使是丰收之年也是"乐岁终身苦"，所余无几，又怎能有多少余粮用于私储，以让自己"凶年免于死亡"呢？地主、富户虽然有许多余粮用于私储，但他们的私储是用在灾荒之年乘机向灾民进行高利贷剥削、囤积居奇牟取暴利的。对此，陆贽心里是清楚的。他看到广大贫苦百姓都处于"穷岁汲汲，永无赢余"的状况，根本不存在储粮备灾的能力，"课之聚粮，终不能致"。于是，他又提出了一条官助私储的建议："将树储蓄根本，必借官司助成。"具体做法是：以国家的一部分赋税收入，购买粮食，在各地设置义仓，用于在灾荒时赈济百姓："望令转运使总计诸道户口多少，每年所得税茶钱，使均融分配……每至谷麦熟时……就管内州县和籴，便于当处置仓收纳……除赈给百姓以外，一切不得贷便支用。"①

陆贽认为，朝廷用茶税收入购粮设置义仓可谓一举多得。其一，义仓的设置在灾荒之年可救助灾民的馁饿之苦。其二，用茶税钱购买粮食还可以起到常平仓平衡稳定粮价的作用："如时当大稔，事至伤农，则优与价钱，广其籴数；谷若稍贵，籴宜便停。所籴少多，与年上下；准平谷价，恒使得中。"其三，可借此打击高利贷者和囤积居奇的商人，遏制他们借荒歉之年盘剥百姓。"每遇灾荒，即以赈给……如此则蓄财息债者不能耗吾人，聚谷幸灾者无以牟大利"。总之，义仓的设置可以有助于整个社会"富不至侈，贫不至饥；农不至伤，籴不至贵"，能发挥多方面的功能，"一举事而众美具，可不务乎？"

但是，从严格意义上说，义仓用于备灾赈灾，从储粮用茶税钱购买来看，其性质仍然只能是官储，而不是私储。陆贽显然并不认为义仓是备灾赈灾的主要办法，只能是百姓无力私储时的一种权宜之计。他认为私储是荒政之本，在一般情况下，还应以私储为主，"俟人小休，渐劝私积"。他认为，以民间储粮为主，辅以平籴之法、社仓之制，不过十年，就会使国家"盈三岁之蓄"。如这样长期坚持下去，"弘长不已，升平可

① 《陆宣公翰苑集》卷 22《均节赋税恤百姓》，以下两自然段引文均见于此。

期，使一代黎人，永无馁乏"，从而达到"丰歉无虞"的"养民"目的。

但是，我们必须看到，在当时唐王朝由盛转衰的历史背景下，一般贫苦百姓是无力私储的，并不是仅在天灾人祸之时寅吃卯粮，即使在"小休"之时，对他们也难有什么"私积"可劝。真正能进行私积的，只能是那些地主、富户，但他们的私积，则是用于乘人之危、趁灾打劫的。因此，陆贽以私储为本进行备灾赈荒，使黎民百姓"永无馁乏"的想法，在当时是难以实施的。当然，另一方面我们也必须看到，陆贽的以私储为本思想，对前人的以公储为主的备灾赈灾思想有所发展，肯定了私储在备灾赈灾中的重要性。的确，在备荒救灾中，单靠国家的财力物力是不够的，尤其在重大的灾荒中，国家的财政是非常有限的，必须动员广大民众齐心协力一起备灾救荒，因此，平时动员鼓励广大民众私储粮食是很有必要的。陆贽把传统的藏富于民具体化为藏粮于民，并把传统的藏富于民的思想由财政思想领域移植到荒政思想领域，这在理论上富有创新意义，在备灾赈灾实践上有参考借鉴价值。

（四）周世宗安国利人思想

周太祖郭威出身贫寒，深知民间疾苦。他对大臣王峻说："朕起于寒微，备尝艰苦，遭时丧乱，一旦为帝王，岂敢厚自奉养以病下民乎！"又下诏说："朕生长军旅，不亲学问，未知治天下之道，文武官有益国利民之术，各具封事以闻，咸宜直书其事，勿事辞藻。"[1] 周世宗在周太祖"益国利民"的思想基础上，提出了"安国利人"的改革指导思想。他说："既为万乘之君，宜去兆民之患，虽晨兴夕惕，每尝思于万机，而紫塞（指长城）、黄河犹未亲于经略，秋夏则波涛罔测，三冬则边鄙惊骚，将期安国利人？"[2] 他从历代兴亡中认识到："国以民为本，本立则国家安"[3]，因此时时不忘当时河（黄河）、边（契丹）两患，认为只有把黄河治理好了，修建好长城使其能有效地防契丹的骚扰，老百姓才能安居

---

① 《资治通鉴》卷 290。
② 《册府元龟》卷 118《帝王部·亲征三》。
③ 《册府元龟》卷 158《帝王部·诫励三》。

乐业。

三、漕运思想

（一）裴耀卿的漕运思想

在中国古代封建社会中，由于各个地区经济、政治之间发展的不平衡，尤其对于在关中平原建都的各封建王朝来说，在关中平原建都，使人口大量集中于关中。虽然关中号称"八百里秦川"，土地肥沃，适合农业生产，周、秦两朝都是靠关中农业而发展起来的，但是，关中地区毕竟狭小，农业产量对保证一个统一封建王朝首都的粮食供给来说，显然是不够的。因此，漕运问题成为历代封建王朝解决首都粮食供给的要政，无不予以高度重视。自秦始皇统一六国后，就开始从外地调粮食进首都咸阳，从此有了漕（水运）、转（陆运）之政。西汉定都长安，继续实行漕转之政，并出现了善于漕政的理财家耿寿昌。但是，秦汉时期，关中地区的农业生产条件还较好，而且江南地区还未开发，首都缺口的粮食数量不大，不足部分主要依赖漕运黄河中、下游地区的余粮，因此漕运问题还不十分突出。但是到了隋唐时期，随着关中生态环境的恶化，农业生产更受到限制，其产量远不足以供给都城及周边地区，封建王朝更加依赖漕运解决首都粮食供给，漕运问题关系尤为重大。

隋唐时期，江南经三国吴、东晋、南朝的长期开发，加上适合农业生产的自然条件，已经发展成全国最重要的农业区，成为全国余粮最多的地区，自然成了漕运粮食的主要来源。而且江南地区水网密布，便于水运，又使漕运有了便利的交通条件。但是，当时淮河以北，水运条件远不如江南。面对这种地理条件，隋朝征调大量人力、物力和财力，修凿贯通南北大运河，其中广通渠连接关中，通济渠连接洛阳、黄河、汴河而入淮，邗沟连接长江、淮河，在经济上为朝廷调运南方粮食和其他物资供应首都发挥了关键的作用。但是，在具体漕运操作中，从长江经水路至长安，须经过 5 条水道：邗沟、淮河为南水，水量大，漕船一年

四季均可通行；汴河、黄河、渭河为北水，水量不如南水，而且各河水情不一，给漕运带来各种不同困难。其一，漕船自淮河上溯，在由淮入汴时，如果遇到汴河落水季节，漕船无法驶入，就必须停船等待汴河涨水季节。其二，由汴河驶至汴黄交接处，如在黄河涨水季节，洪水顶托，漕船无法进入黄河，又须泊船等待黄河水退。其三，自黄河上驶，须经三门峡之险，漕船经常覆溺。因此，南方漕船只能自黄河入洛河至洛阳，然后自洛阳改由陆运绕过三门峡，再转黄河漕船运至长安。这样，从长江流域漕运至长安一次就要经过八九个月，时间长、运费高、粮食损耗大。绕过三门峡的陆运须征调大批的民夫及成千头牛马驴骡，劳费尤其浩大。黄河水急滩险，南船水手不熟悉航道，尤其易于发生船覆人亡的事故，所以必须雇请熟悉航道的"河师"领航。

当时这样的航运情况严重限制了漕运工作的顺利进行，使漕运的粮食数量及时间上的保障很难满足首都长安的供给要求。在唐初太宗贞观、高宗永徽年间，漕运粮食每年还不过二十万石，矛盾还不严重。而到了唐玄宗开元时期，首都长安的官僚机构膨胀，官吏及其家眷人数大量增加，工商业日益繁荣，从业人员也不断增多，使粮食的消费量剧增，每年漕运粮食需求量达到一百万石，上述漕运中的难题就愈来愈严重了。裴耀卿在开元十八年（730）担任宣州刺史时，就曾向唐玄宗提出改革漕运制度的建议，但未得到重视。开元二十一年（733），他担任京兆尹，关中受灾，粮价上涨，他再次向唐玄宗提出改革漕运的主张，终于被唐玄宗采用，开始了漕运制度的革新。

裴耀卿漕运改革主张的主要思路是：把漕运由南船直航东都洛阳的做法，改为分段航运的形式，并且尽量变陆运为水运，以增加运量并节省劳费。其具体措施是：把整个漕运路程分为三段：一是从漕运起点扬子至汴黄交界处河口为一段，二是从河口至三门峡为一段，三是从三门峡西至长安为一段。每段交接处各筑仓储粮。南船至河口，卸粮入仓，"便放船归"，即南船回归。然后粮食从河口再装船，"分入河洛"，即一部分运至东都洛阳存储，另一部分则运至三门峡东仓卸下，转陆运到三

门峡西仓，然后第三次装船运至长安。这样，既避免了漕船由一河转入另一河的因水位涨落高低不同的停船等待稽留，缩短了运输时间，并使人有了一定的安排时间的主动性；同时又使各河道自有航船及了解水情的水手和领航的"河师"，从而可以提高效率，减少事故。三门峡东西各筑仓储粮，可使陆路运输路程缩短到仅有十余里，大大节省了陆运的人力、畜力以及费用。

裴耀卿的漕运改革实行 3 年后，共运粮达 700 万石，单陆运缩短路程一项就节省费用 40 万贯。[①] 裴耀卿也因功升为黄门侍郎同中书门下平章事（宰相）。

历史上，唐玄宗以好大喜功、生活奢靡闻名，当时一些理财大臣为了讨好皇帝，常以各种名义搜刮钱财"进奉"。有人劝裴耀卿将漕运改革所节省的运费进奉给唐玄宗，但他认为，这是国家管理漕运工作中的节余，应归国库，而不应向皇帝个人进奉以求宠。于是，他以节省的运费"奏充所司和市、和籴等钱"[②]，即将其用作有关官府机构购买粮食和其他物资的经费。裴耀卿漕运改革的一些基本思路，如改全程直运为分段接运，船运与仓储配套，尽量以水运取代陆运等，均为二十余年后的刘晏所继承与发展，其先驱作用是显而易见的。

（二）刘晏的改革漕运思想

安史之乱前，裴耀卿所创行的分三段接运制，还有些不完善的地方。他把扬子至河阴划为一段，将汴河航道同南水划在一起。实际上汴河在水落期水道浅窄，南船并不能随时入汴，仍然难免存在停船等待稽留的问题。三门峡西至长安，要经过黄河和渭河两河，但是两河水情不同，渭河缺水时漕船也难以随时驶入。三门峡一段陆运，虽然路途缩短至十余里，但毕竟仍保留了一段陆运。严格地说，裴耀卿漕运改革，仍然不是全程漕运，而是一种以漕为主，漕、转兼行制。

---

① 《旧唐书》卷 49《食货下》。

② 《旧唐书》卷 98《裴耀卿传》。

裴耀卿所创立的漕、转兼行制，因安史之乱而遭到严重的破坏，河道年久失修，许多河段因淤浅难行；各段交接口处的粮仓毁损，不能使用。原三门峡陆运地段，因兵荒马乱使民众流离失所，政府难以征调到足够的民夫畜力，使陆路运输无法进行。

此外，裴耀卿在漕运制度改革中并未涉及人力的征集、组织和管理方面，使这方面的弊端日益显现：如官府指派富户负责督运，称为"漕头"；所需水手、民夫，则征调农民从事无偿劳役。这种典型的封建徭役劳动，扰民极深，服役者极其艰辛，生活困苦，没有劳动积极性，甚至怠工逃亡，劳动效率很低。而且在安史之乱中，出现了一批骄兵悍将，他们分布各地，劫掠行旅，在漕船经过时，也往往恣意截留。这些困难和阻碍，使得漕运步履维艰，长安的粮食供给陷入严重的危机，威胁着唐王朝的存在。

在这样漕运百废待兴的背景下，刘晏临危受命，接手了漕运工作，亲自对漕路、仓库以及其他有关问题做了细致考察，拟定了漕运制度的改革方案，主要内容有两个方面：

一是，在漕路和运送方式方面，恢复和完善了裴耀卿的分段运送制。刘晏把整个粮运河道由裴耀卿的三段改划分为四段，即南水（长江、运河、淮河）、汴河、黄河、渭水，继续在每两段交接处修筑粮仓，并把三门峡一段陆运也改为水运，从而实现了漕粮全程水运。每段运至接口处，卸粮入仓，原船即返回，等下一程漕船来再装粮食上船接运。从而"江船不入汴，汴船不入河，河船不入渭；江南之运积扬州，汴河之运积河阴，河船之运积渭口，渭船之运入太仓"①。为了防止三门峡一带水流湍急容易翻船，刘晏用高价购买优质材料制造极坚韧的纤索，雇佣有经验的纤夫拉船，使漕船能安全顺利地通过三门峡水域。

过去在漕运中粮食装船均采取散装，装卸费时费工，容易霉变，损耗大；一遇翻船，则全船颗粒无存。针对这种情况，刘晏改为"囊米而

----

① 《新唐书》卷 53《食货三》。

载以舟"，即采用袋装入船的办法，不但省工防霉减耗，遇翻船时也易于整袋打捞，减轻损失。

二是，在人力组织方面，刘晏废除了"船头"督运制，改由官吏督运；停罢无偿征发徭役运送制，改为雇佣水手制。他又用盐利收入订造了大批能运粮千斛的漕船。为了保证官船质量，刘晏付给比市价更高的造船价。当时造一艘千斛漕船通常要花费 500 金，而刘晏则出价 1000 金；对所佣水手也优给报酬。这样高价造船和雇佣水手，保证了漕船的用料、制造工艺以及水手的航船技术都是一流的，并提高了造船工和水手的工作积极性，大大提高了效率，减少了事故的发生。

实践证明刘晏的漕运制度改革取得了很大的成效：改革前自江南润州（今镇江）运米至扬子（镇江对岸），每斗运费 19 钱，改革后每斗减省 15 钱；由此至河阴，斗米运费由 120 钱减至 30 钱。每年运送长安的米粮"无升斗溺者"[①]。除漕运外，刘晏还把新的转运制度用于其他货物的运输，"轻货自扬子至汴州（今河南开封），每驮费钱二千二百，减九百。岁省十余万缗"[②]。刘晏的漕运制度改革，不仅解决了唐王朝面临的首都粮食供给危机，而且促进了商品经济的发展，使关中的商品供应状况也得到了全面的改善，"自是关中虽水旱，物不翔贵"[③]。

第八节　边疆少数民族政策思想

一、隋唐五代中央王朝与边疆少数民族关系

隋唐五代时期中央汉族政府与周边少数民族政权的关系是因时因地

---

① 《新唐书》卷 53《食货三》。
② 《新唐书》卷 53《食货三》。
③ 《新唐书》卷 149《刘晏传》。

制宜，各有不同，大致可分为 3 种类型：一是如突厥、回鹘和前期的渤海，既是中央汉族王朝的羁縻府州，又在其国内另有一套君长制度；二是南诏和后期的渤海，是受中央汉族王朝册封的藩属国；三是吐蕃，未受羁縻和藩封，但中央汉族王朝采取和亲政策，双方多次会盟，长期保持友好关系。

（一）与突厥关系

突厥人起源于准噶尔盆地之北，大约在今叶尼塞河的上游，是一个以狼为图腾的部落，"所生子皆以母族为姓"[①]，可见其处于母系氏族公社时期，起初有 10 个氏族。后来迁居高昌（今新疆吐鲁番）的北山（今博格多山），生产发展，人口繁衍，男子逐渐成为生产劳动的主要力量，各氏族也逐渐从母系氏族社会转变为父系氏族社会。公元 5 世纪中叶，柔然征服了高昌，突厥成为柔然的种族奴隶，被迫迁居金山（今阿尔泰山）南麓，从事锻冶生产，被称为"锻奴"。"居金山之阳，为茹茹铁工。金山形似兜鍪，其俗谓兜鍪为'突厥'，遂因以为号焉。"[②]

突厥各部落在柔然政权的奴役下不断反抗和逃亡，其中铁勒副伏罗部从漠北迁到吐鲁番盆地，脱离了柔然的奴役，建立了高车王国。西魏大统八年至十二年（542—546），突厥首领阿史那土门合并了铁勒各部五万余户，并逐渐与中原王朝有了联系。"部落稍盛，始至塞上市缯絮，愿通中国。"[③] 大统十一年（545），西魏文帝派遣酒泉胡人安诺槃陀到突厥，开始了友好交往。

突厥在发展中一面断绝了与柔然的关系，一面向西魏求婚。大统十七年（551），西魏长乐公主嫁给土门。西魏废帝元年（552）正月，土门发兵大败柔然，柔然可汗阿那瑰自杀。土门遂以漠北为中心建立起一个以畜牧业为主的汗国，自称伊利可汗。至土门子燕都继汗位后，号木杆可汗，正当中原王朝西魏至北周时期，突厥强盛，其地"东自辽海（今

---

① 《周书》卷 50《突厥传》，中华书局，2011 年。
② 《周书》卷 50《突厥传》。
③ 《周书》卷 50《突厥传》。

辽河上游濒海之地）以西，西至西海（今里海）万里，南自沙漠以北，北至北海（今贝加尔湖），五六千里皆属焉"[①]。

在西魏废帝元年（552）突厥土门大败柔然建立政权后不久，土门弟室点密统领十大首领，率兵 10 万人，攻占了西域各地，于北周保定二年（562）自立为可汗，号称"十姓部落"[②]，建牙帐于鹰娑川（今新疆库车县西北），是为冬都（南牙），其后又于碎叶河流域的千泉（今哈萨克斯坦共和国楚河西岸）建立牙帐，是为夏都（北牙）。这样，西突厥便形成了一种半独立的状态。在东部，木杆可汗及其弟佗钵可汗，分封他们的弟、侄以各种可汗的称号，让他们分管一部分地区。在北周至隋初，沙钵略可汗有骑兵 40 万，号称强盛。这一时期，突厥开始与中原王朝发生矛盾与冲突，并有了与中原王朝相对抗的实力。如何处理好与突厥的关系，成为中原王朝与周边少数民族关系的重要议题之一。

建隋之初，突厥联合原北齐营州刺史高宝宁南侵，北境形势严峻。多年留居突厥，对突厥情况比较了解的长孙晟此时向杨坚上表进献远交近攻、离强合弱战争策略："臣闻丧乱之极，必致升平，是故上天启其机，圣人成其务。伏惟皇帝陛下当百王之末，膺千载之期，诸夏虽安，戎场尚梗，兴师致讨，未是其时，弃于度外，又复侵扰。故宜密运筹策，渐以攘之，计失则百姓不宁，计得则万代之福。吉凶所系，伏愿详思。臣于周末，忝充外使，匈奴倚伏，实所具知。玷厥之于摄图，兵强而位下，外名相属，内隙已彰，鼓动其情，必将自战。又处罗侯者，摄图之弟，奸多而势弱，曲取于众心，国人爱之，因为摄图所忌，其心殊不自安，迹示弥缝，实怀疑惧。又阿波首鼠，介在其间，颇畏摄图，受其牵率，唯强是与，未有定心。今宜远交而近攻，离强而合弱，通使玷厥，说合阿波，则摄图回兵，自防右地。又引处罗，遣连奚、霫，则摄图分众，还备左方。首尾猜嫌，腹心离阻，十数年后，承衅讨之，必可一举

① 《周书》卷 50《突厥传》。

② 《旧唐书》卷 194 下《突厥传下》。

而空其国矣。"① 长孙晟先分析了当时在处理与突厥关系的困境：想要改变北齐、北周以来倾府藏以羁縻突厥的状况，但进讨未得其时；若不加征讨，则对方又多为侵扰。因此，应该"密运筹策"，制定得当的方略。接下来长孙晟深入分析了突厥内部摄图、玷厥、阿波、突利等人之间的矛盾，根据隋朝和突厥的具体情况，提出的远交近攻、离强合弱的指导思想，成为杨坚处理北方民族关系时最重要的指导方略。

就强大的突厥而言，游牧民族的分散性和流动性决定了其内部组织的分散性，及大、小可汗之间会存在诸多矛盾；被突厥征服的异姓部落，无论是奚、契丹诸部，还是铁勒、坚昆、葛逻禄等部，他们与突厥之间缺乏政治、经济和文化上的联系，具有强烈的离心倾向，且苦于突厥汗国的沉重剥削，总想伺机而动。杨坚发布的讨伐突厥的诏书中清晰分析了这些情况："且彼渠帅，其数凡五，昆季争长，父叔相猜，外示弥缝，内乖心腹，世行暴虐，家法残忍。东夷诸国，尽挟私仇，西戎群长，皆有宿怨。突厥之北，契丹之徒，切齿磨牙，常伺其便。达头前攻酒泉，其后于阗、波斯、挹怛三国一时即叛。沙钵略近趣周盘，其部内薄孤、束纥罗寻亦翻动。往年利稽察大为高丽、靺鞨所破，婆毗设又为纥支可汗所杀。与其为邻，皆愿诛剿。部落之下，尽异纯民，千种万类，仇敌怨偶，泣血拊心，衔悲积恨。"② 就隋朝内部情况而言，新建的隋政权虽然统一了长江以北，结束了北齐、北周的分裂局面，但从经济实力和军事实力上看都不足以一举讨平突厥。因此，在知己知彼的基础上，杨坚只有采取远交近攻、离强合弱的方略。具体而言，远交近攻就是指联合距隋朝较远、威胁较小的达头和突利等部落，进攻距离隋朝边境较近、威胁较大的沙钵略和高宝宁部落。离强合弱一方面是利用突厥汗国内部的矛盾，促成与大可汗有矛盾的小可汗、弱小部落与大可汗脱离，并促成他们之间的联合；另一方面隋军联合突厥汗国内部弱小的部族，以及

---

① 《隋书》卷 51《长孙晟传》。
② 《隋书》84《突厥传》。

羁属于突厥的契丹、奚、霤等民族，抗击强大的突厥。

杨坚看了长孙晟的表文后，立即召见他。长孙晟乘机再次"口陈形势，手画山川，写其虚实，皆如指掌"①。杨坚大为叹服，全部采纳了长孙晟的策略，并立即派出两路使团前往东北和西北：以太仆元晖为首的一路，经由伊吾（今新疆哈密），到达达头可汗居处，赐予他狼头纛，并与之达成默契，令其从西面牵制沙钵略部；达头同意并遣使随同元晖入朝，隋又把其使者的位置安排在沙钵略可汗的使者之上，"反间既行，果相猜贰"，从而达到远交近攻的目的。以车骑将军长孙晟为首的一路，出黄龙道，经过奚、霤、契丹等族居住区，对这些部族首领晓之以义，在他们引导下至处罗侯部落处，"深布心腹，诱令内附"。长孙晟的东北之行，使奚、霤、契丹等族与新建立的隋朝有了联系，争取了处罗侯部，孤立了沙钵略部，为之后征服突厥奠定了良好的基础。开皇三年（583），杨坚在充分准备的基础上派杨爽率军北伐突厥，屡次打败突厥阿波可汗军。长孙晟于是派使者与阿波可汗联系，并对阿波的使者说："今达头与隋连和，而摄图不能制。可汗何不依附天子，连结达头，相合为强，此万全之计。岂若丧兵负罪，归就摄图，受其戮辱邪？"阿波可汗也怕因战败受到沙钵略可汗的惩罚和侮辱，遂接受长孙晟的建议，"因留塞上，使人随晟入朝"②。沙钵略可汗得知阿波与达头皆已附隋，袭掠了阿波原来的牙帐，并杀死其母。阿波返回时已无家可归，遂投奔达头可汗。隋开皇三年（583），漠北沙钵略可汗遭到隋文帝重创，使东西突厥正式分裂，东部为东突厥汗国，西部为西突厥汗国。东突厥沙钵略部屡被隋军打败，西面又遭达部汗攻击，加之东面还受契丹威胁，被迫于开皇四年（584）遣使与隋通好。隋由此基本解除了突厥的威胁，东突厥汗国臣服于隋王朝，西突厥则拥兵自重。可见，文帝在处理与突厥的关系中，一直根据突厥内部大、小可汗实力的对比起伏，灵活采用远交近攻、离强合弱的

---

① 《隋书》卷51《长孙晟传》。

② 《隋书》卷51《长孙晟传》。

策略，实现了制御突厥、消弭北方边患的目的。

隋末中原大乱之时，东突厥乘机扩张势力，迅速强大起来，从东北的契丹、蒙古的室韦，自西域的吐谷浑、高昌，都臣服于突厥，号称有军队百万，又轻视风雨飘摇中的隋王朝。"始毕可汗咄吉者，启民可汗子也。隋大业中嗣位。值天下大乱，中国人奔之者众。其族强盛，东自契丹、室韦，西尽吐谷浑、高昌诸国，皆臣属焉。控弦百余万……高视阴山，有轻中夏之志。"①

隋末，李渊起兵时，曾遣"刘文静聘于始毕，引以为援，始毕遣其特勤康稍利等献马千匹，会于绛郡，又遣二千骑助军"②。李渊既借其兵力，亦向突厥称臣。"高祖即位，前后赏赐，不可胜纪。始毕自恃其功，益骄踞，每遣使者至长安，颇多横恣。高祖以中原未定，每优容之。"③自此以后，唐高祖时期，突厥常在唐西北边境侵扰。至颉利可汗时，边患更甚，以至威胁到唐都长安，使唐高祖竟至要迁都以避其锋。幸亏次子李世民的谏阻而终未迁都。但是，这显然表明，突厥已构成对唐王朝的严重威胁，成为心腹大患，已经成为非解决不可的朝廷大事。

唐太宗即位后，着手对突厥进行反击。先是对东突厥行反间计以使其内部发生矛盾而分裂，削弱了其势力。然后命李靖率兵 10 万出击，战胜了突厥军队，生擒颉利可汗送至京师。唐太宗继而采取怀柔政策，不但不杀颉利可汗，还授予他以右卫大将军之职。唐太宗还采纳了中书令温彦博的建议，对投降唐朝的东突厥部众，采用分而治之的策略，分地安置。"自幽州至灵州，置顺、祐、化、长四州都督府，又分颉利之地六州，左置定襄都督府，右置云中都督府，以统其部众。"④ 但是，"自结社率之反也，太宗始患之。又上书者多云处突厥于中国，殊谓非便，乃徙于河北，立右武候大将军、化州都督、怀化郡王思摩为乙弥泥孰俟利苾

---

① 《旧唐书》卷 194 上《突厥传上》。
② 《旧唐书》卷 194 上《突厥传上》。
③ 《旧唐书》卷 194 上《突厥传上》。
④ 《旧唐书》卷 194 上《突厥传上》。

可汗，赐姓李氏，率所部建牙于河北"①。

颉利灭亡之后，东突厥铁勒部中有薛延陀兴起，于贞观三年（629）在漠北自称可汗。贞观十五年（641）十一月，"薛延陀以同罗、仆骨、回纥、靺鞨、霫之众度漠，屯于白道川"。② 面对薛延陀的威胁，唐太宗"命营州都督张俭统所部兵压其东境；兵部尚书李勣为朔方行军总管，右卫大将军李大亮为灵州道行军总管，凉州都督李袭誉为凉州道行军总管，分道以御之。十二月……李勣及薛延陀战于诺真水，大破之……薛延陀跳身而遁"③。薛延陀自贞观三年自称可汗，至贞观十五年被唐军击溃，作为一个汗国，仅存在了 12 年。

薛延陀为可汗时，突厥别部的阿史那族车鼻投靠他。但后来车鼻遭到薛延陀的猜忌，于是脱离了薛延陀而回到其原来居住的地方，自称车鼻可汗。车鼻世代为小可汗，原设牙帐于金山之北。薛延陀败亡之后，其乘机兴起。这引起唐朝的警惕，唐高宗时，派军攻打，俘获车鼻可汗。尔后对其进行笼络，拜车鼻为左武卫将军，赐居第。并将其地建为羁縻府州。"始置单于都护府领狼山、云中、桑干三都督、苏农等二十四州，瀚海都护府领金微、新黎等七都督、仙萼、贺兰等八州。即擢领酋为都督、刺史。麟德初，改燕然为瀚海都护府，领回纥，徙故瀚海都护府于古云中城，号云中都护府。碛以北蕃州悉隶瀚海，南隶云中"。④

在东突厥颉利可汗政权被唐军击败灭亡后，唐太宗决定乘胜进击西突厥，先派军队攻取了伊吾七城，置伊州。贞观十四年（640），唐军又攻取高昌，设西州及安西都护府；同时，又攻取可汗浮图城（今新疆吉木萨尔县），置庭州。从贞观十六年至二十年（642—646）的短短 4 年中，唐朝军队先后攻占了天山北麓各地以及焉耆、龟兹，在西域设立了龟兹（今新疆库车县）、疏勒（今新疆喀什市）、于阗（今新疆和田县）、

---

① 《旧唐书》卷 194 上《突厥传上》。
② 《旧唐书》卷 3《太宗纪下》。
③ 《旧唐书》卷 3《太宗纪下》。
④ 《新唐书》卷 215 上《突厥上》。

碎叶（今古尔吉斯斯坦北部托克马克城附近）四镇，尔后将安西都护府迁移至焉耆，统辖四镇，这就是历史上有名的"安西四镇"。至此，西突厥东部地区已有一半归属唐王朝的统治范围。

唐高宗永徽二年至显庆二年（651—657），唐朝又派军队多次攻打西突厥，俘获了沙钵可汗。显庆四年（659），唐军队彻底击败灭亡了西突厥政权，并在西突厥地区设置昆陵、濛池二都护府。其中昆陵都护府在碎叶川以东地区，以突厥贵族阿史那弥射为左卫大将军、昆陵都护、兴昔亡可汗，管领咄陆五部；濛池都护府在碎叶川以西地区，以突厥贵族阿史那步真为右卫大将军、濛池都护、继往绝可汗，管领弩失毕五部。自此，西突厥臣服于唐王朝。但是到了 7 世纪 70 年代末，东突厥势力复振，并于高宗调露元年（679）叛唐。虽然叛乱在开耀元年（681）末被镇压下去，但双方均损失惨重。随着高宗时期对西突厥和高丽的胜利征服，为了在军事上维持对这些地区的有效控制，使得唐王朝的兵力过于分散。由于东突厥复振，唐军又被迫处于防守地位。

唐高宗永淳元年（682），云中都督舍利元英部酋阿史那骨咄禄叛唐，占据黑沙城（今内蒙古呼和浩特北）。他用谋臣暾欲谷策略，北取九姓铁勒，东破契丹，复立牙帐于都斤山，重建了东突厥汗国，史称后突厥。唐玄宗天宝四年（745），后突厥第八代白眉可汗，为回纥怀仁可汗骨力裴罗击败被杀，后突厥覆亡。

（二）与回鹘关系

据《新唐书》卷 217 上《回鹘上》载："回纥，其先匈奴也，俗多乘高轮车，元魏时亦号高车部，或曰敕勒，讹为铁勒。其部落……凡十有五种，皆散处碛北……（袁纥）至隋曰韦纥，其人骁强，初无酋长，逐水草转徙，善骑射，喜盗钞，臣于突厥，突厥资其财力雄北荒。大业中，处罗可汗攻胁铁勒部……韦纥乃并仆骨、同罗、拔野古叛去，自为俟斤，称回纥……有时健俟斤者，众始推为君长。子曰菩萨，材勇有谋，嗜猎射，战必身先，所向辄摧破，故下皆畏附……时健死，部人贤菩萨，立之。母曰乌罗浑，性严明，能决平部事。回纥由是浸盛。与薛延陀共攻

突厥北边。颉利遣……骑十万讨之，菩萨……破之马鬣山……大俘其部人，声震北方。由是附薛延陀，相唇齿，号活颉利发，树牙独乐水上……突厥已亡，惟回纥与薛延陀为最雄强。"

我们如再结合其他史籍的记载，大致可以理出回鹘前期产生、发展的大致脉络：回鹘的祖先应源于先秦北方的匈奴。北魏时期为高车或敕勒诸部之一的袁纥氏，又称乌护、乌纥。至隋称韦纥，唐初称回纥。唐宪宗元和四年（809）回纥首领蔼道曷里禄设骈施合昆迦可汗遣使请唐王朝允许其改称回鹘，意为"回旋轻捷如鹘"。

隋朝初年，韦纥还十分弱小，臣服于突厥，逐水草而居。隋唐之际，回纥部势力逐渐强盛。隋炀帝大业年间，处罗可汗兼并了仆骨、同罗诸部，自称为俟斤（即部落酋长），改韦纥为回纥。到了隋末，回纥君长时健俟斤死后，其子菩萨被推为继承人，国力渐强。他与薛延陀联合击败突厥，摆脱突厥控制，与薛延陀结盟。突厥灭亡后，回纥与薛延陀成为北方国力最为强盛的部落。

菩萨死后，回纥君长吐迷度与铁勒诸部协助唐王朝在贞观二十年（646）打败薛延陀，杀死多弥可汗，兼并了薛延陀诸属部，占领了其地盘。至此，回纥成为漠北唯一的强部，并向唐王朝请求归附。唐朝遂在回纥诸部所在地区设置羁縻府州，漠北置六府七州，安置回纥诸部。唐王朝任命都护统管诸部，诸部酋长尊奉唐太宗为"天可汗"，经唐朝廷允许在回纥以南、突厥以北设通往长安的驿道，称为"参天可汗道"，沿途分设 68 驿，各驿站备有马匹和食物供往来贡使使用。

回纥在吐迷度君长统治时期，实际上已经成为国力强盛、幅员辽阔的汗国。其政权具有两面性：一方面，君长吐迷度接受唐王朝之封为怀化大将军兼瀚海都督，但是另一方面回纥汗国在部族内部，已自称可汗，"署官号皆如突厥故事"①，事实上建立了回纥汗国的政权。回纥汗国自吐迷度正式建立至十世骨力裴罗于唐玄宗天宝六年（747）受唐朝之封为怀

---

① 《旧唐书》卷 195《回纥传》。

仁可汗，徙牙帐于乌德鞬山（今蒙古鄂尔浑河上游杭爱山东支），国势达到极盛，其领土东接室韦，西抵金山，南跨大漠，尽有突厥故地。

唐文宗开成末、武宗会昌初（约840），回鹘厖馺可汗被黠戛斯所杀，汗国灭亡，诸部离散。除近庭帐的十三部，以特勤乌介为可汗，南下边塞降唐外，其余大部分回鹘部落向西迁移：一支迁到葱岭以西，一支迁到河西走廊，一支迁到西州（今新疆吐鲁番盆地一带）。后来河西地方首领张义潮以伊、沙、瓜、肃等十一州（今新疆哈密，甘肃安西、酒泉一带）归附唐朝廷，河西回鹘也归附于张义潮。迁往西州的回鹘部落，以高昌为中心，不久向西发展，至10世纪末叶，已分布到龟兹，其控制的范围，西接葱岭，东到甘、肃二州，北界天山，南越戈壁。唐末五代时间，高昌回鹘王朝与中原王朝关系密切。唐末仆固俊斩杀吐蕃大将尚巩热后，传首于长安；五代时回鹘常向中原王朝进贡方物；高昌回鹘商人并在洛阳、开封两地经营马的贸易。从后唐同光二年（924）至后汉乾祐元年（948）的25年间，共计有十一次把马、驼以及马匹上用的鞍、辔等运到洛阳、开封进行贸易。从后晋天福三年至十二年（938—947）间，回鹘商人运进内地的马匹共有4次，合计1300匹。

（三）与吐蕃关系

吐蕃本为西羌族属，在青藏高原上分为许多部落，从事畜牧业和农业。大约在隋朝之时，吐蕃中雅隆部落联盟发展成为奴隶制国家，其君称赞普，相称大论、小论。雅隆最初居今西藏山南地区，形成国家后，势力发展到拉萨河流域。唐太宗贞观三年（629），松赞干布继赞普位，征服苏毗（即孙波）、羊同等部落，统一了青藏高原，建都逻些（今西藏拉萨），建立了一个以赞普为中心的奴隶制中央集权国家。隋唐五代时期，吐蕃王朝始终作为中原王朝周边的一个少数民族政权，相对比较独立，始终未臣服于唐王朝的羁縻，与中原王朝的关系是和战并存。

西汉以来，和亲就是维护边疆秩序的重要政策。唐太宗沿袭了这一政策，在适当的时候和少数民族首领，以及供职朝廷的少数民族上层人物联姻。贞观十一年（637年），唐太宗把其妹南阳公主嫁与内附的突厥

处罗可汗之子阿史那社尔。贞观十三年，又以宗室女弘化公主许与吐谷浑可汗诺曷钵为妻。在这些和亲之中，最典型也是影响最深远的当推文成公主入藏嫁与吐蕃首领松赞干布。松赞干布赞普崇尚中原文化的博大精深，在他统治时期，吐蕃王朝与唐王朝保持友好交往的关系。贞观八年（634），松赞干布遣使来唐，唐太宗也派遣使臣向吐蕃通好。松赞干布还进一步要求与唐联姻，唐太宗答应了他的请求，将文成公主嫁给了松赞干布。文成公主将佛教等文化，以及内地各种先进的科学技术带到了西藏高原，这次和亲也成为汉藏两族人民友谊和团结的象征。唐蕃和亲有利于双方的友好往来，促进了吐蕃与中原地区经济和文化的交流。

尔后，唐王朝为寻求与吐蕃的长期友好关系，又屡次与吐蕃会盟。唐玄宗时期，除西面的吐蕃之外，还要处理同南诏、西域各国、突厥、回纥等各民族之间的关系。基于游牧民族本身的扩张性和掠夺性，首先挑起战端的总是吐蕃、突厥等民族。由于唐王朝疆域辽阔和发展国计民生的需要，玄宗对边疆各族总体上以和为主，主要采用羁縻怀柔的政策，辅之以军事手段，主要目的不是开疆拓土，而是以戈止武，维护和平。除唐蕃之间战争较多之外，本时期与其余民族的战争较少，总体上维持了边疆的和平安定和各民族之间的经济文化交流，回纥甚至出兵帮助平定安史之乱。唐玄宗开元二年（714），唐朝与吐蕃会盟定界。德宗时又与吐蕃定清水之盟。以后，唐朝与吐蕃又有多次会盟。现在西藏自治区拉萨市大昭寺尚存唐蕃会盟碑，盟辞及双方参与会盟的官员用唐蕃两种文字分别刻于石碑的两面。唐蕃政治上的会盟以及在经济文化上的交流，标志着唐蕃两地人民自古以来共同创造着伟大的中华文明。

但是，另一方面，唐王朝与吐蕃的关系，也经历了风风雨雨，战争不断，吐蕃曾是唐王朝最大的边患。终唐之世，西面始终面临来自吐蕃的巨大威胁。松赞干布去世之后，吐蕃与唐和好的国策发生逆转，开始向四周扩张。唐高宗咸亨元年（670），大非川战役之后，吐蕃乘势攻占唐朝西域十八州，连安西四镇的大部分地区也被吐蕃占领。咸亨三年（672），吐蕃又攻灭吐谷浑，阻断了唐王朝通往西域的道路。军事上的失

利迫使唐军放弃四镇，将安西都护府治所迁回西州。唐与吐蕃在西域的角逐也因之处于守势。武则天当政后，面对吐蕃的威胁，唐朝决心夺回四镇，予以有力的回击。先后二次主动出击吐蕃，但均以失败告终。武则天如意元年（692），唐王朝派唐休璟、王孝直、阿史那忠节等率军大破吐蕃兵，收复安西四镇，于龟兹恢复设置安西都护府，并派兵镇守。武则天万岁登封元年（696），王孝直在素罗汗山被吐蕃军队打败。自武氏收复四镇至安史之乱的半个多世纪，唐王朝重新确立了大唐对西域的统治地位，唐军在西域基本保持了对吐蕃军的优势。

武则天圣历二年（699），吐蕃发生内乱，赞普杀死论钦陵的徒党2000余人，论钦陵自杀。其弟论赞婆，当时镇守吐谷浑，为躲避迫害，遂率部投降唐朝。唐朝西部边境因此而得到暂时的安定。

唐中宗、睿宗时期，吐蕃以河西九曲之地（今青海东南黄河曲流处）为基地，不断攻掠河陇一带。唐中宗时期，吐蕃又在西域和青海地区对唐朝进行战争，重新威胁着唐边境的安定。到了唐玄宗开元、天宝年间，吐蕃在今青海、甘肃两省的边境，屯驻军队竟达45万人之多，严重地威胁着唐朝的关陇地区。唐蕃之间的战争主要在河陇和西域两个战场进行，呈现以河陇一带为主战场，两个战场互相策应的态势。自唐高祖以来，在军事上唐王朝并未采用秦汉以来修筑长城，分兵把口，进行防堵的策略，而是依托一系列坚固的军镇据点，相对集中兵力，机动防御，并伺机反攻和逐步扩大控制区域的方针。安史之乱前，唐玄宗继承了上述战略方针，依靠强盛的国力，组织了对吐蕃的一系列的有效防御和反攻，取得了全面的胜利。

唐玄宗开元二年（714），吐蕃将领坌达延、乞力徐率领十万人马进犯临洮。玄宗命令薛讷、郭知运、王晙等率领十余万军队迎击，在武街大胜吐蕃军，杀俘数万人。之后，吐蕃欲以对等之礼请和，遭玄宗拒绝。开元四年（716），吐蕃攻打松州，被松州都督孙仁献打败。开元五年，郭知运率军在九曲之地再次大败吐蕃军。此后的多年交战，唐军连续取胜，河陇一带防务进一步巩固。开元十七年（729），信安王李祎攻克了

被吐蕃侵占多年的石堡城，玄宗改石堡城为振武军，留兵设防。自此，唐河西、陇右地区连成一片。吐蕃连战连败，再次遣使求和请婚。玄宗答应了吐蕃的请求。开元十八年（730），双方约以赤岭（今青海日月山）为界，并于甘松岭（今四川松潘境内）及赤岭互市。开元二十一年（733），双方订立了赤岭之盟。此后的开元、天宝年间，唐蕃之间先后在今宁夏、甘肃、新疆境内进行了多次战争，皆以唐军的胜利告终。此时期，唐在西域依托安西、北庭所辖军镇，联合附近其他蕃国，时守时攻，不断巩固和扩大控制范围。吐蕃起初亦与东突厥、突骑施等联合，双方争夺的重点在安西四镇、北庭一带。后来，随着东突厥和突骑施的衰落，唐蕃争夺的重点转移到葱岭以南地区。虽然先是吐蕃取胜，但后来唐军大举反击并大获全胜。玄宗天宝六年（747 年），高仙芝攻下小勃律，周边依附吐蕃的 20 余个小蕃国重新归附唐朝。天宝十二年（753），唐将封常清先后攻破大勃律（今克什米尔的巴尔蒂斯坦）和西域东部的播仙（今新疆且末）。至此，唐王朝对吐蕃的胜利战争发展到了顶峰。

天宝十四年（755）安史之乱爆发，唐王朝从朔方、河西、陇右三镇抽调兵力平定叛乱，西边军事力量削弱，吐蕃乘机又在代宗宝应元年（762）挥师攻陷唐朝的秦、成等州，次年又攻陷兰、河、鄯、洮等州，陇坂以西地区，多被吐蕃军队占领。吐蕃乘胜扩大战果，又攻占泾州，接连兵迫奉天、武功，直指长安。面对吐蕃强大的攻势，唐朝野惊恐，代宗仓惶放弃长安，逃往陕州。吐蕃攻占长安。代宗以皇子雍王适为元帅，郭子仪为副元帅，发动关中军民奋力抵抗，才赶走吐蕃军队，收复了长安。但是，安史之乱后不到半个世纪，河陇诸州及安西、北庭所辖地区重又为吐蕃占领。

（四）与南诏关系

隋末唐初，在今云南大理的洱海周围及哀牢山、无量山以北地区居住着乌蛮和白蛮众多部族和部落，其中有 6 个势力最大的乌蛮部落为越析诏、浪穹诏、邆睒诏、施浪诏、蒙嶲诏、蒙舍诏，史称六诏。六诏中蒙舍诏地处各诏之南，因此又称南诏。

唐贞观二十三年（649），蒙舍诏首领细奴逻建立大蒙国，自称奇嘉王，臣服于唐朝。唐玄宗时，南诏在唐朝的扶持下，统一六诏。史载："（南诏）皮逻阁立，开元二十六年（738）诏授特进，封越国公，赐名曰归义。其后破洱河蛮，以功策授云南王。归义渐强盛，余五诏浸弱。先是剑南节度使王昱受归义赂，奏六国合为一诏。归义既并五诏，服群蛮，破吐蕃之众兵，日以骄大……二十七年（739）徙居大和城（今云南大理南太和村）。天宝……七年（748）归义卒，诏立子阁罗凤袭云南王。"①六诏统一之后，仍沿用南诏之名。六诏的统一，有利于云南本地区及中南亚与中原经济文化的交流联系。南诏以洱海地区为中心，在境内积极发展生产，加强与中原、中南亚的经济文化交往，促进了南诏的发展，在历史上具有积极的意义。

但是不久之后，因唐剑南节度使与云南太守对南诏傲慢无礼，致使南诏起兵叛唐而投靠臣服吐蕃。"无何，鲜于仲通为剑南节度使，张虔陀为云南太守。仲通褊急寡谋，虔陀矫诈，待之（南诏）不以为礼……有所征求，阁罗凤多不应。虔陀遣人骂辱之，仍密奏其罪恶。阁罗凤忿怨，因发兵反……明年（751）仲通率兵……逼大和城，为南诏所败。自是阁罗凤北臣吐蕃。吐蕃令阁罗凤为赞普钟，号曰东帝，给以金印。蛮谓弟为'钟'。时天宝十一年（752）也。"②自南诏阁罗凤投靠吐蕃后，唐朝西南边境地区从此进入多事之秋，唐王朝与南诏之间时战时和。唐玄宗时期，杨国忠为宰相兼任剑南节度使，派遣留后、侍御史李宓领兵十万征伐南诏。但由于唐朝军队劳师远征，其结果是大败于大和城北，损兵折将八九万人。"辇饷者在外，涉海瘴死者相属于路，天下始骚然苦之。宓复败于大和城北，死者十八九。"③安史之乱后，唐朝动荡衰弱，南诏又乘机侵扰西川。"至德元载（756）九月……南诏乘乱陷越嶲会同军，

①　《旧唐书》卷197《南诏传》。
②　《旧唐书》卷197《南诏传》。
③　《旧唐书》卷197《南诏传》。

据清溪关"。① 但是，不久之后，南诏因归附吐蕃后必须承担繁重的赋役，民众颇以为苦而摆脱吐蕃，重新归附唐朝，并与唐合力攻破吐蕃，西川的边患暂时得到平息。

唐宣宗、懿宗之际，唐朝与南诏关系又陷入危机，南诏酋长酋龙又兴兵进攻岭南，陷安南都护府。唐懿宗咸通时，高骈为静海军节度使，率兵击败南诏，安南始获安宁。但酋龙则改变策略，率军西进攻打西川，连陷诸州，唐朝廷连忙又调遣高骈前往讨伐，再次击败南诏军队。自此之后，至酋龙去世，南诏势力衰落，无法与唐军抗衡，才复向唐朝求和。从此，唐朝与南诏又恢复了和好关系。

（五）与渤海关系

渤海国是以靺鞨族为主体建立的我国东北边疆地区历史悠久文明程度较高的少数民族政权。靺鞨在先秦时称为肃慎，两汉魏晋时称为挹娄，南北朝时称为勿吉，已多次与中原王朝联系。勿吉至隋朝时称靺鞨，其时靺鞨有粟末、白山、伯咄、安车骨、号室、拂涅、黑水等七大部落。其中以居住在粟末水的粟末靺鞨最为强大。

开皇十五年，隋文帝派遣韦冲为营州总管，后者到任后正确实施杨坚的民族政策，"宽厚得众心。怀抚靺鞨、契丹，皆能致其死力。奚、霫畏惧，朝贡相续"②。隋炀帝大业元年（605），粟末靺鞨被高丽打败，其首领突地稽乃率八部大众自扶余城（今吉林四平市）西北内附于隋。隋朝廷拜突地稽为右光禄大夫，其部众被安置在柳城（今辽宁朝阳市）一带，"与边人来往，悦中国风俗，请被冠带"③，逐渐与当地汉人融合。留在故地的粟末人则与白山、伯咄、安车骨、号室诸部靺鞨人先后依附于高丽。

唐高宗总章元年（668），唐军攻灭高丽，这部分依附高丽的粟末人

---

① 《资治通鉴》卷 218 "肃宗至德元载条"。

② 《隋书》卷 47 《韦冲传》。

③ 《隋书》卷 81 《靺鞨传》。

与激烈抗唐的高丽遗民数万人被迁徙安置于营州（今辽宁朝阳市）附近，同汉族人、契丹人交错杂居，友好往来，互相影响融合。后因营州都督赵翙贪暴，契丹人李尽忠于武则天万岁通天元年（696）纠集众人据营州反唐，杀死赵翙，当地的靺鞨人与高丽遗民乘机回归故土。其中在粟末首领大祚荣统率下的一部民众东渡辽河，到达靺鞨故地，于武则天圣历元年（698）在东牟山（今吉林敦化）和奥娄河（今牡丹江上游）一带建立震国。

震国建立之初，为防备唐王朝的派军讨伐，曾依附于突厥。其时契丹也归附突厥，唐王朝面对"王师道绝，不克讨"，即道路险阻，唐军队无法征讨的情况，不得不承认既成事实，采取怀柔政策。唐中宗神龙三年（707），朝廷派侍御史张行岌到震国招抚大祚荣。大祚荣接受了唐的招抚，并遣子入侍于唐，以表示臣服的诚意。唐睿宗先天二年（713），朝廷"遣郎将崔䜣往册拜祚荣为……渤海郡王，仍以其所统为忽汗州，加授忽汗州都督，自是每岁遣使朝贡"[1]。"去靺鞨号，专称渤海。"[2] 至唐代宗宝应元年（762），渤海第三世王大钦茂被晋封为"国王"后，与唐王朝的关系更加密切友好。从此，历世诸王的继袭都经唐朝廷的册立，终唐之世，渤海遣使至唐朝廷共有一百数十次。其间除大武艺国王在位时一度与唐朝发生军事冲突外，其余时期均保持与唐王朝的友好往来。唐亡后，渤海继续与五代的后梁、后唐保持臣属关系，仍然向后梁、后唐中原王朝朝贡。

综观唐五代时期，中原王朝与东北少数民族政权渤海国的关系具有两重性：一方面，渤海国的王都受唐王朝的册封为渤海郡王或国王，唐王朝在其辖境设置忽汗州都督府（或称渤海都督府），以王为都督，进行管理。从某种意义上说，渤海是唐王朝边境地区政权的一部分，是唐的一个羁縻州，隶属于河北道，平卢军节度使设置后又属平卢军节度使节

① 《旧唐书》卷199下《渤海靺鞨传》。
② 《新唐书》卷219《渤海传》。

制。另一方面，在其王国内，又模仿唐王朝建立起国家规模的一套制度，具有较大的独立自主性。

渤海国是隋唐五代时期吸收中原政治文化最多的少数民族政权。其在政治上仿效唐制，中央统治机构设有三省，即政堂省、宣诏省、中台省，相当于唐朝尚书省、门下省、中书省；六部，即忠部、仁部、义部、智部、礼部、信部，相当于唐朝吏部、户部、礼部、兵部、刑部、工部；一台，即中正台，相当于唐朝御史台；七寺，即殿中寺、宗属寺、太常寺、司宾寺、大农寺、司藏寺、司膳寺，相当于唐朝殿中省、宗正寺、太常寺、鸿胪寺、司农寺、太府寺、光禄寺；一监，即胄子监，相当于唐朝国子监；一院，即文籍院，相当于唐朝秘书省；一局，即巷伯局，相当于唐朝内侍省。渤海的地方机构，在其兴盛时，"地有五京、十五府、六十二州"①。可见其地方层级为府、州、县三级制。在文化方面，渤海国积极派遣留学生到唐京师长安学习，培养了大批熟悉唐文化的文学之士；在技术方面又积极引进中原的陶瓷烧造技术和建筑技术等。中原政治、文化和技术的引进，使渤海国的政治、文化、经济得到很大的发展和进步。近年来出土的渤海绘画、雕刻、工艺美术品等无不闪烁着盛唐文化的光彩。唐代诗人温庭筠在《送渤海王子归本国》诗中称"疆理虽重海，车书本一家"②，就是对当时唐朝与渤海国融合为一家最生动形象的写照。

综上所述，隋唐进步、开明的民族政策，各民族之间的平等地位，有利于各族人民之间的友好往来和文化交流。隋唐是当时世界上最强盛的国家，也是最文明的国家之一，首都长安是世界性的大都会。在当时各民族人民心中，隋唐是充满生机活力的地方。隋唐朝是中国历史上少有的开放王朝，对周边少数民族既不歧视也不奉迎，不盲目排外也不希与周延。周边少数民族享有和中原人一样的权力，不仅可以经商致富，

---

① 《新唐书》卷219《渤海传》。
② 《全唐诗》卷583。

还可以从政当官，率皆一视同仁。唐王朝接收一批批周边少数民族留学生来学习中原的先进文化，使当时处于落后状态的周边少数民族获得了巨大的历史进步。隋唐文化也在与其他各民族文化在相互吸收、取长补短的基础上走向繁荣兴盛。这些文化交流，其广度和深度都大大超越前代，突厥、回纥、吐蕃、南诏、靺鞨和西域各族的风俗习惯、音乐舞蹈、绘画艺术、诗歌创作、体育娱乐等方面都融汇到唐文化的大潮之中，铸成了唐文化的辉煌成就。

二、隋朝对边疆少数民族政策思想

（一）隋文帝对边疆少数民族政策思想

隋文帝杨坚（541—604），弘农郡华阴（今陕西省华阴市）人。隋朝开国皇帝，开皇元年（581）至仁寿四年（604）在位。其父杨忠是西魏和北周的军事贵族，北周武帝时封为随国公，杨坚承袭父爵。北周宣帝继位，以杨坚为上柱国、大司马，位望日隆。北周大定元年（581），杨坚受北周静帝禅让为帝，改元开皇。隋文帝即位后，在政治、经济等制度方面进行了一系列的改革。修订刑律和制度，使其适合于南北统一后的中国。在中央实行三省六部制，将地方的州、郡、县三级制改为州、县两级制，由此巩固了中央集权。多次减税，减轻人民负担，促进国家农业生产，稳定经济发展。开皇九年（589），派晋王杨广南下平陈，统一南北。隋文帝对周边各族，采取了军事上的防御和政治上的招抚政策，有效地处理了民族矛盾，被北方少数民族尊称为"圣人可汗"。开皇年间，隋朝疆域辽阔，人口达到700万户。

隋文帝在位的二十四年间，锐意改革、政绩卓著。但是在位晚期逐渐多疑，杀害功臣，并且听信文献皇后之言，废黜太子杨勇立晋王杨广为太子，埋下了亡国的祸根。仁寿四年（604）去世，庙号高祖，谥号文皇帝。

隋文帝建隋之初，从西北到东北，突厥、吐谷浑、高丽等对隋王朝

形成强大的弧形包围圈，他们屡犯边境。开皇二年（582），"控弦之士四十万"的突厥大军进犯临洮、幽州、周盘，"纵兵自木硖、石门两道来寇，武威、天水、安定、金城、上郡、弘化、延安，六畜咸尽"①，给隋王朝巨大的威胁。隋文帝出身于北魏六镇，一家数代与鲜卑通婚，他对鲜卑等民族有着较为深刻的了解，能在一定程度上摒弃民族偏见，制定和推行了一系列开明的民族政策，如采用儒家政治伦理原则与他们相处；即使采用战争的手段，其目的也是以战止战，维护边境的安宁和稳定。杨坚能在短期统一全国，并将国家发展强盛，不仅与他在内政诸方面的改革关系密切，也与他采取的促进民族融合的灵活包容的治边策略密切关联。

首先，隋文帝无隔华夷，采取促进民族融合的治边策略。西晋灭亡后，匈奴、鲜卑、羯、氐、羌等西北和北方少数民族纷纷入据中原，先后建立了十六个少数民族政权，历史上称之为"五胡十六国"。尽管这些政权存在时间不长，但内迁的各民族长期与汉民族杂居，在生产生活过程中自然与汉族融合在一起了。鲜卑族的拓跋氏建立北魏后，为了巩固政权，魏孝文帝不得不推行全面的汉化政策。到了北周时期，内迁的少数民族与汉族进一步融合。杨坚身处鲜卑族和汉族相杂而成的关陇集团，他建立隋朝所倚重的大多是与鲜卑族有密切关系的汉人及汉化的鲜卑人，所以他的思想中自然形成华夷同重的观念。杨坚建隋后，虽曾两次下令改姓者都可以恢复原来的姓氏，但他顺应了魏晋南北朝以来民族融合的历史趋势，推行无隔华夷的民族政策，为其在短期内统一全国奠定了基础。杨坚在处理边疆民族关系时，实行民族融合政策，仁爱边民。他说："溥天之下，皆曰朕臣，虽复荒遐，未识风教，朕之抚育，俱以仁孝为本。"② 开皇元年（581），吐谷浑扰掠凉州（今甘肃武威），为了平定吐谷浑，稳定西北，杨坚派元谐为行军元帅率领数万步骑兵前往讨平。他诏

---

① 《隋书》卷 84《突厥传》。

② 《隋书》卷 83《吐谷浑传》。

令元谐曰："公受朝寄，总兵西下，本欲自宁疆境，保全黎庶，非是贪无用之地，害荒服之民。王者之师，意在仁义。浑贼若至界首者，公宜晓示以德，临之以教，谁敢不服也！"文帝的诏令不仅阐明了出兵吐谷浑是为了"自宁疆境，保全黎庶"的目的，而且指示元谐应采取"晓示以德，临之以教"的抚绥方法。元谐遵照他的指令，在以武力打败吐谷浑之后，又"移书谕以祸福"，使得吐谷浑"名王十七人、公侯十三人，各率其所部来降"①，从而实现稳定边疆、和境安民的目的。开皇九年（589），文帝向全国发下诏书曰："往以吴越之野，群黎涂炭，干戈方用，积习未宁。今率土大同，含生遂性，太平之法，方可流行。凡我臣僚，澡身浴德，开通耳目，宜从兹始。"②明确指出在南北统一后，全国从"干戈方用"的战争时期转变到"率土大同"的和平时期，可以在全国实行"太平之法"。同年，杨坚为了完全控制岭南，派江州总管韦洸率军南进。他在给韦洸的诏令中云："若使干戈不用，兆庶获安，方副朕怀。"③韦洸遵照他的指示，率军进至广州，采取政治争取的策略，很快平定岭南二十四州。开皇十四年（594），他又下诏，再次阐述了"天下大同，归于治理"④的思想。

隋文帝推行无隔华夷、促进民族融合的政策措施，积极招纳、安抚和争取周边各民族，取得了较好的成效，使得他们相继归顺、朝贡。开皇九年（589），隋文帝任命令狐熙为桂州（今广西）总管，令狐熙"大弘恩信"，溪洞渠帅"于是相率归附"。"先是，州县生梗，长吏多不得之官，寄政于总管府。熙悉遣之，为建城邑，开设学校，华夷感敬，称为大化。"使得当地百姓"颇亦渐识皇化"⑤。

其次，隋文帝采用了灵活包容的治边策略，进一步维护了边境的安

---

① 《隋书》40《元谐传》。
② 《隋书》卷2《高祖下》。
③ 《隋书》47《韦洸传》。
④ 《隋书》卷2《高祖下》。
⑤ 《隋书》56《令狐熙传》。

宁稳定。在战略层面上，杨坚采取远交近攻、离强合弱的方略。具体而言，远交近攻就是指联合距隋朝较远、威胁较小的达头和突利等部落，进攻距离隋朝边境较近、威胁较大的沙钵略和高宝宁部落。离强合弱一方面是利用突厥汗国内部的矛盾，促成与大可汗有矛盾的小可汗、弱小部落与大可汗脱离，并促成他们之间的联合；另一方面隋军联合突厥汗国内部弱小的部族，以及羁属于突厥的契丹、奚、霫等民族，抗击强大的突厥。文帝在处理与突厥的关系中，一直根据突厥内部大、小可汗实力的对比起伏，灵活采用远交近攻、离强合弱的策略，实现了制御突厥、消弭北方边患的目的。

在战术层面上，杨坚采用多管齐下的治边措施，体现了他灵活的边疆管理思想。这些措施包含以下几个方面：一是筑长城以巩固北部边防。杨坚在位期间，面对北方诸多游牧民族军队对中原的袭扰，北部边防仍然沿袭秦汉以来的措施，主要以防御为主，令"缘边修堡障，峻长城，以备之"①。据史载，杨坚前后修筑长城多达 5 次。二是大兴屯田，积谷备边。隋初，为了抵御北方的强敌突厥，不得不在北部边境驻扎重兵，军粮及其他后勤补给需从内地转输，需要耗费巨大的民力。"是时突厥犯塞，吐谷浑寇边，军旅数起，转输劳敝。帝（杨坚）乃令朔州总管赵仲卿，于长城以北，大兴屯田，以实塞下。又于河西，勒百姓立堡，营田积谷。"② 为了根本解决这种"转输劳敝"的问题，杨坚下令在长城以北大兴屯田，并任命朔州总管赵仲卿负责。"于时塞北盛兴屯田，仲卿总统之……事多克济，由是收获岁广，边戍无馈运之忧。"③ 开皇五年（585），杨坚任命郭衍为朔州总管。郭衍赴任后，鉴于其所辖地区"北接蕃境，常劳转运"，"（郭）衍乃选沃饶地，置屯田，岁剩粟万余石，民免转输之劳"④。北境屯田，充实了北部边境边防军资，为日后大败突厥奠定了基

---

① 《隋书》84《突厥传》。
② 《隋书》24《食货志》。
③ 《隋书》74《赵仲卿传》。
④ 《隋书》61《郭衍传》。

础。杨坚在边境屯田这一措施的推行，不仅直接减轻了军民沉重的转输负担，使边疆荒地得到了开垦，还充实了边境守军的军资，保证了边疆生产生活的正常进行。后来，隋炀帝杨广很好地继承了这一措施。三是建立地方卫戍制度。杨坚建隋后，在加强北部边防的同时，还省并之前冗繁的州、郡建置，在边境也推行州、县两级管理体制，州刺史为地方行政长官，处于战略要冲地带的州叫总管，称"总管刺史加使持节"，可以兼理数州以上地区范围的军事事务。在军事要地、重要关隘分别设置镇、戍、关，掌管所辖地的戍守事宜，建立了完善的地方卫戍制度。[①]据《隋书》记载，杨坚时期前后置总管的州计约 60 个，其间虽经历了拆并州县，常设不废的州总管仍有约 30 个。这些设置总管的州，分布于从西北到东北、从西南到东南的边境地区，从而加强了对这些地方的控制。

（二）隋炀帝对边疆少数民族政策思想

隋炀帝杨广（569—618），本名杨英，小字阿摐，弘农华阴（今陕西华阴市）人。隋朝第二位皇帝（604—618 在位），隋文帝杨坚与文献皇后独孤伽罗嫡次子。初封雁门郡公。开皇元年（581），册立为晋王，参与灭陈朝。开皇二十年（600），册立为皇太子。仁寿四年（604）七月，正式即位。在位期间，修隋朝大运河，营建东都洛阳，迁都洛阳，改州为郡；改度量衡依古式。频繁发动战争，西征吐谷浑、三征高丽，滥用民力、穷奢极欲，引发全国范围农民起义，天下大乱。大业十四年（618），江都兵变之后，为宇文化及叛军所弑，隋朝覆亡。

隋炀帝杨广统治时期，并用兼施军事和经济措施，不仅维护国家统一和边疆稳定，还开拓了不少疆土。杨广即位后，继承了文帝积累的国家财富，具备了开拓疆域、有所作为的物质条件，他还继承和发展文帝的安边策略和民族管理思想，"弗动兵车""混一戎夏""无隔夷夏"，吸引、笼络边境各民族，力图将他们纳入国家体系中。在具体策略和措施方面，以军事手段为基础，辅之以丰厚的经济利益，招抚他们与中原建

---

① 《隋书》28《百官下》。

立臣属关系；同时利用先进的文化资源，加强文化融合。

从秦汉至隋唐，游牧民族与中原王朝时战时和，其根源主要在于游牧经济与农业经济之间的相互依赖和相互掠夺。一方面，游牧经济的流动性和不稳定性，是游牧民族采用战争手段向农业经济区掠夺农产品和手工业品的主要原因；另一方面，中原王朝有时也采用军事手段攫取游牧经济区的马匹和畜产品。因此，在经济方面的相互依赖、相互掠夺是双方关系的核心内容，也是相互之间战争与和平的最终目标。所以在当时的民族关系中，经济关系处于最主要的地位，而且经济关系也较之战争和军事手段建立起来的其他关系都维持得更加持久牢固。杨广重视采用经济措施建立和巩固与其他民族政权之间的关系，并取得了成功。

隋文帝时就与突厥开展互市，通过互市，少数民族用马、羊、牛等畜产品与中原的农产品、手工业品等进行交换，双方都获得了各自需要的产品。大业初年，隋炀帝巡幸榆林时，宇文化及与其弟宇文智及仍然"违禁与突厥交市"。在皇帝巡幸这样的重大活动中，宇文氏兄弟仍不忘记从与突厥的互市中获利。另据《隋书·裴矩传》记载："时西域诸蕃，多至张掖，与中国交市。"① 可见，这种互市在当时已经相当普遍。大业六年（610），隋炀帝派将领薛世雄率军在汉代旧伊吾城东，修筑新的伊吾城。此举引起西突厥等西域诸国的猜疑，他于是派裴矩前去处理。裴矩"讽谕西域诸国曰：'天子为蕃人交易悬远，所以城伊吾耳。'"西域各国"咸以为然，不复来竞"②。对于派军筑城的敏感事件，西域诸国确知其用途是用作贸易场所之后，人心获安，筑城得以顺利进行。可见，双方之间的贸易关系在西域诸国对外关系中的重要地位。隋炀帝与西域各国的贸易，不仅有利于维护边疆的稳定，也有利于维系西域少数民族政权与隋王朝的臣属关系。

除互市之外，贡赐也是一种形式特殊的交换：一方面，为了表示对

---

① 《隋书》卷 67《裴矩传》。

② 《隋书》卷 67《裴矩传》。

大隋的臣服，周边各族不时向隋王朝中央朝贡；另一方面，为了安抚笼络周边少数民族政权，隋炀帝也常以赏赐的名义向他们提供大量物资。这种贡赐往来的交换规模也很大。例如，"大业三年（607）四月，炀帝幸榆林，启民及义成公主来朝行宫，前后献马三千匹。帝大悦，赐物万二千段……帝法驾御千人大帐，享启民及其部落酋长三千五百人，赐物二十万段，其下各有差"①。大业三年（607）七月，"甲寅，帝于城东御大帐，备仪卫，宴启民及其部落，作散乐。诸胡骇悦，争献牛羊驼马数千万头。帝赐启民帛二千万段，其下各有差。"八月，"帝赐启民及公主金瓮各一，并衣服被褥锦彩，特勒以下，受赐各有差"②。"处罗从征高丽，赐号为曷萨那可汗，赏赐甚厚。（大业）十年（614）正月，以信义公主嫁焉，赐锦彩，袍千具、彩万匹。"③ 总体上，隋炀帝根据各民族政权进贡的畜产品和其他物质的数量，都要回赐他们价值大致相符或更多的丝帛等日用品。实际上，贡赐是一种带有强烈政治色彩的实物交换。

隋炀帝通过互市、贡赐等活动，充分展现了隋王朝强大的经济实力，也借此很好地巩固了相关少数民族政权与隋王朝的政治关系，取得了处理民族问题上的一些成功。杨广即位之初就出塞北巡，展现了平定边患、开疆拓土的政治意向。他派裴矩往张掖主持互市，裴矩"知帝方勤远略，诸商胡至者，矩诱令言其国俗山川险易，撰《西域图记》三卷，入朝奏之"。裴矩在准确地分析了西域诸国的国情之后云："以国家威德，将士骁雄，泛濛汜而扬旌，越昆仑而跃马，易如反掌，何往不至！但突厥、吐浑分领羌胡之国，为其拥遏，故朝贡不通。今并因商人密送诚款，引领翘首，愿为臣妾。圣情含养，泽及普天，服而抚之，务存安辑。故皇华遣使，弗动兵车，诸蕃即从，浑、厥可灭。混一戎夏，其在兹乎！"④ 裴矩认识到杨广经略西域意图，又观察到西域诸国与内地通商的迫切愿

---

① 《隋书》卷 84《突厥传》。
② 《资治通鉴》卷 180。
③ 《隋书》卷 84《突厥传》。
④ 《隋书》卷 67《裴矩传》。

望，指出边疆管理和解决民族问题的根本在于恢复和发展经历了长期混战之后的西域诸国的经济，重新拓通丝路贸易以开展中原地区与西域诸国的商品往来。杨广极为重视发展丝路贸易，"日引（裴）矩至御坐，亲问西域事……以矩为黄门侍郎，复使至张掖，引致诸胡，啖之以利，劝令入朝。自是西域诸胡往来相继"①。隋炀帝还为西域诸国商人提供优厚的商贸条件，令国内沿途郡县为他们提供免费食宿和交通的方便。优厚的通商条件和良好的商贸环境，吸引着大批西域商人与中原贸易往来。

为了加强对西域的管理，更好实现西域诸国对隋朝的臣属关系，隋炀帝又亲征吐谷浑。大业五年（609）三月，他亲率大军从长安出发，经甘肃陇西，西上青海，横穿祁连山，再经大斗拔谷北上，到达河西走廊的张掖郡。隋炀帝到达张掖之后，在燕支山下会见西域各国国王及使节。事先，裴矩就已前往敦煌，说服高昌、伊吾等国国君参加这次会见，在巨大的商业利益面前，"及帝西巡，次燕支山，高昌王、伊吾设等及西蕃胡二十七国，谒于道左。皆令佩金玉，被锦罽，焚香奏乐，歌儛喧噪……竟破吐谷浑，拓地数千里，并遣兵戍之。"② 此后，各国商人也都云集张掖进行贸易。隋炀帝亲自重新打通了丝绸之路，加强中原地区与西域的联系与交往，取得他在边疆管理上的又一成功。另一方面，隋炀帝亲巡西部边陲张掖，在张掖充分显示大隋的强盛富庶，不仅体现了隋王朝对西域诸国的重视和加强相互贸易的诚意，也给西域各国留下了深刻的印象。因此，大业六年（610）冬天，边疆诸国使节都到东都洛阳朝贡，大献方物。杨广乘此机会在洛阳又精心筹办了一次盛大的国际贸易活动，"征四方奇技异艺，陈于端门街，衣锦绮、珥金翠者，以十数万……又令三市店肆皆设帷帐，盛列酒食，遣掌蕃率蛮夷与民贸易"③。司马光《资治通鉴》还记云："诸蕃请入丰都市交易，（炀）帝许之。先命整饰店肆，檐宇如一，盛设帷帐，珍货充积，人物华盛，卖菜者亦借以

---

① 《资治通鉴》卷 180。
② 《隋书》卷 67《裴矩传》。
③ 《隋书》卷 67《裴矩传》。

龙须席。胡客或过酒食店，悉令邀廷就坐，醉饱而散，不取其直，给之曰：'中国丰饶，酒食例不取直。'胡客皆惊叹。"① 通过这些方式，不仅表现大隋的富庶，提高隋王朝的威信，也提振了边疆少数民族政权对中原王朝的信心。

各种经济措施的灵活运用，促进了东西突厥的分化。大业七年（611），处罗可汗归顺隋朝。伊吾郡、且末郡的设置，对吐谷浑战争的胜利，都伴随着与西域日益频繁的经贸往来。随着军事、政治和经济手段的综合运用，丝绸之路的畅通，进一步弘扬了大隋的国威，也形成对边疆少数民族政权的向心力，维护和发展了多民族的统一。大业十一年（615）正月，"甲午朔，大宴百僚。突厥、新罗、靺鞨、毕大辞、讹咄、传越、乌那曷、波腊、吐火罗、俱虑建、忽论、沛汗、龟兹、疏勒、于阗、安国、曹国、何国、穆国、毕、衣密、失范延、伽折、契丹等国并遣使朝贡"②。

隋炀帝深刻认识到经济利益在边疆管理中的重要地位，他灵活运用各种经济措施，成功实现了"弗动兵车"而"混一戎夏"的目标。这是中国古代边疆管理思想的历史性进步。但是，封建社会时期一些传统的历史学家们习惯于用自然经济的观念去思考问题，对隋炀帝的这些思想和政策一味指责。《隋书》主撰人魏征就说："炀帝规摹宏侈，掩吞秦、汉，裴矩方进《西域图记》以荡其心，故万乘亲出玉门关，置伊吾、且末，而关右暨于流沙，骚然无聊生矣。若使北狄无虞，东夷告捷，必将修轮台之戍，筑乌垒之城，求大秦之明珠，致条支之鸟卵，往来转输，将何以堪其敝哉！古者哲王之制，方五千里，务安诸夏，不事要荒。岂威不能加，德不能被？盖不以四夷劳中国，不以无用害有用也。是以秦戍五岭，汉事三边，或道殣相望，或户口减半。隋室恃其强盛，亦狼狈于青海。此皆一人失其道，故亿兆罹其毒。若深思即叙之义，固辞都护

---

① 《资治通鉴》卷 181。
② 《隋书》卷 4《炀帝纪下》。

之请，返其千里之马，不求白狼之贡，则七戎九夷，候风重译，虽无辽东之捷，岂及江都之祸乎！"①。当然，隋炀帝为吸引西域商贾的种种优惠政策和措施，毫无疑问加大了国家的财政支出，同时也增加了民众的负担。但是，这些政策和措施所带来的政治上的巨大成功，与大规模的战争所消耗的人民生命财产的巨大损失、国家的巨额军费，以及可能造成的社会动荡相比，自然不能相提并论。

三、唐朝对边疆少数民族政策思想

（一）唐太宗对边疆少数民族政策思想

一方面，唐太宗采用军事手段征讨扰边四夷，开疆拓土；另一方面，对于归顺的边疆诸族人民，与内地各族实行平等同一的管理政策。

贞观时期，随着国家实力的大幅度提升，太宗大兴武功，开疆拓土，除对高句丽的战争没有取得完全胜利之外，其余如征讨东突厥、吐蕃、吐谷浑、高昌、焉耆、西突厥、薛延陀、龟兹等，都取得了辉煌的胜利。贞观王朝边疆战争之频繁和战胜次数之多，在中国古代史上非常罕见。贞观年间，开拓疆土，大获全胜，奠定了唐朝三百年的基业。其中，俘虏颉利可汗比较有代表性。唐军出击定襄，痛歼突厥，活捉颉利可汗，这是贞观王朝拓边战争中最辉煌的胜利，从而消灭了唐朝最大的边患。稍后，唐太宗命令著名将领侯君集征讨骄横的吐蕃。侯君集夜袭击败吐蕃军，斩首千余。贞观八年（634）唐军再次远征，途中缺水，就刺马饮血，终于袭破伏允可汗军营，伏允逃脱，但不久在沙漠中被部下所杀，吐谷浑从此被纳入唐朝版图。贞观十三年（639）大败高昌国，高昌王麴文泰因惊吓过度病死。贞观十九年（645），为援助处于高句丽和百济围困中的新罗，唐军向辽东（即当时中国东北辽河以东地区以及朝鲜半岛北部）开发，进军高句丽，先后攻克玄菟、横山、盖牟、磨米、辽东、

① 《隋书》卷 83《西域传》。

白岩、卑沙、麦谷、银山、后黄十城，迁徙辽、盖、岩三州户口入中国七万人。其中，新城、建安、驻跸三大战，斩首四万余级。但是，唐军将士也阵亡约二千人，折损战马七八成。太宗此次出征重创高句丽，具有重大意义。这是自三国时期毌丘俭攻破高句丽屠王城以来中国军队第一次真正战胜高句丽，收复了今天辽宁一带南北朝时期被高句丽侵夺的土地，为今后唐朝彻底征服高句丽打下了坚实的基础。贞观二十二年（648），王玄策作为唐朝使者出使天竺（今印度），恰遇中天竺大臣那伏帝阿罗那顺篡位，劫持唐使。王玄策只身逃到吐蕃，借来吐蕃军和尼泊尔军向天竺进发，连战三天之后大败天竺军，斩首三千余级，水淹天竺军致死约万人，阿罗那顺弃城逃跑，副使蒋师仁追上将其俘虏。

在通过武力攻城略地、征讨四夷的过程中，唐太宗还实行进步、合理的边疆管理政策和措施，不仅维护了同相关邻国的宗主国关系，促进了边疆地区的发展繁荣，更重要的是以兼收并蓄的心态吸收了不同地域、不同民族的文化，使唐文化在继承并突破六朝文化的基础上，创造了中国历史文化的高峰，也成为当时世界文化的高峰。

唐太宗作为封建汉族君主，不歧视唐王朝周边的少数民族，对他们一视同仁。唐太宗认为，"戎、狄与天地俱生"[1]，自然具有中原人的素质，也自然会有"人心"。贞观十八年（644），他明确提出了"夷狄亦人，以德治之，可使如一家"[2]。他派兵击败突厥颉利可汗之后，对其采取了"略其旧过，嘉其从善，并授官爵，同我百僚，所有部落，爱之如子，与我百姓不异"[3] 的政策，对其首领既往不咎，对其臣民"爱之如子"，与汉人同等看待，终于巩固了唐中央政府对突厥族的统治，使西北边疆稳定，社会经济得到发展。他始终不渝地主张和实行"爱之如一"的民族管理思想。贞观二十一年（647），他总结了自己能使四夷宾服的五条成功经验，其中第五条："自古皆贵中华，贱夷、狄，朕独爱之如

---

① 《资治通鉴》卷 198。
② 《唐会要》卷 94《北突厥》。
③ 《旧唐书》卷 194 上《突厥上》。

一，故其种落皆依朕如父母。"①"爱之如一"就是在处理汉族和少数民族之间的关系时同等看待、一视同仁。唐太宗这一民族管理思想的形成，原因如下：一是善纳众议。贞观四年（630），他与群臣讨论如何安置内附的东突厥民众时，包括名臣魏征在内的多数大臣主张强制同化，只有中书令温彦博建议把东突厥迁入河南朔方之地，保全其部落、风俗，实际就是在尊重突厥民族生产生活方式及风俗习惯的基础上，实行自然同化政策。太宗在反复权衡之后采纳了温彦博的建议，历史证明温彦博的建议合理、适当，具有进步意义。二是华夷一家，融合华夷。这是唐太宗实行"爱之如一"民族管理政策的思想基础。他认为夷狄与汉人一样皆可顺化归服，"夷狄亦人耳，其情与中夏不殊。人主患德泽不加，不必猜忌异类。盖德泽洽，则四夷可使如一家；猜忌多，则骨肉不免为仇敌。炀帝无道，失人已久，辽东之役，人皆断手足以避征役，玄感以运卒反于黎阳，非戎狄为患也……突厥贫弱，吾收而养之，计其感恩，入于骨髓，岂肯为患！且彼与薛延陀嗜欲略同，彼不北走薛延陀而南归我，其情可见矣"②。这种人道主义思想无疑具有历史进步性。三是与太宗本人的胡人血缘有一定联系。其母（纥豆陵氏）为北周上柱国窦毅的女儿，窦毅家族是起源于西北的少数民族。其祖母孤独氏是鲜卑族人。太宗本人无疑是个混血儿。因此，太宗不歧视少数民族自在情理之中。此外，唐太宗还善于总结历史上处理民族关系的经验教训，这对他"爱之如一"民族管理思想的形成也具有一定的影响。

在这种民族管理思想支配下，太宗制定了相关的民族管理政策：一是和亲。西汉以来，和亲就是维护边疆秩序的重要政策。唐太宗沿袭了这一政策，在适当的时候和少数民族首领，以及供职朝廷的少数民族上层人物联姻。贞观十一年（637），把其妹南阳公主嫁与内附的突厥处罗可汗之子阿史那社尔。贞观十三年，又以宗室女弘化公主许与吐谷浑可

---

① 《资治通鉴》卷 198。
② 《资治通鉴》卷 197。

汗诺曷钵为妻。在这些和亲之中，最典型也是影响最深远的当推文成公主入藏嫁与吐蕃首领松赞干布。文成公主将佛教等文化，以及内地各种先进的科学技术带到了西藏高原，促进了西藏经济、文化的发展，这次和亲也成为汉藏两族人民友谊和团结的象征。

二是团结友好。唐太宗特别注意加强民族团结，这集中体现在内徙东突厥族人和设置羁縻府州两项措施上。在平定东突厥后，唐太宗采纳中书令温彦博的建议，将约十万户突厥族人内迁入中原，保全其种落，教导他们从事和发展农业生产，并从中挑选百余人担任京官武职，不仅稳定了内迁突厥族人的民心，也促进了与突厥人的团结。为了管理好未入中原的突厥余部，唐太宗又创设羁縻府州，这是郡县制在民族地区新的表现形式。因为皇帝权威在这些地区的建立不是一蹴而就的，而是一个逐步发展的过程。对于皇权影响力尚未达到的民族地区，为了保证将其纳入王朝的管理体系之内，又要避免发生尖锐冲突，从秦汉时起的历代王朝就采取了羁縻方式管理少数民族：一方面，中央王朝将少数民族首领作为管理这些民族地区的代表，通过他们来实现对这些民族的管理；另一方面，中央王朝又允许这些少数民族沿袭其传统的政治、经济、行政管理模式，保留其原有的社会组织形式，在认同、服从和维护皇权一统的前提下自主管理其内部事务，从而实现中央王朝与少数民族地方上层两个方面的政治需要。贞观时期羁縻府州的设置集中表现了这一点。初唐时期，唐高祖颁布诏书，表示"怀柔远人，义在羁縻"①。唐太宗继承和发展了这一思想，形成羁縻府州制。《新唐书·地理志》云："唐兴，初未暇于四夷，自太宗平突厥，西北诸蕃及蛮夷稍稍内属，即其部落列置州县。其大者为都督府，以其首领为都督、刺史，皆得世袭。虽贡赋版籍，多不上户部，然声教所暨，皆边州都督、都护所领，著于令式。今录招降开置之目，以见其盛。其后或臣或叛，经制不一，不能详见。突厥、回纥、党项、吐谷浑隶关内道者，为府二十九，州九十。突厥之

---

① 《册府元龟》卷170《帝王部》。

别部及奚、契丹、靺鞨、降胡、高丽隶河北者，为府十四，州四十六。突厥、回纥、党项、吐谷浑之别部及龟兹、于阗、焉耆、疏勒、河西内属诸胡、西域十六国隶陇右者，为府五十一，州百九十八。羌、蛮隶剑南者，为州二百六十一。蛮隶江南者，为州五十一，隶岭南者，为州九十二。又有党项州二十四，不知其隶属。大凡府州八百五十六，号为羁縻云。"① 可见，羁縻府州有较大的自治权，都督、刺史也由原部族首领担任，并可世袭。但是，这些都督、刺史都必须由中央任命，同时还取消了上述少数民族部族最高统治者的"可汗"称号，保证了中央政府对民族地区的统一管理，避免了民族分裂。为加强对羁縻府州的管理，贞观时期还设置了都护府这一行政管理机构。都护府是中央与羁縻府州之间的桥梁，代表中央政府对羁縻府州行使管理权，负责管理边防、行政和民族事务等各项事务。作为都护府长官的都护由朝廷命官担任，不能世袭；其属官也由朝廷任命，所管辖地方都必须服从朝廷的命令，遵循中央的政策。羁縻府州和都护府的设置比较妥善地处理了中央王朝与少数民族地区之间的关系，不仅保证了国家的统一和民族的自治，而且在当时历史条件下也符合各族人民的共同利益，从而很好地实现了民族团结。

三是德治教化。唐太宗出身权贵家庭，从小接受很好的儒家正统思想教育，在管理国家的过程中注重德治教化的作用。对少数民族亦是如此。之前历史上的一些政治家、军事家和外交家都把夷狄视为"禽兽"，如春秋时期的管仲和魏绛、西汉季布、东汉虞诩、隋文帝杨坚等，其中以班固的观点具有代表性。班固在《汉书·匈奴传》"赞"中云："是以《春秋》内诸夏而外夷狄。夷狄之人贪而好利，被发左衽，人而兽心，其与中国殊章服，异习俗，饮食不同，言语不通，辟居北垂寒露之野，逐草随畜，射猎为生，隔以山谷，雍以沙幕，天地所以绝外内也。是故圣王禽兽畜之，不与约誓，不就攻伐；约之则费赂而见欺，攻之则劳师而

---

① 《新唐书》卷43《地理志七下》。

招寇。其地不可耕而食也，其民不可臣而畜也，是以外而不内，疏而不戚，政教不及其人，正朔不加其国；来则惩而御之，去则备而守之。"①以中原汉族礼仪文明去衡量和规范少数民族，自然凸现出这些民族的强悍勇猛和文明程度较低的方面。唐太宗认为，"戎、狄与天地俱生"②，自然具有中原人的基本素质，也自然会有"人心"。武德九年（626），唐太宗当面批评突厥颉利可汗的代表执失思力时云："吾与汝可汗面结和亲，赠遗金帛，前后无算。汝可汗自负盟约，引兵深入，于我无愧？汝虽戎狄，亦有人心，何得全忘大恩，自夸强盛？"③ 贞观十八年（644 年），他明确提出了"夷狄亦人，以德治之，可使如一家"④。认为"夷狄亦人"，也自然有"人心"，自然有追求物质利益的一面。太宗还遣司农卿郭嗣本赐薛延陀玺书云："突厥颉利可汗未破以前，自恃强盛，抄掠中国，百姓被其杀者不可胜纪。我发兵击破之，诸部落悉归化。我略其旧过，嘉其从善，并授官爵，同我百僚，所有部落，爱之如子，与我百姓不异。"⑤对其首领既往不咎，对其臣民"爱之如子"，与汉人同等看待。他还在《封怀化郡王李思摩为可汗诏》中云："朕受命三灵，因心百姓，爱初薄伐，非贪辟土之功。洎于克定，实宏安民之道，久欲存其亡国，返其遗萌，尚恐疮痍未瘳，衣食不足。今岁月已积，年谷屡登；众种增多，畜牧蕃息。缯絮无乏，咸弃其毡裘；菽粟有余，靡资于狐兔。便可复其故庭，继其先绪，归三祠于沮泽，旋十角于庐山。使复会蹛林，弭其依风之思；重宴乐水，遂其向日之欢。"⑥ 将他们安置于内地肥沃的农耕地区，迅速提高了突厥人的生产力水平和生活质量。

唐太宗和亲、团结和德治教化的民族管理政策，为唐代社会和唐文

① 《汉书》卷 94 下《匈奴传下》，中华书局，1962 年。

② 《资治通鉴》卷 198。

③ 《资治通鉴》卷 191。

④ 《唐会要》卷 94。

⑤ 《旧唐书》卷 194 上《突厥上》。

⑥ 《全唐文》卷 6。

化的发展提供了和平安定的社会环境，极大促进了唐代社会和唐文化的发展繁荣。从和亲政策方面看，"北狄风俗，多由内政，亦既生子，则我外孙，不侵中国，断可知矣。由此而言，边境足得三十年来无事"①。游牧民族与农业民族，从生活方式到伦理道德观念和立身处事原则等方面皆有重大差异，如果纯用儒家思想来衡量和亲政策，可能会产生一些偏颇。但强大的唐王朝的和亲政策具有相当的诚意，所以和亲政策还是取得了较好的效果。四夷诸蕃均以和亲为荣，不仅减少骚扰唐朝边境，一些蕃族甚至协助唐王朝安定边境、平息内乱。如贞观二十二年（648），松赞干布发兵助王玄策击败中天竺军。后来唐王朝平定安史之乱，亦曾两度得到回纥兵协助。从民族团结政策方面看，唐太宗在羁縻府州之上又设置都护府一级，都护由中央委派，代表中央对边疆行使主权，管理边防、行政和少数民族事务。同时，唐太宗又兼顾少数民族传统，允许羁縻府州在经过必要的程序得到中央准允后，其首领可以世袭，羁縻府州的赋税也基本上可自行支配。这样不仅实现了对边疆的有效管理，而且也使少数民族诚心归顺，对稳定边疆发挥了重要作用。另一方面，羁縻府州和都护府的设立还有助于各民族之间的经济文化交流，对巩固国家统一和促进境内多民族相互了解、团结、融合，甚至对国家实力的发展壮大，都起到了积极的作用。从德治教化政策方面看，唐太宗对少数民族"绥之以德，爱之如一"，使各族首领甘愿归服。他同等爱护汉夷将领，各族将领也对他忠心耿耿、竭心尽力。太宗死后，这些将领们皆如丧考妣，"四夷之人入仕于朝及来朝贡者数百人，闻丧皆恸哭，剪发、劈面、割耳，流血洒地"，"阿史那社尔、契苾何力请杀身殉葬"②，可见唐太宗在各少数民族中的威望及影响。

（二）武则天对边疆少数民族政策思想

武则天（624—705），自名武曌，并州文水（今山西文水）人。中国

---

① 《贞观政要》卷9《征伐》。
② 《资治通鉴》卷199。

历史上唯一的正统女皇帝（690－705 在位）。武则天 14 岁时进入后宫，为唐太宗才人，获赐号"武媚"。唐高宗时封昭仪，在"废王立武"事件后成为皇后，上元元年（674），加号"天后"，与高宗并称"二圣"，参预朝政。高宗驾崩后，作为唐中宗、唐睿宗的皇太后临朝称制。天授元年（690），武则天称帝，改国号为周，定都洛阳，称"神都"，建立武周。武则天在位前后，大肆杀害唐朝宗室，兴起"酷吏政治"。但她"明察善断"，多权略，能用人。又奖励农桑，改革吏治，重视选拔人才，所以使得贤才辈出。晚年逐渐豪奢专断，渐生弊政。神龙元年（705），武则天病笃，宰相张柬之等发动"神龙革命"，拥立唐中宗复辟，迫使其退位。同年十一月，武则天崩逝。中宗遵其遗命，改称"则天大圣皇后"，以皇后身份入葬乾陵。其后累谥为"则天顺圣皇后"。

武则天智略过人，兼涉文史，颇有诗才。有《垂拱集》《金轮集》，今已佚。《全唐诗》存其诗 46 首。

武则天当政后，在处理与东突厥、吐蕃等强邻的关系时，坚持了以和为贵，不主动进攻蕃邻，防守为主的方针；二是视对方的态势来决定己方的策略，"降则抚之，叛则讨之"；三是总体上用得其人。在处理与契丹的关系也大致坚持了这些思想。

武则天时期，唐朝并未主动挑起对东突厥的战争，而是在军事上相互制衡的情况下，发展相互之间的友好往来。东突厥阿史那骨咄禄可汗病亡后，其子年幼，其弟默啜"自立为可汗"。武则天长寿二年（693），默啜率军侵扰灵州，挑起了战争。武则天"遣白马寺僧薛怀义为代北道行军大总管，领十大将军以讨之"，默啜见官军强大，被迫退兵。之后不久默啜"遣使来朝"，第二年"复遣使请和"。但是，默啜反复无常，凶悍异常，时降时叛。武周万岁通天元年（696），默啜在武则天的指派下打败了反叛唐中央的契丹首领李尽忠、孙万荣。其后，武则天遣使册封默啜为特进、颉跌利施大单于、立功报国可汗；还归还了"六州降户数

千帐"，"并种子四万余硕、农器三千事以与之"，东突厥更加势大。① 圣历元年（698）三月，默啜遣使为其女求婚。六月，武则天"命淮阳王武延秀下突厥，纳默啜女为妃"。八月，默啜拘留去和突厥和亲的武延秀，上书唐廷声称"我可汗女当嫁天子儿，武氏小姓，门户不敌"，并发兵南下侵扰。武则天命武重规、张仁亶、阎敬容等率领 45 万大军征讨。但是，默啜来势凶猛，一路攻陷定州（今河北定州），"杀刺史孙彦高及吏民数千人"。九月，（武则天）命太子李显为河北道行军元帅、宰相狄仁杰为副元帅，默啜得知唐朝大军出发，"尽杀所掠赵、定等州男女万余人，自五回道去，所过，杀掠不可胜纪"②。狄仁杰率军 10 万追击，到赵州时突厥人已经撤退，他一面安抚百姓，并严令将士不得侵扰百姓，河北才安定下来。圣历二年（699），以魏元忠检校并州长史，充天兵军大总管，以备突厥。终武则天之世，东突厥与唐时战时和。

贞观时期，唐朝在西域设置安西四镇。咸亨元年（670），吐蕃攻陷安西四镇。高宗、武后先后于垂拱元年至二年（685－686）、永昌元年（689）两次派军征讨，但均以失败告终。武则天长寿元年（692）九月，西州都督唐休璟上疏请求收复龟兹、于阗、疏勒、碎叶四镇。武则天派王孝杰、阿史那忠节率军进击吐蕃，十月，"大破吐蕃，复取四镇。置安西都护府于龟兹，发兵戍之"③。武氏久视元年（700）七月，"吐蕃将麹莽布支寇凉州，围昌松"，这时以升任陇右诸军大使的唐休璟"被甲先陷陈，六战皆捷，吐蕃大奔，斩首二千五百级，获二裨将而还"。长安二年（702）十月，"吐蕃赞普将万余人寇茂州，都督陈大慈与之四战，皆破之，斩首千余级"。次年四月，"吐蕃遣使献马千匹、金二千两以求婚"④，就在这一年，吐蕃南部叛乱，赞普器弩悉弄率军平叛卒于军中，诸子争立，吐蕃稍衰。

① 《旧唐书》卷 194 上《突厥上》。
② 《资治通鉴》卷 206。
③ 《资治通鉴》卷 205。
④ 《资治通鉴》卷 207。

（三）唐玄宗对边疆少数民族政策思想

唐玄宗李隆基（685—762），唐高宗李治与武则天之孙，唐睿宗李旦第三子，故又称李三郎。先天元年（712）至天宝十五年（756）在位，因安史之乱退位为太上皇，是唐朝在位最长的皇帝，亦是唐朝极盛时期的皇帝。

李隆基初封楚王，后改封临淄王，历任卫尉少卿、潞州（今山西长治）别驾。唐隆元年（710）六月，李隆基与太平公主联手发动"唐隆政变"，诛杀韦后集团。先天元年（712），李旦禅位于李隆基，李隆基登基称帝。唐玄宗在位前期，在政治上很有作为。他勤于政事，从各方面采取措施，巩固和发展了唐朝政权。唐玄宗注意拨乱反正，任用姚崇、宋璟等贤相，励精图治，开创了唐朝的极盛之世——开元盛世。但是在位后期逐渐怠慢朝政、宠信奸臣李林甫、杨国忠等；且宠爱杨贵妃，加上政策失误和重用安禄山等塞外民族试图来稳定唐王朝的边疆，结果导致了后来长达 8 年的安史之乱，为唐朝中衰埋下伏笔。天宝十五年（756）太子李亨即位，尊其为太上皇。宝应元年（762）病逝，庙号玄宗，又因其谥号为至道大圣大明孝皇帝，清朝为避讳康熙帝之名玄烨，多称其为唐明皇。

武则天当政时期，对边境诸族的进攻主要采取守势，致使西北和北方领土逐渐被吐蕃、突厥蚕食。为了收复被占国土，增强军力，唐玄宗对兵制进行了改革。据《新唐书·兵志》云："自高宗、武后时，天下久不用兵，府兵之法浸坏，番役更代多不以时，卫士稍稍亡匿，至是益耗散，宿卫不能给。"[1] 高宗、武后时期，均田制的破坏导致农民逃亡，影响了军队的兵源，府兵制因之受到破坏，从而影响了军队战斗力，无法对抗强悍的突厥军队。鉴于此，"宰相张说乃请一切募士宿卫"，即实行募兵制。玄宗接受了张说的建议，于开元十一年（723）改革府兵制，建立募兵制："取京兆、蒲、同、岐、华府兵及白丁，而益以潞州长从兵，

---

① 《新唐书》卷 50《兵志》。

共十二万，号'长从宿卫'，岁二番，命尚书左丞萧嵩与州吏共选之。"①
第二年，更名为"彍骑"。其具体做法是："皆择下户白丁、宗丁、品子
强壮五尺七寸以上，不足则兼以户八等五尺以上，皆免征镇、赋役。为
四籍，兵部及州、县、卫分掌之。"开元十三年（725），"始以彍骑分隶
十二卫，总十二万，为六番，每卫万人。京兆彍骑六万六千，华州六千，
同州九千，蒲州万二千三百，绛州三千六百，晋州千五百，岐州六千，
河南府三千，陕、虢、汝、郑、怀、汴六州各六百，内弩手六千"②。之
后，玄宗经过十多年的时间将募兵制推广到全国各地，从而取消了原来
的府兵轮番到边境戍守的做法，解除了民众的轮戍之苦，也有助于军队
集中训练，保证了战斗力。

除了对兵制进行改革之外，玄宗还采取了其他一些治理军队的措施，
主要如下：一是裁军。开元初年，玄宗接受了张说的建议将缘边戍兵六
十余万裁减了二十万。二是颁布了《练兵诏》："其以西北军镇宜加兵数，
先以侧近兵人充，并精加简择……战兵别简为队伍，专令教练，不得辄
有使役。"③命令西北军镇扩充军队，加强训练。三是颁布了《禁私役兵
士诏》："自今以后，总管以下私使兵士计庸，以受所监临财物论。"规定
总管以下私自役使士兵的按受贿论处。四是加强战马供应。据《资治通
鉴》记载："上（玄宗）初即位，牧马有二十四万匹，以太仆卿王毛仲为
内外闲厩使，少卿张景顺副之。至是（开元十三年）有马四十三万匹，
牛羊称是。上之东封，以牧马数万匹从，色别为群，望之如云锦。"④余
者《量减镇兵年限诏》将士兵戍边年限减为四年；《条制番夷事宜诏》要
求训练军队，加强武备；《赐兵士葬祭诏》要求为死亡士兵造棺，送回故
乡安葬；还下令扩充屯田范围，在西北和北方边境地区大力发展屯田，

① 《新唐书》卷 50《兵志》。
② 《新唐书》卷 50《兵志》。
③ 《全唐文》卷 26。
④ 《资治通鉴》卷 212。

增加粮食供应；等等。这些措施，总体上适应了大唐社会现实发展的要求，利军利民。

唐玄宗不仅对军队内政进行有效的改革和治理，还对边疆进行了卓有成效的管理，先后将原先丢失的土地重新夺了回来。玄宗时期，除西面的吐蕃之外，还要处理同南诏、西域各国、突厥、回纥等各民族之间的关系。基于游牧民族本身的扩张性和掠夺性，首先挑起战端的总是吐蕃、突厥等民族。由于唐王朝疆域辽阔和发展国计民生的需要，玄宗对边疆各族总体上以和为主，主要采用羁縻怀柔的政策，辅之以军事手段，主要目的不是开疆拓土，而是以戈止武，维护和平。除唐蕃之间战争较多之外，本时期与其余民族的战争较少，总体上维持了边疆的和平安定和各民族之间的经济文化交流，回纥甚至出兵帮助平定安史之乱。

到了玄宗时期，唐蕃之间的战争主要在河陇和西域两个战场进行，呈现以河陇一带为主战场，两个战场互相策应的态势。自唐高祖以来，在军事上唐王朝并未采用秦汉以来修筑长城，分兵把口，进行防堵的策略，而是依托一系列坚固的军镇据点，相对集中兵力，机动防御，并伺机反攻和逐步扩大控制区域的方针。安史之乱前，玄宗继承了上述战略方针，依靠强盛的国力，组织了对吐蕃的一系列的有效防御和反攻，取得了全面的胜利。

第九节　选任、监察、考核官吏思想

一、选任官吏思想

（一）隋朝重视教育，开创科举思想

据《隋书》记载，隋文帝在位初年，曾重用儒生，厚赏诸儒。但是，

到了晚年，他"精华稍竭，不悦儒术，专尚刑名，执政之徒，咸非笃好。既仁寿间，遂废天下之学，唯存国子一所，弟子七十二人"。① 隋炀帝即位后，崇敬孔子，推崇儒学，重视儒生，着手恢复儒学儒教。《隋书》云："炀帝即位，复开庠序，国子郡县之学，盛于开皇之初。征辟儒生，远近毕至，使相与讲论得失于东都之下，纳言定其差次，一以闻奏焉。"② 大业五年（609）炀帝下诏云："先师尼父，圣德在躬，诞发天纵之姿，宪章文武之道。命世膺期，蕴兹素王，而颓山之叹，忽逾于千祀，盛德之美，不存于百代。永惟懿范，宜有优崇。可立孔子后为绍圣侯。有司求其苗裔，录以申上。"③

炀帝不仅重视儒学，也重视以儒学为主导思想的教育。早在大业元年（605），炀帝就下诏："君民建国，教学为先，移风易俗，必自兹始。而言绝义乖，多历年代，进德修业，其道浸微……朕纂承洪绪，思弘大训，将欲尊师重道，用阐厥繇，讲信修睦，敦奖名教。方今宇宙平一，文轨攸同，十步之内，必有芳草，四海之中，岂无奇秀！诸在家及见入学者，若有笃志好古，耽悦典坟，学行优敏，堪膺时务，所在采访，具以名闻，即当随其器能，擢以不次。若研精经术，未愿进仕者，可依其艺业深浅，门荫高卑，虽未升朝，并量准给禄。庶夫恂恂善诱，不日成器，济济盈朝，何远之有！其国子等学，亦宜申明旧制，教习生徒，具为课试之法，以尽砥砺之道。"④

自此之后，炀帝恢复了被文帝废弛的国子监、太学以及州县学。并下令负责视察各州的专使，除了必须做好本职的监察工作外，还要负责发现道德超群、才华出众和学有专长的人才，并把他们送到京师，以备录用。这使一些有德有才的寒门士子得以施展自己的才华。

隋朝时期，国家设立的学校有以下几种类型：第一类是国子监所属

---

① 《隋书》卷 75《儒林传》。
② 《隋书》卷 75《儒林传》。
③ 《隋书》卷 3《炀帝上》。
④ 《隋书》卷 3《炀帝上》。

以儒学为主的学校，有国子、太学、四门、书、算五学。第二类是中央机构中附设的技术学校，有医学、按摩、祝禁（学习以咒禁驱除一切邪恶鬼魅）三个专业。第三类是贵族学校。隋文帝开皇三年（583），"诏天下劝学行礼"①，令州县普遍设立学校，礼祀孔子。但由于当时学校办理不善，未能满足其政治要求。开皇九年（589）夏四月，隋文帝曾下一道诏书，对当时学校的教育状况表示不满："京邑庠序，爰及州县，生徒受业，升进于朝，未有灼然明经高第。此则教训不笃，考课未精。"② 其后仁寿元年（601）六月，便又下诏简省国子学生员额，并废止太学、四门学及州县学。炀帝即位后，"复开庠序，国子郡县之学，盛于开皇之初"，郡县之学才得以恢复。

魏晋南北朝时期，由于战乱不已，许多文献典籍遭到焚毁散失。隋朝统一全国后，重视对各类散佚文献典籍的收集、整理和保护。隋文帝开皇年间搜集所存经籍，共存 3 万余卷。"隋开皇三年，秘书监牛弘，表请分遣使人，搜访异本。每书一卷，赏绢一匹，校写既定，本即归主。于是民间异书，往往间出。及平陈以后，经籍渐备……于是总集编次，存为古本。召天下工书之士，京兆韦霈、南阳杜頵等，于秘书内补续残缺，为正副二本，藏于宫中，其余以实秘书内、外之阁，凡三万余卷。"③ 隋炀帝继位后，继续命人收集、整理、抄写典籍。"炀帝即位，秘阁之书，限写五十副本，分为三品：上品红琉璃轴，中品绀琉璃轴，下品漆轴。于东都观文殿东西厢构屋以贮之，东屋藏甲乙，西屋藏丙丁。又聚魏以来古迹名画，于殿后起二台，东曰妙楷台，藏古迹；西曰宝迹台，藏古画。又于内道场集道、佛经，别撰目录。"④ 但是，遗憾的是，这些文献典籍大多数毁于隋末战乱。唐高祖武德五年（622），时秦王李世民攻克隋末叛将王世充占据的东都洛阳，"尽收其图书及古迹焉。命司农少

---

① 《隋书》卷 1《高祖纪上》。
② 《隋书》卷 2《高祖纪下》。
③ 《隋书》卷 32《经籍一》。
④ 《隋书》卷 32《经籍一》。

卿宋遵贵载之以船，溯河西上，将致京师。行经底柱，多被漂没，其所存者，十不一二。其《目录》亦为所渐濡，时有残缺。今考见存，分为四部，合条为一万四千四百六十六部，有八万九千六百六十六卷"①。

为了选拔人才，文帝开皇初年就废除了九品中正制，实行分科考试的办法选任官吏。开皇十八年（598）七月，设立"志行修谨"和"清平干济"二科，令五品以上的京官和地方官总管、刺史以这二科推举人才。虽然仅开二科，但由于科目具体，标准也较明确，因此操作性强，容易将符合条件的人才选拔出来。隋文帝首开的科举，到隋炀帝时进一步发展。大业二年（606），"炀帝始建进士科。又制，百官不得计考增级，其功德行能有昭然者乃擢之"②。大业三年（607），他又下诏进一步明确了科学选拔的标准："夫孝悌有闻，人伦之本，德行敦厚，立身之基。或节义可称，或操履清洁，所以激贪厉俗，有益风化。强毅正直，执宪不挠，学业优敏，文才美秀，并为廊庙之用，实乃瑚琏之资。才堪将略，则拔之以御侮，膂力骁壮，则任之以爪牙。爰及一艺可取，亦宜采录，众善毕举，与时无弃。以此求治，庶几非远。文武有职事者，五品以上，宜依令十科举人。有一于此，不必求备。朕当待以不次，随才升擢。其见任九品以上官者，不在举送之限。"③ 大业五年（609），炀帝又下诏："诸郡学业该通、才艺优洽，膂力骁壮、超绝等伦，在官勤奋、堪理政事，立性正直、不避强御四科举人。"④ 进士科的开设，选考科目由文帝初创的二科增至十科，文职武职兼有，选考的标准详细明确，标志着科举制的正式确立。

隋朝科举制度的主要科目有以下 4 种，其中前 3 种是常科，后 1 种是制科：其一进士科。这一科是隋科举中最主要的科目，始置于隋大业二年（606）。炀帝时进士科只用"试策"举士。其二是秀才科。自汉代至

① 《隋书》卷 32《经籍一》。
② 《通典》卷 14《选举二》。
③ 《隋书》卷 3《炀帝上》。
④ 《隋书》卷 3《炀帝上》。

南北朝，秀才为察举的科目之一。隋代以秀才为最高科目。《旧唐书》卷70《杜正伦传》载："隋仁寿中与兄正玄、正藏俱以秀才擢第。隋代举秀才止十余人，正伦一家有三秀才，甚为当时称美。"其三明经科。自汉代至南北朝，明经为察举的科目之一。隋亦以明经举士，如韦云起开皇中举明经，授符玺直长；孔颖达大业初举明经，授河内郡博士。其四制科。在科举制度中，除了经制的常科之外，还有由皇帝临时设置的考试科目，称为制科或制举。其制源于汉代察举中的特科。隋炀帝在大业三年（607）四月甲午，又下诏以孝悌有闻、德行敦厚、节义可称、操履清洁、强毅正直、执宪不挠、学业优敏、文才秀美、才堪将略、膂力骁壮十科选拔人才。五年（609）又诏举学业该通才艺优洽、膂力骁壮超绝等伦、在官勤奋堪理政事、立性正直不避强御四种人才。制科的特点在于其是出于皇帝的临时特诏，由皇帝亲自定科目，亲临策试，用以搜罗各种人才。

科举制度创立之前，人才选拔实行九品中正制，吏部主要是按照州郡大小中正所选拔和评定的等级来任用。这样，所选拔出来的人必然出身世族，而且门第愈高，品第也就愈高，显然，九品中正制使中央政府选拔人才的权力被削弱。而隋朝开始实行的科举制度，则主要通过礼部和吏部考核应考者的品德与才干，然后依据考核成绩的优劣来选拔任用官吏。这样使中央政府对人才的选拔权力得到了加强。同时，科举制度选拔人才重品德才学，九品中正制则重门第。隋朝规定，"百官不得计考增级，必有德行功能灼然显著者，擢之"①，"魏、周官不得为荫"②。这种通过考试公平竞争、任人唯贤的选拔人才政策，为广大中下层优秀知识分子走上仕途，发挥自己才能，参与国家管理，提供了机会。这标志从隋朝开始，庶族地主从此参与国家政权，封建王朝扩大了其统治基础，使魏晋南北朝以来的门阀世族遭到沉重打击，逐渐走向衰落。总之，从

---

① 《隋书》卷3《炀帝上》。
② 《隋书》卷3《炀帝上》。

隋朝开始，科举制正式作为国家选拔各类人才的考试制度，在中国古代史上一直沿袭了 1300 多年，直到清朝末年才被废除。

（二）唐朝重视教育，改革和完善科举制度思想

以武力夺取天下的唐太宗李世民并不像汉代的汉高祖刘邦那样轻辱士人，更不像秦代的秦始皇嬴政那样焚书坑儒。而是重视教育，兴办学校，整理经籍，重用文士。经过他的大力提倡和支持，唐朝文教大兴，"于是唐三百年之盛，称贞观，宁不其然"①。

虽然唐高祖李渊也重视教育，但其在位时，由于当时国内战乱、社会动荡不安以及经济凋敝等因素的影响，成效并不明显。唐太宗李世民继位后，随着政治、经济等方面条件的改善，加大了发展教育的力度：一是设立弘文、崇文二馆，教授生徒。弘文馆主要是唐太宗君臣讨论学术、商量政事之处，较早就开始教授生徒。"贞观元年，敕见任京官文武职事五品以上子有性爱学书及有书性者，听于馆内学书，其法书内出。其年有二十四人入馆，敕虞世南、欧阳询教示楷法。黄门侍郎王珪奏：'学生学书之暇，请置博士，兼肄业焉。'敕太学助教侯孝遵授其经典，著作郎许敬宗授以《史》《汉》。二年，珪又奏请为学生置讲经博士，考试经业，准式贡举，兼学法书。"② 弘文馆最初主要是教贵族子弟学习书法，《史》《汉》等史籍只是"学书之暇"的"兼习"。到贞观二年（628）王珪奏置讲经博士之后，便转变为以教授经业、准式贡举为主，书法反变为"兼习"了，弘文馆也就成了对国家最高贵族阶层子弟进行教育之地。唐太宗贞观十三年（639），于"东宫置崇文馆"③，建立了第二所与弘文馆规格相当的贵族子弟学校。其目的是通过弘文、崇文两馆加强对上层贵族子弟的教育，以培养唐王朝统治的接班人。

二是增加建设校舍，扩大招生规模。《唐会要》卷 35《学校》载："贞观五年以后，太宗数幸国学、太学，增筑学舍一千二百间，国学、太

---

① 《新唐书》卷 198《儒学上》。
② 《唐六典》卷 8《弘文馆学士》本注。
③ 《新唐书》卷 44《选举上》。

学、四门亦增生员,其书、算等各置博士,凡三千二百员。其屯营飞骑,亦给博士,授以经业。已而高丽、百济、新罗、高昌、吐蕃诸国酋长,亦遣子弟请入国学。于是国学之内,八千余人,国学之盛,近古未有。"唐太宗广建学舍,扩大招生规模,使相当多的庶族地主子弟也获得了到京师国学学习的机会,甚至连唐朝周边的国家或少数民族政权的子弟也来唐都长安学习。唐太宗甚至还重视对驻扎京师军队将士的文化教育,曾派博士为玄武门屯营将士讲授经典。随着唐王朝国力的不断强盛,以及唐前期数朝帝王对教育的重视,学校教育日益兴隆,长安也随之成为当时世界各国文化交流的中心,唐文化成为当时世界最有辐射力的文化。

唐朝时,国家所设立的学校比隋朝时有所增加:第一类国子监所属以儒学为主的学校,唐朝有国子、太学、广文、四门、律、书、算七学。第二类是中央机构中附设的技术学校。唐太常寺太医署所属有医学、针学、按摩学、咒禁学四种专业,太卜署所属有卜筮专业,太仆寺所属有兽医学专业,司天台所属有司天台学。第三类是贵族学校。唐朝门下省所属有弘文馆和崇文馆。

唐朝的地方学校比较发达。京都学有学生 80 人;都督府学,大、中都督府有学生各 60 人,下都督府有学生 50 人;州学,上州有学生 60 人,中州有学生 50 人,下州有学生 40 人;县学,京县有学生 50 人,上县有学生 40 人,中县中下县有学生各 35 人,下县有学生 20 人。至于地方学官,府州之学,"武德初,置经学博士、助教、学生。德宗即位,改博士曰文学……京兆等三府,助教二人,学生八十人。大都督府、上州,各助教一人"①。至于县学,"凡县皆有经学博士、助教各一人"。

唐朝地方学校中还有专科性质的医学,这是唐朝地方学校的特点。唐朝设置地方医学的作用有两个方面:一是疗民疾,二是培养医生。其具体设置细节是:"贞观三年(629),置医学,有医药博士及学生。开元元年(713)改医药博士为医学博士,诸州置助教,写《本草》《百一集

---

① 《新唐书》卷 49 下《百官四下》本注。

验方》藏之。未几，医学博士、学生皆省，僻州少医药者如故。二十七年（739），复置医学生，掌州境巡疗。永泰元年（765），复置医学博士。三都、都督府、上州、中州各有助教一人。三都学生二十人，都督府、上州二十人，中州、下州十人。"①

唐朝建立初期，因社会动荡、年代久远等因素，各种典籍在流传过程中散佚不少，文理乖错，给人们学习和研究带来很多不便。贞观四年（630），唐太宗命颜师古考定五经。考定之后，他又命房玄龄召集学者详细讨论。因师承不同、版本不同等因素，学者们纷纷提出异议。颜师古依据晋、宋流传下来的古本，一一详加说明，进行解答，使在场诸儒，莫不叹服。贞观七年（633），唐太宗令将新定的儒家五经颁行天下，使天下士子学习时有章可循。经学在流传和发展过程中，不仅存在经古文之争，郑学、王学之争，南学、北学之争，而且还产生了不少文字上的舛误，这不仅造成理论上的歧义和思想上的混乱，也使科举考试中缺乏统一的标准。为了改变这种状况，使经学符合新兴唐王朝的统治需要，唐太宗令颜师古、孔颖达等硕学鸿儒，撰定180卷《五经疏义》，命名为《五经正义》，颁行天下。唐太宗统一了五经定本和颁布《五经正义》，为唐王朝儒家经典的整理和儒学的复兴以及科举考试标准的统一，做出了重大的贡献。

唐朝建立后，高祖李渊立下每年科考的规矩，到太宗贞观年间得到确立和巩固。唐太宗十分重视科举考试，增加了进士录取人数。唐高宗时平均每科进士仅4.4名，而贞观时期平均每科就已达到10.25名。《唐摭言》载："（进士科）然彰于武德而甲于贞观。盖文皇帝（李世民）修文偃武，天赞神授，尝私幸端门，见新进士缀行而出，喜曰：'天下英雄入吾彀中矣！'"② 同书《后论》评论曰："文皇帝拨乱反正，特盛科名，志在牢笼英彦。"即唐太宗通过科举考试，选拔人才，从而使天下英才，

---

① 《新唐书》卷49下《百官四下》。

② 《唐摭言》卷1《述进士上篇》。

均网罗到朝廷，为我所用。

唐太宗之所以十分重视科举考试，是因为他认识到科举考试在选拔人才中的作用，并且对人才在国家管理中的重要性有充分的认识。贞观年间，唐王朝已经建立了一整套科举考试选拔人才的制度，为士人进入国家管理层开辟了一条重要的途径。他开进士科以尊奖文词之士，张榜公布考中之士时，亲自前往考场参观，并亲题飞白体"礼部贡院"四字以作为榜头题词。唐太宗尤其重视进士科。进士科开始时与秀才、明经、明算、明法、明字等科并列，属每岁常举科目，但不久之后，就成为唐代科举中最受重视的科目。《唐摭言》云："进士科始于隋大业中，盛于贞观、永徽之际。缙坤虽位极人臣，不由进士者，终不为美，以至岁贡常不减八九人。其推重谓之'白衣公卿'，又曰'一品白衫'；其艰难谓之'三十老明经，五十少进士'。其负倜傥之才，变通之术，苏、张之辨说，荆、聂之胆气，仲、由之武勇，子房之筹画，弘羊之书计，方朔之诙谐，咸以是而晦之。修身慎行，虽处子之不若；其有老死于文场者，亦所无恨。故有诗云：'太宗皇帝真长策，赚得英雄尽白头！'"① 从此，贞观年间得到确立和巩固的进士科，成为广大士人一心向往的科名，为之奋斗终生，殚精竭虑，甚至老死科场亦无所憾。

自唐代开始，科举分为常科和制举两种。唐代的常科，其名目繁多，兹缕述如下：

一是秀才科。唐代秀才科以博识高才，强学待问，无失俊逸者为秀才，要求高于明经和进士。秀才科试方略策五道，以文理优劣分为上上、上中、上下、中上凡四等。贞观中规定，凡被推荐应试而没有取中者，处分其州长。于是秀才科遂至无人敢应试。唐代取中秀才者总共才十余人。唐以后废绝。

二是明经科。唐朝明经科又分为五经、三经、学究一经、三礼、三传等。唐代把《礼记》《春秋左传》作为大经，《诗经》《周礼》《仪礼》

---

① 《唐摭言》卷1《散序进士》。

作为中经，《易经》《尚书》《春秋公羊传》《春秋穀梁传》作为小经，而《孝经》与《论语》则是参加科举考试的人均须熟习的。凡通三经以上者为明经，其要求低于秀才而高于进士。明经考试是先帖经然后口试，经问经义十条，答时务策三道，分为甲乙丙丁四等录取。但自武德之后，明经只剩丁等录取。

三是进士科。进士科是唐代科举中最主要的科目。唐制以明娴时务、精熟一经者为进士，每年考试一次，分为甲、乙。但自武德以来，实际上只有乙科。考试初只试策，后乃帖经兼试杂文，开元以后并增诗赋。后又规定诗赋为第一场，论为第二场，策为第三场。唐科举最重进士，被看作是仕途中的正途。唐代进士从政，基本上垄断了省、部、寺、台（御史台）、府（京兆、河南府）各中央机构，以及中央所能控制的州县刺史、县令、参军、丞尉、主簿等职，在政治上形成了与宦官集团、地方军阀三足鼎立的进士集团。

四是明法科。唐明法科属于法律科目，试律七条，令三条，全通为甲第，通八为乙第。

五是明算科。明算科唐代始置。考明算科须通《九章》《海岛》《孙子》《五曹》《张丘建》《夏侯阳》《周髀》《五经》《缀术》《缉古》诸经。以帖经的方式考试，《九章》三帖，《五经》等七部各一帖，《缀术》六帖，《缉古》四帖；兼试问大义，皆通者为及第。

六是史科。唐穆宗时始置史科，又分为一史与三史两科。一史为《史记》，三史为《史记》《汉书》《后汉书》。每史问大义百条，策三道。义通七十，策通二道以上者为及第。

七是开元礼科。唐德宗贞元年间设置，考唐玄宗开元年间定的礼仪制度。通大义百条、策三道者，超资与官；义通七十、策通二道者，为及格。

八是道举。唐玄宗时始设置。开元二十九年（741）始于京师置崇玄馆，诸州置道学。其生徒应举，谓之道举。举送、课试与明经同。应道举者试《老子》《庄子》《文子》《列子》，及第待遇同明经。

九是童子科。唐童子科规定，凡童子 10 岁以下，能通一经，及《孝经》《论语》，每卷诵文十道全诵者，予官；通七者，予出身。

此外，武则天在长安二年（702）又创立了专为选拔武官而设的科目，称为武科，亦称武举。武科考试由兵部主持，考试内容有长垛、马射、步射、平射、筒射，又有马枪、翘关、负重、身材之选。自此以后，常以文、武举并称。地方州县，每年依照举明经、进士的办法，对于诸州初选合格者行乡饮酒礼，然后送到兵部参加全国考试。武举与文科举一样有高下的等级，如唐名将郭子仪曾以武科中高第，补左卫长史。

唐代制科的科目繁多，据统计，多达七十余科，大致可归纳为文词、军武、吏治、长才、不遇、儒学、贤良忠直七科。[①] 如文词类科目有辞殚文律科、蓄文藻之思科、文史兼优科等，军武类科目有将帅科、武足安边科、智谋将帅科、军谋越众科等，吏治类科目有才膺管乐科、才堪经邦科、清廉守节政术可称堪任县令科、达于吏理可使从政科等，长才类科目有文艺优长科、茂才异等科、绝伦科、多才科等，不遇类科目有才高位下科、藏名负俗科、乐道安贫科、抱器怀能科等，儒学类科目有抱儒素之业科、文儒异等科、博学通艺科、风雅古调科等，贤良忠直类科目有志烈秋霜科、疾恶科、贤良方正科、直言极谏科等。

唐朝科举考试的考生来源主要有两种：一是生徒，包括国子监六学、弘文馆、崇文馆、崇玄馆的学生。他们在学校内考试合格后便可直接参加尚书省礼部举行的考试，称为省试。二是乡贡，凡是不属于上述诸学的其他考生，须先持身份、履历证书向州县报名，经县与州逐级对他们进行考试，合格者被传送到京城参加省试。科举考试还有程式上的规定，即考试的方式：凡考核关于经史的内容，有帖文、口义、墨义三种程式；考核关于时务的内容，用"策试"的方式；考核关于文艺的内容，用诗赋、杂文（指箴、论、表、赞等）两种文体。大体上说，唐代制科，帖文、经义、策论三者并试；进士一科，其初只试策，后乃帖经兼试杂文，

---

① 《中国政治制度通央》第 5 卷，第 430 页。

开元以后并增诗赋。

唐代科举考试为保证公平竞争，在防止考试舞弊方面也采取了一些措施：一是试卷糊名制，即将所有应试者的姓名全部密封，以防止评卷者徇私舞弊。这就是后世弥封制的起源。二是监试制，即考试时，朝廷必须派监考官进行严密监考，以防止应试者在考试时各种舞弊行为。这就是后世御史监试的起源。三是避亲移试。就是如果应试者与主持考试者、评卷者有血缘、亲缘关系等，必须实行回避以避嫌。四是扃闱制，又分为封锁试官与关闭应试举子。封锁试官即主持考试官员与评卷官员在考试期间必须与外界隔绝，以防泄漏考试内容及与应试者串通作弊，即后世的入闱制；关闭应试举子就是使应试者在考试期间必须关闭在指定的住所，不得与外界接触，应试者之间也不得互相联系，以防止串通作弊，即后世的锁院制。

科举考试虽然在隋代创立，并在唐高祖时期得到一定的发展，但是，通过科举选拔官员的规模较小，加之受魏晋南北朝以来九品中正制的影响，科举选士在唐高祖时期还没有发挥应有的作用。唐太宗即位后，重视科举制度，提高了科举选拔人才的作用，扩大了科举考试的规模。尤其是他扩大了科举考试的录取对象，并且坚持考试选拔人才的公平性公正性，使得许多有才干的庶族寒门弟子可以入仕为官，"十年寒窗无人问，一举成名天下知"，从而扩大了唐王朝的统治基础。同时，唐太宗通过科举制度影响教育，引导士人学习四书五经和诗词文史，设立各个层次的学校，教授与科举考试相关的内容，使学校教育与科举考试结合起来，从而既控制思想又选拔人才为己统治所用。

（三）唐朝铨选制度

唐代铨选是指量材授官，被铨选的人称为选人。唐代选人的资格包括前资官和有出身人。所谓前资官指以前曾充任过某种职事官，因考满或其他原因停官而待选者。前资官选任时主要根据其原任职期间的"功过善恶"来决定升降任免。有出身（做官的资格）则有 5 种类型，即科举、门资、武功、艺术、胥吏：其中一是科举出身者，即科举被录取，

即是有了出身。但是在唐代,即使科举被录取后,有了出身,但还不能立即授官,必须经过吏部考试,合格后才可以授予官职。这种考试被称为"释褐式"。唐代科举出身者授官的品级很低,最高不过正八品上,一般都是九品。崇文学生一般都是贵族子弟,都有门荫,任官起点高,但要一下子任为五品官,也要皇帝批准。二是门荫出身者。唐朝门荫之制非常普遍,凡皇亲、高爵及高级品官均可荫其子孙。门荫主要体现在初授官的官阶,因为有荫高的作用,可以比一般科举出身者要高。三是勋官出身者。勋官则是授与有军功者的官号。勋官的获得者,有的本来就是流内官,即有职事的官;如不是流内官,就必须番上兵部,宿卫京师,经过四五年后,经吏部考试合格,可以升为流内官。四是伎术出身者。伎术指依靠专门知识和技能,如医药、阴阳、卜筮、图画、工巧、造食、音声、天文、译语等而被选任为官的,这种类型的官一般为流外官,必须在官府任职若干年后,经过吏部考试,可转为流内官。但他们不能担任政务官,只能担任符合其某专长的技术官,而且升迁也受到一定的限制。五是流外出身官。在唐代国家机构中,流外官占有很大的比例,在各级衙门中办理各种具体事务。任职满年限后,经吏部考选,可以升为流内官,称作"入流"。不过因为流外官不算正途出身,一般只能担任低级的流内官,其升迁有所限制。

唐制,六品以下的官员由尚书省吏、兵二部对于有任官资格的人员按一定标准量材授官。由吏部主持的铨选称为文选,由兵部主持的铨选称为武选。岭南、黔中等地因距京城遥远,由朝廷派官到当地主持选官,称为南选。相对于南选来说,京师与东都进行的铨选便称为北选。按选授对象的不同,铨选又可分为任命职事官九品以上的官员称为流内铨与任命未入流的吏职称为流外铨。

唐朝铨选官员,文官标准有身(取其体貌丰伟)、言(取其词顺言正)、书(取其楷法遒美)、判(取其文理优长)四项。武官铨选"以五等阅其人:一曰长垛,二曰马射,三曰马枪,四曰步射,五曰应对。以三奇拔其选:一曰骁勇,二曰才艺,三曰可为统领之用。其尤异者,登而任之，否则量以退焉"。① 三铨以后定出留、放人名，向选人公布，称为"长名"，又称"长榜""长名榜"。得留者依铨注期限注官唱名。注拟时还得回避亲族。选人如不同意所注拟官职，可以要求重新注拟，经三次注官唱名仍不同意时，可以等下届冬集，届时可以免试书判，只需检旧判注拟。注唱完毕，铨选还得经过几道审查手续：首先，是吏部、兵部将所拟官以类相从，编为甲历，称为"团甲"，送尚书都省审核；都省审核后将选人注拟名单送门下省覆审，称为"过官"；过官以后，便由中书省的中书舍人起草任命状——告身。铨选工作至此基本完成，被铨选的官员就等着任命和赴任了。

唐制，五品以上官员的选授由中书门下办理，皇帝任命。任命时不须经过铨试的程序。其理由是"四品、五品官不复试判者，以其历任既久，经试固多，且官班已崇，人所知识，不可复为伪滥耳"②。建中三年（782）中书门下奏称："准贞观故事，京常参官及外官五品以上，每有除拜，中书门下皆主簿书，谓之'具员'，取其年课，以为迁授，此国之大经也。"具员簿除记载官员的功过、考绩之外，还记载官员乡贯、历任、官讳等内容，也就是五品以上官员的档案材料等，由中书门下掌握。五品以上官考满后，也得排序等待授官。待选期间，由所在州府或京兆尹每两月向中书门下申报一次。待有员阙时，依"具员簿"授官，而应入三品或尚书省四品官者，还得临时报请皇帝裁定。

唐代，朝廷为了广泛选任各种人才参与国家管理，除了上述一般的铨选制度外，还另外设置了特别的科目选、非时选和使府辟署等选官制度，作为一般铨选制度的补充。

科目选顾名思义通过与科举相同科目的考试，而打破年限制选拔人才任官的方式，其科目主要有开元礼、学究一经、三礼、三传、一史、三史、明习律令等。科目选由吏部主持，应试者必须是有出身或前资官，

① 《唐六典》卷 5《尚书兵部》。
② 《通典》卷 17《选举五》。

不限选数。考试合格后即予拔擢升迁。

非时选是一种对于有特殊政绩的官员破格进行铨选。如太和七年
（833）五月敕节文称，"县令、录事参军，如在任绩效明著，兼得上下考
及清白状，陟状者，许非时放选，仍优予处分"①。使府辟署指由节度使
府自行辟署僚属，使府辟署是把双刃剑，可能会使地方节度使府自辟僚
属，权力过大，形成地方独立王国；但是另一方面，如禁止地方节度使
府自辟僚属，地方没有一定的自主权，地方事务也难以管理好。唐朝自
太宗开始派遣使职巡察地方，逐渐形成了以使职管理监督地方的制度。
因为使职是临时派出的官员，作为中央朝廷的代表节制地方，可免专擅、
权力过大之弊，故朝廷赋予他们以自辟僚属的权力。这一方面固然是因
为使职是临时性的派遣而非正规官制之内的官员，无固定编制，任务完
成即撤销；另一方面也是朝廷赋予他们一定的自辟僚属自主权，有利于
他们形成团结精悍的团队，更好地完成朝廷赋予的使命。即使是唐中期
以后普遍设立的节度使，也是作为中央在地方的代表，为"责其成效，
专其事权"②，仍然允许其自行辟署僚属。另一方面，当时科举制度取士
名额少，录取后还要经过吏部考试，才能允任八品九品小官，并且科举
以固定程式取士，难免使很多有才能的士人不能选上。其中最典型的例
子就是唐著名散文家、思想家韩愈曾"四举于礼部方一得，三选于吏部
卒无成"③。后来还是通过任幕职而崭露头角，最后当上大官。因此，使
府辟署制度在一定程度上弥补了科举制度选任人才上的不足。由于入幕
者"或以白丁命官，或自下僚擢进"，"惟其才能，不问所从来"，④ 可以
给在科举场上失败的士人多一条仕进之路。如房仁宝，"始以文进，不得

---

①　《唐会要》卷 74《论选事》。

②　《唐会要》卷 79《诸使杂录下》。

③　王鸣盛：《十七史商榷》卷 81，上海书店出版社，2005 年。

④　曹彦约：《经幄管见》卷 4；台湾商务印书馆影印文渊阁四库全书本；李塨：
《阅史郤视》卷 4，丛书集成三编本，中华书局，1985 年。

其志",后来"用笺奏符檄之才,职居藩服"①,后任节度掌书记而检校礼部尚书。唐朝后期,藩镇幕职荐举给朝廷后,有不少人为官至宰相。五代后梁曾一度废除了使府辟署制度,但对于选拔人才产生了不好的效果,于是在后唐时又予以恢复。

(四)唐朝官吏任用限制

唐朝官吏任用有不少限制,兹举其中一些主要的限制:(1)出身和流品的限制。唐制规定,贵族子弟入仕的年龄低,初任的官职高;寒门入仕的年龄高,而且只能升至一定的官阶。官员的任用,根据不同的身份与流品,都有具体的限制规定。如神功元年(697)闰十月二十五日敕,"流外及视品官出身者",不得任"中书主书、门下录事、尚书都事"等七品官中紧要官②。(2)年龄限制。唐代任官年龄限制,以开元二十一年(733)为界,在此之前,年龄限制较严,依《循资格》规定,年三十始可出身,四十乃得从事;在此之后,年龄限制较松,凡有才优业异操行可明者,任吏部临时擢用。但是,对于莅民之官始终年龄限制较严:凡要官儿子,年少未经事者,不得作县官亲民。五代时亦有此规定。后汉乾祐二年(949),右拾遗高守琼上言,仕官年未三十,请不除授县令。于是朝廷诏天下,"年少未历资考者,不得任注县令"。③(3)经历限制。唐制规定,一些重要官职,必须担任过县令才能充任。如"凡官不历州县者,不拟台省"。④ 显然,其用意在于担任中央台省官职的人,必须有一定的地方行政经验。还有一些官职任职未满一定期限不得改任他官。如"进士及第后三年任选,委吏部依资尽补州府参军、紧县簿尉,官满之后,来年许选,三考后听诸使府奏用便入。协律郎、四卫佐,未满三

---

① 《文苑英华》卷412《授保大军节度掌书记检校右散骑常侍房仁宝检校礼部尚书充职制》。

② 《唐会要》卷75《选部下·杂处置》。

③ 《五代会要》卷22《杂处置》。

④ 《文献通考》卷37《选举十·举官》。

考，不在奏改限"①。（4）专业学识的限制。由于司法关系到广大民众诉讼、判案的公正性，唐代对于司法官员的人选，要求选拔熟法理者担任。开元十四年（726）十二月二十五日敕："比来所拟注官，多不慎择，或以资授，或未适才，宜令吏部每年先于选人内精加简试，灼然明闲理法者，留拟其评事以上，仍令大理长官相加简择。"② 对于秘书省、弘文馆、崇文馆、左右春坊、司经局、校书郎、正字诸官，亦要求精通专业，因为这些官员需要较高的文化水平和学识才能胜任。元和三年（808）三月敕，上述诸官"宜委吏部，自今平流选人中，择取志行贞进艺学精通者注拟"③。（5）对伎术官任用的限制。所谓伎术官，主要是指掌握特殊技能，如音乐、医药、天文等专业的官员。唐代规定他们只能在本专业部门任职。除非在职年久，否则不得外任。伎术官外迁他官，往往被人诟病，认为是"器用纰缪，职务乖违，不合礼经"④。（6）对于犯罪官员再任的限制。《唐律疏议》卷2《名例》中规定，凡是除名的官员，官职与爵位全都免除，六年之后，依照除名官吏的任用规定，并照出身资格重新任用。唐朝重惩官吏贪赃枉法等犯罪，特别规定："内外官有犯赃至解免以上，纵逢赦免，并终身勿齿。"⑤（7）亲属回避。唐制，凡职责相连或监临检察的官职，亲族内需要回避。如宰相之子不能任谏官，兄弟不可在同省任职。（8）籍贯限制。唐制，官吏不得在本籍及其邻近州县任职。咸亨三年（672），特许雍、洛两州人任京兆、河南府官，可知在此之前，雍州人是不得任京兆府官，洛州人是不得任河南府官的。（9）居父母丧及亲丧未葬均不得为官。唐制，父母去世必须服丧27个月，在这期间不得任官，违反此项规定要处以徒刑。此外，亲丧守制之期虽满，如未安葬而出仕，必须遭罢黜官职的处罚。如颜真卿曾劾奏朔方令郑延

---

① 《册府元龟》卷641《贡举部·条制三》。
② 《唐会要》卷75《选部下·杂处置》。
③ 《唐会要》卷75《选部下·杂处置》。
④ 《唐大诏令集》卷100《厘革伎术官制》。
⑤ 《旧唐书》卷8《玄宗纪》。

同：一是监察的范围比汉代扩大。汉代六条规定的监察范围是强宗豪右、二千石地方官及其子弟；隋代的监察范围是扩大到所有品官以上。二是监察的重点有所不同。汉代六条监察的重点是豪强的兼并和地方官是否阿附豪强，反映了汉代中央政府为防范地方官与豪强势力勾结，威胁刚刚建立不久的统一的中央集权封建君主制；而隋的六条监察的重点在于考察品官理政能力和纠察贪酷害政，而把刺察豪强奸猾放在相对次要的地位，反映了隋朝最高统治者对地方官能力与品德两方面考核的重视。《隋书·厍狄士文传》载："（贝州刺史）士文至州，发摘奸隐，长吏尺布升粟之赃，无所宽贷。得千余人而奏之，上悉配防岭南。"刺史巡察的职责是"激浊扬清"，贪黩的郡守可以免职，有功的则上报其事迹加以旌勉。三是考察官吏行为的重点不同。汉代六条着重于考察地方官不奉诏书、违背典制、滥施刑罚、不遵法纪、依附豪强、蔽贤宠顽；隋朝六条着重考察地方官镇压盗贼、申报灾荒、征调赋役及荐举人才方面的政绩。总的说来，历史背景的不同，导致汉代六条与隋朝六条虽同为六条，但监察的侧重点不同。汉代是中国古代史上刚建立的统一的中央集权制的封建君主制，地方诸侯国对中央朝廷威胁很大，因此其监察重点是为防范地方官与豪强势力勾结，威胁刚刚建立不久的统一的中央集权封建君主制；而至隋朝时期统一的中央集权制的封建君主制已经较为成熟完善，因此转移到对地方官能力与品德两方面的考核，其在监察内容上也比汉朝广泛得多。

（二）唐朝御史监察制度的完备成熟

唐代的御史监察制度比较完备成熟。中央监察机关仍为御史台，已成为一个独立完整的监察机构。御史台长官为大夫，1人，正三品；次官为御史中丞，2人，正四品下。御史台内设有三院，即台院，侍御史4员，从六品下；殿院，殿中侍御史6人，从七品下；察院，监察御史10人，正八品上。三院御史共司监察，各有侧重，互相配合，构成了一个严密的监察体系。

唐代的御史监察制度比较完备成熟，其主要表现在以下5个方面：

其一，唐代以御史纠弹百官，御史监察的对象十分广泛，从一般官员到宰相，从朝廷的命官到亲王、外戚，从宦官到内常侍，从官吏个人到政府机构，从中央到地方，官吏无论已故或在世，都无一例外要受到监察，如有违法乱纪行为，均要受到纠弹。甚至御史台本身的官员，如御史中丞、监察御史，也在被弹劾之列。如御史纠劾不当，尚书省左右仆射和左右丞兼得弹之，这是唐代监察机构完备成熟的表现之一。

五代时，朝廷仍然十分重视御史对百官的弹劾权。后汉乾祐三年（950）五月，殿中侍御史窦文靖奏："台中纠弹过失，旧有十六愆事，节次不举明。臣访闻朝官有便服徒步城市者，既通闺籍，实污朝风。"隐帝敕令："宜令御史台常加察访，具以名闻，当行遣逐。隐而不言，与之同罪。"①

其二，唐朝的职官共分九品三十阶，大致又可分为三个大的等级。三品以上职事官是中央台省（包括六部）寺监的长官、诸卫将军、地方府尹、上州刺史等，绝大多数由皇帝亲自任命。四、五品官多半是中央各部门次官、要职以及其下属各司、局、署一级长官，他们一般由宰相提名经皇帝批准。至于六品以下，官多数卑，他们的任命只需通过吏、兵二部铨选注拟并经过例行的一些审报手续即可。根据以上三个等级的划分，查检《册府元龟》卷520《弹劾三》（以下简称《弹劾三》），被御史弹劾的官员一般均在五品以上，只有御史除外。可能由于御史是宪官，执邦国刑宪典章，更需要正身守道。唐对地方州县长官的经济监察主要由道按察使、观察使等负责，由他们弹奏，然后交御史或三司等推鞫判决。如"阳履为永州刺史，贞元十六年（800）观察使吕渭奏履犯赃，令三司使推鞫"②。查《册府元龟》卷700《牧守部·贪黩》载有47人贪黩，只有一起为御史直接弹劾，但也属于特殊情况，是御史因私憾而奏举；同书《令长部·贪黩》则没有一起为御史所奏。中央御史台对地方官吏

---

① 《五代会要》卷17《杂录》。
② 《册府元龟》卷700《牧守部·贪黩》。

的监察一般局限在地方各道节度使或观察使，以及京兆、河南等府尹，《弹劾三》所载被劾的地方官员均在此列。

其三，据《唐六典·御史台》载："凡中外百僚之事应弹劾者，御史言于大夫，大事则方幅奏弹，小事则署名而已。"其实，唐朝有很长时期御史可不经大夫，而径直上奏皇帝弹劾。早在武则天长安四年（704），萧至忠为监察御史，弹凤阁侍郎同凤阁鸾台三品苏味道赃污，贬官。御史大夫李承嘉尝召诸御史，责之曰："近日弹事，不咨大夫，礼乎？"众不敢对，至忠进曰："故事，台中无长官，御史人君耳目，比肩事主，得各自弹事，不相关白，若先白大夫，而许弹则可，如不许弹则如之何？如弹大夫，不知白谁也？"① 由此而知，御史这时已有直接向皇帝奏事弹劾的权力，这种权力虽御史大夫也不能夺，因此至忠才敢据理力争。但是大夫又可召诸御史责问之，可见不白大夫的事又未形成明确的制度。到了中宗"景龙三年（709）以后，（御史）皆先进状听进止，许即奏，不许即止"②。但是这种规定并没实行多久，到开元十四年（726）崔隐甫任御史大夫之前，"宪司故事，大夫以下至监察御史，竞为官政，略无承禀"③。可见中宗朝的规定已被取消。崔隐甫任御史大夫后，"一切督责，事无大小，悉令咨决，稍有忤意者，便列上其罪，前后贬黜者殆半，群僚侧目"④。这种情况又只延续到玄宗天宝年间，到肃宗"至德元年（756）九月十日诏，御史弹事，自今以后，不须取大夫同置"⑤。直至德宗建中元年（780）重申："御史得专弹劾，不复关白于中丞、大夫。"⑥御史可以不通过宪台长官批准，直接向皇帝奏事，这种独立弹劾的权力，加强了御史对百官以及御史之间相互监察的职能。如敬宗宝历元年

----

① 此条史料《唐会要》卷 61 和《册府元龟》卷 515《宪官部·刚正二》所载均有错简，兹综合两条史料叙述之。

② 《唐会要》卷 61《弹劾》。

③ 《旧唐书》卷 185 下《良吏下·崔隐甫传》。

④ 《旧唐书》卷 185 下《良吏下·崔隐甫传》。

⑤ 《唐会要》卷 61《弹劾》。

⑥ 《唐会要》卷 61《弹劾》。

（825），"御史萧彻弹京兆尹兼御史大夫崔元略违诏征畿内所放钱万七千贯，付三司勘鞫不虚。辛丑，敕削元略兼御史大夫"①。

其四，据《唐六典·御史台》规定，御史台三院各有分工，一般的弹劾之事主要由台院的侍御史负责，即"掌纠举百僚"，"凡事非大夫、中丞所劾而合弹奏者，则具其事为状，大夫、中丞押奏。"其实不然，弹劾的提出并非只是侍御史，由监察御史提出的也不少。仅据《弹劾三》统计，由御史大夫提出弹劾的有 11 人次，御史中丞提出的有 14 人次，侍御史提出的有 14 人次，监察御史提出的有 14 人次，殿中侍御史提出的有 2 人次。

在唐三院御史中，特别值得注意的是监察御史。其官品最低，为正八品上，然而地位重要，权力很大，事务繁重。监察御史 10 员，肩负着监察六部、司农寺、太府寺等中央要害部门的重任。尚书省有会议亦监其过谬，还经常接受皇帝的委派，分察巡按郡县、屯田、铸钱、岭南选补等。其对百官的弹劾人次与侍御史不相上下，弹劾的对象可以是凤阁侍郎同凤阁鸾台三品、兵部尚书同中书门下三品这样的宰相。因此《通典·职官六》称"职务繁杂，百司畏惧"。特别是当他们分察地方时，更是"州县祗迎，相望道路，牧宰祗候，僮仆不若"②。监察御史虽然品阶低，但迁转年限要比其他官员短。唐制，一般官员须经四考（每年一考）之后，才能按格铨注，迁转他官。但监察御史的考限通常为 25 个月，殿中侍御史 15 个月，侍御史 12 个月。监察御史一般多选自京畿簿尉，以后逐级迁升为殿中侍御史、侍御史。如调任其他部门，则多为郎中、员外郎，最后提升为御史大夫、宰相的也不乏其人。

其五，唐朝是封建法制比较健全的朝代，对于官吏的弹劾必须以事实为依据。如无真凭实据，则按稽察失实论处，甚至反坐诬告罪。唐初，御史有"风闻弹事"的规定，就是御史台官员可以根据风闻所知，弹劾

---

① 《旧唐书》卷 17 上《敬宗纪》。
② 《唐会要》卷 62《出使》。

官吏，不公开告事人姓名，不需要有确凿的证据。到了唐高宗永徽四年（653），崔义玄为御史大夫，"始受定（"受定"当为"定受"）事御史，人知一日，劾状题告人姓名"①。

御史台如弹劾身份最高的官员，且案情重大，常采取连名劾奏的办法。不过御史台连名劾奏，在劾奏者方面，固然是表示慎重，但是在君主看来，未免有朋党的嫌疑。如玄宗时，"张说当国，隐甫素恶之，乃与中丞宇文融、李林甫暴其过，不宜处位，说赐罢，然帝嫉朋党，免其官"②。至贞元元年（785）三月，宰相召谏官、御史宣谕上旨曰："自今上封弹劾，宜入自陈论，不得群署章奏，若涉朋党。"③ 可见，德宗为了避免官员结成朋党，废除了连名劾奏制度。

唐朝的御史弹劾百官，是以皇帝的诏令以及律令格式为准绳，来确定官吏是否违法乱纪。"景龙二年（708）十二月，御史中丞姚廷筠奏称："律令格式，悬之象魏，奉而行之，事无不理。比见诸司僚寀，不能遵守章程，事无大小，皆悉奏闻……比者修一水窗或伐一枯木，并皆上闻旒扆，取断宸衷，岂代天理物，至公之道也。自今以后，若缘军国大事，及牒式无文者，任奏取进止，自余据章程合行者，各令准法处分。其故生疑滞，致有稽失者，望令准御史随事纠弹。'上从之。"④ 这里明确规定，对于律令格式，必须奉而行之，如不按律令格式办事，不能遵守章程者，事无大小，御史应予纠弹。史籍中屡见不鲜的"坐赃""受纳货贿""隐没""违格科率""违诏征钱""擅用官钱"等等，在唐律中均为经济上违法乱纪行为，都在御史弹劾之列，这里就不一一列举了。

唐朝监察御史在中央分察百官主要就是分察尚书省六部。《新唐书》卷48《百官三》载："监察御史分察尚书省六司，由下第一人为始，出使

---

① 《册府元龟》卷516《宪官部·振举一》。《唐会要》卷60《御史台》载："至开元十四年（726），始定受事御史人知一日，劾状遂题告事人名。"此又一说，待考。

② 《新唐书》卷130《崔隐甫传》。

③ 《唐会要》卷61《弹劾》。

④ 《唐会要》卷61《弹劾》。

亦然。"其第一人、第二人的次第是指入察院的先后而言。兴元元年（784）以监察御史第一人察吏部、礼部，兼监察使；第二人察兵部、工部，兼馆驿使；第三人察户部、刑部。元和中，以监察御史之新任者不出使无以观察其能否胜任，乃命专察尚书省六部，号称"六察官"。

唐代的"六察御史"制在唐末后梁时废除，至后唐同光二年（924）又予以恢复。当时的六察职责是："吏察，应吏部南北两曹磨勘选人，各具驳放判成人名衔，牒报分察使，及三铨应锁铨注官后，具前衔名，拟报分察使点检。若有逾盗，即察使举追本行人推鞫。户察，应户部司诸州户账贡物，出给蠲符，具事件合报察使。兵察，应兵部公事，一一合报察使。刑察，应刑部法律、赦书德音、流贬、量移、断罪轻重，合报察使。礼察，应礼部司补转铸印、诸祠祭料法物，合报察使。工察，应工部司工役，合报察使。"[1] 后唐的六察制度虽也是由御史台派遣御史6人分察六部，但主要是由六部主动向六察使分别汇报本部工作情况，接受六察使的检查监督，是一种自报和监督相结合的监察方式，与唐制有所不同。

唐代的御史在对地方官进行监察时，其形成有两种：一是监察御史"掌分察巡按郡县、屯田、铸钱、岭南选补、知太府、司农出纳，监决囚徒……尚书省会议，亦监其过谬"[2]；二是以十道巡按的方式监察。两者稍有不同。监察御史出按州县，一般是地方出了较大的案件，需要中央监察官前往处理，因此多带有敕命，兼有特使的性质。十道巡按则是一种经常性的地方巡回检查。安史之乱后，唐的"道"逐渐由监察区变为凌驾于州县之上的一级行政实体，那些观察使则成为地方行政长官了。担任十道巡按的官员可以是监察御史、殿中侍御史，也可由监察官之外的其他官员充任。据《新唐书·百官三》载，十道巡按以六条察事："其一，察官人善恶；其二，察户口流散，籍账隐没，赋役不均；其三，察

---

① 《五代会要》卷17《监察御史》。
② 《旧唐书》卷44《职官三》。

农桑不勤，仓库减耗；其四，察妖猾盗贼，不事生业，为私蠹害；其五，察德行孝悌，茂才异等，藏器晦迹，应时用者；其六，察黠吏豪宗兼并纵暴，贫弱冤苦不能自申者。"唐朝巡察六条显然在继承隋朝六条刺察的基础上又有所发展：其一，唐朝巡察六条更是以惩治贪官污吏、察举为官优劣为总原则，以考核官吏的品德、政绩、文才作为监察文官的基本标准，因此巡察六条是御史和监察使职共同适用的举劾官吏的标准。其二，唐朝巡察六条更具体侧重于对地方官吏经济上的考察，唐代对地方的巡按比起汉代刺史的六条问事，其经济监察的成分大大增加。第二、三条中所察户口、籍账、赋役、农桑、仓库等，都是封建政权赖以存在的基础。察户口流散、籍账隐没是为了能如实地征收赋税、加派徭役；察农桑不勤、仓库减耗则是为了发展农业生产，保持并不断增加封建国家的收入。

（三）唐朝御史在财经和司法上的监察思想

唐代御史在财经上的审计监督是其监察工作中的重要内容。《弹劾三》上下记载了唐朝 54 次弹劾，[①] 其中有 27 次涉及经济上的违法乱纪，占总数的 50％。唐御史对财经的审计监督，大致有 4 个方面的内容值得注意。

一是监临户部、司农寺、太府寺等重要财经部门。最迟在玄宗开元年间，御史台监察六部已开始。监察御史"若在京都，则分察尚书六司，纠其过失"[②]。起初，由一个监察御史负责监察两部，后来大概事剧务繁，改由六个监察御史分察六部，号称"六察官"。监察御史对户部的监察，主要就是对国家财政财务的总收支进行监督。

唐司农寺、太府寺是国家重要的经济部门，亦由监察御史"知太府、司农出纳"[③]。其中司农寺的太仓是国家粮库，太府寺的左藏是国家的金

---

① 《弹劾三》比较全面记载了唐代御史弹劾事件，下文将以此为依据，做一些统计分析。

② 《唐六典》卷 13《御史台》。

③ 《唐六典》卷 13《御史台》。

库，二者分担着封建政府金谷贮藏的具体事务。这与户部掌财经政务但举大纲是大不相同的，更需要加强监督，以防止仓官库吏的出纳不如制。监仓库的工作由监察御史和殿中侍御史交替负责。从《唐会要》卷60《殿中侍御史》记载的太和元年（827）御史大夫李固言的奏文，可较具体地知道御史定期监察仓库的一些情况。"监太仓殿中侍御史一人，监左藏库殿中侍御史一人，台中旧例，取殿中侍御史从上第一人充监太仓使，第二人充监左藏库使，又各领制狱。伏缘推事，皆有程限，所监遂不专精，往往空行文牒，不到仓库，动经累月，莫审盈虚。遂使钱谷之司，狡吏得计，至于出入，多有隐欺。臣今商量，监仓御史，若当出纳之时，所推制狱稍大者，许五日一入仓，如非大狱，许三日入仓。如不是出纳之时，则许一月两入仓检校，其左藏库公事，寻常繁闹，监库御史所推制狱大者，亦许五日一入库。如无大狱，常许一旬内计会，取三日入库句当，庶使当司公事，稍振纲条，钱谷所由，亦知警惧。"这里指出以前由于监仓御史空行文牒，没有亲自到仓库监督，以致莫审盈虚，狡吏得计，多有隐欺。现在李固言建议监仓御史在各种不同情况下，都得定期入仓库检校，监其出入，这的确是十分必要的。还有以《旧唐书·职官三》司农寺、监察御史条的记载与1971年出土的含嘉仓仓窖铭砖互证，[①]含嘉仓由司农寺派仓监掌仓窖储积之事，丞为之二。凡出纳账纸，岁终上于寺司。监门负责禁卫，监仓御史负责监督。根据"京师仓库，三月一比"的规定，含嘉仓还要每季一勾会。届时除本仓、司农寺官员外，还有尚书刑部、御史台、东都府等部门的官员共同参加。由于御史对仓库的监督是卓有成效的，因此这项制度能持之以恒，终唐一世，没有什么改变。

唐后期，御史台在对国家财经监督中勾覆审核的审计职能有所发展。如大历十四年（779），以御史一人充馆驿使，使下配有府吏5人，杂职2人，组成两京馆驿管理机构。对馆驿费用，"季月之晦，必合其簿书，以

---

① 《洛阳隋唐含嘉仓的发掘》，载《文物》1972年第3期。

视其等列，而校其信宿，必称其制"①，即每月终、季终，勾检核对会计簿书，审核其收支是否符合规定。又如元和九年（814），八月诏，以户部五文除陌钱充诸司食利本钱，"仍委御史台一人专知勘覆"；十二月又下诏，诸司食利本钱收支管理等，"仍委御史台勾当，每至年终，勘会处分"②。

二是对官吏在经济上的违纪犯法行为进行弹奏纠察。有关这方面的监察又可分为以下两种类型：其一是对官吏的贪赃进行弹劾，如纠弹赃污、坐赃、盗隐官物、克扣钱饷、受纳货贿等。这种弹劾在史籍中最为常见，《弹劾三》中27次涉及经济问题的弹劾就有13次是关于贪赃的。如"马怀素为左台监察御史，时夏官侍郎李迥秀恃张易之势受纳货贿，怀素劾之，迥秀遂罢知政事"③。官吏犯有赃罪，即使死后才被发现，照样也不能放过。如"黄裳殁后，贿赂事发。八年四月，御史台奏：'前永乐令吴凭为僧鉴虚受托，与故司空杜黄裳，于故州邠宁节度使高崇文处纳赂四万五千贯，并付黄裳男载，按问引伏。'"④ 其二是财政财务收支上的不如制，如违敕贡献、违制进羡余钱、违诏征钱、擅用官钱、违额加给等。这方面的弹劾仅次于贪赃，在《弹劾三》中占7次。财政财务收支上的不如制有的即使涉及皇帝，御史为正朝廷纲纪，取信于天下，照样弹劾不误。如"卢坦为御史中丞，举奏前山南西道节度使柳晟、前浙东观察使阎济美违诏贡献，二人皆得罪于朝堂。宪宗召坦对，褒慰久之，曰：'晟等所献，皆以家财，朕已许原，不可失信。'坦曰：'数令陛下之大信也，天下皆知之。今二臣违令，是不畏法，陛下奈何受小信而失大信乎？'帝曰：'朕已受之，如何？'坦曰：'归之有司，不入内藏，使四方知之，以昭明德。'帝深善其言"⑤。

① 《唐柳先生集》卷26《馆驿使壁记》。
② 《册府元龟》卷507《邦计部·俸禄三》。
③ 《册府元龟》卷520上《宪官部·弹劾三》上。
④ 《旧唐书》卷147《杜黄裳传》。
⑤ 《册府元龟》卷515《宪官部·刚正二》。

　　三是唐代的御史还充任租庸使、税钱使、盐铁使等各种使职，督察征税；充任铸钱使，加强对铸钱业的监督。如代宗即位后，有人建议"税亩有苗者，公私咸济"，于是"乃分遣宪官，税天下地青苗钱，以充百司课料。至是，仍以御史大夫为税地钱物使，岁以为常，均给百官"①。唐后期有时因御史台人手不够，也委托诸道盐铁、转运、度支、巡院代为察访，上报台司，以便监督地方的财政财务收支。唐宪宗元和四年（809），御史中丞李夷简奏："知监院官多是台中僚属，伏请委以各访察本道使司及州县有违格敕不公等事"②，"诸州府于两税外违格科率，请诸道盐铁、转运、度支、巡院察访报台司，以凭举奏"③。宪宗同意了李夷简的奏请。到了文宗开成四年（839），御史中丞高元裕进一步奏请："自今以后，三司知监院官带御史者并属台司，凡有纪纲公事，得以指使。"④这样把三司和监院官正式纳入御史台的统辖之内，加强了朝廷对地方财政财务的监督。《弹劾三》记载了宪宗和文宗朝共 11 次的弹劾，其中就有 9 次是有关地方官在经济上违法乱纪的弹劾。

　　考察唐御史监察制度，御史对户部、司农寺、太府寺等重要经济部门的监督一般是定期的，采取事中审计的方式，如亲临仓库，监其出纳，防患于未然。与此相反，对官吏个人的经济监察则是不定期的，并且采取事后审查监督的方式，即什么时候发现官吏在经济上有违法乱纪行为，就随时进行察访弹劾，借此对百官产生震慑作用，使其不敢为非作歹，以身试法。

　　四是御史台还有部分的司法审判权和司法监督权。唐以前御史台对司法机关的监督较为微弱，主要体现在对于法律法令的监督。唐朝规定，御史台对于刑部、大理寺判刑不当的，可以提出异议。就是皇帝亲自处理的案件，如果御史认为不合法律规定，也可以进谏。这就加强了御史

_____

① 《旧唐书》卷 48《食货上》。
② 《册府元龟》卷 516《宪官部·振举一》。
③ 《旧唐书》卷 14《宪宗上》。
④ 《册府元龟》卷 516《宪官部·振举一》。

对司法的监督。唐代还赋予御史台部分司法审判权。在唐初，御史原不理词讼，通词的人须在台外等候，御史按时在门外收状，认为其事涉及官员应当弹劾的，就具情状上奏，但对通词者的姓名加以保密，托言风闻访知，这便是所谓"风闻论事"。但御史中疾恶如仇者毕竟少数，因循敷衍者多，渐使"通状"壅滞，或竟至无御史上劾状。永徽年间崔义玄为御史大夫，便开"受事"之例，由御史一人轮值，接受状词。劾状中亦得叙述告人姓名。开元以后，遂成定制。

御史台鞫审刑狱的形式有东推、西推和三司会审三种。东推由东推御史主持，掌推鞫京城百官的违法失职案件；西推由西推御史主持，掌推鞫各地方州县官吏的违法行为。东、西推均是御史台独家鞫审的诏狱。三司会审是由刑部、大理寺和御史台官员组成三司，共同鞫审大狱。御史台是由于职掌弹劾而取得司法职能的，在多数情况下，是直接受皇帝的旨令进行鞫审的，所以与纯粹的司法机关是有所区别的。唐朝御史台司法审判权的实施，是御史制度的一个发展。

此外，御史台尚有各种专门监察之权。隋末唐初，以御史为监军，至武后垂拱中停废。唐朝还以御史分察京城不法之事，称为知左右巡；以御史分巡天下黜陟官吏，称为黜陟使；以御史巡查馆驿，称为馆驿使；以御史监考，称为监考使；以御史监百官退朝后廊下就餐，称为廊下食使。此外，唐代的察院还有各种杂差，如监决囚徒及罪人之笞于朝者；战时大胜掌数俘奏功；国忌日与殿中侍御史分巡寺观；宴飨、习射，纠察不如仪者；蒐狩，监察断绝失禽。五代时，不以琐细之事差御史外出，故御史任使渐少。限制台臣外出，旨在整饬台纲，防止有失风宪之事的发生。

（四）唐朝御史监察的作用与局限

唐代御史的监察作用显著，如唐代御史对户部、司农寺、太府寺等经济部门的监察是成功的，加上这些财经部门本身管理体制的严密性，因此终唐之世没有出现过什么重大的经济问题，保证了国家财经工作的正常进行。《弹劾三》中所列的54次弹劾，没有一次涉及这些部门出经

济问题。正如陆贽所说："总制邦用，度支是司；出纳货财，太府攸职。凡是太府出纳，皆禀度支文符，太府依符以奉行，度支凭案以勘覆，互相关键，用绝奸欺。其出纳之数，则每旬申闻；见在之数，则每月计奏。皆经度支勾覆，又有御史监临，旬旬相承，月月相继。明若指掌，端如贯珠，财货多少，无容隐漏。"①

据《弹劾三》统计，御史对不法官吏的弹劾，效率还是较高的，达74％左右。一般说来，御史对违法乱纪官吏弹奏后，皇帝就会派有关人员覆按推鞫，然后做出处理。对于经济上违法乱纪的处理，大致按情节轻重分为没收赃物、停俸、贬官、免官、笞、杖、徒、流，直至处以极刑。如宝历元年（825），"御史萧彻弹京兆尹兼御史大夫崔元略违诏征畿内所放钱万七千贯，付三司勘鞫不虚，辛丑敕削元略兼御史大夫。"又如"韦楚材为监察御史，元和十二年（817），楚材请按河中观察使赵宗儒擅用贮备凶荒羡余钱及赃罚钱米，贯石数至八万。诏发监察御史崔郜覆之，则宗儒以行营军用且诏命三州分数不同，敕赵宗儒取晋、绛等州钱物，事皆有由，水旱钱减亦为明据。遂释放，以楚材举不实，贬楚材为江陵府兵曹参军"②。如果问题比较简单明确，皇帝也可立即做出处理。如开成元年（836），湖南观察使卢周仁违敕进羡余钱十万贯。御史中丞归融奏曰："天下一家，何非君土？中外财赋，皆陛下府库也。周仁辄陈小利，妄设异端，言南方火灾，恐成灰烬，进于京国，姑徇私诚。入财货以希恩，待朝廷而何浅。臣恐天下放效，以羡余为名，因缘刻剥，生人受弊。周仁请行重责，以例列藩。其所进钱，请还湖南，代贫下租税。"③事实确凿，道理清楚，文宗当即诏周仁所进于河阴院收贮，以备水旱。

唐朝御史弹劾的仪式十分庄重，"大事则冠法冠，衣朱衣纁裳，白纱中单以弹之。小事常服而已"④。特别是对五品以上大官的弹劾，则采取

---

① 《旧唐书》卷 135《裴延龄传》。
② 《册府元龟》卷 522《宪官部・诬罔》。
③ 《旧唐书》卷 149《归融传》。
④ 《旧唐书》卷 44《职官三》。

仗弹的方式，即在皇帝坐朝时，御史服獬豸冠，对着仪仗宣读弹文。这时被弹劾的大臣必须趋出，立朝堂侍罪。这对于不法官吏是具有一定的震慑作用。如"李祐自夏州入拜金吾，违制进马一百五十匹，（侍御史温）造正衙弹奏，祐股战汗流。祐私谓人曰："吾夜逾蔡州城擒吴元济，未尝心动，今日胆落于温御史。吁，可畏哉！"①

总之，御史对不法官吏的弹劾在肃正朝廷纲纪，整饬吏治，维护封建统治上，起了一定的作用。这就是"御史台朝廷纲纪，台纲正则朝廷理，朝廷正则天下理"②。

唐代御史发挥监察作用的大小受到许多因素的制约，其中最主要的有如下三个方面：

一是皇帝具有至高无上的权力，皇帝的态度对御史台的工作起着最后决定性的作用。据《弹劾三》统计，总共 14 次无效的弹劾只有 2 次是另有原因，其余 12 次均是因为皇帝"不问""不穷其事""原之""纵劾奏不行"等。相反，如果皇帝能积极支持，御史台的监察工作就能较好地进行。特别是三院的侍御史、殿中侍御史、监察御史，官阶都很低，但能够无所回避，纠弹高官权贵，更要有皇帝作为后盾。睿宗曾作了一个形象生动的说明，"鹰搏狡兔，须急救之，不尔必反为所噬。御史绳奸慝亦然。苟非人主保卫之，则亦为奸慝所噬矣"③。假如没有皇帝的支持，一个小小的御史如何能对高官权贵进行监察？

二是御史实行监察也受到当时政治形势的制约。如武则天为了镇压异己，任用酷吏为御史，单《旧唐书》武则天时期有传的酷吏 11 人，在御史台任过职的就有 8 人。这些御史希旨诬告，构成大狱，滥杀无辜，不言而喻，这时的御史监察职能岂能得到正常的发挥？唐朝末年，宦官专权，藩镇割据，御史的职权受到很大的限制。因此从懿宗开始至唐灭亡，史籍中基本见不到御史弹劾的记载了。

---

① 《旧唐书》卷 165《温造传》。
② 《旧唐书》卷 89《狄兼谟传》。
③ 《资治通鉴》卷 210。

三是御史监察职能是否能得到较好的发挥，还取决于御史本人的才德。在中国封建社会，御史的主要职责是按章纠劾督察中外，绳愆缪而振纲纪，因此必须具有正身守道、执法平允、嫉恶如仇、不畏强御的品德，这样才能达到邦宪以之修明，奸邪为之詟畏。如"李栖筠为御史大夫，正身守道，无所顾惮，朝纲益振，百度肃然，名重于时"①。孔纬为御史中丞，"器志方雅，嫉恶如仇。既总宪纲，中外不绳而自肃"②。相反，如用人非当，则朝纲败坏，豺狼当道。《册府元龟·宪官部·不称》载唐朝不称职的御史大夫6人，代宗朝就占了3人。因此代宗朝吏治腐败，"大历以前，赋敛出纳俸给皆无法，长吏得专之；重以元、王秉政，货赂公行，天下不按赃吏者殆二十年"③。《弹劾三》记载的54次弹劾，代宗朝一次也没有。

三、考核官吏思想

隋唐时期，尚书省的吏部尚书、侍郎"掌天下官吏选授、勋封、考课之政令"，④ 由考功司具体负责对中下级官吏的考课。高级官员的考课，则由皇帝亲自掌握。

（一）隋朝吏部与朝集

隋代吏部尚书统吏部、主爵、司勋、考功四司，其中考功司掌官吏考课，"大小之官，悉由吏部，纤介之迹，皆属考功"⑤。隋制，九品以上的地方官，由吏部每年考核一次，于每年年终到中央报告工作，叫作"朝集"。《隋书·房彦谦传》载："尝因朝集，时左仆射高颎定考课，彦

---

① 《册府元龟》卷512《宪官部·威望》。

② 《册府元龟》卷512《宪官部·威望》。"纲"原为"刚"，误；"外"原为"秋"，误。

③ 《资治通鉴》卷226。

④ 《唐六典》卷2《尚书吏部》。

⑤ 《隋书》卷75《刘炫传》。

谦谓颖曰：'……比见诸州考校，执见不同，进退多少，参差不类。况复爱憎肆意，致乖平坦，清介孤直，未必高名，卑谄巧宦，翻居上等。直为真伪混淆，是非督乱。宰贵既不精练，斟酌取舍，曾经驱使者，多以蒙识获成，未历台省者，皆为不知被退。又四方悬远，难可详悉，唯量准人数，半破半成。徒计官员之少多，莫顾善恶之众寡，欲求允当，其道无由。明公鉴达幽微，平心遇物，今所考校，必无阿枉。脱有前件数事，未审何以裁之？唯愿远布耳目，精加采访，褒秋毫之善，贬纤介之恶。非直有光至治，亦足标奖贤能。"从这段记载我们可以看出由于隋祚短促，考课未形成严密的制度，疏漏之处不少。

（二）唐朝对官吏考课制度

到了唐朝，随着封建政治制度更臻成熟，考课制度才逐渐健全完备起来。唐政府规定考课由吏部总领，吏部尚书、侍郎"掌天下官吏选授、勋封、考课之政令"。吏部下属有四个部门，其一为考功，设考功郎中一员，从五品上，判京官考；考功员外郎一员，从六品上，判外官考。唐制，一般考功郎中只能判京官四品以下考，员外郎亦不能判节度、都督考，宰相、三品以上京官及藩帅等的考课由皇帝亲自或另派人审校，称为内考、内校，谏官、御史及翰林学士考第亦由内校。为了保证考课的公允确实，"贞观初，岁定京官望高者二人，分校京官、外官考，给事中、中书舍人各一人莅之，号监中外官考使……其后屡置监考、校考、知使考"①。

唐考课分为小考、大考。小考是每年进行一次，评定当年的为政优劣；大考是若干年（一般为三至四年）进行一次，综合被考人数年中的等第以决定升降赏罚。考课的方式是由下而上。首先，由中央诸司和地方各州长官考定下属官吏，"凡应考之官家，具录当年功过行能"，写一简要考状，由"本司及本州长官对众读，议其优劣，定为九等考第"②。

---

① 《新唐书》卷 46《百官一》。
② 《旧唐书》卷 43《职官二》。

如果被考人有异议，可以提出重新复核。考后还要"各于所由司准额校定"，即各州司应有多少上考、中考、下考，要由中央掌考机关确定一定的比例。初考后，京师各司直接送尚书省考功部门，地方则"附朝集使送簿至省"。"凡天下朝集使，皆以十月二十五日至京师，十一月一日户部引见讫，于尚书省与群官礼见，然后集于考堂，应考绩之事"。① 被考人的考状是吏部进行考核的主要依据。考状要求尽量具体，不得有虚美闲言。如"宪宗元和十四年（819）十一月考功奏：自今以后应注考状，但直言某色行能，某色异政，某色树置，某色劳效，推断某色狱，纠举某色事，便书善恶，不得更有虚美闲言。其中以下考，亦各言事状，并不得失于褒贬。如违，据所失轻重，准令降书考官考"②。除此之外，唐政府规定："每岁，尚书省诸司具州牧、刺史、县令殊功异行，灾蝗祥瑞，户口赋役增减，盗贼多少，皆上于考司。"③ 中央还常常派遣监察御史和特遣采访使或观察使等分道察访官吏的工作状况，于每年九月三十日以前具状报考功司。这两方面的材料都作为考功司决定等第的依据。当各地和各部门官员的材料汇总上来以后，考功郎中、员外郎带领主事、令史、书令史等数十人进行分类整理登录，并作出初步审核，分别评出考第。然后，由校考、监考官与考功郎中等汇集各考簿，并向各考使及各司长官了解情况，分别检复考定内外官等第。如有定等不当的，掌考官则予以驳回，如开元中，刑部尚书卢从愿充校京外官考使，"御史中丞宇文融承恩用事，以括获田户之功，本司校考为上下，从愿抑不与之"④。考定后，"京官则集应考之人对读注定，外官对朝集使注定"⑤。官吏考状存档于考功部门，以便日后凭此进行升降任免。考课官吏事情繁杂，等

---

① 《旧唐书》卷43《职官二》。
② 《册府元龟》卷636《铨选部·考课二》。
③ 《新唐书》卷46《百官一》。
④ 《旧唐书》卷100《卢从愿传》。
⑤ 《旧唐书》卷43《职官二》。

第难定，往往需要做过细的工作，"旧例皆委细参问，经春未定"①。

为防止京师中央机构各部门和地方府州报送于尚书省的考状有失实之处，故又设按察司，分京内外为两区。察京区者会同御史台分察使，察京外者会同诸道观察使，访察官吏善恶，限日具报考功司，以备校考时作为参证资料。如"宝应二年（763）正月，考功奏：'请立京、外按察司，京察连御史台分察使；外察连诸道观察使，各访察官吏善恶，其功过稍大，事当奏者，使司案成便奏。每年九月三十日以前，具状报考功。其功过虽小，理堪惩劝者，按成即报考功，至校考日参事迹以为殿最。'"②

唐制，官员考课标准分为品德和业务两个标准，以此来评定等第，实行奖惩。"四善"是对官员个人品德、工作作风和态度方面的总要求，即"德义有闻""清慎明著""公平可称""恪勤匪懈"，这是对从九品至正一品所有流内官员个人政治素养和一般品质的共同要求。"二十七最"则是把政治、经济、司法、军事、文化、宗教等各方面的职官分为 27 类，根据官员不同的工作性质与职责，定出业务上的二十七种考课标准。例如：（1）对于中书门下两省官员，由于在皇帝左右，所以对他们的要求是"献可替否，拾遗补阙，为近侍之最"。（2）对于吏部、兵部中掌管文武官铨选官员的要求是"铨衡人物，擢尽才良，为选司之最"，其目的是督促负责铨选的官员能真正为国家选拔出优秀的人才。（3）对于中央和地方主管考核官员的要求是"扬清激浊，褒贬必当，为考校之最"，其用意是在对官吏的考核中，能评价公允恰当，发挥考课的激励与惩戒作用。（4）对于太常寺和鸿胪寺主持礼仪官员的要求是"礼制仪式，动合经典，为礼官之最"，其目的是要求礼官所主持的礼仪必须严格按照儒家经典的要求进行操作，以维护上下尊卑礼仪制度。（5）对于太常寺掌乐律官员的要求是"音律克谐，不失节奏，为乐官之最"，其目的是使乐官

---

① 《旧唐书》卷 185 下《良吏下·崔隐甫传》。
② 《唐会要》卷 81《考上》。

平时率领乐队练习奏乐要严格按照规定的音高、节拍，使音乐和谐。（6）对于中央九寺五监的丞等事务长官的要求是"决断不滞，与夺合理，为判事之最"，其目的就是要求九寺五监的事务官在处理日常事务中要提高办事效率，公正合理。（7）对于保卫京城和其他重要城市、军事要地的军队将领要求是"都统有方，警守无失，为宿卫之最"，其目的就是要求这些将领必须治军有方，做到警卫、防守万无一失。（8）对于一般统军将领的要求是"兵士调习，戎装充备，为督领之最"，其目的就是要求一般统军将领平时要约束训练好士兵，并使部队武器装备等精良充足，这样才能随时打胜仗。（9）对于刑部、大理寺及地方各级官府负责审判官吏的要求是"推鞫得情，处断平允，为法官之最"，其用意在于要求审判官吏要以事实为依据，对案件做出公平公正的判决。（10）对于秘书省、弘文馆、崇文馆、司经局等负责文字官员的要求是"雠校精审，明为刊定，为校正之最"，其目的是要求负责文字官员要认真严谨对文字进行校勘，防止疏漏讹误发生。（11）对于中央那些负责宣布诏令圣旨和接受奏疏官员的要求是"承旨敷奏，吐纳明敏，为宣纳之最"，其目的是要求那些官员在宣布诏令圣旨和接受奏疏时要表达简明敏捷，不会引起误解。（12）对于各级教育机构和学校学官的要求是"训导有方，生徒充业，为学官之最"，其目的是要求各级学官对学生的教育方法得当，使学生学业优秀。（13）对带领军队打仗将帅的要求是"赏罚严明，攻战必胜，为将帅之最"，其目的是要求领军打仗的将帅对将士必须赏罚分明，才能激励将士冲锋陷阵，战无不胜。（14）对地方州县官要求是"礼义兴行，肃清所部，为政教之最"，其目的是要求地方州县官努力做到所辖地区民众知礼守义，政治清明，社会和谐安定。（15）对中央负责文史官员的要求是"详录典正，词理兼举，为文史之最"，其目的就是要求文史官员平时对国家历史的记录必须详实正确，文辞与义理都要优秀。（16）对御史等监察官员的要求是"访察精审，弹举必当，为纠正之最"，其目的就是要求御史等监察官员对官员违法乱纪行为的访察必须精确严密，从而对他们的弹劾检举纠正才会恰当。（17）对审计等勾覆官吏的要求是"明于勘

覆，稽失无隐，为勾检之最"，其目的就是要求审计等勾覆官吏在审核稽查中认真负责，应将所有财政财务收支中违法乱纪行为揭露出来。（18）对于负责维修、供给官吏的要求是"职事修理，供承强济，为监掌之最"，其目的就是要求负责维修、供给的官吏应将有关设备维修完好，随时能够满足供给。（19）对于负责建筑工程和手工业制作官吏的要求是"功课皆充，丁匠无怨，为役使之最"，其目的就是要求负责官吏要保证建筑工程和手工业产品的质量，并且使被役使的工匠不产生怨恨。（20）对负责屯田生产官吏的要求是"耕耨以时，收获成课，为屯官之最"，其目的就是要求负责屯田官吏要按照农时春耕秋收，并向国家交纳赋税。（21）对负责仓库保管官吏的要求是"谨于盖藏，明于出纳，为仓库之最"，其目的是要求负责仓库保管官吏应将储存的粮食、布帛、钱物等保管完善，收进或支出时账目清楚无误。（22）对负责制定历法官员的要求是"推步盈虚，究理精密，为历官之最"，其目的就是要求制定历法官员在时间上要精准推算，使历法越来越精密。（23）对负责行医占卜官吏的要求是"占候医卜，效验居多，为方术之最"，其目的就是要求方术官员提高行医的效果和占卜的灵验。（24）对负责把守关隘渡口码头官吏的要求是"讥察有方，行旅无壅，为关津之最"，其目的就是要求把守关隘渡口码头的官吏既要严格盘查来往客旅，又要保持客旅来往畅通无阻。（25）对负责市场管理官吏的要求是"市廛不扰，奸滥不作，为市司之最"，其目的就是要求管理市场官吏既要不干扰市场交易，又能把市场管理得没有犯奸作科、坑蒙拐骗事情发生。（26）对管理放牧官吏的要求是"牧养肥硕，蕃息孳多，为牧官之最"，其目的就是要求管理放牧官吏要把牲畜饲养肥壮，并多繁殖幼崽。（27）对负责镇防部队长官的要求是"边境肃清，城隍修理，为镇防之最"，其目的就是要求负责镇防部队长官守护好边境，使边境安宁稳定，城墙坚固。①

除四善二十七最考课官吏标准外，唐朝对某些官员的考课还另外定

---

① 《旧唐书》卷43《百官二》。

有一些考核指标，如根据地方州县官任内其辖区户口增长、农业生产发展的情况，以十分为率，来评定政绩的优劣等级，并且再依据等级，对其进行升降赏罚："抚育有方，户口增益者，各准见户为十分论，每加一分，刺史、县令各进考一等……抚育乖方，户口减损者，各准增户法，亦每减一分降一等。其劝课农田能使丰殖者，亦准见地为十分论，每加二分，各进考一等。其有不加劝课以致减损者，每损一分，降考一等。"①

唐中叶以后，地方普遍设置了节度、观察、团练、防御、经略等使职，朝廷根据各使职的职责，又增加了对各种使职的考课标准："岁以八月考其（节度）治否，销兵为上考，足食为中考，边功为下考。观察使以丰稔为上考，省刑为中考，办税为下考。团练使以安民为上考，惩奸为中考，得情为下考。防御史以无虞为上考，清苦为中考，政成为下考。经略使以计度为上考，集事为中考，修造为下考。"② 朝廷还为亲勋翊三卫将士考课也增加了专门的标准："专勤谨慎，宿卫如法，便习弓马者为上；番期不违，职掌无失，虽解弓马，非是灼然者为中；违番不上，数有犯失，好请私假，不习弓马者为下。"③ 唐国子监作为国家最高学府，朝廷也对其学官制定有另外补充的考课标准："每岁终，考其学官训导功业之多少，为之殿最。"④

此外，还有一些考课标准是根据某段时期经济政治形势需要而临时增加的。如安史之乱后，人口大量减少，田地荒芜，社会经济遭到很大破坏，民不聊生。面对这种情况，朝廷急需恢复农业生产，因此，代宗两次下诏："其刺史县令宜以招辑户口，垦田多少，用为殿最。"⑤ 唐代考课等第分为九等："一最以上，有四善，为上上。一最以上，有三善，或无最而有四善，为上中。一最以上，有二善，或无最而有三善，为上下。

---

① 《通典》卷 15《选举三·考绩》。
② 《新唐书》卷 49 下《百官四下》。
③ 《唐六典》卷 2《尚书吏部》"考功郎中"条本注。
④ 《旧唐书》卷 44《职官三》。
⑤ 《册府元龟》卷 635《铨选部·考课一》。

一最以上，而有一善，或无最而有二善，为中上。一最以上，或无最而有一善，为中中。职事粗理，善最不闻，为中下。爱憎任情，处断乖理，为下上。背公向私，职务废阙，为下中。居官诌诈，贪浊有状，为下下。"①

（三）唐朝对官吏经济政绩的审计考核

对于州县亲民之官，除了以四善二十七最标准来考核外，还特别注重考核其经济政绩，根据其户口增殖、土地垦辟、租庸加减等情况另定进考标准。《通典》卷15《选举三·考绩》云："诸州县官人，抚育有方，户口增益者，各准见户为十分论，每加一分，刺史、县令各进考一等……若抚养乖方，户口减损者，各准增户法，亦每减一分，降一等。其劝课农田、能使丰殖者，亦准见地为十分论，每加二分各进考一等。其有不加劝课，以致减损者，每损一分，降考一等。若数处有功，并应进考者，并听累加。"在封建社会里，农业是国家的根本，农业人口和土地的增减，直接关系到国家赋税收入的多寡，王朝的盛衰，故唐朝统治者十分重视，把它作为考核地方官的重要依据，曾多次加以强调。唐初，由于经过隋末战乱，户口减损，劳力不足，太宗即位后，立即下诏："刺史、县令以下官人，若能使婚姻及时，鳏寡数少，量准户口增多，以进考第。如其劝导乖方，失于配偶，准户口减少以附殿失。"② 玄宗天宝三年（744）正月制曰："凡诸郡县仍令太守、县令劝课农桑，先处分太守、县令在任有增减户口成分者，所由司量为殿最。自今以后，太守、县令廉能勾当租庸每年加数成分者，特赐一中上考，如二载之内皆有成分，所司录奏超资与处分。"③ 安史之乱后，人口剧减，田地荒芜，唐代宗两次下诏："其刺史、县令宜以招辑户口、垦田多少，用为殿最。"④ 至唐末，昭宗天祐元年（904）四月制曰："刺史、县令有劝课农桑，招复户

---

① 以上两段引文均见于《旧唐书·职官二》。
② 《册府元龟》卷635《铨选部·考课一》。
③ 《册府元龟》卷635《铨选部·考课一》。
④ 《册府元龟》卷635《铨选部·考课一》。

口一倍以上于前者，委本道观察使条件奏闻，当加进陟；如贪堕不理，害及于人者，速使停替。"① 唐政府还严格规定地方呈报的户口、垦田数等必须准确无误，不得虚报，如事后发现有不实情况，就得予以追改。"准考课令：官人因加户口及劝田农并缘余功进考者，于后事若不实，纵经恩宥，其考皆从追改。追改之事，近皆不行，自今以后，并请准令式处分，其因此得官者，仍请追夺。"②

除考核经济政绩外，唐政府还注意考核官吏是否清廉正直。如《唐六典》卷30载：京兆、河南、太原牧及都督、刺史"掌清肃邦畿，考核官史"，"其吏在官公廉正己、清直守节者，必察之；其贪秽诡谀、求名徇私者，亦谨而察之。皆附于考课，以为褒贬。若善恶殊尤者，随即奏闻。"

考课官吏评定等第的目的是选贤任能，裁汰贪懦，奖善惩恶，澄清吏治。唐制规定：入仕以后，迁代以四考（每年一考）为限，四考中中，可进一阶；一考中上，进一阶；一考上下，进二阶；中上以上都加禄一季；中下以下退一阶，夺禄一季；如犯私罪考在下中以下，犯公罪考在下下的，解任免官，夺当年禄。在下考者，也可以其上考除之。唐朝九品以上职事官皆有品阶，品阶不仅是官吏任职、升迁的资格，而且决定他们的社会地位和各种待遇。

唐代地方行政长官离任时要进行交割和考核："诸道节度、观察使去任日，宜具交割状，仍限新人到任一月，分析闻奏，并报中书门下据新旧状磨勘闻奏，以凭殿最"。③ 州县长官离任，则由其上级直接审查考核。太和七年（833）规定："刺史得替代，待去郡一个月后，委知州上佐及录事参军，各下诸县取耆老百姓等状。如有兴利除害，惠及生民、廉洁奉公、肃清风教者，各具事实申本道观察使检勘得实，具以事条录奏，不得少为文饰，其荐状仍与观察使判官连署；如事不可称者，不在荐限，

---

① 《册府元龟》卷636《铨选部·考课二》。
② 《册府元龟》卷636《铨选部·考课二》。
③ 《册府元龟》卷636《铨选部·考课二》。

仍望委度支、盐铁、分巡院内官同访察；各申报本使录奏。如除授后访知所举不实，观察判官、分巡院官及知州上佐等，并停见任一、二年，不得叙用。如缘在郡赃私事发，别议处分，其观察使奏取进止。敕旨依奏。"① 各级地方官离任时，考核的主要内容是有关经济政绩的，如兴利除害、廉洁奉公、户口、垦田、租赋增减等，其中户口、垦田、租赋数目增减情况，必须交代明确。"如增加户口，须云本若干户，在任增加若干户；如称垦辟田畴，则云本垦田若干顷，在任以来加若干顷。并须申所司，附入簿籍。如荒地及复业户，自有年限，未合科配者，亦听申奏，明言合至其年，并收租赋。"② 唐后期，社会动荡，人口流离失所。唐政府规定刺史、县令交割之时，非因灾沴，走失人户的按走失户数多寡予以不同的降级处理，增加户数者也予以相应升迁。如会昌六年（846）五月敕，"自今以后，县令非因灾旱，交割之时，失走二百户以上者，殿一选；三百户以上者，书下考，殿两选。如增加二百户以上者，减一选；五百户以上者，书上考，减两选。可减者优与进改"③。地方官离任除进行考核外，新旧官还要把钱粮等事交割清楚。如大中五年（851）规定官吏任满必须"分明交割仓库及诸色事"④。由于诸州具体管理钱粮之事的一般是高级属吏，因此他们在长官交割时也必须申奏钱粮文案："今后诸州府钱物斛斗文案，委司录（录）事参军专判，仍与长史通判，每至交替，各具申奏，并无悬欠，至考满日递相交割。"⑤

总之，唐朝设立吏部考功司作为专职的官吏考课部门，兼以京官望高者校之，给事中、中书舍人监督之，以保证考课的公允确实。在考课中以四善二十七最以及户口、田亩、赋役的增减为标准，分别对各级各部门官吏工作成效进行考核，虽然有的还较空泛，但比前代系统、具体

---

① 《唐会要》卷68《刺史上》。
② 《唐会要》卷68《刺史上》。
③ 《唐会要》卷69《县令》。
④ 《唐会要》卷69《刺史下》。
⑤ 《唐会要》卷58《户部侍郎》。

多了。特别是户口、垦田以十分为论，租庸以每年加数成分计算，对地方官的经济政绩进行较准确的量化考核评估，具有较重要的意义，为后代所效法。还有其以九等定考第，赏罚以考第为据，迁降以阶来衡量，这些也比前代更加严密、固定、统一。

唐代对官吏的考课也难免存在着一些局限性。严格说四善二十七最的标准还较空泛，加上考第定为九等，未免失之繁细。因此在实际考课中不易掌握，难以准确定出等第，甚者流于形式，走走过场。如《唐会要》卷58《尚书省诸司中·考功郎中》载："贞元六年（790）正月，以司勋员外郎判考功赵宗儒复行贬考之令。自至德以来，考绩之司，事多失实，常参官及诸州刺史，未尝分其善恶，悉以中上考褒之。"

正由于考课的标准有的较空泛，考第难定，加上封建社会是人治为主的时代，所以在对官吏的考课中，主考官的主观随意性很大。掌考官往往不严格执行定考标准，以一己之见，个人好恶，随意取舍升降。其中最为典型的一个例子是《大唐新语》卷7《容恕第十五》所载："卢承庆为吏部尚书，总章初，校内外官考。有一官督运，遭风失米，承庆为之考曰：'监运损粮，考中下'。其人容止自若，无一言而退。承庆重其雅量，改注曰：'非力所及，考中中。'既无喜容，亦无愧词。又改曰：'宠辱不惊，考中上。'众推承庆之弘恕。"顷刻之间，竟然连升两级！

唐代考课中，官吏舞弊、弄虚作假的现象时有所闻，最常见的是虚美闲言，考语不实，严重的竟敢明目张胆揩改考簿所载考第。如王徽为考功员外郎，"时考簿上中下字朱书，吏缘为奸，多有揩改。徽白仆射，请以墨书，遂绝奸吏之弊"①。

唐制，考课以官职高卑进考，以年考为资历。考课中朝官、大官易得上第，外官、小官难得上考。三品以上清望官由皇帝内定，一般较为优惠。其他朝官，往往职居内署，考使既不尽了解情况，也不敢得罪他们，考第自然从优。《因话录》卷3载：肃宗时，裴充为太常寺太祝，

① 《旧唐书》卷178《王徽传》。

"时京司书考官之清高者，例得上考。充之同侪以例皆止中考，诉于卿长，曰：'此旧例也。'充曰：'……本设考课，为奖勤劳，则书岂系于官秩，若一一以官高下为优劣，则卿合书上上考，少卿合上中考，丞合中上考，主簿合中考，协律合下考，某等合吃杖矣！'"至于地方县令等小官，僻居一隅，除极少数大功大过者，其余治绩难以上闻，虽公务繁剧，却多不得上考。

唐代继承了后魏以来，"累日以取贵，积久以致官"的"年劳之法"，凡居官以年为考，"但以资次为选，不以才能得职"[1]，而品阶更是"皆以劳考叙进"[2]。这使得官吏心怀苟且，不想致力于政绩，只混年考，等待考满迁代。以官秩、资历定考是唐考课制度中的严重弊病，使考课对官吏的扬清激浊和督责劝勉作用受到破坏。

四、隋唐人才思想

唐代初期，唐高祖李渊、唐太宗李世民、武后则天、唐玄宗李隆基都十分重视选任人才，使唐初期社会安定，经济迅速发展，政治清明，国家富强，从而出现了贞观之治和开元之治的盛唐气象。

（一）唐高祖李渊用人思想

唐高祖李渊（566—635），字叔德，陇西成纪（今甘肃静宁西南）人。唐朝开国皇帝、军事统帅，出身北周关陇贵族家庭，袭封唐国公。历任谯州、陇州、岐州刺史、卫尉少卿、太原留守。当隋朝土崩瓦解时，起兵于晋阳。建立大将军府，带领李建成、李世民等率兵南下，攻克霍邑，招降关中起义军，顺利攻取长安。拥立隋炀帝之孙代王杨侑为帝，遥尊隋炀帝为太上皇，年号义宁，自领大丞相，加封唐王。义宁二年（618），隋炀帝遇弑后，逼迫隋恭帝杨侑禅位，建立唐朝，年号武德。称

---

① 《唐会要》卷74《论选事》。
② 《资治通鉴》卷201。

帝后，平定各地农民起义及地方割据势力，完成了统一全国的大业。武德九年（626）六月，玄武门之变后，册立李世民为皇太子，不久传位，自称太上皇。贞观九年（635），病逝，谥号太武皇帝，庙号高祖。

唐高祖李渊建立唐朝后，深知管理天下，必须依靠贤才，因此，屡次颁布诏书，表明自己要依靠贤才来治理国家。如《褒勋臣诏》云："经纶天下，实仗群才。"①《楚王杜伏威进封吴王赐姓附属籍诏》也云："方伯之任，实资贤哲。"② 由于隋末唐初社会动乱，尤其缺乏管理人才，唐高祖善于从各方面吸纳人才。他用人不限于晋阳起兵时的旧部，甚至善于任用敌对集团中的才干之士，虽仇不弃。如隋朝名将屈突通，曾在河东、潼关等地力拒唐军。后来屈突通战败被擒，李渊因赏识其杰出的军事才能，当即授以兵部尚书之职。其他如李靖、李绩、秦叔宝、程知节、薛万彻、魏征、温彦博等贞观名臣，都是李渊从敌对集团中招纳来的。而且每当李渊从敌对集团中招纳到较重要的人才，就会亲自颁布诏书以表示自己重视人才。如《褒高开道来降诏》云："任贤赏善，列代通规。"《褒胡大恩来降诏》也云："任贤使能，有国通典。"③

李渊在任用人才时还能打破当时的门阀士族观念，重视量才录用一些庶族地主及出身低微的贤才。谏议大夫褚遂良就称道说："大唐创历，任官以才，卜祝庸保，量能使用。"④ 如唐初名臣王珪，虽出身太原王氏，但到王珪时已家道衰落。年轻时的王珪"能安于贫贱，体道履正，交不苟合"⑤。正由于其不凡之才，得到李渊重用，官至太子中允。后来在太宗朝，又官至侍中（宰相）。其余出身较低的刘弘基、钱九陇、马三宝等，皆凭借个人的杰出才能而官位显赫。

（二）唐太宗李世民用人思想

唐太宗不仅知人，而且善于用人。他认为，"官在得人，不在员多"，

---

① 《全唐文》卷1。
② 《全唐文》卷2。
③ 《全唐文》卷2。
④ 《旧唐书》卷75《张玄素传》。
⑤ 《旧唐书》卷70《王珪传》。

政府要管理好各项事务，关键在于要选用一批符合要求、德才兼备的官员，建立一支精干的官僚队伍。他即位后，十分重视对官员的选用，因为这不仅关系到被具体选用的人，而且更关系到朝廷选用人才的风气。他指出："为官择人，不可造次。用一君子，则君子皆至；用一小人，则小人竞进矣。"① 基于这种认识，他在选用人才时反对任人唯亲，坚持任人唯贤。主张选用人才不该按关系的亲疏、资格的新老来确定官职的大小。如果疏人新人中有贤才，亲人旧人中有庸劣，是不可以舍贤才取庸劣的。

唐太宗在用人时，尤其在任用高级官员时，还采取试用的办法。这样，既可以在试用期间，便于发现人才，量才施用；又可以在较多的试用官员中，挑选最合适的人选。如唐承隋制，以尚书、中书、门下三省长官共议国事，行宰相之职。三省长官品位崇高，不轻易授人，但宰相又不可或缺。唐太宗特置参议得失、参知政事、参与朝政、同中书门下平章事、同中书门下三品等名号，职务都是宰相，不过品位不高，在其试用期间进退较易，任用或罢免比较便利。

唐太宗在选才用人时注重考察试用，相当慎重，但一旦加以任用，就信而不疑。一是他对犯过错误或受过处分的人才，不抱成见，用而不疑。如裴寂晚年因罪流放于静州，碰上当地羌人反叛。有人怀疑裴寂参与叛乱，太宗则认为："我国家于（裴）寂有性命之恩，必不然矣。"② 事实上正如唐太宗所预料的，裴寂不仅没有参与叛乱，还亲率家僮平叛。

二是对于曾经的对手不念旧恶，信而用之。如唐太宗对曾为李建成、李元吉重要谋士的魏征、王珪等人，只要他们真心归顺拥戴自己，就如同对待自己的旧属一样，加以重用。如魏征就成为贞观之治时期的名臣，对唐太宗敢于犯颜直谏，勇于提出自己的看法，是贞观之治时期各项国家决策的重要参与者。魏征去世后，唐太宗悲伤地说："夫以铜为镜，可

---

① 《资治通鉴》卷 194。
② 《旧唐书》卷 57《裴寂传》。

以正衣冠；以古为镜，可以知兴替；以人为镜，可以明得失。朕常保此三镜，以防己过。今魏征殂逝，遂亡一镜矣！"①

三是对于臣下的小过从不追究，不因此疑人；对不识大体，吹毛求疵，邀功请赏的人，则明令降黜。为了防止以进谏之名诋毁犯有小错的朝中百官，影响中央对重大事务的决策和管理，太宗明确规定："无识之人，务行谗毁，交乱君臣，殊非益国。自今以后，有上书讦人小恶者，当以谗人之罪罪之。"② 如"先是，萧瑀与宰相参议朝政，瑀气刚而辞辩，房玄龄等皆不能抗，上多不用其言。玄龄、魏征、温彦博尝有微过，瑀劾奏之，上竟不问。瑀由此怏怏自失，遂罢御史大夫，为太子少傅，不复预闻朝政"③。

四是充分信任文武大臣，并予以保护。如房玄龄、杜如晦作为太宗宰相，位高权重，太宗对他们始终笃信不疑，视为心腹，让他们参与最高的国家大事的决策，故史称为"房谋杜断"。又如文武全才的李靖，握有兵权，威望很高，唐太宗从不猜忌他。功臣侯君集因李靖不肯尽授其兵法而告发李靖有谋反意图，太宗查过后不予理睬。正因为太宗用人不疑，对臣下充分信任，文武大臣们皆感恩戴德，谋臣忠勤于内，团结协作，共管朝政；将帅效命疆场，出生入死，以报知遇之恩，共同缔造了贞观之治的太平盛世。

（三）武则天发展科举，广纳贤才思想

武后则天主政时期，继续和发展了唐高祖、太宗时期的科举制，为庶族地主阶层知识分子进入官僚队伍，参与国家管理提供了新的途径，并且也在一定程度上压制了豪门世族的势力。一是她首创"殿试"制度。天授元年（690），武则天亲自到洛成殿策问进士，以文词取士，不重经学，破格录用优异者。从此，皇帝亲自"殿试"进士成为后世科举制度不可或缺的环节，科举考试要经过州县的乡试、京师尚书省的省试以及

---

① 《旧唐书》卷 71《魏征传》。
② 《贞观政要·杜谗邪》。
③ 《资治通鉴》卷 193。

皇帝的殿试三个环节，这种考试制度一直延续了千余年。二是首开武举。武周长安二年（702）武则天创立武举，专门通过考试招收武人。"长安二年（702）正月十七敕：天下诸州，宜教武艺，每年准明经、进士贡举例送。"① 武举"其制有长垛、马射、步射、平射、筒射，又有马枪、翘关、负重、身材之选"②。武则天首创的武举制，打破了只有文人才能参加科举考试而进入仕途的限制，为武人通过武举考试进入仕途也开辟了途径。三是大幅度提高科举考试的录用名额。据清代徐松《登科记考》记载，唐太宗时录取进士仅 205 人，而在唐高宗、武后时期录取的进士则多达 1000 余人。

二是武则天多次颁布求贤诏书，广纳贤才。如她在《搜访贤良诏》中说："十室之邑，忠信尚存；三人同行，我师犹在。会须搜访，不得称无。荐若不虚，自从褒异之典；举非其士，岂漏贬责之科。所司明为条例，布告远近。"③ 她认为，人才肯定存在，只是未被发现。于是，下令五品以上文武内外官、五品七品以上清官及外官刺史都督等，应在其所管辖的地区举荐人才。如果举荐的的确是人才，将受到褒奖；如果举荐的不是人才，将受到处罚。又如，她在《求访贤良诏》中更明确具体地表明，天下之大，各种事务繁巨，不是单靠皇帝一人所能做完，而必须依靠各类人才共同完成，因此，皇帝管理天下，最重的事情就是求贤，通过贤才实现对国家的治理。于是，她下令五品以上的官员举荐各类人才。"上之临下，道莫贵于求贤；臣之事君，功岂逾于进善。所以允凝庶绩，式静群方，成大厦之凌云，济巨川之沃日。故周称多士，著美风谣；汉号得人，垂芳竹素。历观前代，罔不由兹。朕虽宵分辍寝，日昃忘食，勉思政术，不惮劬劳，而九域之至广，岂一人之独化，必伫材能，共成羽翼……宜令文武官五品以上，各举所知。其有抱梁栋之才，可以丹青神化；蕴韬钤之略，可以振耀天威；资道德之方，可以奖训风俗；践孝

---

① 《唐会要》卷 59《兵部侍郎》。
② 《新唐书》卷 44《选举上》。
③ 《全唐文》卷 95。

友之行，可以劝率生灵；抱儒素之业，可以师范国胄；蓄文藻之思，可以方驾词人；守贞亮之节，可以直言无隐；履清白之操，可以守职不渝。凡此八科，实该三道，取人以器，求才务适。"① 武则天这里的以"八科"标准选拔人才，概言之，就是着眼于选拔德才兼备，文武有长，能管理国家，为民师范，保家卫国之才。

在武则天的倡导下，臣僚们形成了一种推荐人才的风气。如由娄师德荐举、并得到武则天重用的名相狄仁杰，也常以"举贤为意"；经狄仁杰引荐而被提拔的人才有"桓彦范、敬晖、窦怀贞、姚宗等，至公卿者数十人"②。同时，武则天还鼓励自荐。如垂拱元年（685）春正月，"诏内外文武九品以上及百姓，咸令自举"③。为了避免在举荐人才中有贤才遗漏，武则天还派人到全国各地搜罗人才。据《朝野佥载》卷1记载："伪周革命之际，十道使人天下选残明经、进士及下村教童蒙博士，皆被搜扬。"④

三是对贤能之士量才录用，不计出身、资历，甚至不避仇怨。高宗、武后时期，武则天令许敬宗、李义府等人修改《氏族志》，二人于显庆四年（659）修成《姓氏录》，以现任官职高低作为划分族姓等级的标准。当时五品以上的职事官、以军功获五品以上的勋官，都在谱中有名，而旧士族中未在当时任五品以上官的均被摒弃在外。武则天通过修订《姓氏录》，进一步打压了魏晋南北朝以来的高门大族，并打破士庶界限，从而更好地贯彻量才授职，不计出身、资历的选任人才政策。她在《求贤制》中提出："其有文可以经邦国，武可以定边疆，蕴梁栋之宏才，堪将相之重任，无隔士庶，具以名闻。若举得其人，必当擢以不次，如妄相推荐，亦置科绳。"⑤ 在此，她明确提出选官任职应无分士庶，唯才是举。

---

① 《全唐文》卷95。
② 《旧唐书》卷89《狄仁杰传》。
③ 《旧唐书》卷6《则天皇后本纪》。
④ 张鹜：《朝野佥载》卷1，台湾商务印书馆影印文渊阁四库全书本。
⑤ 《全唐文》卷95。

在官员官阶晋升方面，武则天主张通常以年限和资历为依据，而不论出身门第的高低，如果属于奇才异行或有特殊贡献的人，则可破格晋升。《文武官计考进阶制》规定："文武官加阶应入五品者，并取出身历十三考以上，无私犯，进阶之时，见居六品及七品以上清官者。应入三品，取出身二十五考以上，亦无私犯，进阶之时，见居四品者。自外纵计阶应入，并不在进阶限。其奇才异行、别效殊功者，不拘此例。"① 在上述选任、晋升官员不讲门第高低，只依据才干、年限的思想指导下，武则天朝的宰相，有出身士族高门的，也有出身庶族地主的，甚至有来自衰微破落、役同厮养的下等户人家的。

为了达到治理国家的目的，武则天在选任官吏时不仅不计较出身，甚至不避仇怨。如当时北方的契丹军队经常骚扰唐朝边境，其将李楷固、骆务整骁勇善战，率军屡破唐军。后来李、骆二人兵败来降，一些朝臣主张处斩他们，为牺牲的将士报仇。但武则天却采纳狄仁杰的主张，不仅不予以处罚，还分别委任李、骆为左玉钤卫将军和右武威将军，让他们驻守边疆。圣历三年（700），李、骆二将"讨契丹余众，擒之，献俘于含枢殿"，"则天大悦，特赐楷固姓武氏"。② 又如光宅元年（684）八月，李敬业举兵反对武则天，初唐四杰的骆宾王起草了《代李敬业传檄天下文》，以犀利的文辞，磅礴的气势，数列武氏罪状，揭露其隐私，痛批其残忍险毒，入木三分。武则天看了这篇檄文后，不仅没有发怒，反而称赞文章写得好，还说"宰相之过，安失此人？"③

（四）唐玄宗李隆基裁汰冗员、任用贤才思想

武则天当政时，为了笼络人心，授任官员较滥，这种状况到中宗景龙年间尤为严重。据《通典》卷19《职官一·历代官制总序》本注记载："景龙中，有太平、安乐、长宁、宜城等诸公主及皇后陆氏妹郕国夫人、李氏妹崇国夫人……皆树用亲识，亦多猥滥。或出自臧获，或由于屠贩，

---

① 《唐会要》卷81《阶》。
② 《旧唐书》卷89《狄仁杰传》。
③ 《旧唐书》卷67《李敬业传》。

多因赂货，累居荣秩，咸能别于侧门降墨敕斜封以授焉，故时人号为'斜封官'。时既政出多门，迁除甚众，自宰相至于内外员外官及左右御史，多者则数逾十倍，皆无厅事可以处之，故时人谓之'三无坐处'，谓宰相、御史及员外官也。"到玄宗即位时，这种冗官冗员现象已经达到十分严重的程度。

因此，面对这种局面，玄宗即位后就着手进行改革。

一是裁撤冗官冗员，"大革奸滥，十去其九"。开元二年（714），玄宗下诏："悉罢员外、试、检校官，自今非有战功及别敕，毋得注拟。"① 同时撤销了闲散诸司、监、署十余所。

二是建立了严格的官吏考核制度，规定选拔京官才能卓著的到地方做都督、刺史，地方上都督、刺史政绩突出的选拔到中央做官，使这种制度"出入常均，永为恒式"②。玄宗还采纳张九龄的建议："凡不历都督、刺史，虽有高第，不得任侍郎、列卿；不历县令，虽有善政，不得任台郎、给、舍；都督、守、令虽远者，使无十年任外。"③ 这种规定，对激励地方官吏的进取心，产生了积极的影响。同时，形成了中央官员与地方官员之间的对流机制，尤其是后者规定没担任地方都督、刺史、县令的官员不能到京城担任中央政府官员，表明朝廷重视使中央政府官员对地方行政、民情应有所实践与了解，从而也改变了以往"重京官，轻外任"的官场风气。

三是重视地方官的选拔和考核，量才授官。唐玄宗认为，地方州县是国家的根本。地方官作为亲民的父母官，尤其关系到一个地方广大民众的社会生产和生息繁衍，因此特别要严格选拔，甚至唐玄宗亲自进行选拔。他在《戒牧宰敕》中指出："郡县者国之本，牧宰者政之先，朕每属意此官，有殊余职。顷来刺史、县令，多不得人，致令户口，未能安

---

① 《资治通鉴》卷 211。
② 《资治通鉴》卷 211。
③ 《新唐书》卷 126《张九龄传》。

业，斯亦朕之不德，所以寤寐劳想，辞命旁求，搜扬所知，亲加试择。"①开元四年（716）玄宗亲自策试吏部选用的县令，"上悉召县令于宣政殿庭，试以理人策。惟鄄城令韦济词理第一，擢为醴泉令。余二百余人不入第，且令之官；四十五人放归学问"②，还贬斥了主持选官的吏部侍郎卢从愿、李朝隐二人。

　　唐玄宗为了防止地方官吏利用本地人的条件通过亲友营私舞弊，拉帮结派，培植个人势力，明确规定"州市令不得用本市内人，县市令不得用当县人"③。唐玄宗还重视对地方官吏的政绩严加考核，然后根据考核结果升优黜劣。他在《整饬吏治诏》中规定，每年十月委派各道按察使对刺史、县令的政绩进行考察，分为最、中间、殿三等，作为改转升降的依据，力求做到"有善必赏，所以劝能；有罪必诛，所以惩恶"④。

　　唐玄宗一方面重视地方州县官吏的选拔任用，另一方面也十分重视政府最高行政长官宰相的选任。他执政伊始，便任用先后在武则天朝、睿宗朝为相的姚崇为宰相。姚崇"明于吏道，断割不滞"⑤。接着又任用刑赏无私、敢于直谏的宋璟为相。北宋司马光评论说："姚、宋相继为相，崇善应变成务，璟善守法持正；二人志操不同，然协心辅佐，使赋役宽平，刑罚清省，百姓富庶。唐世贤相，前称房、杜，后称姚、宋，他人莫得比焉。二人每进见，上辄为之起，去则临轩送之。"⑥ 姚、宋之后，唐玄宗在开元年间，先后任用了卢怀慎、张嘉贞、源乾曜、张说、李元纮、杜暹、韩休、张九龄等人为相，这些人都具有管理国家的卓越才能，又各具特点。对此，司马光也做了恰当的评价："上（玄宗）即位以来，所用之相，姚崇尚通，宋璟尚法，张嘉贞尚吏，张说尚文，李元

① 《全唐文》卷 35。
② 《资治通鉴》卷 211。
③ 《唐六典》卷 30。
④ 《全唐文》卷 34《诛裴景仙敕》。
⑤ 《旧唐书》卷 96《姚崇传》。
⑥ 《资治通鉴》卷 211。

纮、杜暹尚俭，韩休、张九龄尚直，各其所长也。"① 而且唐玄宗对这些正直能干之臣信任有加，优礼相待，授任有权，使他们充分施展各自的才干。如任姚崇、宋璟为相，只有军国大事玄宗才亲自参与定夺，其余非军国大事，如任用郎官及其他吏治之事，玄宗则放手让姚、宋处理。玄宗曾经说过："我任（姚）崇以政，大事吾当与决，至用郎吏，崇顾不能而重烦我邪？"② 玄宗正是通过任用这些忠诚正直能干的宰臣们辅佐，稳定了武则天去世之后的多年混乱局面，并使社会经济继续保持发展势头，从而开创了开元盛世的局面。

（五）陆贽人才管理思想

陆贽的主要政治活动在德宗时期，当时藩镇割据，战乱不息，朝廷明显感到缺乏强有力有非凡才干的人才来平息叛乱，稳定政局。在此历史背景下，陆贽明确强调，国之治乱，在此得人，"人者，邦之本也"③，"立国之本，在乎得众"④，"圣人之于爱才，不唯仄席求思而已，乃复引进以崇其术业，历试以发其器能，旌善以重其言，优禄以全其操。岁月积久，声实并丰，列之于朝，则王室尊；分之于土，则藩镇重"⑤。

基于这种认识，陆贽提出当时朝廷要克敌制胜，解决藩镇割据，使国家由危转安，一个重要的措施就是在于得人。"立国之安危在势，任事之济否在人。"⑥ "伏以克敌之要，在乎将得其人；驭将之方，在乎操得其柄。将非其人者，兵虽众不足恃；操失其柄者，将虽才不为用。"⑦ 这就是朝廷既要得到将才，又会善于使用将才，就能平定藩镇之乱。陆贽还针对当时德宗在用人上的弊端，提出了在用人上的主张。

其一，他提出朝廷要广于求才，录长补短。陆贽从汉朝历史中得出，

---

① 《资治通鉴》卷 214。

② 《新唐书》卷 124《姚崇传》。

③ 《全唐文》卷 467《论两河及淮西利害状》。

④ 《全唐文》卷 468《奉天论前所答奏未施行状》。

⑤ 《全唐文》卷 465《论朝官阙员及刺史等改转伦序状》。

⑥ 《全唐文》卷 467《论关中事宜状》。

⑦ 《全唐文》卷 467《论两河及淮西利害状》。

人才之多寡、特点与君主的好尚关系极大："汉高禀大度，故其时多魁杰不羁之才；汉武好英风，故其时富瑰诡立名之士；汉宣精吏能，故其时萃循良核实之能。迨乎哀、平、桓、灵，昵比小人，疏远君子，故其时近习操国柄，嬖戚擅朝权。是知人之才性，与时升降，好之则至，奖之则崇，抑之则衰，斥之则绝，此人才消长之所由也。"① 而且当时朝廷缺乏人才，其原因有 7 个方面："不澄源而防末流，一也；不考实而务博访，二也；求精太过，三也；嫉恶太甚，四也；程试乖方，五也；取舍违理，六也；循故事而不择可否，七也。"② 针对当时选任人才的弊端，陆贽主张选任人才不要求全责备，而应录长补短："人之才行，自昔罕全，苟有所长，必有所短。若录长补短，则天下无不用之人；责短舍长，则天下无不弃之士。加以情有憎爱，趣有异同，假使圣如伊、周，贤如杨、墨，求诸物议，孰免饥嫌？③ "凡今将吏，岂得尽无疵瑕？"④ 如果"以一言忤犯，一事过差，遂从弃捐，没代不复"，那么"人才不能不乏，风俗不能不偷。此所谓嫉恶太甚之患也"⑤。鉴于此，陆贽认为要广泛发现人才，就必须通过多种渠道选拔人才，这就是"求才贵广"。"求广在于各举所知，长吏之荐择是也……求不广则下位罕进，下位罕进则用常乏人，用常乏人则惧旷庶职，惧旷庶职则苟取备员。"不仅宰相可以推选官吏，台省长官也可以荐举人才，"唯广求才之路，使贤者各以汇征，启至公之门，令职司皆得自达"⑥。如果上上下下能这样广求人才，那么朝廷何患没有人才！

其二，他提出"考课贵精"⑦，升优汰劣。陆贽认为，在用人时，必须依据规定的标准，对官吏进行深入的考察，准确、实事求是的考核，

---

① 《全唐文》卷 465《论朝官阙员及刺史等改转伦序状》。

② 《全唐文》卷 465《论朝官阙员及刺史等改转伦序状》。

③ 《全唐文》卷 472《请许台省长官举荐属吏状》。

④ 《全唐文》卷 471《兴元请抚循李楚琳状》。

⑤ 《全唐文》卷 475《论朝官阙员及刺史等改转伦序状》。

⑥ 《全唐文》卷 472《请许台省长官举荐属吏状》。

⑦ 《全唐文》卷 472《请许台省长官举荐属吏状》。

升优汰劣。"委任责成之道，听言考实之方，闲邪存诚，犹恐有阙……所谓听言考实，虚受广纳，宏接下之规；明目达聪，广济人之道。欲知事之得失，不可不听之于言；欲辩言之真虚，不可不考之于实。言事之得者，勿即谓是，必原其所得之由；言事之失者，勿即谓非，必穷其所失之理。称人之善者，必详征行善之迹；论人之恶者，必明辨为恶之端。凡听其言，皆考其实；既得其实，又察以情；既尽其情，复稽于众；众议情实，必参相得。然后信其说，奖其诚；如或矫诬，亦置明罚。夫如是，则言者不壅，听之不劳，无浮妄乱教之谈，无阴邪伤善之说，无轻信见欺之失，无潜陷不辩之冤。此古之圣王，听言考实，不出户而知天下之方也。"① 并且，为了使考课官员落在实处，他还具体提出了考核的八项内容，以"八计听吏治"："视户口丰耗以稽抚字，视垦田赢缩以稽本末，视赋役薄厚以稽廉冒，视案籍繁简以稽听断，视囚系盈虚以稽决滞，视奸盗有无以稽禁御，视选举众寡以稽风化，视学校兴废以稽教导。"② 陆贽提出的考核地方官这 8 个方面的问题，概括地说，其实就是中国古代地方州县官日常管理中最主要的 3 个方面的工作：一是民生与财政问题，即户口、垦田和赋役。因为如民众生活安定富足，就会使人口生息繁衍，数量增加。户口增加，也意味着劳动力增加，土地就会得到更多的开垦，农业产量也相应增产。封建政府主要是依据户丁和田地的数量来向民众征收赋税摊派徭役的，因此户口、垦田的数量直接关系到封建王朝赋役的征派。二是案籍、囚系、奸盗则体现了社会治安稳定与否。其中案籍指诉讼、判决的档案，囚系则指狱中囚禁的犯人，奸盗顾名思义就是指在逃的作奸犯科之人与强盗。如果这三个方面的统计数据增加，就意味着某官辖区内社会治安状况恶化，如果这 3 个方面的统计数据减少，就意味着某官辖区内社会治安状况稳定。三是选举、学校则体现教育与人才选拔、社会风气等状况。如果某官辖区内学校增加，

---

① 《全唐文》卷 472《许台省长官举荐属吏状》。
② 《新唐书》卷 157《陆贽传》。

则意味着教育发展发达，从而表现在该地区通过科举选拔的人才增多，也会影响到社会风气变好，形成美风善俗；如果该地区学校减少，教育萎缩，肯定会导致该地区科举选拔的人才减少，也会影响到社会风气变坏，出现陋俗。总之，陆贽提出的"八计听吏治"，十分准确地抓住了考核古代地方官政绩的 3 个方面的关键指标，既简明全面系统，便于实际操作，又能对地方官吏政绩进行量化，从而使考核更加客观、准确。并且这种实事求是的考核方法能够有效防止一些官吏徇私舞弊、弄虚作假等不良行为。同时，陆贽强调，考课不是目的，只是一种手段，其目的是根据考课结果升优汰劣，使任得其所，才尽其用。因为"才如负焉，唯在所授；授逾其力则蹉，授当其力则行……焉有委非所任，置非所安，而望其不颠不危，固亦难矣！"① 朝廷必须根据考核结果任用官员，才能使才能与所任之职相当。如果委非所任，就会对所用之人，因不胜任其职而被罢黜，并且对社会也会造成危害。因此他主张朝廷必须切实贯彻对官吏的考核，才能发挥其激励与惩戒的作用。"日者制度废隳，考课乖舛，淹速靡准，升降无名，欲令庶僚，何所惩劝。自今以后，刺史县令，未经三考，不得改移。其余非在职绩效殊尤，亦不得越次迁转。刺史停替，须待鱼书。内外五品以上，及常参官在任年考已深者，即量才效用与改，中外迭处，以观其能。"② 因此，陆贽认为考课必须求精，否则会产生诸多弊端，官吏能否优劣无法区分，不会产生劝惩的作用。"考不精则能否无别，能否无别则砥砺渐衰，砥砺渐衰则职业不举，职业不举则品格浸微。是以贤能之功，不克彰也。"因此，"考课百官，奉扬聪明，信赏必罚，庶乎人无滞用，朝不乏人，以此为酬恩之资，以此为致理之具"③。总之，要治理好国家，就必然对官吏进行实事求是的考课，然后根据考课结果进行奖罚，升优汰劣，这样才会发挥考课对官吏的激励与惩戒作用。

---

① 《全唐文》卷 475《请不与李万荣汴州节度使状》。
② 《全唐文》卷 461《冬至大礼大赦制》。
③ 《全唐文》卷 472《请许台省长官举荐属吏状》。

在考课的基础上，陆贽还提出对官吏的奖惩可分为 3 种类型，他称其为"三术"："一曰拔擢以旌其异能，二曰黜罢以纠其失职，三曰序进以谨其守常"，这样才能"高课者骤升，无庸者亟退，其余绩非出类，守不败官，则循以常资，约以定限"，就能"殊才不滞，庶品有伦，参酌古今，此为中道"①。这就是说，对官吏考课后，对有特别优异的人才立即予以晋升，对于失职平庸的人则立即予以罢免，而对于政绩才干一般的官吏则按正常规定依年限资历以及职数逐步提升。这样就能符合用人的正道，即优异者"骤升"，失职平庸者"亟退"，一般者按"常资""定限"提拔，从而澄清吏治，优化官吏队伍，提高管理国家效率。

陆贽还以历史经验告诫德宗，一个时代是否有人才，关键在于君主要懂得任用、培养、激励人才。如在一个王朝末年往往不会出现人才而紧接着在一个新王朝的建立之初则会涌现出一批人才，一个王朝是否会出现人才，关键因素取决于君主的用人、培养、激励人才政策。"当在衰季之时，咸谓无人足任，及其雄才御寓，淑德应期，贤能相从，森若林会。然则兴王之良佐，皆是季代之弃才。在季而愚，当兴而智，乃知季代非独遗贤而不用，其于养育奖劝之道，亦有所不至焉。"②

其三，陆贽劝谏德宗要诚信待臣。建中年间藩镇多乱，德宗多疑猜忌，曾自我表白说："朕本性甚好推诚，亦能纳谏。将谓君臣一体，全不提防，缘推诚信不疑，不多被奸人卖弄。今所致患害，朕思亦无它，其失反在推诚。又，谏官论事，少能缜密，例自矜炫，归过于朕以自取名。朕从即位以来，见奏对论事者甚多，大抵皆是雷同，道听途说，试加质问，遽即辞穷。若有奇才异能，在朕岂惜拔擢？朕见从前以来，事只如此，所以近来不多取次对人，亦非倦于接纳。"德宗在此错误地认为，自己过于诚信待臣，致使被奸人卖弄欺骗，应该不要过于相信臣下，多一点提防之心。但是，与此相反，陆贽则认为德宗猜防多疑之心太重。因

---

① 《全唐文》卷 475《论朝官阙员及刺史等改转伦序状》。
② 《全唐文》卷 475《论朝官阙员及刺史等改转伦序状》。

此建议德宗不要因噎废食，因为一两个奸人而疑心太重。理由是诚则得人，疑则失众。他指出："昔人有因噎而废食者，又有惧溺而自沉者，自为矫枉防患之虑，岂不过哉？愿陛下取鉴于兹，勿以小虞而妨大道也。臣闻人之所助在乎信，信之所立由乎诚。守诚于中，然后使众无惑；存信于己，可以教人不欺。唯信与诚，有补无失。一不诚则心莫之保，一不信则言莫之行。故圣人重焉，以为食可去而信不可失也……匹夫不诚，无复有事，况王者赖人之诚以自固，而可不诚于人乎？陛下所谓失于诚信以致患害者，臣窃以斯言为过矣。孔子曰：'可与言而不与之言，失人；不可与言而与之言，失言。智者不失人，亦不失言。'由此论之，陛下可审其所言，而不可不慎；信其所兴，而不可不诚……故驭之以智则人诈，示之以疑则人偷，接不以礼则徇义之意轻，抚不以恩则效忠之情薄。上行之则下从之，上施之则下报之，若响应声，若影从表；表枉则影曲，声淫则响邪。怀鄙诈而求颜色之不形，颜色形而求观者之不辨，观者辨而求众庶之不惑，众庶惑而求叛乱之不生，自古及今，未之得也。故'唯天下至诚，为能尽其性；能尽其性，则能尽人之性。'若不尽于己而望尽于人，众必绐而不从矣；不诚于前而曰诚于后，众必疑而不信矣。今方岳有不诚于国者，陛下则兴师以伐之；臣庶有亏信于上者，陛下则出令以诛之。有司顺命诛伐而不敢纵舍者，盖以陛下之所有，责彼之所无故也。向若陛下不诚于物，不信于人，人将有辞，何以致讨？是知诚信之道，不可斯须去身，愿陛下慎守而行之有加，恐非所以为悔者也。"[1]陆贽在此认为，如果君主不以诚信待臣，就会出现上下猜疑的情况，臣下也不会为君主尽忠效力；如果君主以诚信待臣，就会出现君臣一体，则臣下咸愿尽忠。

陆贽还分析了君臣互相猜疑，上下声情不通的主要原因是上有"六弊"而下有"三弊"。所谓上有"六弊"即君主有六弊："好胜人，耻闻过，骋辩给，眩聪明，厉威严，恣强愎"；下有"三弊"即臣下有三弊：

---

① 《全唐文》卷468《奉天请数对群臣兼许令论事状》。

"谄谀，顾望，畏懦"①。陆贽进一步指出，君上之六弊是源，即是根本原因，而臣下之三弊是流，即是枝末原因。"上好胜，必甘于佞辞；上耻过，必忌于直谏。如是，则下之谄谀者顺旨，而忠实之语不闻矣。上骋辩，必剿说而折人以言；上眩明，必臆度而虞人以诈。如是则下之顾望者自便，而切磨之辞不尽矣。上厉威，必不能降情以接物；上恣愎，必不能引咎以受规。如是则下之畏懦者避辜，而情理之说不申矣。"②

陆贽还认为，如果君臣互相猜疑，上下声情不通，就会导致国家衰败。"上情不通于下则人惑，下情不通于上则君疑；疑则不纳其诚，惑则不从其令；诚而不见纳，则应之以悖；令而不见从，则加之以刑。下悖上刑，不败何待？是使乱多理少，从古以然。考其初心，不必淫暴，亦在乎两情相阻，驯致其失，以至于艰难者焉。"③ 因为如果君臣互相猜疑，上下声情不通，就会导致君主的命令得不到臣下的如实贯彻，而臣下的忠告得不到君主的采纳，这对管理国家会造成很大的危害。

德宗时期，朝廷不断派兵平定藩镇叛乱。陆贽特别强调在这种局面下，君主如不以诚信待将帅，不信任领兵将帅，不将军队指挥权彻底交给在外领兵的将帅，或数将并置而不设统帅，或别委中使（宦官）监临，使他们互相牵制监督，君主时刻加以防范，使将帅在战斗中不能专制，以应对瞬息万变的军情，致使师丧国蹙。"其或疑于委任，以制断由己为大权；昧于责成，以指麾顺旨为良将。锋镝交于原野，而决策于九重之中；机会变于斯须，而定计于千里之外。违令则失顺，从令则失宜，失顺则挫君之严，失宜则败君之众。用舍相碍，否臧皆凶，上有掣肘之讥，下无死绥之志，其于分画之道，岂不两伤哉！其于经纶之术，岂不都谬哉！自昔帝王之所以长乱繁刑，丧师蹙国者，由此道也。"④

陆贽还借用历史事实来说明君主"蓄疑"招致失败和"推诚"带来

① 《全唐文》卷 468《奉天请数对群臣兼许令论事状》。
② 《全唐文》卷 468《奉天请数对群臣兼许令论事状》。
③ 《全唐文》卷 468《奉天请数对群臣兼许令论事状》。
④ 《全唐文》卷 471《兴元奏请许浑瑊李晟等诸军兵马自取机便状》。

成功的道理。"项籍纳秦降卒二十万，虑其怀诈复叛，一举而尽坑之，其于防虞，亦已甚矣；汉高豁达大度，天下之士至者，纳用不疑，其于备虑，可谓疏矣。然而项氏以灭，刘氏以昌，蓄疑之与推诚，其效固不同也。秦皇严卫雄猜，而荆轲奋其阴计；光武宽容博厚，而马援输其款诚。岂不以虚怀待人，人亦思附；任数御物，物终不亲。情思附则感而悦之，虽寇雠化为心膂有矣；意不亲则惧而阻之，虽骨肉结为仇慝有矣。臣故曰：兹道得失，所关兴亡。"① 因此，陆贽劝谏德宗要信任臣下，要给将帅以实权，使其在战争中能根据形势变化而便宜行事，发挥将帅的能动性，以建立功勋，而不必计较于枝末细节之事。他提出："陛下宜俯徇斯意，因而委之。遂其所安，护其所病。敦以付授之义，固以亲信之恩，假以便宜之权，待以殊常之赏。其余细故，悉勿关言。所赐诏书，务从简要，慎其言以取重，深其托以示诚……夫君上之权，特异臣下者，唯不自用，乃能用人。其要在顺于物情，其契在通于时变。"② 只有择得其人，谋始慎终，用人不疑，明于赏罚，君主才能实现无为而治。"所谓委任责成者，将立其事，先择其人；既得其人，慎谋其始；既谋其始，详虑其终。终始之间，事必前定，有疑则勿果于用，既用则不复有疑。待终其谋，乃考其事。事愆于素者，革其弊而黜其人；事协于初者，赏其人而成其美。使受赏者无所与让，见黜者莫得为辞。夫如是，则苟无其才，孰敢当任？苟当其任，必得竭才。此古之圣王，委任责成，无为而理之道也。"③

其四，陆贽认为君主任用人才应用其所长，不要求全责备。每个人都有其独特性，应当善于发现其所长，好好加以利用，就不担心缺乏人才。"盖以人皆含灵，唯所诱致。如玉之在璞，抵掷则瓦石，追琢则圭璋；如水之发源，壅阏则淤泥，疏浚则川沼"；"天之生物，为用罕兼，性有所长，必有所短，材有所合，必有所暌。曲成则品物不遗，求备则

---

① 《全唐文》卷 470 《兴元论续从贼中赴行在官等状》。
② 《全唐文》卷 471 《兴元奏请许浑瑊李晟等诸军兵马自取机便状》。
③ 《全唐文》卷 472 《请许台省长官举荐属吏状》。

触类皆弃。是以巧梓顺轮桷之用，故枉直无废材；良御适险易之宜，故驽骥无失性。物既若此，人亦宜然，其于行能，固不兼具"。① 虽然全德大贤的圣人，千年才会出现一次；全贤的通才，五百年才会出现一次，但若不求全责备，并不一定非圣人、通才才用。"若夫一至之能，偏禀之性，则中人以上，迭有所长。苟区别得宜，付授当器，各适其性，各宣其能，及乎合以成功，亦与全才无异。但在明鉴大度，御之有道而已。"② 用人应当录长补短，把人的长处充分发挥出来，弥补他的短处，如能任用得当，那么使用偏材与使用全材，其效果是一样的。"人之才行，自昔罕全，苟有所长，必有所短。若录长补短，则天下无不用之人；责短舍长，则天下无不弃之士。"③

（六）韩愈的重才识才、唯才是举思想

韩愈十分重视人才在管理国家中的重要性。他以形体硕大的鹿被形体小的豹擒食做比喻，说明得到人才的重要性。"诸侯之于天子，不惟守土地奉职贡而已，固将有以翰藩之也……今夫鹿之于豹，非不巍然大矣，然而卒为之擒者，爪牙之材不同，猛怯之资殊也。曰：然则知之何而备之？曰：在得人。"④ 他认为，相、将应当担负起为君主选任天下人才的责任。"夫南面而听天下，其所托重而恃力者，惟相与将耳。相为天子得人于朝廷，将为天子得文武士于幕下：求内外无治，不可得也。"⑤ 他非常推崇西周初周公选任天下贤才而使天下大治。"愈闻周公之为辅相，其急于见贤也，方一食三吐其哺，方一沐三捉其发。当是时，天下之贤才皆已举用，奸邪谗佞欺负之徒皆已除去……故于今颂成王之德而称周公之功不衰。"⑥

---

① 《全唐文》卷 475《论朝官阙员及刺史等改转伦序状》。
② 《全唐文》卷 475《论朝官阙员及刺史等改转伦序状》。
③ 《全唐文》卷 472《请许台省长官举荐属吏状》。
④ 《昌黎先生集》卷 12《守戒》。
⑤ 《昌黎先生集》卷 21《送温处士赴河阳军序》。
⑥ 《昌黎先生集》卷 16《后廿九日复上书》。

韩愈指出，中唐时期，朝廷在人才选拔方面存在严重的弊端："古之所谓公无私者，其取舍进退无择于亲疏远迩，惟其宜可焉。其下之视上也，亦惟视其举黜之当否，不以亲疏远迩疑乎其上之人。故上之人行志择谊，坦乎其无忧于下也；下之人克己慎行，确乎其无惑于上也。是故为君不劳，而为臣甚易：见一善焉，可得详而举也；见一不善焉，可得明而去也。及道之衰，上下交疑，于是乎举仇、举子之事，载之传中而称美之，而谓之忠……于是乎有违心之行，有怫志之言，有内愧之名；若然者，俗所谓良有司也。肤受之诉不行于君，巧言之诬不起于人矣。呜呼！今之君天下者，不亦劳乎！为有司者，不亦难乎！为人向道者，不亦勤乎！是故端居而念焉，非君人者之过也；则曰有司焉，则非有司之过也；则曰今举天下人焉，则非今举天下人之过也。"①

韩愈认为，在中唐"道衰"的时代，人才选拔存在着"违心之行""怫志之言""内愧之名"等弊端，其原因是君臣上下互相猜疑，臣下为了避嫌疑，不敢实事求是从亲近的人中选拔人才，从疏远的人中黜退不好的人；或者为了标新立异，哗众取宠，故意违背公论，颠倒是非，从而使选拔出来的人不是真正的人才。"举仇、举子之事，载之传中而称美之，而谓之忠。见一善焉，若亲与迩不敢举也；见一不善焉，若疏与远不敢去也。众之所同好焉，矫而黜之乃公也；众之所同恶焉，激而举之乃忠也……盖其渐有因，其本有根，生于私其亲，成于私其身。以己之不直，而谓人皆然。其植之也固久，其除之也实难，非百年必世不可得而化也，非知命不惑不可得而改也。"② 因此，韩愈认为朝廷必须改革选拔任用人才的制度，应当实事求是，唯才是举，不避公私，不要求全责备。

韩愈认为，世上并不是没有人才，而是缺乏像伯乐相马那样识别人才的人。因此，他渴望统治者能够像伯乐相马那样善于发现优秀人才，

① 《昌黎先生集》卷19《送齐暤下第序》。
② 《昌黎先生集》卷19《送齐暤下第序》。

选拔优秀人才，礼贤下士，爱才重才，用好人才。"世有伯乐然后有千里马。千里马常有，而伯乐不常有；故虽有名马，只辱于奴隶人之手，骈死于槽枥之间，不以千里称也。马之千里者，一食或尽粟一石。食马者不知其能千里而食也；是马也，虽有千里之能，食不饱，力不足，才美不见外，且欲与常马等不可得，安求其能千里也！策之不以其道，食之不能尽其材，鸣之而不能通其意，执策而临之曰：'天下无马。'呜呼！其真无马耶？其真不知马也！"① 正由于伯乐懂得识别千里马，所以伯乐经过的地方，良马都被伯乐挑选走了，就见不到良马了。朝廷也应当像伯乐相马那样，把贤才都挑选出来，民间就没有贤才了。"伯乐一过冀北之野，而马群遂空。夫冀北马多天下，伯乐虽善知马，安能空其群焉？解之者曰：吾所谓空，非无马也，无良马也。伯乐知马，遇其良，辄取之，群无留良焉。"② "伯乐之厩多良马，卞和之匮多美玉。"③ 正由于伯乐善于识马，所以其马厩里就有很多良马，卞和善于辨玉，所以其怀抱里有很多美玉。如果君主懂得识别人才，那朝中就会有许多贤臣。

韩愈提出，朝廷要做到唯才是举，必须做到以下两个方面：

一是用才如器，唯器是适。"夫大木为宗，细木为桷，欂栌侏儒，椳闑扂楔，各得其宜，施以成室者，匠氏之工也。玉札丹砂，赤箭青芝，牛溲马勃，败鼓之皮，俱收并蓄，待用无遗者，医师之良也；登明选公，杂进巧拙，纡余为妍，卓荦为杰，校短量长，惟器是适者，宰相之方也。"④ 朝廷应根据各种人才的特点与能力，分别给予不同的职位，做到唯器是适，才能与职位相符。"下之事上，不一其事；上之使下，不一其事。量力而任之，度才而处之，其所不能，不强使为，是故为下者不获

① 《昌黎先生集》卷11《杂说四首》其四。

② 《昌黎先生集》卷21《送温处士赴河阳军序》。

③ 《昌黎先生集》卷21《送权秀才序》，此篇四部丛刊本缺，据《历代全集丛刊》本补。

④ 《昌黎先生集》卷12《进学解》。

罪于上，为上者不得怨于下矣。"① 人才各有某能与不能，只有量才使用，才能各得所用，才不会使被用者因不适合其职位而遭到惩处，使用者也不会因没有使用好人才而抱怨。

二是使用人才要不拘一格，拔擢特别优异或有独特才能的。韩愈认为，使用人才"宜求纯信之士，骨鲠之臣，忧国如家，忘身奉上者，超其爵位，置在左右。如殷高宗之用傅说，周文王之举太公，齐桓公之拔甯戚，汉武帝之取公孙弘。清闲之余，时赐召问，必能辅宣王化，销殄旱灾"②。他主张对于那些忧国如家、忘身奉上的纯信之士、骨鲠之臣以及有特殊才能的人，要"超其爵位"，破格任用，甚至还要安排在君主左右，给予重用，以备随时咨询。

五、周世宗治吏思想

五代后周时期，周太祖郭威在位三年，留心搜罗人才，重用文臣，决心革除弊政，采取了严惩贪官污吏、奖励生产、废除与减少苛捐杂税，以及免除牛租等措施，提高了农民的生产积极性，促进了社会经济的发展。显德元年（954），周太祖去世后，周世宗柴荣即位，继续推行改革，史称周世宗改革。以下就周世宗改革中治吏思想和理念，做一简要分析。

（一）纳谏任贤，澄清吏治

周世宗即位后，屡次下诏广开言路，恳求臣僚谏言："苟或闻朕躬之过失，睹时政之否臧，无惜敷陈，以补寡昧；苦口良药，逆耳忠言，裨益兹多，翘伫惟切。"③ "善操理者，不能有全功；善处身者，不能无过失。虽尧舜禹汤之上圣，文武成康之至明，尚犹思逆耳之言，求苦口之药，何况后之人不逮哉！朕承先帝之灵，居至尊之位，涉道犹浅，经事

---

① 《昌黎先生集》卷17《上张仆射书》。
② 《昌黎先生集》卷37《论今年权停举选状》。
③ 《册府元龟》卷103《帝王部·招谏二》。

未深，常惧昏蒙，不克负荷……至于刑政取舍之间，国家措置之事，岂能尽是？"① "朕于卿大夫，才不能尽知，面不能尽识，若不采其言而观其行，审其意而察其忠，则何以见器略之浅深，知任用之当否？若言之不入，罪实在予；苟求之不言，咎将谁执！应内外文武臣僚，今后或有所见所闻，并许上章论谏。若朕躬之有阙失，得以尽言；时政之有瑕疵，勿宜有隐……诸有司局公事者，各宜举职，事有不便者，革之可也；理有可行者，举之可也，勿务因循，渐成讹谬。臣僚有出使在外回者，苟或知黎庶之利病，闻官吏之优劣，当具敷奏，以广听闻。"② 周世宗认为即使上古尧舜禹汤文武康成圣明之人，尚求逆耳之言、苦口之药，以弥补为政之过失，更何况自己即位不久，缺乏治理国家之经验，更要让臣下得以尽言为政之阙失，上言民间百姓之利病、官吏为政之优劣。事有不便者，就加以改革；理有可行者，就加以实施，这样才能把国家治理好。

周世宗还要求群臣献治国之策："今中夏（即后周）虽渐小康，吴、蜀、幽（契丹）、并（北汉）尚未平荡，声教有限，朕实疚怀，宜谕臣僚各述论策，宜尊经济之略，副予求贤致理之志也。"③ 于是，命翰林承旨徐台符以下 20 余人，各撰一篇《为君难为臣不易论》和《平边策》以进。比部郎中王朴献策云："进贤退不肖，所以收其才也；恩隐诚信，所以结其心也；赏功罚罪，所以尽其力也；去奢节用，所以丰其财也；时使薄敛，所以阜其民也。俟群才既集，政事既治，财用既充，士民既附，然后举而用之，功无不成矣！"他还提出进行统一战争的基本原则应是："凡攻取之道，必先其易者。"④ 王朴献策中的不少意见被周世宗所采纳。

周世宗通过广开言路，以求谏纳谏为通道，网罗了大批治国平天下的人才。凡是"怀才抱器，出众超群"的，或者"养素于衡门，或屈迹

① 《册府元龟》卷 103《帝王部·招谏二》。
② 《旧五代史》卷 115《世宗纪二》。
③ 《册府元龟》卷 104《帝王部·访问》。
④ 《资治通鉴》卷 292。

于末位"的人，都加以任用，给予官职和俸禄。① 如当时文臣中的范质、王溥、魏仁浦、王朴等，武将中的曹英、向训、药元福、曹翰、曹彬等，后来绝大多数都成了北宋的"佐命功臣"。周世宗还力排众议，不拘一格选人才，提拔出身于刀笔吏的枢密使魏仁浦为中书侍郎、同平章事（即宰相）。他的理由是"自古用文武才略者为辅佐，岂尽由科第邪！"② 后来，北宋宰相张昭在对宋太祖言事时，称赞周世宗"好拔奇取俊，有自布衣上书，下位言事者，多不次进用"③。

周世宗为了加强对地方的控制，整顿各级行政机构和地方里甲制度，重视对地方官吏的选任。他认为节度使的幕僚宾佐和县令录事等官，都是直接管理民事，应该"历试求人，委之共理"④。为了扭转五代以来"天下之邑，率皆不治"⑤ 的弊病，周世宗规定了官吏考核的标准："考陈力之轻重，较言事之否臧，奉公切直者当议甄升，临事蓄缩者须期抑退。"⑥

周世宗在选拔人才的同时，还注意裁减冗员。显德五年（958）十二月，敕"两京五府少尹、司录、参军先各置两员，今后只置一员；六曹判司内，只置户曹、法曹各一员；其余曹官及诸州观察支使、两蕃判官，并宜省废"⑦。

（二）狱讼无冤，严法治吏

周世宗在即位之年即大赦天下，因罪被遣发的人，并令赦回，从事生产，并力图做到"狱讼无冤，刑戮不滥"。他为了伸雪百姓冤抑，曾

① 《册府元龟》卷 68《帝王部·求贤二》。
② 《资治通鉴》卷 294。
③ 王称：《东都事略》卷 30《张昭传》，台湾商务印书馆影印文渊阁四库全书本。
④ 《册府元龟》卷 69《帝王部·审官》。
⑤ 李攸：《宋朝事实》卷 9《官职》，丛书集成本。
⑥ 《旧五代史》卷 115《世宗纪二》。
⑦ 《五代会要》卷 20《中外加减官》。

"亲录囚于内苑"，由是"诸长吏无不亲察狱讼"①，不敢马虎了事。显德二年（955）六月，他发现汝州颍桥镇百姓马遇父亲和弟弟，被镇将史彦铎诬冤致死。他就给予昭雪平反，并"赐其家粟麦各一十石，绢三十匹"。于是，"诸侯闻者，无不躬亲于狱讼焉"②。他还一再表示，执法"不因怒刑人、因喜赏人"③，必须公正无私。在"本无刑章，视人命如草芥，动以族诛为事"的五代乱世，周世宗能够做到这一步，的确是难能可贵的。

当时，律、令、格、敕很多，律、令文词简单而意义难明，格、敕条目繁多容易发生疑误。为了使"民不陷刑，吏知所守"④，周世宗命令侍御史知杂张湜等，对五代相沿之律令格敕进行删节、注释和评议，再由兵部尚书张昭远等编订成《大周刑统》21卷，颁行全国。从而限制了地方官吏舞文弄墨、徇私枉法，陷害人民。

后周政权，把刑法看作"御人之衔勒，救弊之斧斤"⑤。周世宗主张用严法治吏，对失职误事和贪官污吏往往处以死刑，即使有才干声名的也很少宽宥。如左羽林大将军孟汉卿，因"监纳厚取耗余"，令自杀；供奉官郝光庭在叶县巡检日，"挟私断杀平人"，命弃市；楚州兵马都监武怀恩，违令擅杀降军4人，命弃市；楚州防御使张顺贪污榷税钱50万、官丝棉2000两，赐死。甚者，连刑部员外郎陈渥，因检齐州临邑民田失实，亦令自尽。⑥

① 《资治通鉴》卷292。
② 《册府元龟》卷57《帝王部·明察》。
③ 《资治通鉴》卷292。
④ 《旧五代史》卷147《刑法志》。
⑤ 《五代会要》卷9《定格令》。
⑥ 以上5例，分别见于《旧五代史》卷114《世宗纪一》、卷118《世宗纪五》、卷115《世宗纪二》。

第六章
隋唐五代军事管理思想

第一节　高度集权的军事体制思想

一、皇帝统领军事权力思想

在中国古代社会，皇帝为了维护自己至高无上的权力，牢牢地亲自掌握最高的军事权力。隋唐五代时期也是如此，军队基本上由皇帝亲自统领，皇帝有将帅的任免权、军队的调遣权、兵制的制定权、战争的宣战权，所有的兵权集中在朝廷。隋唐时期，府兵各卫将领以及禁军的将领无不由皇帝任免，领兵打仗的统帅也由皇帝最后决定。举凡军队调遣均须奉皇帝的敕命。唐律规定，凡发兵 10 人、马 10 匹以上，由尚书省的兵部奉皇帝之命下达敕书、鱼符，经州刺史和折冲府都督核实后才能调遣。如军情紧急，一时来不及奏闻，也必须在调遣军队之后立刻向朝廷报告。若违反规定，按情节轻重处以不同程度的惩罚。其处罚是相当严厉的，只要擅自调遣军队至千人者，就要处以绞刑。

隋唐皇帝都掌握着兵制的制定权。举凡各种兵制的建立、变革、废除，都必须由皇帝批准决定，各级将领无权过问。如隋文帝时府兵十二

卫府的建立，炀帝时扩大卫府的编制、骁果兵的招募组建，唐高祖时对府兵的重建，太宗贞观年间对兵制的改革，武则天时期在边疆设置团结兵，玄宗天宝八年（749）停止府兵上番、多次征发兵募，都是经过皇帝批准决定，然后以敕书通令全国执行的。即使唐朝后期，除割据型的藩镇公然对抗朝廷外，其余藩镇兵额仍由朝廷控制，如没有皇帝的敕令，藩镇不得擅自招募或裁减兵员。隋唐时期举凡重大的战争，无论是对内战争还是对外战争，都要由皇帝决定和宣战。如隋文帝时的平陈之役，隋炀帝和唐太宗时的对高丽战争，以及讨伐叛乱、镇压农民起义等，都要皇帝最后决定并发敕书执行。

二、协助皇帝处理军政事务思想

唐代，协助皇帝处理军政事务最高的机关是宰相决策会议。宰相作为朝廷决策集团的核心，也是协助皇帝对军国大事作出决策的主要人员。唐朝还规定，南衙十六卫由文臣主持兵事，宰相可以奉敕调遣十六卫的将领和军队。五代时，枢密院（后梁时改称崇政院）成为协助皇帝进行军事决策的机构，枢密使多由皇帝的亲信担任，取代宰相奉敕调遣军队，甚至其权力超过了宰相。如后唐时枢密使郭崇韬参决军国机要，处理军政大事，负责调动军队，并亲自统兵征伐前蜀。后汉时枢密使郭威不仅统率大军讨伐河中、永兴、凤翔三处叛乱，在他建立后周政权当上皇帝后，也曾任命武将王峻和郑仁海为枢密使和副使，负责协助皇帝处理军政事务。由于自后唐开始，枢密使侧重于协助皇帝掌握军机决策、军政指挥和调遣军队之事，所以至宋代形成了宰相与枢密使分掌朝廷文武二柄的制度。

隋唐五代时期，协助皇帝处理日常军政事务的办事机构是尚书省之下的兵部。兵部的职掌主要有两个方面。

一是协助皇帝选授武官："凡选授之制，每岁孟冬，以三旬会其人：去王城五百里，集于上旬；千里之内，集于中旬；千里之外，集于下旬。

以三铨领其事：一曰尚书铨，二曰东铨，三曰西铨。以五等阅其人，一曰长朵，二曰马射，三曰马枪，四曰步射，五曰应对。以三奇拔其选：一曰骁勇，二曰才艺，三曰可为统领之用。其尤异者，登而任之，否则量以退焉。"[①] 兵部还以员外郎1人掌武举之事。武举始创于武则天当政之时，成为国家选拔军事人才的途径之一。唐朝名将郭子仪就是应试武举及第而从军的。

二是协助皇帝管理兵籍。凡各种武装力量的编制，军队人员编制的增减，兵马的调遣，均由兵部奉皇帝的敕令，下达到有关军事机构予以执行。事后各军事机构必须定期向兵部报告敕令的执行情况。如唐代前期各地折冲府须在每年十一月前将府兵籍册上报兵部，唐朝后期各藩镇须在每年秋末冬初向兵部报告本镇兵员数额。至于兵马调遣，在一般情况下，须待兵部下达敕书、文符后方得办理，然后执行，如未下敕书、文符，不得擅自调动军队、马匹和兵器，违者必须受到惩罚。

三、军队统领思想

隋唐五代的军队统领系统，有中外军之分，即区分为中央军队和地方军队，各成系统。

（一）中央军队统领系统

唐、五代的中央禁军是保卫皇宫和都城的部队，也是封建国家的常备军，由精选的勇士组成，其装备精良，待遇优厚，战斗力强。朝廷在镇压敌对势力，防御外来侵扰时，除征发方镇兵外，主要依靠这支武装。中央禁军在需要时也出戍地方，因而禁军统帅权重震主和作乱之事屡见不鲜。为加强集权统治，禁军将帅多委任皇室成员或心腹大臣担任。

唐朝的禁军宿卫宫禁，或在京师诸衙执勤，或在王府上番，均屯于皇宫之南，因而称为南衙。由宰相掌管，隶于十六卫。十二卫所属的各

---

① 《唐六典》卷5《尚书兵部》。

折冲府，分内、外府两种。内府（亦称五府，即亲府、勋一府、勋二府、翊一府、翊二府）卫士由官僚子孙组成，宿卫内庑，除此之外的折冲府属外府。担任皇宫内警卫的另有禁军，屯于禁苑，称北衙禁军，由武将掌管，直隶皇帝。

（二）地方军队统领系统

1. 统领地方军队的官职。

隋唐时期，统领地方军队的武官名目还较多，主要有以下诸职：

（1）都尉。隋炀帝大业二年（606）始置都尉、副都尉，专领一郡兵马，都尉的品级高于府兵的鹰扬郎将。起初，鹰扬府"领兵与郡不相知"[①]，鹰扬郎将不受都尉统辖，各成系统，以此来分割地方军权。不过后来发现，两者在军事上互不统属，在指挥上不易协调，因此在大业七年（611）又"敕都尉、鹰扬与郡县相知追捕"[②]。

（2）总管、都督。隋朝继承北周地方军制，在沿边军事重地设镇、戍，并在其上再置总管，作为边境地区的军事统帅，统辖数州以至十余州的军队。唐承隋制，在国内及边境军事要地设置总管，兼负一个方面军的管理指挥责任。唐高祖武德七年（624），改总管为都督，如是统率十州以上军队的就设大都督府，当时设置大都督府的有洛、荆、并、幽、交 5 州，其次则设中都督府与下都督府。至唐太宗贞观十三年（639），全国 358 个州，共设 41 个都督府。都督府主要负责地方军队的统御，边境地区的军、镇、城戍都归都督府节制。都督府对所在地区的军府，负有督导之责，但无隶属关系。

（3）节度使。唐安史之乱后，除割据的藩镇之外，节度使所统之兵成为唐朝军队的主力，都是保卫唐朝边疆、拱卫朝廷的军事力量。节度使是其所在藩镇内最高军事统帅，统帅其辖区内的各种军官。五代时期的节度使仍沿唐制。

---

① 《隋书》卷 28《百官下》。
② 《隋书》卷 3《炀帝纪》。

（4）都护。唐朝时在边疆设都护府，分大都护府和上都护府两等。其军事职责是"抚慰诸蕃，辑宁外寇，觇候奸谲，征讨携贰"①。都护府长官为其辖区内最高军事统帅。五代时仍沿其制。

2. 临时设置的官职。

隋唐五代时期除设置以上地方军事长官外，还有一些因战争而临时设置的领兵作战的帅臣。

（1）行台尚书令。尚书行台为地方发生战争时临时设置的领导军事征讨的机构，主要职能是随着军情的进展而总理军民事务。魏晋以来就有这一军事机构与职官。隋朝继承北齐之制称行台省。隋文帝开皇二年（582），于并州置河北道行台尚书省，于洛州置河南道行台尚书省，于益州置西南道行台尚书省。隋朝灭陈战争时，以晋王杨广为淮南道行台尚书令，统一指挥军事。唐承隋制，在初期统一战争时期亦置行台尚书令，如秦王李世民曾任陕东道大行台尚书令，其行台组织比隋朝时更加庞大。

（2）元帅。元帅一职，隋唐时一般是在战争时期设置，负责领兵打仗，当战争结束，元帅之职即被取消。如隋朝置行军元帅，在攻灭陈朝战争中，隋文帝曾以杨广、杨俊、杨素为行军元帅。唐朝设置各种名目的元帅，如唐初设左右元帅、太原道行军元帅、西讨元帅、天宝末置天下兵马元帅，会昌中置灵夏六道元帅，天复三年（938）置诸道兵马元帅等。这些元帅均于用兵时设置，事已即罢。唐朝初期元帅一般由亲王担任，后来资望高深的武臣也可充任；副元帅常以有威望的大臣担任。

（3）都统使。唐朝都统使一职为统领数道兵马，或三道或五道，兵已则罢，虽总诸道兵马，但不赐旌节。都统之号始于唐肃宗乾元元年（758），都统使之官则始于上元二年（761）。②

（4）讨击使。掌领兵征战。唐武则天时期始置。③ 有时讨击使与御使合而为一使，称防御讨击大使。如唐玄宗开元九年（721）四月，"以太

---

① 《旧唐书》卷 44《职官三》。

② 《中国政治制度通史》第 5 卷，第 345 页。

③ 《中国政治制度通史》第 5 卷，第 345 页。

仆卿王毛仲为朔方道防御讨击大使，与王晙及天兵军节使度大使张说相知讨康待宾"①。

（5）招讨使。顾名思义，招讨使职掌招抚讨伐。唐德宗贞元末始置，事毕即罢。此职多由将帅或节度使兼任，如节度使"兼支度、营田、招讨、经略使，则有副使、判官各一人"②。唐代后期按招讨使行军方向又分为南面、东面、西南面等招讨使。

（6）制置使。唐宣宗大中五年（851）始置。其主要职掌是在战争前后负责控制地方秩序。此职有时与安抚使合为一使，称安抚制置使。

（7）安抚使。顾名思义，安抚使主要职责就是领军打仗，并在战乱时安抚百姓。隋朝就曾设置安抚大使。唐代武则天时为了防备东突厥、契丹，或抚慰战后百姓，曾五次派遣安抚大使。

四、宦官监军思想

为了加强皇帝对军队的绝对控制，隋唐实行监军制度，以防止军队将领的反叛和对皇权的威胁。隋及唐初以监察御史监军，唐玄宗开元二十年（732）以后，改派宦官监军，谓之监军使。监军使有时又称监军，其区别是出任监军宦官的品秩高低，带"使"的监军宦官品秩较高。正如胡三省所云："唐中人出监方镇军，品秩高者为监军使，其下为监军。"③ 监军使之下有副使，又称副监。所属有判官若干人，分享各项具体事务；又有小使若干人供差遣驱使；同时还有自己的军队。如《旧唐书》卷153《卢坦传》载，义成军"节度使李复病笃，监军薛盈珍虑变，遽封府库，入其麾下五百人于使牙。"唐朝监军使任期一般为3年，由皇帝特敕，则可提前调动或继续留任。如果是在战争时随军监察将帅，则往往事毕即罢。唐朝宦官任监军使在开元天宝年间还不多见，到了天宝

---

① 《资治通鉴》卷212。
② 《新唐书》卷49下《百官四下》。
③ 《资治通鉴》卷221"肃宗上元元年十一月"条胡注。

末年，才逐渐增多，但尚未普遍设立。此时的监军职责只是将帅领军打仗时随军监督。安史之乱后，由于全国普遍设立节度使，藩镇势力膨胀，朝廷如不加强监控绝大多数藩镇，是很难维持其统治的，于是把宦官监军制度加以推广，在节度使驻地普遍设立监军使院。唐德宗贞元十一年（795），朝廷普遍颁给监军使印信。由宦官充任的监军使是监军使院的主官，其职责是代表皇帝"监视刑赏，奏察违谬"①。

由于宦官多为皇帝心腹亲信，派其监军对加强皇帝对军队的控制有一定作用，因此，宦官也充任监督出征将帅的特别使职，称为"观军容使"。观军容使的设置始于唐肃宗乾元元年（758）。当时肃宗命九节度使统兵讨伐安庆绪，其时因诸将地位相当，相互之间难以统属，故不设主帅，而由宦官鱼朝恩为观军容宣慰处置使，对诸将实行监督。代宗广德元年（763），更名为天下观军容宣慰处置使，仍然以鱼朝恩担任此职。咸通时黄巢起义军进攻长安，朝廷以神策军左军中尉田令孜为天下观军容处置使，专制中外。总之，观军容使之职由监军使发展而来，而且其职权、名分均高于一般的监军使，可见，宦官掌控军事的权力逐步扩大，成为唐朝宦官专权的基础。

宦官监军权力扩大后，不仅监督地方外军，而且也监督朝廷禁军。监督北衙六军的宦官，称为左右三军辟仗使，简称辟仗使。德宗贞元十二年（796）六月改左右神策监军使为左右神策中尉，成为神策军的统帅。于是朝廷又以辟仗使的名义作为不由宦官统领的禁军监军之名。具体而言，三军辟仗使之职在于监左右龙武、左右神武、左右羽林诸军，与藩镇的监军使职掌相同。其初三军辟仗使无印信，宪宗元和十三年（818），"始赐印，得纠绳军政，事任专达矣"②。

宦官监军之权的逐渐扩大，最终发展到对统率军队之权的侵夺。宦官领兵之职，最主要的是掌控左右神策军，担任神策军中尉之职。在唐

---

① 《唐会要》卷72《京城诸军》。
② 《资治通鉴》卷240。

代后期，神策军是禁军的主力。唐德宗生性多疑，对领军将帅不信任，自贞元年间开始，由亲信宦官窦文场、王希迁分统，宦官统领神策军成为定制。宦官统领神策军所用的名义是左右中尉，员额各1人，分领左右神策。在中尉之下又设置中护军等一套直属的监军系统之官，直接为其服务。因为中尉控制着禁军，所以担任中尉的宦官就成为宫廷中最有权势的人物。而且由于神策军待遇优厚，远高于其他军队，与此相反，那些边兵衣粮供给不足，但亲卫临时外出驻防的，则颁赐特别丰厚，于是诸边将往往自请遥隶神策，遂使神策军之兵至15万。

唐代的宦官监军制度是在募兵制代替府兵制的过程中，中央皇权与地方藩镇两大势力的博弈中逐渐发展起来的。中央皇权为了控制地方藩镇节度使军权，指派亲信宦官作为皇帝特派员监军使，长驻藩镇，并在组织上又自成系统，不隶属于使府，不仅在军事上，而且还在司法及行政等诸方面，代表皇帝，作为皇权的延伸，对藩镇进行全面的监控。这对防止藩镇分裂割据，对抗朝廷，加强中央集权，发挥了一定的积极作用。但是，宦官势力与中央皇权既相互依赖，又存在着矛盾。皇帝借助宦官来控制臣下，尤其是监控掌握军权的节度使，防止安史之乱悲剧重演。另一方面，宦官则恃皇权自作威福，提高自己在朝廷中的地位，这是其依赖皇帝的一面；但是宦官权力膨胀后，又往往侵蚀皇权，甚至挟持皇帝，这又是矛盾的一面。唐代宦官出监藩镇，虽然有宦官在所驻扎的藩镇擅作威福之弊，但还不至于与皇权发生尖锐的矛盾。从总的来看，唐朝中央以宦官为监军使派驻藩镇，是利大于弊，但是如以宦官来监视中央禁军——六军，特别是把中央禁军主力神策军的统率权交给宦官，而且是在南北衙禁军失去相互制约的情况下实行这种制度，这无疑是倒持太阿，授人以柄，其对皇权的危害是不言而喻的。当宦官参与宫廷斗争，掌握神策军兵权之后，野心大为膨胀，就必然要专擅朝政，甚至操纵挟持皇帝，唐朝后期终于酿成宦官废立皇帝的严重后果。让人始料不及的是，初衷为加强皇权而设置的宦官监军、统军制度，最终走向反面，反而导致宦官专权，削弱了皇权。

第二节 府兵制思想

中国古代自西魏文帝大统十六年（550）宇文泰开创了府兵制，这一兵制一直沿用了两百年左右，直至唐中叶府兵制被募兵制所取代。府兵一般不入民籍，而是另立军籍。当府兵者，自备弓、刀、甲、矟、戈、弩由官府供给，有的自备资装，但不负担其他课役。当府兵的农民平时务农，农隙时讲武教战，有战事时朝廷临时点将率领从各地征发的府兵出征。战事完结，兵散于府，将归于朝。这样，兵不识将，将难专兵，避免了将帅长期拥兵作乱之弊，有利于巩固中央集权和国家统一。府兵制是兵农合一的一种制度。

府兵制创始于西魏，成熟于隋唐时期。在府兵制产生的西魏、北周时期，府兵不从事农业生产，并未寓兵于农，而是军民分籍的。西魏时期的府兵，兵士不但隶名军籍，世代为兵，而且兵士还要改从将领的姓氏，带有浓厚的部属私兵性质。周武帝时"筑武功、郿、斜谷、武都、留谷、津坑诸城，以置军人"①。这说明北周时在渭河上游筑城安置府兵及其家属，府兵集中居住在城坊，仍与民籍相分离。但是，北周时的府兵制已经开始与均田制联系在一起了，吸收在均田制下的农民来当府兵。与此同时，又改原府兵制中的军士为侍官，表明府兵已经逐渐改变了部属和私兵的性质，向国家直接领导指挥的军队转化。府兵军民分籍的情况一直延续到隋初。隋初的府兵，一部分居住在京师的军坊中，设坊主以检察户口；另一部分则居住在州郡，设团主以检察户口、劝课农桑。府兵的兵籍及其召集、训练和上番宿卫等，则由军府负责。直到开皇十年（590），隋文帝下令："凡是军人，可悉属州县，垦田籍帐，一与民

---

① 《周书》卷5《武帝纪上》。

同；军府统领，宜依旧式。"由此可见，从这时开始，府兵才实行军民同籍，府兵也要从事农耕垦田，均田制才与府兵制完全结合起来了。军民既已同籍，同样都要耕作垦田，原来管理军人的军坊、乡团系统不复存在，军人就地安家，一律也划归民户中的坊里组织之内管理。不过管理军籍的军府仍然存在，隋初称骠骑府，炀帝时改称鹰扬府，负责管理兵役的征集、府兵的训练和上番，并以兵役征集区域作为划分其辖区。

府兵制在军民分籍时，军户世代为兵，实行世兵制；军民同籍之后，兵役即在实行均田制地区的农民中征集。隋代府兵制规定，男子 20 岁为丁，即为应征的年龄，至 60 岁放免。被征集当府兵的农民可以受田而不必向国家交纳租赋，这就是当府兵的民户与一般民户的区别。府兵平时在家耕作，农闲时由军府统领进行训练。平时番上宿卫，称为卫士。"若四方有事，则命将以出，事解辄罢，兵散于府，将归于朝，故士（府兵）不失业，而将帅无握兵之重。"① 由于隋代实行了兵农合一的府兵制，兵役出自国家的编户，废除了南北朝以来兵为将有的部曲私兵之制，而且府兵制主要在关中地区实行，使中央的军事力量大为加强，造成了内重外轻的军事部署，强化了中央集权制下国家的统一。但是，隋代后期炀帝穷兵黩武发动征高丽的战争，"增置军府，扫地为兵"②，民众不堪横征暴敛，无法生存，终于爆发隋末农民大起义，府兵制也随着隋朝的覆灭而土崩瓦解。

唐高祖李渊在唐朝建立前后统一关中地区时，曾先后收编了二十余万军队。为使改编的军队逐步纳入府兵的组织系统，他于武德二年（619）分关中为十二道，置十二军。十二军各以军将、军副为主官，军下有坊，设坊主 1 人，"以检察户口，劝课农桑"③。由此可见，这些都是驻屯的军队，集中居住在城坊，并且必须从事农业生产劳动。唐代的府兵从一开始就建立在均田制的基础之上。十二道之下又列置军府，以骠

---

① 《新唐书》卷 50《兵志》。
② 《隋书》卷 24《食货志》。
③ 《新唐书》卷 50《兵志》。

骑将军、车骑将军为正副主官，军府称为骠骑府。有些地方只以车骑将军统率军府，则称车骑府。这些以骠骑府、车骑府命名的军府分隶于十二道的十二军。十二军与十二卫的关系是十二卫将军高于十二军军将一级，两者可以互兼。武德六年（623），刚建立的唐王朝其时国内已经平定，于是下令废除关中十二军。一年多以后，因突厥的入侵，又恢复了十二军。武德八年（625），突厥威胁解除，又罢十二军，而以军府改隶十二卫，军府的长官改称统军，军府改称统军府。太宗贞观十年（636），又改统军为折冲将军，军府则改为折冲府。

唐朝规定，府兵每 3 年挑选一次，称为"简点"。简点的对象是"皆取六品以下子孙，及白丁无职役者"①，即普通地主子弟、农民及手工业者。具体的挑选方法是"财均者取强，力均者取富，财力又均，先取多丁"②。由此可见，唐朝拣点府兵的条件，首先考虑资财多的人，其次再考虑材力较强的人，再次考虑家庭人丁多的人。其对年龄的要求与隋朝相同，即 21 岁入伍服役当府兵，至 60 岁退役。负责拣点卫士者如果取舍不按规定，不公平合理，就要受到处罚。《唐律疏议》卷 16《擅兴》规定：凡拣点卫士（包括征人），取舍不平者，有 1 人即杖责 70，满 3 人加一等，罪止处徒刑 3 年。入伍的府兵有受田的权利，而且免除其本身的徭役。不过府兵入伍必须自备某些武器和粮食，而且每 1 队（50 人）必须合备"火钻一，胸马绳一，首羁、足绊皆三"；每一伙（10 人）除了共"备六驮马"以外，还必须合备"乌布幕、铁马盂（即铁锅）、布槽、锸、钁、凿、碓、筐、斧、钳、锯皆一，甲床二，镰二"；每人还须自备"弓一，矢三十，胡禄（箭囊）、横刀、砺石、大觿（古代解结的用具）、毡帽、毡装、行滕（绑腿）皆一，麦饭九斗，米二斗"③。而且府兵自备的这些东西，如果没有带齐备的话，必须遭到处罚。《唐律疏议》卷 16《擅兴》规定："不忧军事者，杖一百。"这里的所谓"不忧军事"，《疏议》

---

① 《旧唐书》卷 43《职官二》。
② 《唐律疏议》卷 16《擅兴》。
③ 《新唐书》卷 50《兵志》。

注疏说，如府兵"随身七事及火幕、行具细小之物，临军征讨，有所阙乏，一事不充，即杖一百"。

府兵入伍后，他们的户籍仍属于所在州县，军籍州属于折冲府。平时家居耕作，从事农业生产，每年冬季十一月农闲时，由折冲府召集，"教其军阵、战斗之法"①。府兵除在训练的时候离开家乡外，还有就是要到京师上番宿卫、去镇戍防守或出征时才会离开家乡。其中去京师上番宿卫是府兵最主要的任务。"凡当宿卫者番上，兵部以远近给番，五百里为五番，千里七番，一千五百里八番。二千里十番，外为十二番，皆一月上。若简留直卫者，五百里为七番，千里八番，二千里十番，外为十二番，亦月上。"② 唐朝，府兵番第，一般以千里内的规定作为计算的基础。五番是指一个折冲府的士兵分作五组，轮流上番；七番则指分作七组，轮流上番。每次上番的期限均为一个月。府兵虽然以军府远近而定番，但离京师路远的府兵每年上番的天数和花费在路上的天数合计起来看，要比离京师路近的府兵每年上番的天数和花费在路上的天数为多。所以唐朝规定，在近畿地区须亲身上番，远处地区可以纳资代番："凡诸卫及率府三卫，贯京兆、河南、蒲、同、华、岐、陕、怀、汝、郑等州，皆令番上，余州皆纳资而已。"③ 这一规定，显然照顾了距离京师路途遥远的府兵来回奔波的艰辛。

唐朝规定，府兵的调遣，其具体程序是由兵部下符契，州刺史和折冲府都尉勘契相合，然后发兵。府兵根据调遣兵士人数的多少，有 3 种不同的调遣方式：一是如果全府调发，自折冲府都尉以下一起出发；二是如果部分兵士调发，则由果毅都尉率领；三是如果兵士人数较少，则由别将带领。唐代的府兵由于主要来自关中地区均田制下的农民，给唐王朝造成居中御外的军事布局，加强了中央集权制的统治力量。但是由于唐中期土地兼并的加剧，导致均田制逐渐崩溃，使建立在均田制基础

---

① 《旧唐书》卷 44《职官三》。
② 《新唐书》卷 50《兵志》。
③ 《唐六典》卷 5《尚书兵部》。

上兵农合一府兵制也随之瓦解。唐玄宗天宝六年（747），朝廷停止府兵上番。随着府兵制的瓦解，唐王朝也失去了内重外轻的军事布局，逐渐造成了藩镇割据的局面。

第三节　募兵制思想

唐中叶，随着土地兼并的发展，均田制日趋破坏，府兵之家因不免杂徭，贫弱不堪，大批逃亡，建立在均田制基础上的府兵制难以继续实行。为了解决宿卫缺兵，玄宗开元十年（722），宰相张说奏请募士。翌年，取京兆、蒲、同、岐、华府兵及白丁，加上潞州长从兵，共有 12 万人，号"长从宿卫"，每年二番。朝廷命尚书左丞萧嵩与州吏共同挑选前来应募兵士，州县不得任意驱使。开元十二年（724）"长从宿卫"更名"彍骑"。当时拣选彍骑的方式是"择下户白丁、宗丁、品子强壮五尺七寸以上，不足则兼以户八等五尺以上"[1]。实际上是"不问色役"，也就是说只要材力符合标准，什么人都可以入选。当时彍骑均选募下户白丁、宗子、品子中体格健壮、身高五尺七寸以上者，不足则取八等户五尺以上者，免其征镇、赋役。其户籍由兵部、州、县和卫分掌。入选者平时近营为坰，练习弓弩。10 人为火，五火为团，择材勇者为番头，率领习射，每年宿卫两番。唐玄宗又诏诸州府若缺马，由官府和兵士共同补购，负担不起的，则给牧监中的马。开元十三年（725），彍骑分隶十二卫，每卫万人，分六番值宿。彍骑成立之后，一时号称强盛。开元十六年（728）二月，朝廷又改彍骑为左右羽林军飞骑。自天宝年间之后，彍骑之法又稍破坏。至天宝八载（749），诸折冲府已无兵可交，宰相李林甫奏请诸军均招募。由于六军宿卫募自市井，缺乏军事训练，当安禄山叛

---

① 《新唐书》卷 50《兵志》。

乱之时，两军稍一接战，羽林军飞骑即溃不成军，一败涂地。天宝以后，彍骑又渐成空名。彍骑的产生实际上使唐朝兵制已由府兵制转入募兵制，已具有雇佣兵性质。

府兵废弛之后，地方上有团结兵的崛起。团结兵的始置年代不详，广泛设置则在武则天当政之时。唐高宗上元二年（675），武则天摄政之初，在黎、雅、邛、翼、茂五州募镇防团结兵，设团练副使为帅。万岁通天元年（696）为防奚、契丹，于河北各州设置团结兵。同年又在山东近边诸州设"武骑团兵"。开元八年（720），朝廷派人在两京及其附近各州招募拣取团结兵。诏书规定只求骁勇，不限番汉，免去一切番役和征赋。平时在家练习弓矢，按时集中阅试。安史之乱后，朝廷于诸州设有团练使、防御使、镇遏使等，以训练和统率地方团结兵。

唐朝在宿卫府兵被募兵取代的同时，边军也逐渐实行招募。唐玄宗开元二十五年（737）始有关于诸军镇招募长期戍守的军防健儿的规定："诸军镇量闲剧、利害，置兵防健儿，于诸色征行人内及客户中招募，取丁壮情愿充健儿长住边军者，每年加常例给赐，兼给永年优复；其家口情愿同去者，听至军州，各给田地、屋宅。"[①] 诸道节度使从征戍者及客户中招募愿作长征健儿的人，除一般待遇外，长年免赋；其家口若愿往，则给田宅。因长征健儿的家用粮和春冬衣由官府供给，故又称官健。官健已是具有招募性质的职业兵。此后，代替防人的健儿成为长期从役的职业兵，亦称"长征兵"或"长征健儿"。以后发展到所有军队都招募健儿，由官给家粮和春冬衣，故称之为官健，成为军镇和有关州府的常备军。

总之，在府兵制度废弛过程中出现的彍骑、团结兵和官，都是介于府兵与募兵之间的兵。三者都是官给身粮、家粮或其他赐予，都趋向于长期从军。其征取方式，彍骑是简点与招募并行，团结兵采用差点之法，官健则系招募。募兵在宿卫禁军和边兵中完全取代府兵，这是唐朝军制

---

① 《唐六典》卷5《尚书兵部》本注。

划世代的变革。募兵之法早在唐朝建立之前，李渊父子晋阳起兵时，就已开始。唐朝建立后，在继续实行府兵制的同时，辅行募兵之法用来弥补兵源不足，以适应对内对外战事的需要。募兵制作为一项正式的制度，在开元、天宝年间完全取代了府兵制。直至唐亡，宿卫禁军和边军等一切兵员均来自招募。

五代时期各朝代的兵役制基本上沿袭唐中叶以后的募兵制，因五代十国多为节帅创建，故军人在社会政治生活中占有显著地位，有兵就有一切，因此当权者无不极端重视招募兵士，通过财物收买军心，使自己拥有一支听从命令指挥的强大军队。

军队实行招募制会带来两个方面的问题：一是增加国家财政负担，二是带兵将领易于发动军事政变，夺取政权。如唐玄宗天宝元年（742），天下健儿、团结、旷骑等已达 57.4733 万人；宪宗元和年间，达 83 万人，至穆宗长庆时，达 99 万人。实行府兵制的开元之前，每年供边兵的衣粮费 200 万两；改行募兵制的天宝以后，每年军衣用布 1020 万匹，粮食 190 万斛，平均三户或两户养一兵。庞大的军费开支成为朝廷和百姓的沉重负担。另一方面，由于招募之兵不是当地居民，无宗亲牵累，因而易徇利枉法，易被长期握兵的将帅所利用。五代十国政权多由拥有重兵将帅建立，募兵制是其中一个重要原因。

第四节　中央禁军思想

隋唐中央军队，也就是皇帝直辖的禁卫军。隋文帝时，中央禁卫军由府兵和招募来的禁兵混合组成。禁卫军继承了西魏、北周的制度，分为十二卫府：左右卫府、左右武卫府、左右武候府、左右领军府、左右领左右府、左右监门府。隋炀帝时把十二府扩大为十六府，其名称为：左右卫（或称左右翊卫）、左右武卫、左右候卫、左右屯卫（或称左右领军卫）、左右御卫、左右骁卫、左右备身、左右监门。禁卫军的组成仍然是府兵与禁兵混合编制，这有利于两者相互维系，又相互制约。大业初，炀帝巡行江都时所随从警卫的部队以府兵为主，由于卫大将军又常奉命出征，所以在禁卫力量中便有府兵独重之嫌。为了平衡府兵与禁兵的制约关系，大业八年（612），朝廷又募民为骁果兵，组建成骁果军，上属于左右备身府，从此骁果兵又成了皇帝的亲兵。大业十二、三年（616—617），隋炀帝再次巡行江都时，随从的警卫就以骁果军为主了。其后，宇文化及利用骁果军发动政变，杀死隋炀帝，隋朝随后覆灭。当时由于江都府兵寡弱，而骁果军驻扎城中有万人之多，力量上占优势，府兵与骁果军的相互制衡关系一时在江都城被打破，所以使政变者有机可乘，政变因此得逞。

　　唐朝的禁卫军也分为府兵与禁兵两种，但与隋制不同的是不混合编制而是各成系统。在统领关系上，十六卫受宰相节制，而禁军以武臣统领，直辖于皇帝。十六卫是属于府兵系统的禁卫军，其名称在高宗、武后时曾数次改变，最后定名为左右卫、左右骁卫、左右武卫、左右威卫、左右领军卫、左右金吾卫（以上十二卫各领府兵），左右监门卫、左右千牛卫（以上四卫不领府兵）。禁兵是招募的雇佣军，高宗龙朔二年（662）置左右羽林军，其后又置左右龙武军、左右神武军、左右神策军、左右神威军，合称北衙十军，而其中羽林、龙武、神武诸军又合称为六军。十六卫屯驻于宫南，在长安太极宫前朱雀门内，称为南衙；禁兵屯驻于苑内，称为北衙。南北衙禁军的宿卫任务相互交叉、兵将相互渗透，从而使两者互相牵制，以达到制衡，有利于皇帝对禁军的掌控，维护至高无上的皇权。禁军的宿卫任务互相交叉，左右羽林军"大朝会则执仗以卫阶陛，行幸则夹驰道为内仗"[1]，与卫府的内仗交错在一起。而且北衙的禁兵也可以掺杂在南衙的府兵中上番，像隶属于北衙的飞骑，通过敕书也可直宿南衙。"其飞骑仗或有敕上南衙者，则大将军、将军承墨敕白

---

① 《新唐书》卷50《兵志》。

移于金吾引驾仗，引驾仗官与监门奏覆，又降墨敕，后得入。"①

唐代时南北衙将领之间的互相渗透，还表现在卫府将领兼禁兵之职。如韦待价以右武卫将军兼检校右羽林军事；张延师以左卫大将军典羽林屯兵前后达 30 多年。② 至于中下级军官相互渗透的事例则更为常见，如"薛仁贵以云泉府果毅，奉令北门长上；毛盛为游击将军、北门长上，领开福府果毅；马延徽为东宫鹤台府右果毅，右羽林军长上；张希古为尚德府折冲，左龙武军宿卫"③。在南北衙的关系中，兵将的相互兼职对两者的制约和牵制有一定的作用，但是南北衙系统的严格区分，不让臣下有同时指挥南北衙禁军的权力，则是防止发生军事政变，维护皇权对军队的绝对控制的最有效措施。因为在南北衙禁军势均力敌各不统属的情况下，任何一方如没有得到对方的支持，都不可能利用自己的军力来挟持宫廷，达到某种政治目的。一旦出现南衙十六卫削弱，南北衙禁军力量失去平衡，北衙禁军又归宦官掌控之时，就会出现宦官专权、挟持君主的局面。

五代除一般禁军外，亲军也是中央禁军的另一个重要组成部分。欧阳修说："五代为国，兴亡以兵，而其军制，后世无足称焉。惟侍卫亲军之号，今（北宋）犹因之而甚重。"④ 最初的侍卫马步军由梁太祖设置⑤，它是在宣武镇兵的基础上发展起来的。当时，选富家子弟有材力者置帐下，称"厅子都"，组成亲军。其配置的弩杀伤力很强，张一大机，则十二小机皆发，用连珠大箭。此外，亲军还有左右长直等。

梁太祖建立后梁后，以亲军为骨干，继续整顿并扩充中央禁军。开平元年（907）四月，梁太祖改左右长直为左右龙虎军；左右内卫为左右羽林军；左右坚锐、夹马、突将为左右神武军；左右亲随将马军为左右

---

① 《唐六典》卷 25《诸卫府》。
② 《旧唐书》卷 77《韦挺附子待价传》；卷 83《张俭附弟延师传》。
③ 谷霁光：《府兵制度考释》，上海人民出版社，1962 年，第 171 页。
④ 《新五代史》卷 27《康义诚传评论》。
⑤ 《文献通考》卷 155《禁卫兵》。

龙骧军。九月,新置左右天兴、左右广胜军,仍以亲王为军使。翌年十月,又新置左右神捷军。十二月,把左右天武和左右龙虎军,左右天威和左右羽林军,左右英武和左右神武军的名称相互调换。前朝所置龙虎六军,谓之卫士,至是以天武、天威、英武等六军,易其军号而任勋依旧。中央禁军还有左右亲从、左右亲骑、左右云骑、左右控鹤、控辰、拱辰和突阵等。

后梁中央禁军的编制是,诸部分左右厢,厢各有主帅,称都指挥使(亦称厢主)。厢下置军,军设都指挥使(亦称军主、都校)和都虞候。中央禁军的统兵体制是袭自唐制判六军诸卫事,六军置统军,诸卫置将军。侍卫马步军最高将领是侍卫亲军马步军都指挥使,下置副都指挥使、都虞候、马军都指挥使、步军都指挥使,后梁所创这一军制,对后世影响很大。

梁太祖对侍卫亲军非常重视,经常亲至校场教阅、屡幸左右龙虎军,常自率亲军南征北伐。至梁末帝时,侍卫亲军已远非昔比,神威、龙骧、拱辰等军,由京师游民、小贩组成,不堪一击。

后唐中央禁军沿袭梁制。唐庄宗时,"选诸军骁勇者为亲军,分置四指挥,号从马直"[1]。中央禁军由收编的后梁禁军、李克用所置亲军和唐庄宗新置者组成,计有从马直、马前直、前直、帐前、黄甲、铁林、保卫、金枪、捧日、神威、雄威、剑直(一作长剑)、龙骧、控鹤、银枪效节、护驾马军、神武、龙武等。唐明宗时,重新设置侍卫亲军马步都指挥使,并对中央禁军进行了一些整顿。如长兴三年(932)三月,敕卫军神威、雄威及魏府广捷以下指挥改为左右羽林,置四十指挥,每十指挥立为一军,每军置都指挥使一人,兼分左、右厢。后唐闵帝应顺元年(934)三月,改左右羽林四十指挥为严卫左右军,龙武、神武四十指挥为捧圣左右军。不久,唐末帝又改捧圣马军为彰圣左右军,以皇子重美判六军诸卫事,以各道骁果充实禁卫。

---

① 《资治通鉴》卷274。

后晋石敬瑭曾任后唐侍卫亲军马步军都指挥使兼六军诸卫副使，起兵太原时，麾下有不少出戍河东的中央禁军。后晋代唐后，全盘接收了后唐的中央禁军，却废弃了判六军诸卫事，侍卫亲军成为皇帝御林军总称。天福初，置侍卫司掌侍卫亲军，并把拱宸、威和及内直等军并为兴顺，改奉德两军为护圣左右军。① 河东和滑、相、镇等州由禁军将领兼任节度使。

后汉中央禁军是由刘知远从太原带来的元从亲兵（北来兵）和收编的后晋禁军组建的。其编制和指挥系统承袭后晋旧制。不同的是，有的禁军职务名额稍异，如侍卫步军都指挥使不只一员。中央禁军有左右羽林、左右龙武、左右神武、小底军、散员、控鹤、护圣、奉国、内殿直和东西班承旨等。

后周太祖对中央禁军也进行了一些改革。广顺元年（951）四月，改侍卫马军为龙捷左右军，步军为虎捷左右军，"诏诸州于州兵内选勇壮并家属赴京师"②。翌年底，"改左右威卫复为左右屯卫"③。并新置殿前司，其下设殿前都指挥使、副都指挥使和都虞候，同掌殿前班前。班直是皇帝最亲近扈从。侍卫司的龙捷马军、虎捷步军，殿前司的铁骑马军、控鹤步军，是中央禁军的四支主力。此外，还有弓箭直、弩手、大剑直、殿前、散员、左右龙武、捧圣、彰圣、神武、随驾都部署和殿前散都头等。

第五节　兵力分布上的内重外轻和内轻外重思想

唐前期，全国府兵约设有 634 个折冲府，均有名称，分布全国。其

---

① 《五代会要》卷 12《京城诸军》。
② 《册府元龟》卷 124《修武备》。
③ 《旧五代史》卷 112《太祖三》。

中，关中、河东和河南最多。其原因是：关中是都城长安所在地，必须屯重兵以拱卫中央，并可随时发兵征伐内外之敌，这就形成"举关中之众以临四方"的军事格局。当时，仅关中就有府 261 处，占全部折冲府的 41％。河东是李唐王朝的发祥地，又是防御唐初劲敌——东突厥的要冲，不能不配置相当强的兵力。在河南的陪都——洛阳，处中原腹心，控制着东南一带的重镇和南北水陆交通线，同时也是粮食、物资的重要集散地，自当多置军府。当时，河东、河南的折冲府，约占全部折冲府的 39％。总之，关中、河东、河南三地屯驻的折冲府，占全部折冲府的 80％。显然，唐前期的军事布局思想是重内轻外，有效地保证了朝廷对全国武装力量的控制，从而使国家统一，政权稳固。

从唐玄宗开元年间开始，募兵制逐渐取代府兵制，当兵成为职业，士卒容易被掌兵将领利用。朝廷为防御吐蕃、南诏、契丹、奚等的侵扰，特地在边境地区派重兵把守，其将领的权势越来越大。玄宗时，诸道节度使尽用胡人，拥兵多达 49 万人，其中仅安禄山一人就身兼范阳、平卢和河东三镇节度使，有兵 18.39 万人。与此相反，由于唐玄宗在中原地区废武备，包戈甲，不许私自习武，中央禁卫军也由市井白徒组成，缺乏训练，遇有战斗则畏缩不前，因此，唐初内重外轻，以关中制天下的军事布局，为内轻外重格局所取代。最终导致手握重兵、觊觎皇帝宝座的安禄山、史思明乘机起兵反叛，安史之乱爆发。

安史之乱虽然被平定，但各地藩镇拥兵自重，唐朝内轻外重的军事布局依然没有改变。北宋张洎指出："唐罢府兵，始置神武、神策为禁兵，不过三数万。郡国军额，除河朔三镇外，太原、青社各十万，邠宁、宣武各六万，潞、徐、荆、扬各五万，襄、宣、寿、镇海各二万，观察、团练据要害之地者不下万人。"① 后来，在藩镇混战中，朱温的力量逐渐强大起来。光化三年（900），朱温遣葛从周帅兖、郓、滑、魏四镇兵十万击刘仁恭；天复三年（903）三月，朱温引四镇及魏博兵十万击青州王

---

① 王应麟：《玉海》卷 138，台湾商务印书馆影印文渊阁四库全书本。

师范；五月，朱温将兵二十万出征。由于所领镇兵力量强大，连河东李克用也说"众寡不敌"，朱温得以篡唐自立。

后梁建立，朱温的镇兵变成禁军，其名号不一，但数量是相当大的，拥有绝对的压倒优势，因此，后梁改变了唐末内轻外重的局面，单中央禁军的力量，就大大超过了地方藩镇的军事力量。如乾化三年（913）三月，袁象先率禁兵杀死朱友珪后，"诸军十余万大掠都市"，当时，杨师厚以都招讨使驻魏州，"宿卫劲兵，多在麾下"，而且东京开封还有龙骧、神捷等军。仅此几处合计，后梁禁军当在 20 万人以上。当时北方的藩镇，最强大的莫过于河东李克用父子，其兵力据李存勖自己所说，也才"数万之众"①。由此可见，地方藩镇的军事实力远不如中央禁军。

但是，由于河东军勇悍善战，后梁与河东晋军的战事一直没有停止过，而且还愈演愈烈。后梁遣兵出征时，往往派大将以行营都统、行营招讨使或都招讨使的名义统军，到梁太祖朱温死后，当时身为都招讨使的杨师厚便因手握重兵而具备了左右局势的权力，京城的十余万禁军也唯其马首是瞻，后梁的军事布局又从朱温时的内重外轻变成了内轻外重之势。

后唐建立者李存勖，以河东兵起家，最初兵力才数万人，远少于后梁军队。但在与后梁的大战中，他西得凤翔李茂贞配合，河中朱友谦归顺，东取幽州，与镇州王镕、定州王处直结盟，又得魏博归顺，遂日渐强大。天祐十五年（918）八月，李存勖准备大举进攻后梁，在魏州大阅诸军，当时有十镇及少数族军队共 10 余万，号称"师旅之盛，近代为最"。灭梁后，段凝又率梁军 5 万投降。这些军队，后来就成为后唐的禁军，其数量也当在 20 万人以上。所以后唐建立后，中央的军力完全压倒地方，禁军成了国家最具实力的战斗队伍。但是，这种内重外轻的军事布局又出现另一个问题，后唐出现了五代第一位由禁军统帅而登上帝位的李嗣源夺权之事，而且又出现了禁军拥戴李从珂之事。

---

① 《资治通鉴》卷 271。

从唐后期至五代的历史可以看出，在古代国家军事的布局上应是内重外轻优于内轻外重，前者更能维系中央集权制，保证国家的统一和政权的巩固。当然，单单内重外轻的军事布局还是不够的，另一个重要的条件是最高统治者皇帝必须能牢牢掌握统率军队的权力，如统军权旁落领兵将领，那就会出现领兵将领发动兵变，夺取帝位的情况。如后唐明宗李嗣源、末帝李从珂、后周太祖郭威、北宋太祖赵匡胤，都是以禁军夺权者。

第六节　后周的军制改革思想

一、改革禁军的指挥体制，加强皇权对禁军的控制

五代自后梁以后，禁军日益强大，成为封建国家的主要武装力量。禁军的指挥体制，是以侍卫司总统禁军，枢密院掌管军机。这虽然使统兵权与发兵权分离，但在实际运作过程中还是会产生问题。首先，由于侍卫司头目总统禁军，军权过于集中，常常恃权跋扈。如后晋侍卫亲军都指挥使杨光远，"兵柄在手，以为高祖惧己，稍干预朝政，或抗有所奏，高祖亦曲从之"[1]。其次，枢密使不仅掌管军机，且多任用武将，往往统兵出征，权力也过大。如后汉乾祐元年（948），朝廷命枢密使郭威率军镇压河中李守贞、凤翔王景崇、永兴赵思绾三镇叛乱，"诏河府、永兴、凤翔行营诸军，一禀（郭）威节制"[2]。郭威因而掌握禁军实权，遂黄袍加身，代汉立周。

---

① 《旧五代史》卷 97《杨光远传》。
② 《旧五代史》卷 101《隐帝纪上》。

有鉴于此，后周建立后，首先设置了殿前军，使之制衡侍卫亲军，收分而治之之效。殿前军的前身是各朝统治者的近卫班直，如后梁天兴军、后唐金枪军、后晋的内殿直等。诸班直"选诸军骁勇者为亲军"[1]，不由侍卫司统辖，直属天子[2]，是各朝皇帝最亲信的近卫武装。在此基础上，后周广顺二年（952），周太祖始以李重进为"殿前都指挥使"[3]，将各殿前班直统一起来，成立了殿前军。不过，这一时期殿前军仍以宿卫为主。显德元年（954）三月，在后周与北汉发生的高平之役中，侍卫马军都指挥使樊爱能、步军都指挥使何徽望敌而遁，周世宗主要依靠殿前军的浴血奋战，才反败为胜，扭转了战局。这次战役后，世宗决心扩充殿前军：

> 帝（周世宗）自高平之役，睹诸军未甚严整，遂有退却。至是命今上（宋太祖）一概简阅，选武艺超绝者，署为殿前诸班，因是有散员、散指挥使、内殿直、散都头、铁骑、控鹤之号。[4]

其实，上述散员等殿前班直并非新建之番号，而是此前已有的禁军部队，只是这时才能将士一一简选，去其羸老，添补强壮、武艺高超者，收编为殿前军。经过这次整顿、扩充，殿前军才由宿卫性质的亲卫班直变成平时负责宿卫、战时出征打仗的精锐禁军，从而形成殿前、侍卫二司并峙的军制。此后，后周在伐蜀、征淮以及与北汉、契丹的多次战役中，殿前军都充任主力，发挥了重大作用。

与此同时，后周还以文官充任枢密使，逐步剥夺了枢密使的统兵权。广顺三年（953）二月，文臣郑仁诲为枢密使。尔后世宗朝，凡枢密使及参加枢密院事者，如魏仁浦、王朴、王溥、吴廷祚等均为儒臣。枢密专掌军机，不再统兵。因此，所谓宋朝以文官出任枢密的制度，实际上在后周已经形成。

---

① 《资治通鉴》卷274。
② 《册府元龟》卷93《帝王部·赦宥一二》。
③ 《宋史》卷484《李重进传》，中华书局，1985年。
④ 《旧五代史》卷114《世宗纪第一》。

二、拣选壮勇，裁减病残，加强禁军实力

五代以来，京城的宿卫之士，羸老者居多，实不用可，"每遇大敌，不走即降"①，而骁勇之士，"多为藩镇所蓄"②，中央军事力量单薄。广顺元年（951）五月，后周太祖"诏诸州于州兵内选勇壮并家属赴京师"。至世宗时，由于大规模兼并战争的开展，朝廷更重视拣选壮勇之士充实军队。周世宗提出"凡兵务精不务多"的原则，招募天下壮士，下令"诸道募山林亡命之徒有勇力者，送于阙下"③，以充禁军，武艺特别出众的选为"殿前诸班"。这使军队战斗力大大加强，出现了"士卒精强，近代无比，征伐四方，所向皆捷"④的局面。显德六年（959），周世宗北伐平定三关，就近"召募强人及选高阳关驰捷兵为北面两直（员僚直）"，又"拣诸州士卒壮勇者为河北骁捷"⑤，隶于侍卫司。诸道勇猛的兵士被选为禁军，使中央禁军有足够的武力来控制地方藩镇，成为服务于统一集权的武装力量。另一方面，朝廷把军队中羸弱者裁去，并对退役军士的生活出路做了较为妥善的安排。显德元年（954）正月，诏："诸军将士年老病患不任征行，情愿归农者，本军具以名闻，给凭繇放免。"⑥将士退伍，朝廷念功，给以"凭繇"，当有若干优待办法。当时"百户农夫，未能赡一甲士"⑦，裁汰老弱残兵，从而也减轻了农民的负担。

---

① 《资治通鉴》卷292。

② 《资治通鉴》卷292。

③ 《旧五代史》卷114《世宗纪一》。

④ 《资治通鉴》卷292。

⑤ 《宋史》卷187《兵一》本注。

⑥ 《册府元龟》卷135《帝王部·愍征役》。

⑦ 《五代会要》卷12《京城诸军》。

三、整肃军纪，立法制骄

唐末、后梁、后唐、后晋、后汉各朝对禁军优容姑息，致使禁军军纪败坏，史称"天宝以来，上怀私恩而姑息，下挟私劳以骄横"①。尤其是在作战中，往往"战则弃甲，穷则背军"，贻误战机，严重地削弱了战斗力。周世宗年少时就从太祖南征北战，目睹禁军兵骄将悍之陋习，"患诸侯之难制也久矣"②。他即位后不久，面对契丹和北汉联军的南侵，亲自率军征讨，取得高平之战的胜利。但是，高平之战也暴露了后周军队骄将惰卒、军纪败坏的弊端。战后，殿前都指挥使张永德对世宗说："陛下方欲削平四海，苟军法不立，虽有熊罴之士百万之众，安得而用之？"世宗掷枕于地，大呼称善，即将高平之战中临阵逃脱的大将樊爱能、何徽等70余人诛杀，并重赏了英勇作战的李重进、向训、张永德、赵匡胤、史彦超等有功之士。从此"骄将惰卒始知所惧，不行姑息之政"③，"百年以来，飞扬跋扈之气习为之渐息"④。这样，全军上下纪律严明，就是高级将领赵匡胤自己，也不敢有所违误。如显德三年（956）二月，赵匡胤攻拔淮南滁州，其父赵弘殷时为马军副都指挥使，引兵半夜至滁州城下，传呼开门，赵匡胤在城上回答说："父子虽至亲，城门王事也，不敢奉命。"⑤ 直到天明才许其父率军入城。显德四年（957）十二月，周世宗第三次亲征南唐，军士就不敢擅自入城侵犯民居。可见，周世宗整饬军纪达到了一定的效果。

周世宗还诏令兵部尚书张昭等人制定一部兵法，"分为十卷，凡四十

---

① 《读通鉴论》卷30《五代下》。
② 陶岳：《五代史补》卷5，台湾商务印书馆影印文渊阁四库全书本。
③ 《资治通鉴》卷291。
④ 《读通鉴论》卷30《五代下》。
⑤ 《资治通鉴》卷292。

二门，目之为《制旨兵法》"①。关于这部兵法的具体内容，目前已不可考。但是根据当时的历史背景推断，很可能是为了整顿军纪，解决当时严重的骄兵陋习问题而制定的。被宋朝奉为祖宗遗制的所谓《阶级之法》，也很可能就是宋太祖根据这部《制旨兵法》修改厘定而成的。②

四、加强备边，建设水军

契丹自后晋、后汉以来屡次侵扰河北地区，周世宗即位后，诏令忠武节度使王彦超、彰信节度使韩通带兵疏浚位于深、冀两州之间，横亘数百里的胡卢河，并于李晏口筑城戍守，以阻止契丹兵南下。③ 周世宗又命德州刺史张藏英为沿边巡检招收都指挥使，募边人骁勇者，厚其廪给，按地形要害，屯列戍守。于是契丹兵不敢轻涉胡卢河，"河南之民始得休息"④，有效地保护了边民的生产和生活。

显德三年（956），周世宗亲征淮南，面临江淮之险和"锐于水战"的南唐水军，后周军队"无以制之"。五月，他回到京城开封，积极建设水军，造战船数百艘，从南唐降卒中挑选水手数百人教习水战。经过几个月的训练，后周创建了一支雄壮的水军。显德四年（957）二月，他率领新建的水军第二次亲征，大败南唐军队，迫使寿州投降。同年十月，他第三次亲征淮南，亲自指挥水陆两军击败南唐援军，攻克泗州，迫使濠州献城。周世宗凭借这支强大的新建水军又于次年正月，在楚州西北老鹳河，打通江淮水上通道。⑤

---

① 《旧五代史》卷 116《世宗纪第三》。

② 关于《阶级之法》的制定者，史载有周世宗、宋太祖两说。此从齐勇锋观点，很可能是宋太祖根据周世宗的《制旨兵法》修改厘定而成（见齐勇锋《后周的军制改革》，载《文史哲》1989 年第 5 期）。

③ 《资治通鉴》卷 292 胡三省注。

④ 《资治通鉴》卷 292。

⑤ 《周世宗实录》，清辑本，载缪荃孙《烟画东堂小品》第一册《冷三》。

五、削弱藩镇的军事势力

后周建立后，继续推行削藩战略。其在军事方面主要采取两方面的措施。一是罢诸道作院，禁止藩镇"课造军器"。唐代前期，军器生产由中央统一掌握，军器监具体执行。① 安史之乱后，藩镇林立，随着藩镇军事力量的加强，藩镇自己也生产军器，形成"诸道州府，各有作院"的局面。五代以降，中央集权逐步加强，历代朝廷采取了一些限制禁止的措施。后晋天福二年（937）十月，"敕禁诸道不得擅造器甲"②。以后，又令诸道"课造军器，逐季搬送京师"。但由于一些藩镇上贡的"器甲造作不精"，却占用了大量资金，损公肥私；一些藩镇则以"进贡为名"，仍然"私造器甲"，壮大自己的势力。因此，后周太祖在广顺二年（952）五月平定兖州慕容彦超叛乱后，诏罢诸道作院，"仍选择诸道作工，赴京作坊，以备役使"③。这就比较彻底地切断了藩镇军队的武器装备来源，对于限制和削弱藩镇的军事力量，起到重要的作用。

二是禁止藩镇军镇干预地方民政。五代初，由于藩镇势力极度膨胀，往往将其下辖军镇的周围乡村，直接割属军镇管辖。这不仅造成行政管理的混乱，也增强了藩镇势力，使中央赋入减少。后唐明宗时，中央集权曾一度振作，规定原割属军镇之乡村，"直属县司，镇唯司贼盗"④。但是，京兆（今陕西关中）一带的藩镇军镇，"因唐末藩镇殊风"，仍然常常干涉所在县的民政，为非作歹。后周太祖在广顺三年（953）七月再次下诏规定：藩镇军镇的职责是"擒奸捕盗"，维持治安；"其婚田听讼，赋税丁徭，合是令佐之职"，军将不得干预，"州府不得差监征军将下

① 《新唐书》卷48《百官三》。
② 《五代会要》卷12《杂录》。
③ 《旧五代史》卷112《太祖纪三》。
④ 《全唐文》卷482《请方镇不判县务奏》。

县"①。从而进一步限制了藩镇军事势力。

第七节　隋唐五代兵律思想

《唐律疏议》卷 16《擅兴》② 制定有专门的兵律，对军队诸方面纪律做出规定。

其一，擅发兵。唐朝规定，调遣军队 10 人以上，就必须持有铜鱼（相当于秦汉的虎符）、敕书。如果遇到紧急情况，来不及奏请朝廷发兵，可以权宜从事，一方面先调遣军队，另一方面立即上报朝廷。唐律规定："若无警急，又不先言上，辄擅发十人以上、九十九人以下，徒一年；满百人，徒一年半；百人，加一等；七百人以上，流三千里；千人，绞。"另一方面，如果遇到反叛、盗贼等紧急情况，而不立即调兵镇压者，必须处以与擅发兵罪一样的处罚。"应机赴敌，急须兵马，若不即调发及虽调发，不即给与者，准所须人数，并与擅发罪同，谓须十人以上，不即调发及不即给与，各徒一年；百人，各徒一年半；每百人，各加一等；千人以上，各得绞罪。"如果军情紧急，先调动军队镇压，但没立即上报朝廷，也必须处以比擅发兵低一等的处罚。"其不即言上者，谓军务警急，听先调发给与，并即言上，以其不即言上，亦准所发人数，减罪一等。"

其二，调拨军需供给违规。各种军需供给，必须先向上级报告，等到获得批准，才能开始调拨。如果没有向上级报告，获得批准，就擅自调拨，有关责任人必须受到徒一年的处罚。或者虽然已向上级报告，但还未得到批准，即调拨者，减一等刑罚，杖一百下。如果军情紧急，来

---

①　《册府元龟》卷 61《帝王部·立制度二》。

②　以下所引原文，未注出处者均见于此。

不及报告上级获得批准，必须立即予以调拨，同时马上报告上级。如果不予以调拨，也必须处以徒一年的刑罚；如果调拨了但没有马上报告上级，减一等处罚。"随军所须，战具所用，供给军事，虽非人兵，皆先言上、待报，始得调发。""违者，徒一年。若知不先言上、虽言上不待报，即给与者，减一等，合杖一百。若事有警急，得便调发给与，并即言上。若不调发及不给与者，亦徒一年；不即言上者，各减一等。"

其三，给发兵符违规。唐朝规定，军队调动必须以鱼符作为凭证，发布军队调动命令者持左符，必须与领军将领所持右符相吻合，军队才能进行调动。如果应当发给兵符而不发，或发给兵符违反规定、不相符合，或发给兵符不相符合而不立即上报，各要处以徒二年的处罚；如果属于超过期限而不归还兵符者，处以徒一年的处罚；其余违反发给兵符规定的行为，各减二等予以处罚。"诸应给发兵符而不给，应下发兵符而不下，若下符违式，及不以符合从事，或符不合不速以闻，各徒二年；其违限不即还符者，徒一年。余符，各减二等。"余符指不用鱼符而用木契发兵的。

其四，征发挑选兵士取舍不公平。唐朝规定，征发挑选兵士，必须公平：如同属于征发对象，首先挑选财产最富有的；如财产一样富有，则取身强力壮者；如同样强壮，则取男丁较多的。如果在征发挑选兵士时，发生"舍富取贫，舍强取弱，舍多丁而取少丁"等不公平的事情，当事人就要受到处罚：取舍不公平一个人的，杖七十；不公平达三人的，就加一等处罚；最重的处罚至徒三年。如属于临时差遣不公平的，减罪二等处罚：取舍不公平一人的，笞五十；不公平达三人的，就加一等处罚；最重的处罚至徒二年。"诸拣点卫士，取舍不平者，一人杖七十，三人加一等，罪止徒三年。若军名先定而差遣不平，减二等"，即"一人笞五十，三人加一等，罪止徒二年"。

其五，征发士兵冒名顶替。唐代前中期实行府兵制，兵农合一。平时务农，战时征发为兵。战争结束后，卸甲归田。唐朝规定，当征发的士兵确定之后，不可冒名顶替。如果有人违反规定，冒名顶替，首犯的

人，处以徒二年的处罚，从犯的人，减一等处罚。如果是居住在一起的亲属代替，减二等处罚。同时，一里辖区内如有发生冒名顶替兵役之事，冒名顶替一人，里正处以笞五十的处罚；人数增加一人，处罚加一等；人数增至九人，处以徒二年。如是一县辖区内发生冒名顶替兵役一人，典处以笞三十的处罚；人数增加二人，处罚增加一等；人数增至十五人，处以杖一百；人数增至二十一人，处以徒二年。而且在县级官府中，还要节级连坐尉、丞、县令及主簿、录事等官吏。州则依据所管县的多少，统计后予以处罚。如州管二个县的，二人冒名顶替兵役，州典就要处以笞三十的处罚，每四人增加一等；如州管三个县的，三人冒名顶替兵役，州典就要处以笞三十的处罚，每六人增加一等。其余以此类推。另一方面，军队那边如接受了冒名顶替者，对队正、队副的处罚，同于里正：如一人冒名顶替，队正、队副处以笞五十的处罚；如冒名顶替增加一人，加一等；最重处罚至徒二年。节级连坐也一样：旅帅、校尉，减队正一等；果毅、折冲，则依据所管校尉的多少，统计后予以处罚。"诸征人冒名相代者，徒二年；同居亲属代者，减二等。""部内有冒名者，谓里正所部之内，有征人冒名相代，里正不觉，一人里正笞五十，一人加一等，九人徒二年。若县内一人，典笞三十，二人加一等，十五人杖一百，二十一人徒二年。注云'佐级以上，节级为坐'，即尉为第二从，丞为第三从，令及主簿、录事为第四从。'州随所管县多少，通计为罪'，谓管二县者，二人冒名，州典笞三十，四人加一等；管三县者，三人冒名，州典笞三十，六人加一等之类。""其在军冒名者，队正同里正；旅帅、校尉，减队正一等；果毅、折冲，随所管校尉多少，通计为罪。""谓管三校尉者，三人冒名；管四校尉者，四人冒名；管五校尉者，五人冒名：各得笞四十。"

其六，部队检阅违期不到者。唐代，朝廷有定期举行部队大检阅之制，谓大集校阅。如队副以上、将军以下，届时不到者，必须处以杖一百的处罚；每超过三日，加一等处罚；如是主帅违期不到者，还要加二等处罚。如是主帅自己本身不到，而是派遣随从参加而违期者，各减少一等处罚。若是折冲府校阅，届时不到者，必须依据"违式"之罪处罚。如果主管部门不告发这种校阅违期不到者，罪在主管部门。"诸大集校阅而违期不到者，杖一百，三日加一等；主帅犯者，加二等。即差发从行而违期者，各减一等。"

其七，乏军兴者。所谓"乏军兴"，就是部队在战争中，兵马及军需供应、器械武器等如因没有及时供给而缺乏，那么有关责任人就要处以砍头的极刑。因为军需供给关系到战争的胜负，因此，即使是有原因或过失，也不得减刑。如果是一些细小之物在战争期间缺乏，有一种细小之物不够，就要处以杖一百的处罚。"调发征行，有所稽废者，名'乏军兴'。犯者合斩，故、失罪等：为其事大，虽失不减。""随身七事及火幕、行具细小之物，临军征讨，有所阙乏，一事不充，即杖一百。"

其八，士卒被征从军稽留。唐朝规定，士卒被征从军在路上逗留迟到，迟一天就要处以杖一百的处罚，两天加一等，至二十天处以绞刑。如果在两军就要开战时而逗留迟到者，就要处以流放三千里的处罚；逗留迟到至三天，就要处以砍头的极刑。"诸征人稽留者，一日杖一百，二日加一等，二十日绞。即临军征讨而稽期者，流三千里；三日，斩。

其九，间谍。唐朝规定，唐军乘敌军没有防备、有机可乘之时，秘密准备征讨，但却有奸细报告敌军消息，其告密奸细必须处以砍头的极刑，妻子、儿子流放二千里。如果不是在战争时，本国人从事间谍活动，传递情报，刺探军情，以报告敌军，或者是外国人，来唐朝从事间谍活动，刺探情报，或传递书信到国外，接受国外送来的书信，知情包庇隐藏间谍者，均要处以绞刑。"或伺贼间隙，密期征讨，乃有奸人告贼消息者，斩；妻、子流二千里。其非征讨，而作间谍者，间谓往来，谍谓觇候，传通国家消息以报贼徒；化外人来为间谍者，谓声教之外，四夷之人，私入国内，往来觇候者；或传书信与化内人，并受化外书信，知情容止停藏者：并绞。"

其十，主将弃城而逃或为敌方而攻破。唐朝规定，主将守卫城市，不固守弃城而逃跑，或被敌方所攻破，主将就要处以砍头的极刑。如果

与敌人军垒连接，旗旄相望，接受命令前去候望，因为不觉被敌偷袭，以致城墙被敌攻破或兵士败亡，主将也要处以砍头的极刑。"主将者，谓主领人兵，亲为主将者，或镇将、戍主，或留守边城，州县城主之类。守城为贼所攻击，不能固守，弃城而去；及守备不设，谓预备有阙，巡警不严，被贼所掩袭覆败者：斩。若连接寇贼，谓军垒连接，旗旄相望；被遣斥候，谓指斥候望，不觉贼来入境者，徒三年。以故致有覆败者，以其不觉贼来，为贼掩袭，致城及人兵有覆败者，亦斩。"

其十一，临阵而退及辄杀降兵。唐朝规定，主将以下，临阵战斗而先退却，或与敌军对阵战斗，敌人舍仗投降及虽然没有对阵而敌人前来投降的，如动辄将投降者杀死，将处以砍头的极刑。"主将以下，谓战士以上，临阵交兵而有先退；若寇贼对阵，而舍仗投军，谓背彼凶徒，舍仗归命及虽非对阵，弃贼来降，而辄杀之者：斩。"

其十二，私放征、防之人提早回家。唐朝规定，兵士在行军之所，或在镇戍之处，如还未到期限，提早将他们放回家，那就按照《捕亡律》的规定处罚有关责任人，提早放一人一日，处以徒一年，增加一日就加一等，至十五日处以绞刑。如果提早放十五人各一日，也等于十五日，责任人必须处以绞刑。"私放征、防人还者，谓征、防之人未合还家，辄私放者。各以征、镇人逃亡罪论，依《捕亡律》：从军征讨而亡者，一日徒一年，一日加一等，十五日绞。""若放人多者，一人准一日；放日多者，一日准一人。（谓放三人各五日，放五人各三日，累成十五日之类。）""若放十五人，一日亦合绞。"

其十三，战争前夕弄虚作假以逃避入征。唐朝规定，如在战争前夕，士兵通过弄虚作假，如故意诬告人发生官司，或故意犯轻罪被官府扣留，或故意把自己身体伤残，或欺骗说自己身体患疾病，或者在检阅测试时故意以能够做到而假装做不到，从而逃避入征从军参加战斗。对此种种通过弄虚作假而逃避入征的行为，如使军队行动迟到或误事的，一律按照"乏军兴"的规定，处以砍头的极刑；如军队行动没有迟到或误事的，减死刑一等处罚。"临对寇贼，即欲追讨，乃巧诈方便，推避征役。注

云：'巧诈百端，或有诬告人罪，以求推对；或故犯轻法，意在留连；或故自伤残；或诈为疾患。'……临军之时，一艺以上，应供军用，军中校试。故以能为不能，以巧诈不能之故，故军有所稽违及致阙乏废事者，以乏军兴论，故、失俱合斩。若于事未废，减死一等。"

主要参考文献

一、古文献

欧阳修：《新唐书》，中华书局，1975 年。

刘昫：《旧唐书》，中华书局，1975 年。

魏征：《隋书》，中华书局，2011 年。

王溥：《唐会要》，中华书局，1955 年。

薛居正：《旧五代史》，中华书局，1976 年。

欧阳修：《新五代史》，中华书局，1974 年。

司马光：《资治通鉴》，中华书局，1956 年。

杜佑：《通典》，中华书局，2004 年。

董诰：《全唐文》，中华书局影印本，1982 年。

萧统、李善：《文选》，胡刻本。

王钦若：《册府元龟》，中华书局影印本，1960 年。

王溥：《五代会要》，上海古籍出版社，1978 年。

马端临：《文献通考》，中华书局，2011 年。

长孙无忌等：《唐律疏议》，中华书局，1983 年。

李林甫等：《唐六典》，中华书局，2014 年。

吴兢：《贞观政要》，中华书局，2009 年。

温大雅：《大唐创业起居注》，上海古籍出版社，1983 年。

韩愈：《昌黎先生集》，商务印书馆影印四部丛刊本。

元稹：《元氏长庆集》，商务印书馆影印四部丛刊本。

宋敏求：《唐大诏令集》，学林出版社，1992年。

白居易：《白氏长庆集》，商务印书馆影印四部丛刊本。

李翱：《李文公集》，商务印书馆影印四部丛刊本。

柳宗元：《唐柳先生集》，商务印书馆影印四部丛刊本。

陆贽：《陆宣公翰苑集》，台湾商务印书馆影印文渊阁四库全书本。

彭定求、沈三曾等：《全唐诗》，中华书局，1960年。

刘禹锡：《刘梦得文集》，台湾商务印书馆影印文渊阁四库全书本。

皮日休：《文薮》，台湾商务印书馆影印文渊阁四库全书本。

杜牧：《樊川文集》，上海古籍出版社，1978年。

王夫之：《读通鉴论》，中华书局，1975年。

二、今人著作

胡寄窗：《中国经济思想史》，上海人民出版社，上、中册1978年，下册1981年。

赵靖：《中国经济思想通史》，北京大学出版社，1997年。

叶世昌：《中国古代经济管理思想》，复旦大学出版社，1990年。

何炼成：《中国经济管理思想史》，西北大学出版社，1988年。

苏东水：《东方管理》，山西经济出版社，2003年。

滕显间：《中国历代经济管理反思》，海洋出版社，1988年。

刘含若：《中国经济管理思想史》，黑龙江人民出版社，1988年。

侯家驹：《中国经济思想史》，台北文物供应社发行，1982年。

周金声：《中国经济思想史》，台湾周金声著作发行所，1970年。

巫宝三等：《经济思想史论文集》，北京大学出版社，1982年。

中国社科院经济所编：《中国经济思想史论》，人民出版社，1985年。

宁可主编：《中国经济通史·隋唐五代卷》，经济日报出版社，1999年。

高锐主编：《中国军事史略》，军事科学出版社，1992年。

彭信威：《中国货币史》，上海人民出版社，1958 年。

萧清：《中国古代货币思想史》，人民出版社，1987 年。

李锦绣：《唐代财政史稿》（上下册），北京大学出版社，1995、2001 年。

曹德本：《中国政治思想史》，高等教育出版社，2004 年。。

方宝璋：《中国审计史稿》，福建人民出版社，2006 年。

张晋藩：《中国法制通史》，法律出版社，1999 年。

冯友兰：《中国哲学史新编》，人民出版社，1986 年。

张国刚：《中国家庭史》第二卷《隋唐五代时期》，广西人民出版社，2013 年。

常建华：《中华文化通志·宗族志》，上海人民出版社，1998 年。

白钢主编：《中国政治制度通史》，人民出版社，2010 年。

龚贤：《隋唐管理思想》，经济管理出版社，2012 年。

〔英〕崔瑞德编，中国社会科学院历史研究所、西方汉学研究课题组译：《剑桥中国隋唐史》，中国社会科学出版社，1990 年。

后　记

　　终于可以松口气了，三百多万字的先秦、秦汉魏晋南北朝、隋唐五代、宋、元、明、清时期管理思想史校样稿终于寄往鹭江出版社。拙著历经二十年的时间，如果说长，也真够长了，人生能有几个二十年的时间？但如果说短，也真够短的，单单春秋战国、秦汉、隋唐、宋、元、明、清等十余个主要朝代，一个朝代仅花费约两年的时间草就书稿，从收集资料、整理资料到拟订提纲、撰写书稿，实在是太仓促了！但是，拙稿作为国家社会科学基金重大项目"中国古代管理思想通史"的成果之一，只能在极其有限的规定时间里尽可能把它做好。这套系列专著是我走上治学道路后近四十年来所出版字数最多、卷帙最浩繁的书稿。按照常理来说，我接受这一任务时，已过耳顺之年，应该退休养老、颐养天年了，却不知老之已至，不自量力地自讨苦吃，从此继续焚膏继晷，恪勤朝夕。听说著名学者冯友兰先生八十多岁才开始动笔撰写《中国哲学史新编》，那我在甲子之年动笔写先秦至清管理思想史，也只能说是小巫见大巫了！幸运的是，上天关照了我，二十年来没病没灾，让我得以顺利地进行这项浩大的工程。天道酬勤，现在终于完成了。

　　是书在撰写期间，我也经历了人生的退休过程。退休对我来说，是一件好事，意味着可以无拘无束地进入"自由王国"，自由自在地支配自己的生活，不必勉强自己去参加那些毫无意义的会议，不必去跟那些自己不喜欢的人打交道，可以去践行陶渊明"不为五斗米折腰"的生活。

　　退休将届之际，我做出了一个选择，回家乡莆田生活，开始了人生的一个新阶段。我在临退休的时候，接受莆田学院的邀请，作为特聘教授在莆田学院商学院任教。从此，我就长住在莆田学院校园内的东道德楼。我祖籍莆田，但从来没有在家乡长期生活过，没想到晚年却回到家

乡，真应了"叶落归根"这句老话。

我小时候，暑假时经常跟着舅母到莆田外婆家里，那里有我熟悉的乡土气息：空气中弥漫着烧稻草夹杂着牛粪的气味，成群的八哥在田间地头飞翔鸣叫；晚上，打谷场的戏台上锣鼓喧天，台下人头攒动。现在虽然住在校园内，但周边仍然有小块的菜地，还能闻到农民施肥的气味，偶尔仍然能见到几只八哥停在校园的房顶鸣叫。逢年过节，学校周边的宫庙里，仍然会搭起戏台演戏，莆仙戏唱腔不绝于耳，格外亲切。我恍惚间返璞归真，又回到童年的故乡。莆田的气候比福州更为温暖宜人，海产品和水果新鲜丰富。学院从领导到普通教师、学生，对我都十分友好尊重。我在这样的环境中工作、生活，觉得十分惬意。这五年多来，我在学术上完成了国家社科基金重大项目"先秦秦汉魏晋南北朝隋唐五代元明清管理思想"部分的撰写，并成功申请到国家社科基金一般项目"政策工具视角下的古代政府治理思想及其当代价值研究"。随着自己年纪渐大，我努力放慢生活节奏，一天伏案工作五六个小时，晚上散步后回到家练练书法。

拙稿的完成，得益于许多相识或不相识的人的帮助，在此必须表达我的感恩之情。一是拙著之所以在短短近二十年的时间里得以顺利完成，一个很重要的因素是参考了许多学者的研究成果，主要者已在每册参考文献中列出，在此还要特别提出的是：冯友兰著的《中国哲学史新编》、赵靖主编的《中国经济思想通史》、白钢主编的《中国政治制度通史》、侯外庐主编的《宋明理学史》、曹德本主编的《中国政治思想史》、高锐主编的《中国军事史略》、王曾瑜著的《宋朝军制初探》、汪圣铎著的《两宋货币史》、冯尔康著的《中国宗族史》、赵华富著的《徽州宗族研究》、王利华著的《中国家庭史》第一卷《先秦至南北朝时期》等。我就是在前人研究的基础上，再阅读了各朝代大量的第一手史料，从而形成对古代管理思想的全面系统的看法，最终完成拙著的撰写。如果没有前人成果的参考借鉴，一切都从第一手史料做起，那么可能就要花费三四十年的时间才能完成。尤其明清时期史料浩如烟海，粗略浏览一遍就要

一二十年的时间。二是在拙著的撰写过程中，得到了几位教授的支持与帮助。首先，我在江西财经大学工作期间得到副校长吴照云教授的提携，加入他主持的中国管理思想史研究团队，从而使一些早期成果得以顺利地在经济管理出版社出版。退休后我来到莆田学院，承蒙校长宋建晓教授和商学院院长林鸿熙教授的支持，为我排除了许多杂事的干扰，能够有充足的时间撰写书稿。宋校长对中国古代管理思想颇感兴趣，晚上经常与我一起散步，切磋古代管理思想的学术问题，留下了许多难忘的美好回忆。三是众所周知，当前国内发表学术论文、出版学术专著难，鹭江出版社副总编辑余丽珍编审得知我正在撰写这一系列专著，帮助申请福建省优秀出版项目资助，使拙著在即将完稿之际就解决了出版问题。余编审与责任编辑梁靓、金月华、杨玉琼、黄孟林等还为拙著的出版做了大量的编辑和审校工作，付出了艰辛的劳动。在此，本人向以上提及的认识或不认识的人，还有大量未提及的人，致以深深的谢意！

现代学术讲究道德规范，反对剽窃，这是很好的。因此，我对拙著中的注引问题做一简单说明。世界上的任何学术专著，或多或少都是在前人研究成果的基础上进行创新深化并提高发展的。拙著中的文字主要由三种类型的表述构成：第一种也是最多的一种，基本上是属于原创性的，即笔者通过收集整理研读原始资料，然后得出自己的见解而写成的。这种文字采取仅注原始资料出处的做法。笔者粗略估计，这种文字至少占全套书一半以上。第二种是有些文字在参考前人专著论文成果的基础上，根据自己的理解，做了改写。中国古代管理思想史内容丰富，涉及面十分广泛，仅凭一己之力，很难面面俱到，因此必然要参考前辈的学术成果。如拙著中的自我管理部分，其实是属于中国哲学史的范围，而仅中国哲学史的研究，就让人一生难以穷尽了。因此，这一部分几乎是参考了前人的著述。但是笔者在参考前人著述的基础上，根据自己的理解并从管理思想的角度尽可能做了新的表述。由于与参考的前辈著述观点或多或少有所不同，所以不便一一注出，只在参考文献中开列有关作者和著作，一些参考较多的著作在后记中特别予以致谢。第三种是有些

文字或观点完完全全就是前人的成果，这类文字不多，但往往都是很经典的，笔者很难对此再进行提高和改写，因此就予以引注，采取与引用原始资料相同的引注方式。

中国正快速进入多元化、老年化社会，人们的物质生活水平提高，思想观念也发生了深刻的变化。有的人退休后，生活安排得丰富多彩。与我同龄的许多老年人，每天养养鸟，栽栽花，钓钓鱼，去各地旅游观光……生活过得开心惬意。这无可非议。我们这一代人有太多的磨难、坎坷，现在已到了夕阳西下的年龄，再不开心玩一玩、乐一乐，那更待何时！现在大多数老人的观念是活在当下、快乐开心，但我却不改初衷。我平时生活太有规律，出门旅游会打乱了规律，极不习惯，感觉难受，所以对旅游只能望洋兴叹，心有余而力不足。现在，我每天刷一个小时的手机，看一些感兴趣的信息，与亲友们通通声气，还是挺愉快的。每年两三次的同学聚会，吃吃饭，叙叙旧情，开心温馨。除此之外，每天阅读一些图书、报刊，散步时思考思考，然后提笔写一些感想，生活宁静充实，自得其乐。我觉得自己快到古稀之年了，趁着身体还没什么大毛病，继续努力笔耕吧。自 1977 年恢复高考之后，命运之神眷顾了我，使我跨入大学的门槛，有了一个治学的好环境。每当我想起这些，就倍加珍惜，不但要让自己活得开心健康，还应当让自己活得更充实更有意义些。

方宝璋匆草于莆田学院万贤斋

2020 年秋分

图书在版编目（CIP）数据

隋唐五代管理思想史 / 方宝璋著. —厦门：鹭江
出版社，2021.12
　（中国管理思想史）
　ISBN 978-7-5459-1912-7

　Ⅰ.①隋… Ⅱ.①方… Ⅲ.①管理学—思想史—中国
—隋唐时代 ②管理学—思想史—中国—五代十国时期
Ⅳ.①C93-092

中国版本图书馆 CIP 数据核字（2021）第 224150 号

中国管理思想史

SUI-TANG-WUDAI GUANLI SIXIANGSHI

隋唐五代管理思想史

方宝璋　著

出版发行：鹭江出版社
地　　址：厦门市湖明路 22 号　　　　　　邮政编码：361004
印　　刷：福建新华联合印务集团有限公司
地　　址：福州市晋安区福兴大道 42 号　　联系电话：0591－88208488
开　　本：700mm×1000mm　1/16
插　　页：4
印　　张：30.5
字　　数：424 千字
版　　次：2021 年 12 月第 1 版　　　2021 年 12 月第 1 次印刷
书　　号：ISBN 978-7-5459-1912-7
定　　价：105.00 元